Götz Eisenberg

Zwischen Amok und Alzheimer

Zur Sozialpsychologie des entfesselten Kapitalismus

Der im Namen des Neoliberalismus von der Leine gelassene Kapitalismus hat ein gesellschaftliches Klima der Kälte und Feindseligkeit entstehen lassen, das sich in den Menschen als psychische Frigidität, Rücksichtslosigkeit und Indifferenz reproduziert. Selbst auf die Kindheit fällt ein Kälteschatten: Die Gesellschaft des entfesselten Marktes bemächtigt sich der Kinder mittels elektronischer Medien. Eine derartige Form der Sozialisation fördert die Produktion von Psychopathen. So wächst ein Menschentyp heran, der in seiner Bindungs-, Skrupel- und Gefühllosigkeit der Funktionsweise der Gesellschaft des entfesselten Marktes entspricht und sie am Leben erhält.

Doch Götz Eisenberg belässt es nicht bei dieser von ihm an vielen Beispielen konkretisierten Feststellung. Er sucht nach Auswegen.

»Eisenberg macht eine alltägliche Beobachtung und knüpft einen so frappierenden Gedanken daran, dass uns ein einziger Satz den medialen Schleier von den Augen nimmt.« (Matthias Altenburg, alias Jan Seghers, *Frankfurter Rundschau*)

Götz Eisenberg, geboren 1951 in Arolsen, Hessen. Studium der Politikwissenschaft, Soziologie und psychosomatischen Medizin an der Universität Gießen. Promotion mit einer Arbeit zur Geschichte der sozialen Bewegungen. Ausbildung zum Familientherapeuten. Seit 1993 Gefängnispsychologe an der JVA Butzbach. Organisiert dort Kulturprojekte, Theateraufführungen und Lesungen. Buch- und Zeitschriftenveröffentlichungen seit den frühen 1970er Jahren in der Tradition der Kritischen Theorie, u. a. zu Amok, Hass und Gewalt.

Götz Eisenberg

Zwischen Amok und Alzheimer

Zur Sozialpsychologie des entfesselten Kapitalismus

Brandes & Apsel

Auf Wunsch informieren wir regelmäßig über unser Programm:
Brandes & Apsel Verlag, Scheidswaldstr. 22,
60385 Frankfurt am Main, Germany
Internet: www.brandes-apsel-verlag.de
E-Mail: info@brandes-apsel.de

2. Auflage 2015

1. Auflage 2015

DTP und Umschlag: Felicitas Müller, Brandes & Apsel Verlag,
Frankfurt am Main, unter Verwendung der Zeichnung »Les autres«
von Jacques-Armand Cardon. Mit freundlicher Genehmigung.
Druck: STEGA TISAK d.o.o., printed in Croatia
Gedruckt auf einem nach den Richtlinien des Forest Stewardship Council (FSC) zertifizierten Papier.

Die Deutsche Nationalbibliothek verzeichnet diese Publikation in der Deutschen Nationalbibliografie; detaillierte bibliografische Daten sind im Internet über www.dnb.de abrufbar.

ISBN 978-3-95558-108-4

Inhalt

I.

Ethnologie des Inlands: Homo telephonans

Auf einem Spaziergang begegnet mir eine heutige Kleinfamilie. Vater und Mutter – beide so um die dreißig Jahre alt – stecken ihre Köpfe zusammen und schauen auf das Display ihres Smartphones. Sie lachen über etwas, was dort zu sehen ist. Das Kind – ein etwa vierjähriger Junge - trottet traurig und verloren hinterher. Plötzlich erwacht das Kind aus seiner Lethargie und ruft: „Schau mal, Papa, was ich gefunden habe!“ „Was hast du denn nun schon wieder gefunden?“, reagiert der Vater genervt. Ohne den Fund des Sohnes wirklich in Augenschein zu nehmen, sagt er über die Schulter: „Ja, das ist toll.“ Die Eltern wenden sich erneut dem Smartphone zu, das Kind bleibt einsam zurück. Es hat soeben die schmerzvolle Lektion erteilt bekommen: „Das Geschehen auf dem Display ist den Eltern wichtiger als ich und meine Entdeckungen in der realen Welt.“

Bei nächster Gelegenheit wird das Kind sein eigenes Smartphone erhalten und in der Folge lernen, seine sozialen Beziehungen ins Internet zu verlagern und sich in die digitale Welt zurückzuziehen. Dieses Geschenk ist alles andere als selbstlos. Die Eltern haben Ruhe vor dem Kind und werden hinfort nicht mehr mit seinen Entdeckungen in der realen Welt behelligt. Das Handy befriedigt darüberhinaus das Sicherheitsbedürfnis der Eltern. Sie statten ihre Kinder mit Handys aus und benutzen diese als elektronische Fußfessel. Das Kind muss immer und überall zu orten sein. Zeitig an den Modus digitaler Kommunikation gewöhnt, stellt sich ein Gefühl des Existierens bald nur noch ein, wenn telefoniert wird und Nachrichten ausgetauscht werden. Teenager spüren sich selbst und ihre Gefühle nicht, wenn sie das nicht tun. Sie sagen Sachen wie: „Ich habe mein iPhone verloren, es fühlt sich an, wie wenn jemand gestorben wäre, ich meinen Kopf verloren hätte oder amputiert worden wäre.“ Die Technik wird zu einem Teil ihres Selbst, ihres Körpers, Alleinsein zu einem Zustand, der behoben werden muss. Ohne Smartphone droht das Nichts, eine große, allumfassende Leere. So verschickt der durchschnittliche Teenager unserer Tage laut Magazin der Süddeutschen Zeitung vom 31.07.2012 circa 3000 SMS pro Monat. Deswegen müssen sie sich ranhalten und es überall tun: im Gehen, auf dem Rad, im Kino, während des Unterrichts, am Abendbrottisch. Vor ein paar Tagen sah ich einen jungen Mann, der in der rechten und der linken Hand je ein Smartphone hielt und beide gleichzeitig mit den Daumen bearbeitete. Die jungen Leute tragen ihre Smartphones auf der geöffneten Hand vor sich her wie eine Monstranz und bewegen sich wie Somnambule durch die Straßen. Neulich wäre mir eine solche Schlafwandlerin beinahe ins Rad gelaufen, so versunken war sie in das Geschehen auf dem Display. Ein Ethnologe von den Osterinseln, der unsere Alltagskultur erforschen will, würde wahrscheinlich in diesem eigenartigen Verhalten eine kultische Handlung vermuten und erstaunt sein über eine massenhafte Religiosität, die er in einer westlich-säkularen Gesellschaft nicht vermutet hätte. Und läge er denn so falsch mit dieser Deutung?[1] *Die Gottheit, die hier angebetet wird, heißt digitale Kommunikation und der Gottesdienst besteht in Telefonieren und Simsen. Als Überbleibsel aus dem analogen Zeitalter kommt es mir so vor, als würden wir Zeugen einer anthropologischen Mutation: der „homo sapiens" entwickelt sich unter unseren Augen zum „homo telephonans", wie es der Historiker Christian Meier treffend formuliert hat. Angesichts sich entwickelnder neuer Mensch-Maschine-Symbiosen könnte der „homo telephonans" bald schon wieder eine Gestalt von gestern sein. Unter dem Namen Google Glass wird von der Entwicklung eines am Kopf getragenen Miniaturcomputers berichtet. Er ist auf einem Brillenrahmen montiert und blendet Informationen aus dem Internet in das Sichtfeld ein und kann umgekehrt die Bilder versenden, die eine in Blickrichtung des Trägers integrierte Digitalkamera live liefert.*

Vernetzung

„Alles ist miteinander vernetzt, aber die Entfernungen zwischen den Menschen werden immer größer."
(Moritz Rinke)

„Die Vernetzung aller mit allen ist die große Stunde des Konformismus."
(Rüdiger Safranski)

Als ich dem Verleger meines letzten Buches davon erzählt hatte, dass ich am Abend einen bekannten Schriftsteller zu einer Lesung im Gefängnis erwartete, sagte er am Telefon zu mir: „Sie sind aber gut vernetzt." Ich erschrak. Ich würde nie auf die Idee kommen, mich als jemanden zu bezeichnen, der „gut vernetzt" ist, und sagte dann nach einer kleinen Pause: „Nun ja, im Laufe der Jahre lernt man ein paar Menschen kennen."

1 Wahrscheinlich hat der Handywahnsinn unterdessen auch die Osterinseln erfasst, so dass unser Ethnologe selbst mit einem Handy herumrennen wird. Man wird die Perspektive eines nach langer Zeit aus der Haft Entlassenen einnehmen müssen, wenn man in einer globalisierten Welt nach jemandem sucht, der einen Blick von außen auf unsere Normalität werfen kann. Gefängnisse sind die letzten handyfreien Zonen.

Vernetzung gilt bis weit in die politische Linke hinein als positiver Begriff und Vernetzt-Sein als ein anzustrebender Zustand. Ich habe gelernt, bei der Verwendung von Begriffen und Metaphern Vorsicht walten zu lassen. Man muss immer darauf achten, in welchen Kontext man sich damit begibt und welche Deutungsmuster und Konnotationen man übernimmt. Der Begriff Vernetzung ist aus der Kybernetik in die Systemtheorie eingewandert, deren Entstehung sich militärisch-ökonomischen Planungsbedürfnissen im Zweiten Weltkrieg verdankt. Die Systemtheorie beschreibt die Struktur moderner Gesellschaften und das Ineinandergreifen ihrer einzelnen Teile und Subsysteme, wobei ihr Interesse dem reibungslosen Funktionieren und der perfekten Vernetzung der Teilsysteme gilt. Sie ist eine affirmative Theorie und übt allenfalls immanente Kritik, wenn die Löcher im Netz zu groß oder zu klein sind.
Ein alter Zigeuner, den ich bei meiner Arbeit im Gefängnis kennengelernt habe und der sich selbst mit einem gewissen Stolz als Zigeuner bezeichnete, hat mir beigebracht: Wer herausfinden will, was eine Katze ist, sollte auch die Mäuse fragen! Auf unseren Kontext übertragen würde das heißen: Wer wissen möchte, was *Vernetzung* ist, sollte auch die Fische fragen. Die sind die wahren Vernetzungsexperten und können einem ein Lied singen von der Vernetzung, die sie geradewegs in die Fischfabrik und - zu Fischstäbchen gepresst und paniert - in die Bratpfannen führt. Wie kann ein Mensch sich darüber freuen, wenn er vernetzt ist oder vernetzt wird?
Die Leidenschaft, mit der die Leute gegenwärtig ihre Vernetzung und Selbstenthüllung via soziale Netzwerke betreiben, ist für mich einer der rätselhaften Züge der Gegenwart. Schon Spinoza hatte sich gefragt, warum die „Menschen … für ihre Knechtschaft kämpfen, als sei es für ihr Heil". Orwell hätte sich eine derartige freiwillige Datenabgabe und Offenlegung noch der intimsten Lebensbereiche in seinen schlimmsten Alpträumen nicht vorstellen können, und alle großen Diktatoren haben von solchen Überwachungs- und Kontrollmöglichkeiten nur träumen können. Während man bei Polizei und Justiz dazu übergegangen ist, elektronische Fußfesseln zur Verbrechensbekämpfung einzusetzen, reißen sich die Leute um GPS-Handys, die ihre ständige Ortung möglich machen. Das herrschende System hat es geschafft, dass die Leute ihre umfassende Kontrolle in eigene Regie nehmen. Sogar vom neuen Papst hieß es noch während des Assessmentcenters, das dieses Mal noch Konklave hieß, er sei *gut vernetzt*. Männlich, katholisch, kommunikativ, kompetenzorientiert und teamfähig lautet das Anforderungsprofil für den, der den Papst-Job übernehmen will. Demnächst wird die katholische Kirche McKinsey mit der Organisation der Nachfolge beauftragen. Der Rücktritt von Benedikt verwandelt das Papsttum in ein ganz normales Vertrags- und Beschäftigungsverhältnis. Die Amtszeit von Königen und Päpsten endete traditionell mit deren Tod und nicht, wenn ihr Vertrag abläuft oder sie das Pensionsalter erreicht hatten. Nachfolger hatten auf das Ableben des Königs oder des Papstes zu warten und mussten sich in Geduld fassen. Auch Königin Beatrix hat am 30. April 2013 ihren Rücktritt erklärt und den Königsjob an ihren Sohn übergeben, um aufs Altenteil zu gehen. In Gestalt von Päpsten und Königen ragte noch etwas Vorbürgerliches in die Welt des Tausches. Nach-

dem die Ehe ein Zweckbündnis auf Zeit geworden und keine lebenslange Verpflichtung mehr ist, fällt nun eine weitere Bastion der Ungleichzeitigkeit, in der sich noch eine alternative Logik durchgehalten hat. Ab jetzt haben wir gut vernetzte Päpste und Könige auf Zeit und Widerruf. Damit hat die Sehnsucht nach einer Welt jenseits von Verwaltungsbeamten und Funktionären, jenseits von blinder Aktion und Kapitalbewegung, einen weiteren – allerdings rückwärts gelegenen - Ort verloren, an den sie sich heften konnte.

Die amerikanische Polizei *twittert* ihren Erfolg bei der Suche nach einem schwer verletzten vermutlichen Bombenleger: „GEFASST!!! Die Jagd ist vorüber. Die Suche vorbei. Der Terror vorüber. Gerechtigkeit bleibt." Und auch hierzulande nutzt neuerdings die Polizei *Facebook* zu Fahndungszwecken. In den USA verlangen Firmen von Jobsuchenden immer öfter die Zugangsdaten für ihren privaten Facebook-Account. Fotos von Saufgelagen, merkwürdige Freunde, kritische politische Äußerungen? Man möchte es wissen, bevor man jemanden einstellt. Spätestens da müsste man doch den Braten riechen.

Es geht um die Etablierung neuer und universaler Überwachungssysteme. *Vernetzung* ist der Zentralbegriff einer geschmeidigen Herrschaft, die sich als Technik und Sachzwang tarnt. *Vernetzung* ist für die meisten Leute ein positiver Topos, während der „böse Blick" des an Foucault geschulten Kritikers in ihr ein neues „Dispositiv der Macht" erblickt. Die Macht, die ehedem darauf fußte, dass sie zerteilte, zerlegte, segregierte, stellt nun auf einer höheren Ebene zwischen den Segregierten und Atomisierten auch wieder Verbindungen her, telekommunikative Vernetzungen, die zugleich der Kontrolle von Herrschaft unterliegen und ihrer Aufrechterhaltung und Verfeinerung dienen. Geschickter und perfider geht's kaum.

„Alles ist miteinander vernetzt", stellt Moritz Rinke fest, „aber die Entfernungen zwischen den Menschen werden immer größer." Vernetzung ist eine Erscheinungsform dessen, was Henri Lefèbvre als *Entfremdung zweiten Grades* beschrieben hat: Die Menschen haben das Bewusstsein ihrer Entfremdung eingebüßt und fühlen sich in ihr heimisch. Damit ist Entfremdung auf eine zynisch-perverse Art und Weise aufgehoben. Statt dass die Subjekte sich die entfremdeten Gestalten ihrer gesellschaftlichen Praxis wieder aneignen, gehen sie selbst in den Formen der Entfremdung auf und erleben die Funktionsimperative des Systems als ihre ureigensten Impulse und intimsten Leidenschaften. Die Subjekte sind, heißt es bei Adorno, „bis in ihre innersten Verhaltensweisen hinein mit dem identifiziert, was mit ihnen geschieht. Subjekt und Objekt sind, in höhnischem Widerspiel zur Hoffnung der Philosophie, versöhnt. Der Prozess zehrt davon, dass die Menschen dem, was ihnen angetan wird, auch ihr Leben verdanken. Die affektive Besetzung der Technik, der Massenappell des Sports, die Fetischisierung der Konsumgüter sind Symptome dieser Tendenz. Der Kitt, als der einmal die Ideologien wirkten, ist von diesen einerseits in die übermächtig daseienden Verhältnisse als solche, andererseits in die psychologische Verfassung der Menschen eingesickert."

Die sozialen Netzwerke erweisen sich als eine ungeheure *Gleichschaltungsmaschine.* Nichts standardisiert und homogenisiert so perfekt, wie die Kommunikation über diese Medien. Laut *Süddeutscher Zeitung* vom 9./10. März 2013 sind mehr als eine Milliarde Menschen bei *Facebook* angemeldet. Jeder dritte Deutsche verfügt über einen *Facebook-Account.* Die *User* bedienen sich bei der Auflistung der eigenen Vorzüge und Vorlieben derselben Selbstinszenierungs-Schablonen und Modelle des *Coolseins.* Die Persönlichkeit – oder das, was man heute noch, hämisch genug, so nennt - wird zur Ware, und die Sprache zu einem Instrument ihrer Anpreisung. Wir erleben eine gespenstische Vereinheitlichung und gleichzeitige Verarmung der Ausdrucksformen. Der Trend zur weltweiten Verallgemeinerung westlich-kapitalistischer Denk-, Gefühls- und Affektgewohnheiten, dem durch die Ausbreitung von Popkultur, Filmen, Werbung und konsumistischen Lebensstilen bereits kräftig vorgearbeitet war, erhält durch die Nutzung von *sozialen Netzwerken* noch einmal einen mächtigen Schub. All das zusammen erzeugt bis in die Bedürfnisstruktur und die Wünsche der Menschen hinein einen Grad von Homogenität, der ihre Beherrschung und Kontrolle erleichtert. „Heute sind die Zeiten nicht günstig für die Entstehung von Individualität. Die Vernetzung aller mit allen ist die große Stunde des Konformismus", stellt Rüdiger Safranski eingangs seines neuen Buches *Goethe. Kunstwerk des Lebens* fest. Dabei erleben sich die meist jungen *User* selbst als *authentisch* und *individuell.* Sie merken gar nicht, dass sie sich in der Bemühung, sich unterscheiden und von den anderen abheben zu wollen, immer ähnlicher werden. Gerade die Jagd nach Distinktion bekräftigt ihre Uniformität. Adorno hatte dazu bereits vor Jahrzehnten lakonisch angemerkt: „Je weniger Individuen, desto mehr Individualismus."

Matthias Altenburg, alias Jan Seghers, dem ich meine Anmerkung zum Begriff der Vernetzung geschickt hatte, antwortet mir am Blockupy-Wochenende in Frankfurt auf der „Geisterbahn" im Netz: „Weiß Gott, wir hängen an der Strippe. Aber ohne dranzuhängen, wüsste ich nicht, was gerade vor der EZB geschieht."

Ich weiß, dass vom *Arabischen Frühling* bis hin zu *Stuttgart 21*, *Occupy* und den aktuellen Protesten gegen die Zerstörung des *Gezi*-Platzes in Istanbul sich viele Bewegungen der *Vernetzung* bedienen. Hier erhält der Begriff des *sozialen Netzwerks* endlich einen Hauch von Wahrheit und Realität. Dennoch bleibe ich dabei: Es müsste auch ohne *Vernetzung* gehen. Wir hängen nicht nur an der Strippe, sondern am Tropf und an der Leine! Wir dürfen die Formen unserer Gesellschaftlichkeit nicht aus den Händen von *Facebook* und *Twitter* entgegennehmen. Die neuen Formen der Vergesellschaftung, die sich in den aktuellen sozialen Bewegungen herausbilden und in denen sich etwas qualitativ Neues ankündigt, können nicht die Gesellschaftlichkeit digitaler Netze sein, sondern müssen aus Fleisch und Blut sein und auf leiblicher Anwesenheit basieren. Brüderlichkeit und Solidarität entstehen von Angesicht zu Angesicht, indem ich mich im anderen erkenne, und alle gemeinsam die

Erfahrung einer Kraft machen, von der sie gestern noch nicht wussten, dass sie über sie verfügen - nicht in der Einsamkeit vor der Tastatur oder dem Touchscreen. Aus dieser erwachsen lediglich neue Formen des Autismus, keine solidarischen Verkehrsformen. Wer sich den Offline-Welten verweigert, droht aus der Welt zu fallen und zum „unsichtbaren Menschen" zu werden, wie Google-Chef Eric Schmidt gesagt hat. Man muss mit solchen Ängsten rechnen und darf die aus ihnen resultierende Anziehungskraft der sozialen Netzwerke nicht zu gering veranschlagen. Wir müssen die Bedürfnisse nach Sichtbarkeit, Wahrgenommen-Werden und Anerkennung anders organisieren und dafür sorgen, dass die Abenteuer und Glücksmöglichkeiten in der wirklichen Welt die virtuellen Welten vergessen machen.

Seit Anfang Juni 2013 wissen wir dank der Enthüllungen des couragierten Ex-Geheimdienstmitarbeiters Edward Snowden, dass, wer auf elektronischem Weg Daten übermittelt und über Rechner kommuniziert, unfreiwillig mit dem amerikanischen Militärgeheimdienst NSA zusammenarbeitet, der unter dem Code-Namen *Prism* diese Daten weltweit sammelt, nach bestimmten Algorithmen auswertet und auf diese Weise Profile erstellt. Die Überwachung geht über die Registrierung von Telefongesprächen und E-Mails weit hinaus und erfasst auch die Daten der Internetkonzerne und somit die sozialen Netzwerke. Ein anderer ehemaliger Mitarbeiter des amerikanischen Militärgeheimdienstes sagt, dass die nach dem 11. September 2001 möglich gewordene Überwachung des Datenverkehrs ohne richterlichen Beschluss besser sei als alles, „was der KGB, die Stasi oder die Gestapo und SS je hatten." Ein Kontrollfanatiker wie Jeremy Bentham, der Ende des 18. Jahrhunderts das *Panoptikum* ersann, das im Namen des anbrechenden Zeitalters der Arbeitsdisziplin die gleichzeitige Überwachung vieler Menschen durch wenige Überwacher ermöglichen sollte, hätte sich die heutigen Überwachungspraktiken in seinen kühnsten Träumen nicht vorstellen können. Sie verwirklichen sich unter unseren Augen als globales Panoptikum in Gestalt einer *Vernetzung* von Politik, Geheimdiensten, Polizei und Internetkonzernen, die eine neue Machtform hervorbringt.

Die Durchsetzung neuer Formen der Macht geht stets mit einer neuen Sprache – einem *Neusprech* - einher, in der sie sich ankündigen, Gestalt annehmen und in den Alltag eingraben:
Auf Augenhöhe,
gut aufgestellt,
zielführend,
fokussiert,
vernetzt sein,
ins Boot geholt,
auf den Prüfstand gestellt,
auf die Spur gebracht werden
… all das will ich nicht und kann es bald nicht mehr hören. Grauenhaft ist diese Sprache, abstoßend und ekelerregend.

Ich komme mir angesichts dieses ganzen Wahnsinns wieder einmal vor wie ein Heizer, der nach der Elektrifizierung der Eisenbahn noch ein paar Stationen mitfahren darf …, bis man ihn …, ja was eigentlich?

Ethnologie des Inlands: Standing woman

Ich weiß gar nicht mehr genau, wann sie mir zum ersten Mal aufgefallen ist. Doch seither sehe ich die Frau überall. Mal steht sie regungslos auf dem Gehweg am Schiffenberger Weg, ein andermal an der Johanneskirche, dann auf dem Seltersweg. Sommers wie winters trägt sie eine Mütze, dazu eine Hornbrille mit dicken Gläsern und eine dunkle Jacke. Oft raucht sie, meist Zigarillos, manchmal benutzt sie eine Spitze. Sie steht erstarrt im Strom der Passanten und scheint mit etwas beschäftigt zu sein, das in ihrem Innern stattfindet, vielleicht auch mit nichts. Ihr Blick ist zu Boden gesenkt oder geht ins Leere. Nie kommt es zu einem Blickkontakt. Gelegentlich lächelt sie, aber auch dieses Lächeln gilt nicht etwas oder jemand in der Außenwelt, sondern spiegelt einen inneren Vorgang. Nie habe ich sie mit jemandem sprechen sehen. Ich stelle mir vor, dass die anderen Menschen für sie den Status von Bäumen, Blumenkübeln oder Verkehrsschildern besitzen. Wenn sie geht, wirkt ihre Bewegung verlangsamt, fast mechanisch. „Stupor" haben die alten Psychiater diesen Zustand einer fast vollständigen Erstarrung bei lebendigem Leib genannt. Aber warum führt sie ihre Erkrankung öffentlich vor? Vielleicht möchte sie uns ein Gegenbild zum aktiv handelnden Menschen liefern, der ständig in einer hektischen, aber meist inhaltslosen Bewegung begriffen ist. Der projekt-, motivations- und kommunikationslose depressive Mensch ist das Gegenstück zum Leitbild unserer Tage: Des stets optimistischen Machers. Der Depressive ist eine Art Deserteur, der sich, wie Peter Sloterdijk es einmal vom Drogenabhängigen gesagt hat, „unerlaubt von der Realitätstruppe" entfernt hat. Lange vor dem Protest des jungen türkischen Künstlers Erdem Gündüz gegen die Abholzung des „Gezi-Parks", die als „standing man" in die Protestgeschichte eingehen wird, hat diese Frau als „standing women" ihr stummes Nein gegen die Zumutungen der Leistungsgesellschaft und den Wahnsinn der rasenden Industrie formuliert. Sie weiß es vielleicht nicht, aber sie tut es. Ich betrachte sie mit einer Mischung aus Faszination und Furcht.

Die Vermessung der Innenwelt

„Niemand ist berechtigt, sich mir gegenüber so zu benehmen, als kennte er mich.“
(Robert Walser)

„Jeder Mensch is ein Abgrund; es schwindelt einem, wenn man hinabsieht.“
(Georg Büchner)

Im Wartezimmer meines Zahnarztes blättere ich in der Zeitschrift *stern* (vom 13. Juni 2013) und stoße auf ein Interview mit der Hamburger Polizeipsychologin Claudia Brockmann. Sie hat gerade das Buch *Warum Menschen töten: Eine Polizeipsychologin ermittelt* herausgebracht. Seit dem Erfolg von Ferdinand von Schirachs Buch *Verbrechen* schreibt jeder, der beruflich mit Straftätern zu tun hat, ein Buch und versucht, von dem Verbrechens-Hype zu profitieren. Es ist ein eigenartiges Angst-Lust-Gemisch, das ihn *befeuert*, wie man neuerdings sagt.

Der *stern* eröffnet das Gespräch mit der Feststellung: „Es geht in Ihrem Alltag immer um Abgründe: Mord, Erpressung, Sadismus. Es gibt nichts Schönes.“
Frau Brockmann antwortet: „Es geht um Verhaltensabweichungen, so würde ich das nennen.“

Ich zucke innerlich zusammen, halte im Lesen inne und frage mich: Warum sagt sie nicht: „Ja, so ist es, man blickt ständig in die Abgründe der menschlichen Existenz und begegnet der dunklen Seite unseres befriedeten, glatten Alltags.“ Es geht bei der von der Polizeipsychologin bevorzugten sterilen Sprechweise unter anderem um Angstabwehr: Man hält sich das bedrohlich Fremde und Andere dadurch vom Hals, dass man es versachlicht und in einer mechanisch-maschinellen Terminologie darüber spricht. Unbekannt-Bedrohliches wird auf Bekanntes reduziert, das sich der Verarbeitungsroutine fügt: „Aha, es handelt sich um einen Fall von …“ Diese Sprech- und Betrachtungsweise rückt die fraglichen Formen menschlichen Handelns in den Bereich des Mach- und Beherrschbaren. Die technizistische Rede träumt den Traum von der Lesbarkeit des Menschen und transportiert das Versprechen von sozial- und psychotechnischen Eingriffsmöglichkeiten, die die Probleme zum Verschwinden bringen. Max Horkheimer hat in seinen *Notizen 1950 bis 1969* unter dem Stichwort *Unterschied* festgehalten: „Wenn in Europa einer benebelt aussieht und verwirrt redet, ohne doch gerade betrunken zu sein, sagt der Zuschauer böse: ‚Wahrscheinlich ein Säufer‘, in Amerika ernsthaft besorgt: ‚He obviously needs psyciatric help.‘“ Die Rede vom Säufer mag ‚böse‘ sein, aber sie zollt ihm einen gewissen Respekt und lässt ihm wenigstens die Möglichkeit, unbehelligt verwahrlosen zu dürfen.[1] Die amerikanische Sprechweise rückt ihn für den ärztlichen Zugriff zurecht. Inzwischen hat sich diese verallgemeinert und ist tief ins psycho-soziale Helfersystem eingedrungen. Meine am Behaviorismus orientierten Gefängnispsychologen-Kollegen sprechen, wenn es um die Frage geht, wie ein Gefangener aus dem Labyrinth krimineller Wiederholungsspiralen herausfinden kann, von „risikorelevanten Defiziten", die zur „Reduzierung des Delinquenzrisikos" behoben werden müssen. „Kriminaltherapie ist Risikomanagement", heißt es im technizistischen Neusprech der Psychologen, die sich begeistert zu dem machen, was Stalin als „Ingenieure der Seele" bezeichnet hat.

Hegel äußert in seiner *Philosophie des Rechts* den Gedanken, dass die Strafe nicht nur an sich gerecht sei, sondern dass der Verbrecher ein Recht auf sie habe. Der Verbrecher hat sehenden Auges und willentlich das Recht negiert, nun negiert die Strafe die Verletzung der Rechtsordnung. Die Strafe ist also Verletzung der Verletzung, Negation der Negation. Mit dem Wollen der Tat hat der Verbrecher auch bereits die Straffolge akzeptiert. Wer die Gesetze überschreitet, ist der ideelle Urheber der Strafe, die der Staat über ihn verhängt. Die Strafe ehrt im Verbrecher das verantwortliche und vernünftige Wesen. Der Verbrecher hat sich entschieden und wird durch die Strafe als Sub-

---

1 Die Lust an der provozierenden Übertreibung hat mich aus der Kurve getragen. So kann das nicht stehen bleiben. Wolfgang Dreßen hat am 14. Juli 2013 im Deutschlandfunk in einem „Zur Züchtung des ‚brauchbaren Menschen' im NS-Staat" betitelten Essay daran erinnert, dass im Namen der alten Terminologie die schrecklichsten Verbrechen begangen worden sind. Wer als „Irrer" oder „geborener Verbrecher" identifiziert wurde, wurde unterm Faschismus zwangssterilisiert oder vergast. Diese dunkle, barbarische Seite der alten Begrifflichkeit soll und darf nicht unterschlagen werden. Später werden wir noch sehen, dass auch im Namen der hygienisch purgierten und politisch korrekten Sprache von heute „Befriedungsverbrechen" (Franco Basaglia) begangen werden. Das schlimmste von ihnen ist wahrscheinlich die Fortsetzung der Eugenik mit anderen Mitteln. Dreßen sagt: „Die medizinischen Möglichkeiten pränataler Untersuchungen und perfektionierter Gentests ermöglichen, dass der Traum der Eugenik verwirklicht wird: Eine Gesellschaft, in der behindertes Leben gar nicht mehr entsteht, das jetzt als ‚Risiko' bezeichnet wird. Biopolitik liegt jetzt in der Verantwortung jedes Einzelnen. Sie entspricht einem Rationalisierungsprozess, in dem Leben nach einem gesellschaftlichen, vor allem ökonomischen Wert beurteilt wird. Diese Selbstoptimierung umfasst den Zeugungs- und Gebärvorgang und wird auch versicherungstechnisch durchgesetzt."

Pointiert gesagt: Die Rampe von Birkenau wird unter unseren Augen in die Genlabore und die Praxen der Kinderärzte verlagert, die die Selektion von lebenswertem und nicht lebenswertem Leben, normal und unnormal viel perfekter organisieren als die Nazi-Stümper mit ihren brutalen Methoden. Muss man sich und der Mitwelt einen *nutzlosen Menschen,* eine *Ballastexistenz* zumuten? Kinder, die im Rahmen der Pränataldiagnostik eine hohe Wahrscheinlichkeit einer Behinderung oder einer sonstigen Abweichung aufweisen, werden abgetrieben. Wer ein Kind mit Down-Syndrom zur Welt bringt, ist zukünftig selber schuld und muss für die Folgen aufkommen. Der Rassenwahn in zeitgemäßer Verkleidung. Klaus Dörner spricht in seinem Buch *Tödliches Mitleid* davon, dass bis heute an dem Ziel der Nazis, „durch Endlösung der Sozialen Frage die industrielle Gesellschaft mit ausschließlich leidensfreien Menschen zu verwirklichen", festgehalten wird. Die Negativ-Utopie eines homogenen, reinen Volkskörpers ohne Abweichungen und Menschen, die dem industriellen Normendruck nicht standhalten können, rückt in greifbare Nähe - ohne Massenmord und Konzentrationslager, ganz manierlich und wissenschaftlich. Neue-alte Abgründe.

jekt mit Willen und Entschlusskraft gewürdigt. Ein unvernünftiges Tier dagegen kann nur gezüchtigt, nicht aber gestraft werden.
Nach klassischem Verständnis rechtfertigte und bemaß sich die Strafe aus sich selbst, aus ihrem Gleichmaß mit dem Verbrechen, auf das sie Antwort war. Sie rechtfertigte und bemaß sich nicht aus ihren heilenden Wirkungen auf den erwischten Verbrecher von gestern (Resozialisierung, Besserung) oder die anderen möglichen Verbrecher von morgen (Generalprävention, Abschreckung). Gefängnisse waren psychologie- und therapiefreie Räume, die Strafe war ihren Folgen gegenüber „absolut“: von ihnen abgelöst, abgeschnitten, um sie erleichtert; sie hatte zu ihren Folgen einfach kein Verhältnis. Dieses Verständnis wurde abgelöst von „relativen“ Straftheorien, die die Rechtfertigung der Strafe an präventive Funktionen, an die „Anzielung heilsamer Folgen für den Straftäter und die Gesellschaft“ banden. Angesichts der ausufernden Folgen des präventiven Paradigmas – wir werden die präventiven Geister, die wir gerufen haben, nicht mehr los, ja drohen von ihnen verschlungen zu werden – fragt sich Winfried Hassemer, ob Hegel nicht Recht hatte, als er dem präventiven Strafrecht vorwarf, es begegne dem Menschen wie einem Hund, gegen den man den Stock hebt?
Wie hätte Jean Genet, der viele Jahre in französischen Gefängnissen verbracht und sich während der Haft zum Schriftsteller verpuppt hat, auf die Therapeutisierung des Gefängnisses und die Pathologisierung des Verbrechens reagiert? Er begriff das Gefängnis als einen zu seinen Ehren errichteten Palast, er erblickte in ihm die Projektion des Wunsches nach Strenge und Klarheit, der in den Herzen der Verbrecher wohnt. Genet wendet im Grunde einen Sartre'schen Trick an, den Peter Bürger als dessen „Philosophie des Als-ob“ bezeichnet hat. Genet verhält sich dem Gefängnis gegenüber wie Sartre sich dem Zweiten Weltkrieg gegenüber verhalten hat, in den er plötzlich geworfen wurde, und den er dann zu „seinem Krieg“ erklärte. Sartre sagte sich nämlich: Um mit der Situation fertig zu werden, muss ich sie akzeptieren, und zwar so weit akzeptieren, als hätte ich sie wirklich für mich gewählt, als wollte ich gar nichts Anderes. Als wäre dieser Krieg, den er natürlich vorher als pazifistisch orientierter Intellektueller abgelehnt hatte, für ihn jetzt „sein Krieg“. Nur dieser voluntaristische Akt ermöglicht es ihm, sich aus seiner misslichen Lage „herauszureißen“, sich von ihr „loszureißen“. Ganz ähnlich beschreibt er später, wie aus Genet Genet wird. Er schildert in seiner fulminanten Einleitung zu Genets Schriften den kleinen Jean Genet, wie er bei einem Diebstahl ertappt wird und wie ihn die Anderen, indem sie sagen: „Du bist ein Dieb“ *zum Dieb machen.* Dann, und das ist für Sartre der entscheidende Augenblick, beginnt der kleine Genet etwas daraus zu machen, was mit ihm gemacht wurde. Er sagt sich nämlich: Ich will der Dieb sein! Er nimmt es an und macht es zu seiner Sache. Erst dieser Akt des kleinen Genet, der sagt: *Ich will der Dieb sein,* eröffnet ihm alle späteren Möglichkeiten, letztlich auch die, zum schreibenden Dieb und dann zum Schriftsteller zu werden.
Nach einer neuerlichen Hegel- und Genet-Lektüre versteht man, warum die Therapeutisierung des Gefängnisses und die damit verbundene Pathologisierung der Täter auf Widerstand stoßen: Sie verwandeln Verbrecher in Patien-

ten, das heißt, wie Peter Sloterdijk sarkastisch anmerkt, in Personen ohne Stolz. Man enteignet sie ihrer Täterschaft und nimmt ihnen die Verantwortung ihrer Entscheidung für das „Böse". Dem diagnostischen Blick ist der Gefangene lediglich „ein Fall von ...". Gefangene verwandeln sich in reparaturbedürftige Mängelwesen, aus ihren Taten werden Krankheitszeichen, Symptome psychischer Störungen.

Straffällig gewordene Menschen werden als defekte Maschinen begriffen. Der als „Montagsproduktion" vermurkst vom Band der primären und sekundären Sozialisation gegangene Straftäter gerät mit dem Eintritt ins Gefängnis auf ein Resozialisierungsfließband, das ihn über die Zugangsabteilung, wo er gemessen, gewogen, rubriziert, diagnostiziert und mit einer Mängel- und Reparaturliste ausgestattet wird, über die Behandlungsabteilungen, wo man seine fehlgelaufenen Lernprozesse unter Anwendung pädagogischer, sozialarbeiterischer Techniken und modularisierter therapeutischer Trainingsprogramme korrigiert, bis zur Abgangsabteilung transportiert, von wo aus er runderneuert und mit dem TÜV-Siegel einer abschließenden gutachterlichen Qualitätskontrolle versehen das Band verlässt. Über allem thront der „Qualitätsmanager", dessen Aufgabe darin besteht, den gesamten Reparaturvorgang zu überwachen und darauf zu achten, dass die Übergaben klappen und man nicht vergisst, die Bremsbeläge zu erneuern und den Gefangenen das Anti-Aggressions-Training absolvieren zu lassen. Das Gefängnis als modularisierte Resozialisierungsfabrik, die ohne Reibungsverluste und unnötigen Leerlauf funktionstüchtige und begradigte Menschen herstellt. Totalschäden, bei denen keine Reparaturmöglichkeiten mehr bestehen, werden als eine Art hochtoxischer menschlicher Sondermüll in den Salzstöcken der Sicherungsverwahrung endgelagert. Und selbst dort soll neuerdings noch therapeutisch an ihnen herumgeschraubt werden. Der aus dem Strafvollzug entlassene, aber weiterhin als „gefährlich" geltende Mensch ist nicht etwa frei, sondern bekommt, wenn er keine elektronische Fußfessel tragen muss, eine Art ambulantes Halsband angelegt und verfängt sich in einem engmaschigen Netz aus Nachsorge und Kontrolle. Das ganze Leben verwandelt sich in einen „gut vernetzten" offenen Strafvollzug, aus dem es kein Entrinnen mehr gibt. Von der diagnostischen Vermessung, über modularisierte Reparatur- und Trainingsprogramme führt der Weg zur Anwendung von Prognose-Algorithmen. Im kalifornischen Oakland unternimmt das System *ShotSpotter* bereits den Versuch, mit Hilfe von statistischen Überwachungs-Daten Verbrechen vorherzusagen und zu verhindern.

„Abstraktionen in der Wirklichkeit geltend machen, heißt Wirklichkeit zerstören", sagte Hegel in seinen *Vorlesungen zur Geschichte der Philosophie*. Die Vorstellung der Mess- und Lesbarkeit des Menschen ist eine solche Abstraktion und zerstört dessen komplexe und vieldimensionale Wirklichkeit. Der Traum von der Messbarkeit therapeutischer Erfolge kann deswegen nicht aufgehen, weil, wie Eberhard Schorsch bemerkte, „die menschliche Person nicht wie eine Bremsspur ist, die sich vermessen lässt". Biographien mäan-

dern, und wer sich ihnen mit einer starren Messlatte nähert, misst nicht die Biographie, sondern eine technizistische Schimäre. Menschliche Biographien lassen sich nicht erklären, sondern allenfalls verstehen. Auf der Basis der Annahme der Messbarkeit von Therapieerfolgen basierende Prognosen sind trügerisch; die Sicherheit, die sie verheißen, geht auf tönernen Füßen.
Gegen den Vormarsch solcher psychotechnischen Praktiken und des ihnen zu Grunde liegenden Menschenbildes hat unser ehemaliger evangelischer Anstaltspfarrer Otto Seesemann stets darauf beharrt: „Mein Büro ist keine KFZ-Werkstatt, sondern ein Fluchtpunkt der Seele."
Die Psychologen von heute zucken beim Hören des Wortes Seele zusammen. Sie scheuen die Aura solch alter Worte, die sich wegen ihrer starken Assoziationen der psychotechnischen Verwertung gegenüber widerspenstig und sperrig verhalten. Sie bewahren die Ehrfurcht und das Erschauern vor dem Bezeichneten auf. Die behavioristisch orientierten Psychologen überbrücken die Abgründe, in die sie nicht schauen mögen, mit einer mechanisch-maschinellen Denk- und Sprechweise, die sie für den Zugriff erschließen. Wie viel mehr vom Wesen der Dinge hat Nietzsche begriffen, als er in *Jenseits von Gut und Böse* festhielt: „Wer mit Ungeheuern kämpft, mag zusehn, dass er nicht dabei zum Ungeheuer wird. Und wenn du lange in einen Abgrund blickst, blickt der Abgrund auch in dich hinein." Gewalttaten wie die, nach denen der *stern* die Polizeipsychologin fragt, werden letztlich immer etwas Rätselhaftes bewahren, zu dem wir mit unseren Erklärungsversuchen nur annähernd vordringen. Und zum Verschwinden werden wir sie auch dann nicht bringen, wenn wir alle Geschütze der neuen Begradigungs- und Normalisierungsmaschinerie gegen die Abweichungen in Stellung bringen.
Früh hat Max Horkheimer in seinem Buch *Dämmerung* auf den Entlastungscharakter solcher Erklärungsmuster hingewiesen: „Beim Gang durch ein Irrenhaus wird der schreckliche Eindruck, den der Laie von dem Tobsüchtigen empfängt, durch die sachliche Feststellung des Arztes beschwichtigt, dieser Patient befinde sich eben in einem ‚Erregungszustand'. Durch die wissenschaftliche Einordnung wird der Schrecken über das Faktum gewissermaßen als unangebracht hingestellt. ‚Nun – es handelt sich eben um einen Erregungszustand'."

Warum schreibe ich?

„Theorie als ein Mittel von Menschen, mit der Welt fertig zu werden."
(Max Horkheimer)

Warum schreibe ich? Warum tue ich mir das an? Andere Leute setzen sich nach der Arbeit auf den Balkon, trinken ein Weizenbier, schauen fern, treffen sich mit Freunden oder halten einfach ihren Kopf in die Luft und lassen den lieben Gott einen guten Mann sein, wie man so sagt. Ich aber versuche zu schreiben, quäle mich an den Schreibtisch, auf dem der Laptop steht und die Zettel mit den Notizen liegen. Zum Schreiben bräuchte ich Zeit – Zeit am Stück, nicht so zerstückelte Zeitfetzen wie im Alltag. Nur am Wochenende kann ich länger an einem Text arbeiten, dann muss ich ihn wieder liegenlassen und irgendwann mühsam den Anschluss suchen. Es drängt mich ja keiner, und gelesen werden meine gedruckten Texte lediglich von einer Handvoll Leute. Von meinem Buch über den Amoklauf in Erfurt hat der Verlag im Jahr 2002 700 Exemplare gedruckt, und das Buch ist heute noch lieferbar. Ob meine Texte als Buch erscheinen, ist so bedeutsam, wie der sprichwörtliche Sack Reis, der in China umfällt. Und brotlos ist mein Schreiben selbstverständlich obendrein. Also nochmal: Warum schreibe ich überhaupt? Warum tue ich mir das an? Die Gründe müssen in meiner Person liegen. Ich kann ohne zu schreiben nicht leben. Schreiben ist mein Weltbezug, meine Art zu existieren. Nur schreibend ertrage ich das Leben. Nur schreibend kann ich eine Distanz zwischen dem grassierenden Wahnsinn der Welt und mich legen. Wenn ich etwas Beobachtetes oder Gehörtes in Worte gefasst, bearbeitet und beschrieben habe, kann ich mich im Gefühl einer Existenz vom Schreibtisch erheben. Der frei flottierende Wahnsinn beunruhigt mich und muss schreibend gebannt werden. Nichts darf verloren gehen, daher die vielen Zettel um mich herum. Selbst neben dem Bett liegen Zettel, auf die ich nachts schlaftrunken etwas kritzele, das ich morgens oft nicht mehr entziffern kann. Nie werde ich fertig mit dem Schreiben, ich hinke immer hinterher.

Schreibend habe ich mich dem lebensgeschichtlichen *Incognito* entrissen, wie Ernst Bloch das genannt hat, und mich halbwegs zur Kenntlichkeit gebracht. Bloch hat die Aufgabe der Theorie mit der Funktion einer rauchverzehrenden Lampe verglichen, die den über den gesellschaftlichen Verhältnissen liegenden und in den Subjekten wabernden Nebel zu vertreiben vermag. Theorie liefert den Menschen Orientierung – lebensgeschichtlich und geschichtlich. Lesen und Schreiben habe ich mein Leben zu verdanken - oder das, was wir einstweilen so nennen. Dieser Prozess reißt nie ab und endet wahrscheinlich erst mit dem Tod. Oder wenn der Geist sich auflöst und das große Vergessen sich breitmacht. Davon später mehr. Bis dahin ist Schreiben für mich wie eine permanente Schwimmbewegung, die verhindert, dass ich im Fluss der Zeit versinke. Nur schreibend gelingt es mir, den Kopf über der Wasseroberfläche und den Wahnsinn auf Distanz zu halten. Distanz zu dem, was sich uns gegenüber so kompakt und machtvoll als Wirklichkeit aufspreizt und uns zu Anpassung und Unterwerfung nötigt. Schreiben ist meine Form der Balance- und Identitätsarbeit, wie Negt und Kluge die dem zeitgenössischen Subjekt auferlegte Anstrengung genannt haben, eine Vermittlung zwischen Besonderem und Allgemeinem, Individuum und Gesellschaft herzustellen und aufrechtzuerhalten. Da ein Mensch, wie Sartre im Vorwort seiner Flaubert-Studie geschrieben hat, „niemals ein Individuum", sondern „ein einzelnes Allgemeines" ist, können wir die Rätsel unserer Lebensgeschichte nur unter Rekurs auf die Gesellschaft lösen, in der wir leben und arbeiten.

Ich halte ganz hegelianisch daran fest, dass die uns umgebende Wirklichkeit nicht das Vernünftige und Wahre ist, und dass es darauf ankommt, das Wahre ins Wirkliche und das Wirkliche ins Wahre zu transformieren und hinüberzuzwingen. Die Geschichte muss sich nicht nach unseren Ablaufplänen und Vorstellungen davon, was wahr und vernünftig ist, richten, „es sei denn, sie werde gezwungen", wie Horkheimer in der *Dämmerung* anmerkt. Wie aber soll das unter den gegenwärtigen Bedingungen vonstattengehen? Es sind kaum transzendierende Ansätze erkennbar und wenn sich doch einmal Bewegungen gegen den Status quo formieren, dann sind sie flüchtig und lösen sich gleich wieder auf. Die neuen sozialen Bewegungen lodern auf wie ein trockenes Reisigbündel, wenn man ein Streichholz dranhält und hineinbläst, und sinken dann ganz schnell in sich zusammen. Die Leute protestieren, schlagen sich mit der Polizei, holen sich blutige Köpfe, gehen nach Hause - und machen weiter wie zuvor. Die Flüchtigkeit weist sie als heutige Bewegungen von heutigen Menschen aus, die von klein auf an die Flüchtigkeit gewöhnt sind. Der Konsum fördert punktiforme Orientierungen und Verhaltensweisen: alles geschieht im Hier und Jetzt und setzt auf umweglose Bedürfnisbefriedigung. Die Menschen haben nicht die richtige Innenausstattung und das psychische Fundament für die Verfolgung langfristiger Ziele und das Verarbeiten von Niederlagen. Seltsamer Weise scheint es so zu sein, dass mit dem Zerfall der bürgerlichen Subjektstrukturen auch die Tugenden des Widerstands gegen die bürgerliche Ordnung zerfallen. Ohne ein Mindestmaß an klassisch bürgerlichen Tugenden und Haltungen wie Ichstärke, Symbolisierungs- und Sublimierungsfähigkeit, Frustrationstoleranz, Geduld und Disziplin ist eine Veränderung der Gesellschaft nicht zu haben. Vor allem die gute, alte Anstrengung des Begriffs scheint jene zu überfordern, die ihre Hausarbeiten aus Wikipedia-Passagen zusammenmontieren und nicht gelernt haben, die augenblickliche Befriedigung von Bedürfnissen zugunsten eines später gesteigerten oder veredelten Genusses aufzuschieben. Peter Brückner hat in seinem autobiographischen Buch *Das Abseits als sicherer Ort* die Dialektik des Begriffs Disziplin mit folgenden, sich scheinbar widersprechenden Sätzen beschrieben: „Nur wer zu nichts Bürgerlichem taugt, taugt auch nicht zum Faschisten" und: „Wer nicht wenigstens etwas zum Faschisten taugt, taugt auch nicht zum Widerstand gegen den Faschismus." Selbstdisziplin sei eine Fähigkeit, die uns von unseren leibseelischen Zuständen unabhängig macht – von Ermüdung, von Schmerz, von Angst, von der Lust und Zerstreuung des Augenblicks. Sie gestattet es uns, an Plänen, Entwürfen, Hoffnungen auch dann festzuhalten, wenn wir zu Umwegen genötigt sind oder hart auf Hindernisse stoßen. „Ein jugendlicher Dissident und Anarchist, der begeistert auf den Pfiff seines Turnherrn reagiert, ist ein überaus peinlicher Anblick; aber wartet nur ab, er wird dabei ‚Herr über sich selbst' und über gewisse herrschende Verhältnisse – anders würde er später kein leidlicher Antifaschist." Arbeiten können ist auch eine Qualität des Revolutionärs. Es bedeutet, Aufgaben erledigen zu können, und zwar unabhängig von der eigenen Motivation, unabhängig davon, wie man sich gerade fühlt, unabhängig von der biographischen Situation und davon, ob es mir gerade Spaß macht.

Einstweilen scheint der real existierende Kapitalismus das letzte Wort zu haben, alle Auswege scheinen verriegelt und verrammelt – „überall Türen, die nirgendwohin führen" (Paul Nizan). So bleibt mir nichts als der Versuch, die bestehenden Verhältnisse am Maßstab ihrer besseren Möglichkeiten zu messen und die Versöhnung des Wirklichen und des Möglichen wenigstens schreibend vorwegzunehmen. Nur wenn es mir schreibend halbwegs gelungen ist, Selbstverborgenheit aufzuheben und ideologischen Nebel zu vertreiben, verschwinden vorübergehend die mich ständig begleitenden Gefühle der Vernichtung und der Angst. Herbert Achternbusch, zu dem ich seit jeher eine gewisse Nähe und geistige Verwandtschaft verspürt habe, hat das in einem *Wolken* überschriebenen Text so ausgedrückt: „Genauer betrachtet: ich hatte immer ein elementares Gefühl der Vernichtung, und dieses Gefühl loszuhaben, war der Erfolg von Texten. Wenn die Niederschrift eines Textes dieses verheerende Gefühl vertrieben hatte, musste er gut sein, da brauchte ich sonst keine Kategorie. Aber ich wurde süchtig …"

Süchtig auch in dem Sinne, dass es besser ist „nichts zu schreiben, als nicht zu schreiben", wie Goethe es in den *Wahlverwandtschaften* ausgedrückt hat. Jeder, für den Schreiben mehr ist als ein mondäner Zeitvertreib, kennt den Wahrheitsgehalt dieses Satzes.

Mein Freund C., der auch schreibt und dem ich diese Passage zugeschickt hatte, reagierte prompt. Seine Antwort fügt meiner Argumentation einen Aspekt hinzu, den ich spontan als Erklärung als zu subjektiv und privat zurückweisen würde. Aber womöglich reagiere ich abwehrend, weil er ein mir nicht bewusstes Motiv und eine verschwiegene Triebfeder auch meines Schreibens bezeichnet: *Ja, da kann ich nur beipflichten. Allerdings glaube ich für mich persönlich, dass es nicht die "Unvernünftigkeit" der Welt ist, die mich zum Schreiben zwingt, dass es nicht darum geht, die Unvernünftigkeit der Welt auf Distanz zu bringen, elementarer ist das Motiv, das Du auch nennst: Durch Schreiben zur Existenz gelangen. Ich vermute, der Schreibende (zumindest der Typ des Schreibenden, der sich in mir manifestiert), ist als Kind nicht genügend gehört worden. Nun schrei(b)t er.*

C. und ich entstammen kinderreichen Familien, in denen auf jedes einzelne Kind nicht viel Redezeit und elterliche Aufmerksamkeit entfiel. So kann es durchaus zutreffend sein, dass wir uns nun auf diesem Weg Ausdruck und Gehör verschaffen wollen.

Ethnologie des Inlands: Pecunia olet oder: unappetitliche Allianzen

„Ihr werdet die Früchte nicht mehr am Geschmack erkennen."
(Bertolt Brecht)

Erst dachte ich, es wäre ein Aprilscherz. Aber es war nicht der erste April, sondern der 24. November 2012, als ich im Gießener Anzeiger auf einen Artikel stieß, der über die Eröffnung einer Filiale der Fastfood-Kette Kentucky Fried Chicken (KFC) berichtete. Dreihundert geladene Gäste hätten am Tag vor der offiziellen Eröffnung an einem sogenannten Pre-Dinner teilgenommen und dabei für einen wohltätigen Zweck gespendet. Der Orts- und Kreisverband des Deutschen Kinderschutzbundes wird zukünftig Sozialpartner der Filiale sein. Dieser hat es sich zur Aufgabe gemacht, „die körperliche, seelische, geistige und soziale Entwicklung von Kindern und Jugendlichen zu fördern und der Gefährdung des Nachwuchses entgegenzuwirken". Die bei der Veranstaltung anwesende Repräsentantin des Kinderschutzbundes sagte, die Spenden würden unter anderem dafür verwendet, das „Kinderrechteprojekt" in Kindergärten weiter auszubauen. Ziel dieses Projektes sei es, „dem Nachwuchs zu vermitteln, Nein sagen zu können".

Zuallererst sollte man den Kindern demonstrieren, wie gut vernünftig erzeugte und anständig zubereitete Nahrungsmittel schmecken. Dann sollte man ihnen beibringen, „Nein" zu Kentucky Fried Chicken zu sagen. Ich finde es unglaublich, dass eine Vereinigung, die es sich zur Aufgabe gemacht hat, Gefährdungen von Kindern abzuwenden, eine Sozialpartnerschaft mit einer solchen Fastfood-Kette eingeht. Eine Sitzblockade hätten die Kinderschützer anlässlich der Neueröffnung organisieren sollen! Seit die Fastfood-Ketten bei uns Fuß gefasst haben, also seit rund zwei Jahrzehnten, hat sich die Anzahl der fettleibigen Kinder fast verdreifacht. Man weiß, dass es diese Unternehmen darauf anlegen, den Geschmack der Kinder zeitig so zu prägen, dass sie schließlich nur mehr nach diesem sogenannten Essen verlangen und nichts anderes mehr anrühren. Schlechte Essgewohnheiten bremsen die körperliche und geistige Entwicklung der Kinder und Jugendlichen und machen krank. Mehr als 70 Milliarden Euro muss das deutsche Gesundheitswesen jährlich für die medizinischen Folgen von falscher Ernährung aufwenden. Fast jeder Zweite hierzulande ist übergewichtig, darunter mehr als zwei Millionen Kinder und Jugendliche – 15 Prozent aller Mädchen und Jungen. Rund 1,4 Millionen Heranwachsende zeigen Symptome einer Essstörung.

„Malbouffe" – Scheißfraß – hat der französische Bauernrebell José Bové die Angebote der Fastfood-Ketten genannt. Vor Jahren hat er mit einigen Mitkämpfern und unter Zuhilfenahme ihrer Traktoren eine McDonalds-Filiale in Südfrankreich verwüstet und ist dafür für Jahre ins Gefängnis gegangen. Tausende von Franzosen haben Bové am Tag seiner Entlassung vor dem Gefängnis erwartet und ihn begeistert empfangen. Vor Jahren habe ich den amerikanischen Starkoch Anthony Bourdain gesehen, der beim Gang über die Frankfurter Buchmesse vor einem Fastfood-Lokal stehen blieb und sagte: „Was ist eine Pershing-Rakete gegen diesen Fraß? Damit verwandeln die US-Konzerne die ganze Menschheit in verfettete, hirnlose Idioten!" Hamburger und Chicken McNuggets seien Teil einer biologischen Kriegsführung, gewissermaßen kulinarische Massenvernichtungswaffen, keine Lebensmittel. Der König Herodes war jedenfalls ein Stümper im Vergleich zu diesen Fastfood-Ketten.

Es ist ja alles bekannt und man kann es im Internet recherchieren oder in den Büchern von Karen Duve: „Anständig essen" und Jonathan Safran Foer: „Tiere essen" nachlesen. Kentucky Fried Chicken kauft jedes Jahr fast eine Milliarde Hühner: „Würde man die alle dicht an dicht packen, würden sie die gesamte Halbinsel Manhattan bedecken." (Safran Foer) Die Tiere stammen aus Massentierhaltung, werden unter barbarischen Bedingungen aufgezogen und mit Antibiotika gefüttert. Über den Verzehr des Fleisches gelangen antibiotika-resistente Keime in den menschlichen Körper und sorgen dafür, dass immer mehr Menschen auf gewisse Medikamente nicht mehr ansprechen. Die Zustände in den Schlachthöfen, in denen die Tiere fließbandmäßig getötet werden, sind ekelerregend und abstoßend. Die Tierschutzorganisation PETA hat ein Video über einen solchen Schlachthof ins Netz gestellt, nach dessen Betrachten man sich schwört, nie wieder Hühnerfleisch zu essen. Zu den Lieferanten von KFC in Deutschland gehört der Geflügel-Gigant Wiesenhof, der für seine Skandale berühmt-berüchtigt ist. Ende August 2011 zeigte die ARD die Reportage „Das System Wiesenhof", die Tierquälerei, mangelnde Hygiene und Lohndumping aufdeckte.

Warum bloß fällt der Kinderschutzbund auf eine derart durchsichtige PR-Aktion herein? Für ein paar Kröten verhilft der Kinderschutzbund der Fastfood-Kette zu einem Image-Gewinn, verleiht ihr quasi das Zertifikat „kinderfreundlich" und erschließt ihr neue, bisher skeptische Kundenschichten. „Wenn KFC eine Sozialpartnerschaft mit dem Kinderschutzbund unterhält, dann feiern Anna und Sebastian dort ihren nächsten Geburtstag", hört man Eltern nach der Lektüre des Artikels sagen. Dabei hätte der Kinderschutzbund nicht nur auf die Gefahren hinzuweisen, die Kindern in Form von Gewalt und sexuellen Übergriffen in ih-

rem Nahbereich drohen, sondern sie auch vor dem Zugriff der Konsumgesellschaft zu schützen, die sie mit Haut und Haaren in Beschlag nehmen und ihren Bedürfnissen Warenform geben will. Durst wird umgeformt in Nachfrage nach Coca-Cola, Hunger in den Kauf von Hamburgern, gegrilltem Hähnchenfleisch und Pommes.

Solche um sich greifenden Formen von „Social Sponsoring" quittieren sicher auch den Umstand, dass sich die Politik unter dem Druck vermeintlich unabweisbarer Sparzwänge aus wichtigen Feldern der öffentlichen Daseinsfürsorge zurückzieht und sie der karitativen Mildtätigkeit und Spendenbereitschaft von „denen da oben" für „die da unten" überantwortet. Als Kaiser Vespasian eine Latrinensteuer für öffentliche Bedürfnisanstalten erhob und sein Sohn ihm deswegen Vorhaltungen machte, hielt er ihm eine Münze, die aus dieser Steuer stammte, unter die Nase und sagte: „Non olet" - „stinkt nicht". Als dieser bestätigte, sei er fortgefahren: „Atqui e lotio est", „Und sie stammt doch vom Urin!" Auch wenn die Euromünzen, die der Kinderschutzbund von KFC erhält, ebenfalls keinen Geruch absondern und nicht nach Fritteuse stinken, sollte man es sich nicht so einfach machen wie der römische Kaiser. Wenn man auf Social Sponsoring angewiesen ist, sollte man genau prüfen, welche Formen von Abhängigkeit entstehen, welche Themen durch sich bildende Loyalitäten der Kritik entzogen werden und welchen Image- oder sonstigen Gewinn der private Geldgeber von der Partnerschaft hat. Wenn sich die moralische Urteilskraft in diesem Feld weiter zurückbildet, sind für die Zukunft allerhand unappetitliche Allianzen vorstellbar: Die Hells Angels könnten einem Frauenhaus eine Sozialpartnerschaft antragen, das Medellin-Kartell einer Drogenberatungsstelle, ein AKW-Betreiber Greenpeace, eine Großbrauerei den Anonymen Alkoholikern.

Man kann das Social Sponsoring auch als eine zeitgenössische Form des Ablasshandels betrachten: Firmen möchten sich von ihren Sünden freikaufen und sich Jahrhunderte im Fegefeuer ersparen, in das die Verantwortlichen geworfen würden, wenn es eine ausgleichende Gerechtigkeit im Jenseits gäbe. Im Falle von KFC bestünde das Fegefeuer aus einer Fritteuse oder einem Grill.

Der Weltgeist ist partikular geworden: Ein nachträgliches Vorwort

„Ich habe immer die Neigung zu sagen, dass die Totalität nicht das Ganze, sondern das Verlassene und Einzelne ist.“
(Theodor W. Adorno)

Man hat das Vorwort eines Buches mit dem Betreten eines fremden Hauses verglichen. Zwischen dem öffentlichen Bereich der Straße und dem privaten Bereich der Wohnung liegt eine Sphäre des Übergangs und der behutsamen Annäherung: Man öffnet das Gartentor, geht einen mehr oder weniger langen Weg auf die Haustür zu, während dessen man Zeit hat, sich auf den bevorstehenden Besuch vorzubereiten und sich zu sammeln. Man bleibt vor der Haustür stehen, betätigt die Glocke und wartet, bis einem geöffnet wird. Man betritt nun in Begleitung des Gastgebers den Eingangsbereich, in dem man seinen Hut und Mantel an die Garderobe hängt und wird von dort aus in den Flur geleitet, vom dem aus man schließlich das Zimmer betritt, in dem die Begegnung und das Gespräch mit dem Gastgeber stattfindet. So oder so ähnlich las ich es vor Jahren in einem Buch. Ich bedaure, mich nicht mehr an den Namen des Autors erinnern zu können, von dem dieses Lob des Vorworts stammt. Es ist ein im angenehmen Sinn bürgerliches Modell, das ich sympathisch finde und dem ich etwas abgewinnen kann. Dennoch habe ich mich für einen anderen Einstieg entschieden und bin – um im Bild zu bleiben - mit der Tür ins Haus gefallen. Nun möchte ich potenziellen Leserinnen und Lesern doch ein paar Hinweise darauf geben, was sie im Folgenden erwartet. Man mag es bedauern, aber das Zeitalter der Vermittlungen und behutsamen Zwischenschritte ist vorüber. Besonderes und Allgemeines, Individuum und Gesellschaft, Innen und Außen sind längst nicht mehr so voneinander zu trennen und durchdringen sich wechselseitig viel direkter, als das im klassischen bürgerlichen Zeitalter der Fall gewesen sein mag. Wir leben in einem Kapitalismus ohne Bourgeoisie und inmitten einer zerfallenden bürgerlichen Kultur. Schon Marx hatte die Möglichkeit vorhergesehen, dass der Kapitalist verschwindet, während die kapitalistische Produktionsweise fortbesteht. Das Bürgertum wurde, wie Max Horkheimer gesagt hat, Opfer seines eigenen Mittels: des Geldes. Dieses hat sich vom individuellen Besitzer und Unternehmer losgerissen und ist in die Abstraktion geschossen. Die Erscheinungsweise des Kapitals wird seinem Begriff adäquat: Es ist sich selbst verwertender Wert, Geld heckendes Geld, das zum Zwecke seiner Vermehrung kaum noch den Umweg über die Produktion realer Dinge geht. Das Finanzkapital ist der automatische Fetisch, die vor sich hin nullende Null, die Marx als logischen Endpunkt der Verselbständigung des Wertes begriffen hat.
Die Bourgeoisie bezeichnete eine Klasse, die nach dem Ende des Feudalismus im kapitalistischen System zur herrschenden und kulturell hegemonialen Klasse wurde. Sie war das Subjekt der bürgerlichen Kultur, die sich in Bezug

auf Werthierarchie, Sitten und Gebräuche, Literatur und Kunst von der feudalistischen Kultur abhob. Inzwischen hat die Bourgeoisie ihre historisch progressiven und produktiven Funktionen eingebüßt. Ihre Rolle besteht nicht mehr darin, die Produktivkräfte zu entfalten, sondern in der Verhinderung ihrer rationalen Entwicklung im Sinne eines wirklichen menschlichen Fortschritts und in der immer gewaltsameren und kostspieligeren Aufrechterhaltung des herrschenden Systems. An die Stelle der bürgerlichen Kultur tritt eine Massenunterhaltung im Dienst von Zynismus, Brutalität und Dummheit. Das, was von der bürgerlichen Klasse übrig blieb, unterliegt einer fortschreitenden moralischen Verwilderung, worüber uns der Fall Hoeneß erneut belehrt hat.
Der Untergang der bürgerlichen Kultur und der Instanzen der Vermittlung ist auf der einen Seite mit Verlusten verbunden, erschließt andererseits aber auch neue Möglichkeiten. Man kann die Dinge direkter angehen und ohne Umschweife zur Sache kommen. Man braucht seine Zeit nicht damit zu vergeuden, sich langsam an das Thema heranzutasten. Alles ist gleich weit vom Mittelpunkt entfernt, man kann beinahe an jeder Stelle mit dem Schreiben loslegen und muss sich nicht einmal die Zeit nehmen, sich eine Jacke überzuziehen und die Schuhe zuzubinden. Es ist eine Art des Schreibens, die Sartre an seinem Jugendfreund Paul Nizan bewunderte, der seinen Roman *Aden* mit dem Satz eröffnete: „Ich war zwanzig. Niemand soll sagen, das sei die schönste Zeit des Lebens."
Eine merkwürdige Ironie hat dafür gesorgt, dass aus meiner Verweigerung eines Vorworts nun unter der Hand doch ein Vorwort geworden ist, wenn auch ein verspätetes und nachgereichtes. Dabei gibt es noch andere Gründe, von klassischen Formen des Schreibens abzurücken und nach neuen Möglichkeiten zu suchen, ein Gleichgewicht zu finden zwischen dem Gegenstand, den es zu erfassen gilt, und der Art, darüber zu sprechen und zu schreiben. Der Essay scheint eine Form des Schreibens zu sein, die den veränderten Bedingungen Rechnung trägt und es darüber hinaus erlaubt, dem Schreiben eine subjektive Färbung zu geben. Die Person des Schreibenden ist also nicht länger etwas, das nicht zur Sache gehört, sondern darf sich – innerhalb gewisser Grenzen - in den Schreib- und Erkenntnisprozess einmischen. Das vorliegende Buch ist eine Collage von essayistischen Fragmenten, kein in sich geschlossener Text. Es stellt eine Sammlung von alltäglichen Beobachtungen und deren Reflexion dar und liefert Kommentare zum Zeitgeschehen. Beobachtungen werden ja nur im Durchgang durch den Kopf und theoretische Bearbeitungsprozesse zu Erfahrungen, die der Rede und der Mitteilung wert sind. Adorno hat in einer Diskussion mit den emigrierten Mitgliedern des Instituts für Sozialforschung über Sprache und Erkenntnis stichwortartig gesagt: „Der Wert einer Erkenntnis hängt wesentlich von der Dichte und Tiefe der Erfahrungen ab, die darin niedergeschlagen sind. Benjamin sagt, jede kleinste Zelle wiegt den Rest der ganzen Welt auf. Problem von Theorie und Erfahrung. Heute sind Sie auch misstrauisch gegen die geschlossene Theorie, früher aber haben Sie verlangt, dass jede Erkenntnis sich vor dem Ganzen der Theorie ausweise. Ich verlange stattdessen die Dichte der Erfahrung. Jede ein-

zelne Erkenntnis ohne Konstruktion ist belanglos. In welcher Relation stehen echte Erfahrungen zu echter Theorie? Die einzelnen Erkenntnisse dürfen nicht blind sein. In der Theorie muss alles dem Mittelpunkt gleich nah sein." Christoph Türcke hat - in dieser Tradition stehend - im Vorwort zu seinem Buch über die Hyperaktivität (München 2012) die Art und Weise seines Philosophierens in Sätzen beschrieben, die ich auch als Anspruch meines Schreibens formulieren könnte: „Philosophie hat mit dem Verhältnis von Allgemeinem und Besonderem zu tun. ... Wann immer uns etwas berührt, erregt, erschüttert, zermürbt oder beglückt, so ist es etwas Besonderes. Nur ist das Besondere auch das Abgesonderte, Zusammenhanglose. Für sich genommen bleibt es unverständlich. Es verstehen heißt *mehr* darin erkennen als es selbst: einen Zusammenhang, eine Konstellation, ein Muster, kurzum, etwas Allgemeines. Genau darum geht es auf den folgenden Seiten: das Allgemeine im Besonderen, aber auch das Besondere im Allgemeinen." Ich hoffe, diesem Anspruch einigermaßen gerecht werden zu können.

Der fragmentarische Charakter des Projekts trägt dem Umstand Rechnung, dass die uns umgebende gesellschaftliche Wirklichkeit selber zunehmend in Fragmente zerfällt, die sich nicht mehr umstandslos zu einem Ganzen ordnen und zusammenfügen lassen.[1] Die Frage nach der *Einheit des Mannigfaltigen* kann nicht mehr so ohne weiteres mit dem Verweis auf das Wertgesetz als Zentralperspektive der Geschichte beantwortet werden. Dabei ist die Mannigfaltigkeit zu Anteilen Schein, denn nach wie vor - oder mehr denn je - bildet die ökonomische Sphäre den transzendentalen Rahmen, der die Bedingungen der Möglichkeit für menschliche Entwicklungen und unser aller Lebenschancen festlegt und begrenzt.

„Der Weltgeist scheint eine partikulare Gestalt anzunehmen; eine Partikularität, die zur Folge haben müsste, dass die Ära der systematischen Theoriebildung zu Ende geht und wir uns einer systematisch-unsystematischen Denkweise anzunähern hätten", sagte Peter Brückner auf einem Treffen der undogmatisch-unorganisierten Linken Mitte der 1970er Jahre. Theoriebildung dürfe nicht länger ausschließlich oder überwiegend am Schreibtisch stattfinden; erkannt werde auch auf der Straße und durch die kritische Beobachtung des Alltagslebens der Menschen. Die intellektuelle Durchdringung gesellschaftlicher Phänomene erfordere nicht nur Lektüre und theoretische Begriffe, sondern die empirische Beobachtungsschärfe des Ethnologen. Michael Rutschky prägte wenig später den Begriff einer *Ethnologie des Inlands* und verstand darunter, einen Blick auf das „Inland als Ausland" zu werfen. Seit dem Ende der Revolte der Schüler und Studenten lebten Viele in der Bundesrepublik Deutschland und fühlten sich doch nicht in ihr beheimatet.

1 Eine Anmerkung im Büchner-Jahr 2013: Mit der Collage-Technik befinde ich mich in der Büchner-Tradition. Auch er hatte die Welt bereits als Sammelsurium „zerstückter" Handlungen und Interessen gesehen und sie entsprechend darzustellen versucht. „Die Welt, die er hatte nutzen wollen, hatte einen ungeheuren Riss", heißt es in der Novelle *Lenz*. Der Riss, der durch die Welt geht, muss sich auch in der Form ihrer schriftstellerischen Darstellung wiederfinden.

Sie lebten, nach der Formulierung Hölderlins, wie *Fremdlinge im eigenen Haus.* Die Fremdheit wird zur Quelle eines unglücklichen Bewusstseins und kann lebensgeschichtliches Unglück mit sich bringen, aber auch Glück – Erkenntnisglück. Nur als Ausland kann man das Inland mit der nötigen Distanz betrachten und erkennen.

Für Hegel bestand der gesamte Weltprozess in der Selbstentfaltung des Geistes, und der Philosophie kam die Aufgabe zu, diese Selbstentfaltung zu erläutern und denkend zu begleiten. Die menschlichen Akteure fungieren als Bodentruppen des Weltgeistes, der sich gelegentlich in großen, Geschichte voranbringenden Persönlichkeiten inkarniert. Als er Napoleon in Jena einreiten sah, hatte Hegel das Empfinden, er habe den „Weltgeist zu Pferde" gesehen. Auch wenn Marx den Hegel'schen Weltgeist als metaphysische Verkleidung des Wertgesetzes entlarvte und Hegel damit vom Kopf auf die Füße stellte, blieb dessen Erbe in Form der Annahme eines kohärenten Geschichtsprozesses in der Arbeiterbewegung doch lebendig: Geschichte galt als ein gerichteter Prozess, der gesetzmäßig „zu uns hinführt". Die handelnden Massen blieben auch in der Linken die Fußtruppen der Notwendigkeit, die einem sich auch ohne sie vollziehenden Prozess zu einer beschleunigten Durchsetzung verhalfen. Revolutionen galten als Geburtshilfe, als eine Art von Kaiserschnitt; zur Welt käme das Neue auch ohne sie. Dass diese Vorstellung falsch und verhängnisvoll war, darüber wurden die marxistischen Theoretiker durch den sich abzeichnenden Triumph des Nationalsozialismus belehrt. Max Horkheimer notierte in seinem Buch *Dämmerung*: „Die sozialistische Gesellschaftsordnung wird von der Weltgeschichte nicht verhindert, sie ist historisch möglich; verwirklicht wird sie aber nicht von einer der Geschichte immanenten Logik, sondern von den an der Theorie geschulten, zum Besseren entschlossenen Menschen, oder überhaupt nicht."

Ein weiteres hegelianisches Erbe im Marxismus besteht in dessen Neigung, das Besondere vorschnell zu totalisieren und im Schwefelsäurebad allgemeiner Begriffe aufzulösen. Ereignisse werden begrifflich gefasst, bevor man sie eingehend analysiert hat, gelebte Erfahrung wird negiert und enteignet, indem man sie als Illustrationsmaterial des Abstrakt-Allgemeinen verwendet. Eine „Scholastik der Totalität liquidiert das Besondere", wie Sartre bemerkte, der in diesem Punkt nicht allzu weit von Adorno entfernt ist, der in einer Diskussion unter den Mitarbeitern des Instituts für Sozialforschung über *Sprache und Erkenntnis* sagte: „Ich habe immer die Neigung zu sagen, dass die Totalität nicht das Ganze, sondern das Verlassene und Einzelne ist."

In dieser Tradition der *Kritischen Theorie* stand auch Peter Brückner, als er die Linke dazu aufrief, sich an die Entwicklung eines neuen Theorietyps zu begeben, der Hörsäle und Bibliotheken verlässt, um *draußen* Erfahrungen zu machen und in sich aufzunehmen. Es gehe darum, gesellschaftliche Objektivität und Erfahrung fühlbar miteinander zu vermitteln - das, vor allem, sei *Kritische Theorie.* Schulen könne sich ein solches Denken an Adornos *Minima Moralia*, ein Buch, das für ihn immer im Umkreis von eineinhalb Metern verfügbar sein müsse. „Es bleibt schön, in den ‚Minima Moralia' zu lesen und über ihnen ein Stück Lebenszeit zu verdenken …", schrieb Brückner nach Adornos

Tod. Er stoße in vielen Arbeiten Adornos auf ein „Gefühl des Aufatmens im Freien". Auch Oskar Negt und Alexander Kluge riefen in ihrem 1972 erschienenen Buch *Öffentlichkeit und Erfahrung* die sich dogmatisierende Linke dazu auf, die Begriffe der Marx'schen Theorie „nach unten, zu den wirklichen Erfahrungen der Menschen hin" zu öffnen. Begriffe wie *Alltagsleben*, *gelebte Erfahrung* und *menschliche Sinnlichkeit* wirkten inmitten des Schulungswesens, das die linke Theoriebildung auf den Status von stalinistisch-maoistischen Parolen und einen scholastischen Kanon von Grund-, Haupt- und Nebenwidersprüchen heruntergebracht hatte, ungemein befreiend und subversiv.
Peter Schneider erinnerte daran, dass der junge Isaac Babel von ihm verfasste Geschichten zu Gorki brachte und ihn bat, sie zu lesen und ihm mitzuteilen, was er von ihnen hielte. Gorki hielt nicht viel von diesen Geschichten und sagte zu ihm: „Es ist ganz offensichtlich, dass Sie, mein Herr, nichts richtig kennen, aber an vielem herumrätseln. ... Gehen Sie unter die Menschen." Babel befolgte seinen Rat und wurde so erst zum Schriftsteller.
Auch Kierkegaard, erfuhr ich anlässlich seines 200. Geburtstags im Mai 2013, philosophierte im Gehen, während er durch die Straßen Kopenhagens flanierte. Philosophieren hieß für ihn: „Ganz buchstäblich die Alltäglichkeit des Lebens zu seiner Bühne machen, ausgehen und auf der Straße lernen." Er nahm ein „Menschenbad" in der Stadt und bezog seine Anregungen und Erkenntnisse aus ihm. Erkannt wird eben nicht nur in der Bibliothek und am Schreibtisch, sondern beim Gehen - mit offenen Augen und wachen Sinnen. „Ich habe mir meine besten Gedanken angelaufen", schrieb er.
Die Anfänge dieses Buchprojekts gehen zurück auf einen Text zum Thema *Narzissmus*, den ich im Auftrag des pädagogischen Online-Magazins *Auswege* im Herbst 2011 geschrieben habe und der dann im Laufe der nächsten Monate dort unter dem Titel *Unterm Strich zähl ich* in sieben Teilen erschienen ist. Ich habe ihn im Laufe der folgenden zwei Jahre zu einer Sammlung sozialpsychologischer Fragmente ausgebaut, die zusammen so etwas ergeben wie eine *Sozialpsychologie des Kapitalismus* auf seiner gegenwärtigen Entwicklungsstufe, die dadurch charakterisiert ist, dass das Kapital sich seiner sozialstaatlichen Begrenzungen entledigt und alle Beißhemmungen und Rücksichtnahmen ablegt. Dieses Wegbrechen aller Barrieren, Kontrollen und Widerstände gegen die Kapital- und Marktlogik gefährdet die demokratische Verfasstheit der Gesellschaft und ihren immer schon prekären Zusammenhalt. Inhaltlich und methodisch habe ich mich an Peter Brückners 1972 erschienenem Buch *Zur Sozialpsychologie des Kapitalismus* orientiert. Brückners Studien waren ursprünglich auf mehrere Bände angelegt. Aktuelle politische Ereignisse und der frühe Tod Brückners im Jahr 1982, der mit ihnen zusammenhängt, haben dazu geführt, dass das Werk ein Fragment blieb. Roger Behrens hat in der Zeitschrift Konkret 6/2013 unter dem Titel „Im Handgemenge mit der Wirklichkeit bleiben" an Brückners Biographie und seine weitgehend in Vergessenheit geratene *Sozialpsychologie des Kapitalismus* erinnert. Ich habe mein im Jahr 2002 erschienenes Buch *Gewalt, die aus der Kälte kommt* dem Andenken Peter Brückners gewidmet.

Im Zentrum dieses Buches steht der Narzissmus-Text, der von Anfang an die Form einer Collage besaß – eine Collage mit teilweise rasanten und abrupten Schnitten und Brüchen. Ich habe diese Form beibehalten und die neu dazugekommen Texte in ihn hinein und um ihn herum montiert. Wir nähern uns dem „Mittelpunkt", dem Adorno zufolge „in der Theorie alles gleich nah sein muss", von ganz verschiedenen Punkten aus: Es geht um die Rücksichtslosigkeit im zeitgenössischen Straßenverkehr, die Entwicklung des Gesundheitswesens zur Gesundheitsindustrie, die Messerattacke in einer Arbeitsagentur, das Massaker auf der Insel Utoya, die englischen Riots im Jahr 2011, unappetitliche Praktiken des *Social Sponsoring*, den zeitgenössischen Handy-Wahnsinn, die Rolle der Psychiatrie im System des Neoliberalismus oder den Begriff *Heimat.* Aus zehn Jahren Abstand blicke ich zurück auf den Amoklauf von Erfurt und frage, was aus dem Massaker gelernt worden ist, und was man aus ihm hätte lernen können und sollen. Immer wieder komme ich auf die Gefährdung demokratischer Errungenschaften durch das zu sprechen, was Angela Merkel in erstaunlicher Offenheit als „marktkonforme Demokratie" bezeichnet hat und im Kern darauf hinausläuft, unser aller Schicksal den losgelassenen und außer Kontrolle geratenen Finanzmärkten auszuliefern. Der zeitgenössische Kapitalismus tendiert dazu, die Demokratie außer Kraft zu setzen, indem er es Banken und anderen sogenannten Experten erlaubt, sich von demokratischen Instanzen und Mitspracherechten zu lösen und nach Maßgabe einer immer wahnsinniger werdenden ökonomischen Vernunft dezisionistisch zu entscheiden.

Zwischen die größeren Textblöcke habe ich kurze Alltagsbeobachtungen und Reflexionen montiert, die unter der Überschrift *Ethnologie des Inlands* firmieren und kursiv gesetzt sind. Einige Texte sind im Laufe der letzten beiden Jahre auf den *NachDenkSeiten* im Internet erschienen und wurden für die vorliegende Veröffentlichung ergänzt und überarbeitet, andere habe ich eigens für diese Veröffentlichung geschrieben. Veröffentlichungen im Internet sind durch eine große Flüchtigkeit gekennzeichnet: Sie schlagen manchmal ein paar Tage hohe Wellen, dann aber versinken sie ebenso schnell in den Tiefen des World Wide Web und in den Archiven der jeweiligen Blogs. Dieser digitalen Flüchtigkeit verdankt sich mein Wunsch, den Texten noch einmal eine andere, beständigere Form zu geben: die eines Buches. Einzelne kleinere Wiederholungen ließen sich bei dieser Entstehungsgeschichte nicht vermeiden. Auf wissenschaftliche Zitiergewohnheiten und andere akademische Stoßdämpfer habe ich zugunsten der Lesbarkeit weitgehend verzichtet. Hier und da habe ich bei der abschließenden Durchsicht eine ergänzende Fußnote eingefügt.

Der Titel dieses Buches *Zwischen Amok und Alzheimer* ist mehr als eine Alliteration. Er versucht ein Kontinuum von Möglichkeiten anzudeuten, mit denen Menschen auf die Verhaltenszumutungen der Gegenwart reagieren. Am einen Ende steht der Rückzug in den inneren Nebel der Demenz, am anderen der wütende Frontalangriff des Amoklaufs, der am liebsten die ganze Welt in den eigenen Untergang mitreißen möchte. Wer über das Begriffspaar stolpert und denkt, Amok und Alzheimer gehörten inkompatiblen Sphären – Amok der sozialen, Alzheimer der biologischen - an, dem sei gesagt: Auch Krank-

heiten sind soziale Phänomene, die uns etwas über die Gesellschaft verraten, in der sie zur Massenerscheinung werden. Die Demenz ist nicht einfach eine Krankheit in einer gesunden Umgebung: Sie verbreitet sich in einer Gesellschaft, die in ihrer Grundstruktur auf Vergessen gestimmt ist.
Was mich besonders freut, ist der Umstand, dass dieses Buch rund 40 Jahre nach dem Erscheinen meiner ersten Bücher im Gießener Focus-Verlag noch einmal in Kooperation mit Helmut Schmid entstanden ist und erscheint. Ich habe Anfang der 1970er Jahre mit Helmut Schmid an der Gründung des Focus-Verlages mitgewirkt und eine Zeit lang auch dort gearbeitet. 1973 und 1974 erschienen in der Reihe Focus-Argumentationen das von Wolfgang Thiel und mir gemeinsam verfasste Buch *Fluchtversuche. Über Genesis, Verlauf und schlechte Aufhebung der antiautoritären Bewegung und der Band Marxismus und Arbeiterbewegung. Versuch über das Verhältnis von revolutionärer Theorie und Erfahrung.* Erfreulich finde ich, dass ich mich keiner meiner frühen Veröffentlichungen schämen muss. Sie sind von einem libertär-sozialistischen Duktus geprägt, der mich vor Dogmatismus und Sektierertum bewahrte und dem ich im Kern bis heute die Treue bewahrt habe. Helmut Schmid hat den Focus-Verlag lange Jahre hindurch unter widrigen ökonomischen und politischen Bedingungen am Leben erhalten, dann aber den Verlags-Betrieb vor einigen Jahren eingestellt. Dennoch hat er keinen Augenblick gezögert, als ich ihm dieses Buchprojekt vorschlug. Dieses Buch erscheint in einem befreundeten Verlag. Ich freue mich, dass ich mit Anfang 60 wieder zu meinen Anfängen zurückgekehrt bin und sich auf diese Weise ein Kreis schließt.
Das Titelbild entstammt dem Fundus von Lothar Baier. Ich habe anlässlich seines 70. Geburtstags unter dem Titel *Glück braucht einen geschichtlichen Atem* im Mai 2012 auf den *Nachdenkseiten* an ihn erinnert.
Er hat es Mitte der 1990er Jahre aus der französischen Zeitung *Le Monde* herausgerissen und mir geschickt. Es heißt *Les autres* und illustriert das berühmte Sartre'sche Diktum aus dem Theaterstück *Bei geschlossenen Türen*: „... die Hölle, das sind die anderen". Der Cartoon stammt aus der Feder des französischen Künstlers und Illustrators Jacques-Armand Cardon. Ich weiß noch, dass ich beim ersten Betrachten des Cartoons erschrak. Eine schockartige Erfahrung versucht man zu bannen, indem man sie versprachlicht. Die Zeichnung führt uns drastisch vor Augen, was passiert, wenn man sich als Mensch ohne Stacheln oder Panzerung unter „Normalungetüme" (Adorno) begibt. Der Cartoon legt den Kern von Gewaltförmigkeit im sozialen Frieden der bürgerlichen Gesellschaft frei. Die Menschen sind gezwungen, in einem Universum permanenter Verteidigung und Aggression zu leben, das sie einander zu Konkurrenten und Gegenmenschen werden lässt. Seit vielen Jahren hängt eine Fotokopie des Cartoons im Flur meiner Wohnung und nährt meine Sehnsucht nach einer Welt, in der der Mensch dem Menschen kein Wolf mehr ist.
Danken möchte ich Wolfgang Polkowski für die Aufbereitung des Titelbildes und Johannes Feldner, der sich die Zeit genommen hat, das Manuskript zu lesen, zu korrigieren und mit mir durchzugehen.

Ethnologie des Inlands: Veitstänze – Der Hype um den Harlem Shake

Ein neues Gespenst geht um in Europa – das Gespenst des Harlem Shake. Allein in den ersten zwei Februar-Wochen des Jahres 2013 zog der Hype um das Stück des amerikanischen Musikproduzenten und DJs Baauer mehr als 40.000 neue Youtube-Videos nach sich, die über 175 Millionen Mal angeklickt wurden. Alle diese Filme gehen auf Versammlungen junger Leute zurück, die über Facebook organisiert und dann aufgenommen werden. Anfang März folgten zum Beispiel circa 500 Teenager dem Aufruf des sozialen Netzwerks, auf dem Gießener Seltersweg am Fuße des sogenannten Elefantenklos den Harlem-Shake zu tanzen und an einem Videofilm mitzuwirken, der ins Netz gestellt wurde. Am Tag darauf versammelten sich im verregneten Bozen etwa 1000 Jugendliche, um gemeinsam zu tanzen und rhythmisch zu zappeln und zu zucken. Am Freitag letzter Woche folgten erneut rund 400 junge Leute dem Aufruf einer Gruppe von Studenten, auf dem Gießener Kirchenplatz erneut ein Video des Harlem Shake zu produzieren. Mit Einsetzen der Musik beginnt eine Person mit rhythmischen Verrenkungen, während die Umstehenden zunächst passiv bleiben. Die tanzende Person hebt sich deutlich durch Maske, Kostüm oder Ähnliches von der Umgebung ab. Nach 15 Sekunden setzt mit einer bestimmten Textzeile der Bass ein. Zeitgleich steigen von einem Moment auf den anderen alle anderen Personen mit unkontrollierten Bewegungen wie Zappeln und Hüpfen in den Harlem Shake ein. Ihr Äußeres ist ebenfalls schrill und bildet einen deutlichen Kontrast zur Umgebung der alltagsmäßig gekleideten Passanten. Häufig tragen die Akteure Ganzkörperkostüme oder Arbeitskleidung.

Love Parade, Harlem Shake, Nachttanz-Demos und andere zeitgenössische virale Internet-Phänomene haben bei mir Assoziationen zu den großen Tanzepidemien des späten Mittelalters geweckt. Die Limburger Chronik, eine ergiebige Quelle für die Kenntnis der deutschen Kulturgeschichte des Mittelalters, hat über dieses seltsame Vorkommnis anschaulich berichtet: „Zu mitten Sommer Anno 1374, da erhob sich ein wunderlich Ding auf Erden und sonderlich in Teutschen Landen, auf dem Rhein und auf der Mosel, also daß Leut anhuben zu danzen und zu rasen und stunden je zwei gen ein und danzeten auf einer Stätt ein halben Tag und in den Danz da fielen sie etwann dick nieder und ließen sich mit Füßen treten auf ihren Leib.“ In Max von Boehns Buch „Der Tanz“ aus dem Jahr 1925 lesen wir: „Jedenfalls erschienen die ersten Scharen der Tanzwütigen im Juli 1374 in Aachen, von wo aus die Seuche sich mit großer Schnelligkeit nach Köln und in die Niederlande verbreitete. Eine so wunderliche Erscheinung, die ebensoviel Entsetzen erregte wie Neugierde, musste ansteckend wirken, und da es damals so wenig an Schwachköpfen fehlte wie heute, vergrößerte sich die Zahl der von Tanzwut Befallenen durch all das müßige Gesindel, das die Landstraße bevölkerte und für die Sensation dankbar war. In Köln zählte man schon 500 Tänzer, in Metz bereits 1100.“

Man geht davon aus, dass die unter dem Namen „Veitstanz" bekannt gewordene Tanzwut durch die große Pest-Epidemie, die als „schwarzer Tod" bezeichnet wird, ausgelöst oder doch begünstigt wurde. Diese wütete von 1347 bis 1353, ihr fielen geschätzte 25 Millionen Menschen zum Opfer – ein Drittel der damaligen europäischen Bevölkerung. Ganze Landstriche waren entvölkert, allein in Deutschland rund 2000 Dörfer völlig ausgestorben. Die Überlebenden hatten das Gefühl, in einer aus den Fugen geratenen, stürzenden Welt zu leben. Sie deuteten das Geschehen als Strafe Gottes und versuchten, sich durch Bußrituale zu reinigen. In Ingmar Bergmans Film „Das siebente Siegel", der in dieser Zeit spielt, begegnen wir Zügen von Flagellanten, die sich durch eine gespenstische Welt voller Tod und Sterben, äußerer und innerer Not bewegen. Eine bestimmte Ordnung des menschlichen Zusammenlebens ging unter und eine neue war noch nicht in Sicht. Solche geschichtlichen Umbruchsituationen setzen großflächig Angst, Unsicherheit und Wut frei, die in den Umzügen der Geißler und im Veitstanz Ventile fanden. Der berühmte Arzt, Alchemist, Astrologe und Philosoph Paracelsus befasste sich mit der Tanzwut und suchte nach Mitteln ihrer Heilung. Er isolierte die Erkrankten, wodurch das Leiden seine suggestive Kraft einbüßen sollte, und traktierte sie mit Schlägen und kalten Güssen. Später kam man auf weniger rabiate Praktiken, die man heute als paradoxe Intervention bezeichnen würde: Man steigerte das Leiden zu größter Heftigkeit, um die Kranken umso schneller zu erschöpfen. Die Städte, die von dem Phänomen heimgesucht wurden, stellten Musiker an, um den Tanzwütigen aufzuspielen und sie zu möglichst hohen und wilden Sprüngen zu animieren. Der Magistrat der Stadt Basel heuerte zwei Männer an, die mit einem von Tanzwut befallenen Mädchen vier Wochen ohne Unterlass tanzen mussten. Dann hatte das Mädchen genug und war geheilt.

Das Phänomen des Harlem Shake ist – wie viele Stilelemente der Jugendkultur - ursprünglich eine Ausdrucksform junger, schwarzer Ghettobewohner. Im Tanz befreien sie sich von dem Druck, der auf ihnen lastet, er entspannt ihre schmerzlich gespannten Muskeln und bildet die geheime Pantomime eines Nein, das sie offen nicht zu artikulieren wagen. Die Bewegungen stecken voller sexueller Andeutungen und provozieren die angepasste, weiße Umgebung. Dann reißen sich Tanz und Musik von ihren rebellischen Ursprüngen los und entwickeln sich zu einem Modetrend unter gelangweilten europäischen Mittelschichtskids und Studenten. Aus der Revolte der Nachfahren der Kolonialisierten und Versklavten wird ein sinnentleerter Exzess der Spaß- und Konsumgesellschaft. Die Leere der eigenen Existenz muss mit irgendetwas gefüllt werden – wie ein hohler Zahn mit einer Plombe. Nun ist jedes Vergnügen seiner Kritik überlegen und gegen Spaß zunächst einmal nichts einzuwenden. Aber es gibt einen Spaß, der daneben geht, weil er lediglich albern ist und von politischer Ohnmacht zeugt – und solcherart scheinen mir viele zeitgenössische Events zu sein. An Bord der marktwirtschaftlichen Titanic spielt die Musik, man tanzt, konsumiert und hat seinen Spaß. Die heutigen Jugendkulturen scheinen mit dem Erwachsenensystem kurzgeschlossen. Die Jugendkultur ist keine Gegenkultur mehr, die Jugendlichen wollen, was die Erwachsenen wollen, aber bitte subito. Ereignisse werden über sogenannte soziale Netzwerke wie Facebook initiiert und von Geschäftsleuten und Firmen gesponsert, die an die Zielgruppe solcher Events etwas verkaufen wollen. Man trifft sich, damit ein Video daraus wird, das dann ins Rennen um eine möglichst große Zahl von Aufrufen bei YouTube geschickt wird. Eine wahrheitsvergessene Spaßkultur bringt ständig neue Trends und Moden hervor. Man will Spaß haben, sich zeigen und vor allem gesehen werden. Erst im Auge der Kamera, unter den Scheinwerfern der Studios, in der Aufmerksamkeit der Zuschauer wird aus einem Nichts ein wahrgenommener Jemand. Man kann von einer zeitgenössischen Furcht sprechen, nicht gesehen zu werden und in einer atomisierten, anonymen Gesellschaft verloren zu gehen. Man muss, um wahrgenommen zu werden, auffällig sein und sich unterscheiden. Soziales Überleben in der „Aufmerksamkeitsökonomie" (Georg Franck) von heute hängt mit Sichtbarkeit zusammen. Wer nicht gesehen wird, existiert nicht.

Doch ist das wirklich alles? Oder steckt in dem geschilderten Phänomen möglicherweise nicht doch etwas, das in der medialen Vermarktung und Vereinnahmung nicht aufgeht und über sie hinausweist? Warum sind mir bei der Lektüre von Zeitungsberichten und Internetmitteilungen über das Phänomen des Harlem Shake spontan die spätmittelalterlichen Tanzepidemien eingefallen? Vielleicht gehen die Analogien zwischen einst und jetzt über die rein phänomenologische Ebene der zuckenden und zappelnden Leiber der Tänzer hinaus und verweisen auf eine vergleichbare gesellschaftliche Situation. Möglicherweise werden auch wir Heutigen angesichts der zahlreichen Krisenphänomene der Gegenwart von Paniken heimgesucht und von der Angst umgetrieben, aus der Welt zu fallen. Nur wer Geld hat, wer einkauft und über bestimmte Konsumartikel verfügt, gehört wirklich dazu und fällt nicht aus dieser Welt. Die Welt wird ja nicht mehr gehalten von Gott, bei dem unsere mittelalterlichen Vorfahren noch Trost und Vergebung fanden. Wer von gesellschaftlicher Teilhabe ausgeschlossen ist, kann leicht fallen – und wohin fällt einer dann? Welche Netze fangen seinen Sturz auf? Die unter dem Vorwand der Globalisierung betriebene Demontage des Sozialstaats und die Erosion der von ihm gesponnenen sozialen Netze, die unsere Existenz gegen gewisse Risiken abschirmten und Stürzende auffingen, lässt alte Ängste wieder aufleben – Ängste vor sozialer Desintegration, Verarmung und sozialem Tod. Der Sozialstaat hatte aus der kapitalistischen Welt immerhin so etwas wie eine bewohnbare Behelfsheimat gemacht, aus der wir nun in die Kälte der Märkte und der entfesselten Konkurrenz vertrieben werden. Im Zuge der Ökonomisierung aller Lebensbereiche dringt die soziale Kälte tief in die Poren des Alltagslebens ein und es beginnt kräftig zu ziehen in unseren Behausungen. Bindungen an Orte, Firmen, Nachbarn, Freunde werden im Namen von Flexibilität und Mobilität gelockert oder aufgerieben. Viele junge Leute sind von dem Risiko bedroht, ins Leere hinein zu lernen und sich ins Ungewisse zu entwerfen. Auf sie wartet ein neues Nomadentum. Die Welt, die wir kannten, ist in Auflösung begriffen, und eine neue ist nicht in Sicht. In solchen Zwischenzeiten grassiert die Anomie, und der Angst- und Panikpegel steigt.

Also versuchen die jungen Leute, sich in einer schwankenden, stürzenden Welt Boden unter die Füße zu tanzen und sich vor der aufflackernden Panik abzuschirmen. Wie Schopenhauers frierende Stachelschweine drängen sich die Erkalteten aneinander und versuchen, sich durch die Ekstase der Bewegung zu wärmen. Sie wissen es nicht, aber sie tun es. Auch ihr Tanz ist, wie derjenige der Kolonisierten, die unbewusste Pantomime eines Nein, das sie bewusst noch nicht formulieren können.

Wahrscheinlich tue ich dem Gezappel zum Harlem Shake mit dieser Interpretation viel zu viel Ehre an und es handelt sich in Wahrheit nur um eine weitere narzisstische Blasenbildung in unserer auf Inszenierung und Selbstdarstellung bedachten Kultur. Unverkennbar ist ein Trend zur kollektiven Infantilisierung, zur Regression als Lebensweise, zum allgemeinen Zurückgleiten zu Nuckelfläschchen und Tretroller. Dieser ganze urbane Infantilismus hat womöglich überhaupt nichts Subversives oder Närrisches an sich, sondern nur den Sinn, infantil, laut und möglichst grell zu sein. Dem gelangweilten, angsterfüllten, unglücklichen, im Grunde depressiven Mensch der heutigen Gesellschaft wird suggeriert, dass er glücklich, vergnügt und anerkannt ist, wenn er sich den Zerstreuungen und dem Spaß hingibt, den die Warenwelt ihm anbietet, ja quasi verordnet. Die Fotos und Bilder, die ich von diesen Tanz-Flashmobs gesehen habe, stützen eher die These des Aristokraten Max von Boehn aus den 1920er Jahren: Es fehlt heute „so wenig an Schwachköpfen" wie damals.

In Hebbels Tagebüchern bin ich vor vielen Jahren auf folgenden Eintrag aus dem Jahr 1842 gestoßen: „Der Jugend wird oft der Vorwurf gemacht, sie glaube immer, dass die Welt mit ihr erst anfange. Wahr. Aber das Alter glaubt noch öfter, dass mit ihm die Welt aufhöre. Was ist schlimmer?" Mir ist bewusst, dass sich in meinen Anmerkungen zum Harlem Shake auch das Befremden eines analog sozialisierten Menschen gegenüber der digitalisierten Welt und den digital Sozialisierten artikuliert, die er wie Hebbels Meister Anton zu Anteilen nicht mehr versteht.

Im Kern bin ich allerdings der Auffassung, dass man den jungen Leuten auch nicht nach dem Munde reden darf, nur weil sie jung sind und die Zukunft auf ihrer Seite haben. Da, wo sie den Verhältnissen auf den Leim kriechen und sich zu Wegbereitern einer dümmlichen Spaßkultur machen, die das Vergnügen als Ware auf den Markt bringen und daran verdienen will, muss man ihnen das auch sagen dürfen. Da müssen wir Älteren Farbe bekennen und den Jugendlichen einen Spiegel vorhalten, der ihnen manchmal etwas zeigt, das ihnen unangenehm ist. Sosehr uns damals Adornos Haltung zur Protestbewegung geärgert hat, so sehr muss man rückblickend einräumen, dass er früh etwas Richtiges gesehen hat: „Mit Schrecken muss man einsehen, dass man oft früher schon, wenn man den Eltern opponierte, weil sie die Welt vertraten, insgeheim das Sprachrohr der schlechteren Welt gegen die schlechte war." Nicht umsonst trifft man Rainer Langhans - den Vorreiter dieser Spaßkultur - heute im Dschungelcamp von RTL an. Viele Wünsche der Revolte gingen in einer Form in Erfüllung, in der man sie nicht mehr wiedererkennt. Inzwischen bekommt man eine

Ahnung davon, dass das gegenwärtige Nicht-Verdrängen noch bedenklicher ist als das vormalige Verdrängen, weil dieses noch in der Unterdrückung und im Verbot dem Trieb mehr Ehre erweist und Respekt zollt als dessen „repressive Entsublimierung" (Herbert Marcuse). Asketische Ideale schließen heute ein größeres Maß an Widerstand ein, als das marktkonforme Sich-Ausleben. In diesem Sinne sehe ich in zahlreichen Phänomenen heutiger Jugendkultur einen Enthemmungsfuror am Werk, der lediglich Barrieren für die weitere Expansion des Systems von Ware und Geld wegräumen wird. Man kann ja inzwischen froh sein um die Existenz von Begrenzungen wie dem Gebot der Sonntagsruhe, das das Bundesverfassungsgericht vor ein paar Jahren bekräftigt hat, und dem Tanzverbot am Karfreitag, aus welch trüben Quellen es sich auch immer speisen mag.

Eine Bekannte bietet an der Universität Einführungen in die Psychologie für Lehramtsstudierende an. Sie beginnt ihre Block-Seminare mit einer Vorstellungsrunde, in der auch danach gefragt wird, welche Neigungen und Interessen die Teilnehmer neben dem Studium noch haben und mit was sie sich außerhalb der Universität beschäftigen. 90 Prozent der Teilnehmer geben an: Partymachen, gefolgt von Mit-Freunden-Chatten und Nachrichten-Austauschen. Dann kommt eigentlich nichts mehr. „Denken macht traurig", zitiert meine Bekannte George Steiner und fügt hinzu: „Deswegen versuchen es die heutigen Studenten erst gar nicht damit." Die Universität in ihrer gegenwärtigen Verfassung tue wenig bis nichts, um die Studierenden von dieser Haltung abzubringen und zum Denken zu verführen. Man müsse wissen, kommt meine Bekannte auf unser Ausgangsthema zurück, dass Partymachen ein Synonym für exzessives Saufen und Drogenkonsum sei. Die Studierenden hätten inzwischen zum Universitätsbetrieb eine vollkommen verdinglichte Beziehung. Sie erlebten ihn als fremdbestimmt, wie Arbeiter die Maloche in der Fabrik. Dem entspreche ihr stumpfsinniges Freizeitverhalten. Tagsüber in einem Achtstundentag Seminare besuchen und büffeln, abends und vor allem Wochenende saufen, kiffen und Spaß haben.

Wenn das die einzigen Leidenschaften der zukünftigen Lehrerinnen und Lehrer sind, wird einem beim Denken an die Zukunft der Schulen ganz blümerant. Woher sollen sie den zum Unterrichten nötigen Enthusiasmus nehmen, der die Schüler mitreißt und entzündet? Welche Ideen vom richtigen und guten Leben werden sie ihren Schülern vermitteln? Alex Rühle berichtet in der Süddeutschen Zeitung vom 16./17. Februar 2013 über eine Studie des neuseeländischen Bildungsforschers John Hattie, der 800 Metastudien über die Frage untersucht hat, was die wichtigsten Faktoren für einen guten Unterricht sind. Und was fand er heraus? Dass es die finanziellen Ressourcen einer Schule sind? Fallen kaum ins Gewicht. Didaktische Reformen? Kann man vergessen. Was zählt, ist der einzelne Lehrer. Die stärkste Motivationsdroge für den Menschen ist der andere Mensch. Entscheidend sind Respekt, Anspruch, Autorität und Liebe, Liebe zum Fach und Liebe zu den Schülern. Können aus den Studierenden meiner Bekannten je solche Lehrerinnen und Lehrer werden?

In unserer Generation wären Antworten wie die aus der Vorstellungsrunde des Blockseminars meiner Bekannten völlig undenkbar gewesen. Wer eingestanden hätte, sein Lebenssinn bestünde in Partymachen und Spaß haben, hätte sich unmöglich gemacht. Schon die Frage nach Hobbys hätten wir empört zurückgewiesen und als Ausdruck von Entfremdung kritisiert. Mit einer derartigen Hälftung des Daseins wollten wir nichts zu tun haben. Wir hätten auf Adorno verwiesen, der in der „Minima Moralia" gefragt hat, ob man sich Nietzsche bis fünf Uhr in einem Büro am Schreibtisch sitzend und nach vollbrachtem Tagewerk Golf spielend oder bei sonstigen sogenannten Hobbys vorstellen könne? Wir träumten von einer ich-nahen Tätigkeit, in die unsere Neigungen und Leidenschaften mit einflössen. Mit Hobbys wollten wir nichts zu tun haben. Getrunken haben wir natürlich auch ab und zu, aber wir haben es nicht zum Programm und Lebenssinn erhoben.

II.

Lackierte Kampfhunde - Versuch über den Straßenverkehr im Zeitalter der Deregulierung

In Thomas Pynchons Roman *Vineland* begegnen wir einem Burschen namens Frenesi. Er ist Aushilfsarbeiter, Biertrinker, Wellenreiter und spielt am Wochenende in einer Band, die *Corvairs* heißt. „Neben der gemeinsamen Vorliebe für Bier teilten die Anhänger beider Subkulturen, ob sie auf dem Surfbrett standen oder hinter dem Steuer eines 409ers saßen, den Nervenkitzel und die Ekstase der passiven Bewegung, des Ausgeliefertseins ... Nach ihren Auftritten zog es die Corvairs ruhelos nach draußen, wo sie in den ländlichen Nebeln das Roulette der Motorfreaks spielten. ... Das Spiel bestand darin, mit einem Tempo, das deutlich über dem erlaubten Limit lag, in die bleiche Mauer des Nebels hineinzurasen und seinen Kopf darauf zu setzen, dass der weiße Tunnel keine anderen Fahrzeuge, keine Kurven und keine Baustellen enthielt, nur ein glattes, ebenes, leeres Stück Straße, das sich in die Unendlichkeit erstreckte – die Motorfreak-Version eines Surfertraums."

Dieses Vabanque-Spiel, das eine kleine exzentrische Subkultur von Surfern und Rockmusikern in den 80er Jahren des 20. Jahrhundert in der amerikanischen Provinz als Nervenkitzel betrieb, hat sich bei uns zum Volkssport verallgemeinert, der die Nebelbänke des nächtlichen Kaliforniens durch rote Ampeln ersetzt. Mehrfach am Tag erlebt man folgende Szene: Man fährt auf eine Ampel zu, die gerade auf Gelb umspringt. Eigentlich müsste man jetzt bremsen, aber man fährt noch durch. „Puh, gerade nochmal gut gegangen", denkt man, und sieht dann im Rückspiegel, dass die beiden Wagen hinter einem auch noch die Ampel passieren, die inzwischen längst auf Rot umgeschaltet haben muss. Aus der anderen Perspektive sieht das so aus: Man wartet, dass die Ampel, vor der man steht, über Gelb auf Grün schaltet, fährt los und merkt mit Schrecken, dass von der Seite noch Autos vorüberschießen, die in die Rotphase ihrer Ampel hineingefahren sein müssen. Inzwischen riskiert, wer bei Gelb bremst, einen Auffahrunfall. Unlängst habe ich vor einer auf Gelb umgesprungenen Ampel abgebremst, da scherte der hinter mir Fahrende aus und überholte mich, wobei er noch Zeit fand, mir einen Vogel zu zeigen und damit zu bedeuten, dass er mich für einen Spinner und ein Weichei hielt.

„Irgendwann wird es krachen", dachte ich in den letzten Jahren immer häufiger. Inzwischen hat es gekracht und mein Freund Michael hätte um ein Haar sein Leben verloren, weil ihm eine Frau, die bei Rot über eine Kreuzung fuhr, in die Seite gerast ist. Sie hätte es eilig gehabt, weil sie ihre kleine Tochter vor der Arbeit in den Kindergarten bringen wollte, ließ sie später verlauten. Michael ist noch einmal glimpflich davongekommen: Nach einem Tag konnte er das Krankenhaus wieder verlassen. Er trug Stauchungen, Prellungen und ein Schleudertrauma davon. Auch Mutter und Tochter sind inzwischen wieder wohlauf.

Vier Wochen später fuhr ein paar hundert Meter weiter im Morgengrauen ein mit zwei Personen besetztes Auto bei Rot über eine Ampel, wurde von einem Bus erfasst und mitgeschleift. Noch an der Unfallstelle starb der Fahrer des PKWs, sein Beifahrer wurde mit schweren Verletzungen in ein Krankenhaus eingeliefert. Der Busfahrer und zwei Passagiere erlitten leichte Verletzungen. Nach diesem Unfall fuhr Michael der Schreck noch einmal in die inzwischen wieder einigermaßen funktionstüchtigen Glieder. Sein Urvertrauen darauf, dass man sich grundsätzlich auf das richtige Verhalten der anderen Verkehrsteilnehmer verlassen kann, ist irreparabel beschädigt. Ohne diesen sogenannten *Vertrauensgrundsatz* ist aber der moderne Verkehr nicht denkbar. Denn ein Gebot, jedes mögliche verkehrswidrige Verhalten der anderen zu berücksichtigen, würde den Verkehr lahmlegen, ja verunmöglichen. Daher hat die Rechtsprechung den *Vertrauensgrundsatz* geschaffen: Es ist nur mit solchen Fehlern zu rechnen, die erfahrungsgemäß vorkommen können. Das systematische Überfahren roter Ampeln gehört sicher nicht zu den erwartbaren Ereignissen. Der Einbruch des Unvertrauten ins Reich des Vertrauten ist ein Schock, der ein Trauma hinterlassen kann.

Wolfgang Herrndorf, in dessen Kopf sich ein bösartiger Tumor eingenistet hat und für den der Gedanke an den Selbstmord sicher keine intellektuelle Koketterie ist, hat am 11. Februar 2013 in seinem Blog *Arbeit und Struktur* geschrieben: „Und Selbstmord doch nicht so schwierig, wie ich lange dachte. Es reicht, die Föhrer Straße bei Grün zu überqueren. Weder Linksabbieger noch Geradeausfahrer erkennen in den verschieden bunten Lichtern etwas anderes als einen unverbindlichen Vorschlag der Behörden.“[1]

Die sogenannte Räum- oder Schutzzeit, die in die Ampelschaltung als Sicherheitsmarge eingebaut ist, wird gnadenlos genutzt, um einen kleinen zeitlichen Vorteil im täglichen Rattenrennen zu erzielen. Dabei trifft man sich dann eh an der nächsten Ampel oder im Stau wieder. Geht es, wie bei den Corvairs, um den Kick, den Nervenkitzel, der darin besteht herauszufinden, ob es auch heute gerade noch einmal gut geht? Eine Art von russischem Roulette im

1 Während des Korrekturlesens erreicht mich die Nachricht vom Tod Wolfgang Herrndorfs. Am späten Abend des 26. August 2013 hat er seinem Leben im Alter von 48 Jahren ein Ende gesetzt. „Wolfgang Herrndorf hat sich am Montag, den 26. August 2013 gegen 23.15 Uhr am Ufer des Hohenzollernkanals erschossen“, heißt nun der letzte Satz seines Blogs *Arbeit und Struktur*. Ich habe Wolfgang Herrndorf sehr geschätzt und hätte ihm und uns allen gewünscht, dass noch viele Texte von ihm erscheinen. Er taucht in diesem Buch an verschiedenen Stellen auf. In Herrndorfs Roman *Sand* findet sich diese Passage zum Thema freiwillige Knechtschaft, das mich in den hier versammelten Texten immer wieder beschäftigt hat: „Das Tier spazierte behäbig einmal in seinem Laufstall herum, schnupperte an seiner Flanke und starrte dann Helen mit kleinen, schwarzen Knopfaugen an. Obwohl es viel kleiner war als der Zwischenraum der Gitterstäbe, verließ es den Käfig nicht.“

Straßenverkehr? Oder ist es eine Facette der universalen Schnäppchenjagd, hier bezogen auf kleinste Zeitvorteile? Oder liefert uns dieses Verhalten lediglich ein Beispiel für die Wirksamkeit des Mitnahmeeffekts?
Wir werden sehen.
Ich kenne Leute, die das geschilderte Phänomen als einen Akt zivilen Ungehorsams und gewissermaßen Einzug italienischer Zustände in den deutschen Verkehrs-Alltag betrachten und feiern. Freilich könnte man es begrüßen, wenn Formen blinden Gehorsams sich zurückbildeten und die Seele der Deutschen nicht mehr ausschließlich aus verinnerlichtem Staat bestünde. Während sein Freund und Kollege Theodor W. Adorno in einem berühmten Leserbrief an die FAZ aus dem Juli 1962[1] die Stadt Frankfurt aufforderte, eine Lichtsignalanlage aufzustellen, die das unwürdige Rennen der Studenten und Professoren über die Senckenberganlage beenden würde, hat Max Horkheimer auf die Ampel gern Bezug genommen, um seinen Begriff der „verwalteten Welt" zu illustrieren: „Die verwaltete Welt ist das Ergebnis eines irreversiblen Geschichtsprozesses, die logische Entwicklung des Menschengeschlechts von der Großfamilie über die bürgerliche Kleinfamilie zum isolierten Individuum mit einer weitgehenden Autonomie und schließlich zum Roboter in der automatisierten Welt. Sie kann das autonome, für sich verantwortliche Individuum nicht mehr gebrauchen. Was sie vom Einzelnen erwartet, ist seine widerspruchslose Anpassung an die Realität. Alles, was den Menschen in unserem Sinne ausmacht, erweist sich als irrational, abstrus, realitätsfremder Nonkonformismus, als lächerliches Verhalten."
In der verwalteten Welt werde die Moral tendenziell überflüssig, weil konformes Verhalten mehr oder weniger automatisch erzeugt würde. Die Technik zwinge die Menschen, innerhalb und außerhalb der Arbeitsstelle, in der Fabrik und im Verkehr, auf Zeichen zu achten. In gewisser Weise würde der Mensch dadurch selbst zu einem Apparat, der auf Signale reagiert. „Wer immer auf Zeichen blickt, dem wird am Ende alles zum Zeichen, die Sprache und das Denken selbst." Moral sei so lange nötig, sagte Horkheimer, bis die Individuen sich zu Automaten entwickelt haben, die auf Zeichen zuverlässig reagieren. „Für das Funktionieren eines Ameisenhaufens bedarf die einzelne Ameise keiner Moral ..."
In einem Vortrag mit dem Titel *Bedrohungen der Freiheit*, den er 1965 auf dem Deutschen Evangelischen Kirchentag in Köln gehalten hat, sagte Horkheimer: „Das Überqueren einer Straße war um 1900 Angelegenheit der Person. Man schaute nach rechts und links, hörte auf den Hufschlag der Pferde und ging, nach eigenem Entschluss, langsam oder rasch, gerade oder schräg auf die andere Straßenseite. Heute blicken zwanzig, dreißig Augenpaare auf die Ampel oder auf den Schutzmann und gehorchen dem Befehl. Der Signale, denen die Autofahrer gehorchen, sind sehr viel mehr; sie verord-

1 Dort führt Adorno aus: „Sollte ein Student oder ein Professor in jenem Zustand sich befinden, der ihm eigentlich angemessen ist, nämlich in Gedanken sein, so steht darauf unmittelbar die Drohung des Todes." Seit 1987, also 25 Jahre nach Adornos Initiative, gibt es die sogenannte „Adorno-Ampel" an der von ihm beschriebenen Gefahrenstelle. Lange gingen Schriftsätze wegen der Lichtsignalanlage hin und her.

nen nicht nur Stillstand und Bewegung, sondern Tempo, Fahrtrichtung. In größeren Ländern ist die Form der Kurve abgebildet, in die man einbiegt, so dass der kleinen Zeichnung einfach stattzugeben ist." Die Ampel stand Horkheimer symbolisch für einen neuen, gleichsam nachbürgerlichen Modus der Verhaltenssteuerung: Die Subjekte sollen sich von autonomen Denk- und Ich-Funktionen verabschieden und nicht mehr selber kritisch prüfen, ob man die Straße gefahrlos überqueren kann, sondern blind auf Zeichen reagieren: Bei Grün stehen bleiben, bei Rot marschieren! Ein Automatismus ersetzt die geistige Spontaneität, Reflexe treten an die Stelle von Reflexion.

Wenn dieser Modus der Verhaltensregulierung sich einmal durchgesetzt hat, ist es äußerst problematisch, wenn einzelne Verkehrsteilnehmer beschließen, allgemeinverbindliche Regeln außer Kraft zu setzen und den Respekt vor technisch organisierter Konformität aufzukündigen. Ist der Modus des bewusstlosen Reflexes und des prompten Reagierens auf Zeichen einmal gesellschaftlich etabliert und den Menschen zur zweiten Natur geworden, muss man sich im Grunde blind darauf verlassen können, dass alle Verkehrsteilnehmer sich mit absoluter Zuverlässigkeit an ihn halten. Die massenhafte Aufkündigung der Farbenlehre der Ampeln ist schlichtweg lebensgefährlich, es sei denn, wir würden zur Praxis eigener Urteilsbildung zurückkehren und vor jeder Ampelüberquerung kritisch prüfen, ob von links und rechts nicht jemand heranrast. Einmal außer Kraft gesetzt und nicht länger eingeübt, lassen sich gewisse abgestorbene menschliche Fähigkeiten aber nicht nach Belieben wiederbeleben. Sie sind unwiderruflich dahin.

Vielleicht ist an dieser Stelle ein kleiner geschichtlicher Exkurs hilfreich. Die Grenzen geldloser Märkte waren eng gezogen und die räumliche Mobilität und die Transportnotwendigkeiten entsprechend gering entwickelt. Bis zum Jahr 1800 etwa waren die agrarische Hausgemeinschaft und die in ihrem Rahmen betriebene gebrauchswertbasierte Subsistenzwirtschaft die vorherrschende Lebensform der Menschen, die im Schnitt einen Bewegungsradius von 15 Kilometern um ihren Heimatort herum aufwiesen. Das Geld vereinfachte das Zustandekommen von Austauschbeziehungen und ermöglichte allererst die Herausbildung von größeren, überregionalen Märkten. Das Geld wird zum Träger einer Bewegung, die vormodernen Gesellschaften fremd war. Georg Simmel sah im Geld, das als abstrakte Quantität keine Begrenzungen kennt, die „reinste Verwirklichung des Bewegungsprinzips" und die Quelle der „Unruhe, Fieberhaftigkeit, Pausenlosigkeit des modernen Lebens, dem im Gelde das unabstellbare Rad gegeben ist, das die Maschine des Lebens zum *Perpetuum mobile* macht", schrieb er bereits 1896. Simmel erlebte als Zeitgenosse die mit der Industrialisierung einhergehenden Wanderungsbewegungen und die Entstehung großer Städte. Das, was wir unter modernem Verkehr verstehen, entsteht im Zuge der Herausbildung arbeitsteiliger, marktvermittelter Gesellschaften und der Großstädte. Norbert Elias hat im zweiten Band seines epochalen Werks *Über den Prozess der Zivilisation* auf die Folgen dieser Prozesse für die menschliche Verhaltensregulierung hingewiesen: „Der Verkehr auf den Hauptstraßen einer großen Stadt verlangt eine ganz andere Modellierung des psychischen Apparats: Hier ist die Gefahr eines räuberischen Überfalls auf ein Minimum beschränkt. Automobile fahren in Eile hierhin und dorthin; Fußgänger und Radfahrer suchen sich durch das Gewühl der Wagen hindurchzuwinden; Schutzleute stehen an den großen Straßenkreuzungen, um es mit mehr oder weniger Glück zu regulieren. Aber diese äußere Regulierung ist von Grund auf darauf abgestimmt, dass jeder einzelne sein Verhalten entsprechend den Notwendigkeiten dieser Verflechtung aufs Genaueste selbst reguliert. Die Hauptgefahr, die hier der Mensch für den Menschen bedeutet, entsteht dadurch, dass irgendjemand inmitten dieses Getriebes seine Selbstkontrolle verliert. Eine beständige Selbstüberwachung, eine höchst differenzierte Selbstregelung des Verhaltens ist notwendig, damit der einzelne sich durch dieses Gewühl hindurchzusteuern vermag."

Verkehrsgerechtes Verhalten ist Voraussetzung für eine sichere Teilnahme am modernen Verkehr. Zunächst ergriffen Kutschen, Fuhrwerke und Pferdeomnibusse von den Straßen Besitz. In der zweiten Hälfte des 19. Jahrhunderts wurden die ersten Schienen für städtische Straßenbahnen verlegt, die wiederum die Entwicklung völlig neuer Aufmerksamkeitsregeln der Passanten nach sich zogen. Man versuchte, den Fußgängerverkehr mittels erhöhter Bürgersteige an den Rand der Straßen abzudrängen. Die selbstverständliche Mitbenutzung der Straßen musste den Fußgängern mühsam abgewöhnt werden. Von nun an gehörte die Straße den in immer rasanterem Tempo die Stadt durchquerenden Automobilen. Fußgänger werden tendenziell zu Störfaktoren des fließenden Verkehrs. Welchen Autofahrer, fragt Adorno, „hätten nicht schon die Kräfte seines Motors in Versuchung geführt, das Ungeziefer der Straße, Passanten, Kinder und Radfahrer, zuschanden zu fahren?" Und André Gorz schreibt: „Der aggressive, grausame Egoismus des Autofahrers, der in jeder Minute ‚die anderen' symbolisch ermordet, da er sie nur noch als materielles Hindernis der eigenen Geschwindigkeit wahrnimmt, dieser Egoismus hat mit der allgemeinen Verbreitung des Autofahrens die Vorherrschaft eines allgemein bürgerlichen Verhaltens eingeleitet." Mit dem Siegeszug des Automobils, der Busse und Straßenbahnen stiegen die Anforderungen an die Fußgänger sprunghaft an. Zeitgenossen stellten fest, dass sich die Passanten erst langsam daran gewöhnten, nach rechts und links Ausschau zu halten, ehe sie den Fahrdamm überquerten.

Das *verkehrsgerechte Verhalten* konnte auf Dauer nicht durch äußere Zwänge, ständige polizeiliche Überwachung und drohende Strafen erzwungen werden, sondern musste sich in den Menschen als Teil einer „inneren Selbstzwangapparatur" festsetzen. In Termini von Norbert Elias bedurfte es der Ausbildung eines „Verkehrs-Über-Ichs", das die Menschen gewissermaßen blind und unabhängig von Strafandrohungen darüber belehrt, wie man sich im Gewühl des städtischen Verkehrs zu bewegen hat. Erfolgreiches Handeln in längeren Wirkungs- und Abhängigkeitsketten bedingt ein berechenbares, reguliertes und kontrolliertes Verhalten des einzelnen. In der akademischen Sprache der zeitgenössischen Verkehrssoziologie heißt das „breitenwirksame intrinsische Verankerung verkehrsablaufsrelevanter Selbststeuerung" (Stephan Rammler). Dieses Verkehrs-Über-Ich in den nachwachsenden Genera-

tionen aufzurichten, wurde zur Aufgabe der Verkehrspädagogik, die in die Schulen und die familiäre Sozialisation Einzug hielt. An jeder zweiten Ampel sieht man Eltern, die sich zu ihrem Nachwuchs hinunterbeugen und mit ausgestrecktem Arm auf das grüne Männlein deuten, welches das Signal zum Gehen erteilt. Statt auf jene Erwachsenen, die die Straße bei Rot überqueren, lautstark zu schimpfen, sollten Eltern dankbar sein für die Gelegenheit, am negativen Beispiel die Regel zu erläutern. Die vereinzelte Überschreitung einer Norm schafft diese nicht ab, sondern macht auf ihre Existenz aufmerksam und unterstreicht ihre Geltung. In den Kontext der Verkehrserziehung gehören auch die seit 1966 vom WDR produzierten und unter dem Titel „Der 7. Sinn" ausgestrahlten Fernsehspots, die sich ganz der Anpassung der Menschen an die Erfordernisse des modernen Massenverkehrs widmeten und sie in diesem Sinn erziehen wollten. Der Fluss des Großstadtverkehrs sollte und durfte durch unaufmerksame Verkehrsteilnehmer nicht gehemmt werden und so erteilte man ihnen ein Mal pro Woche eine Lektion in verkehrsgerechtem Verhalten.
Zunächst, und daran kann ich mich noch gut erinnern, haben leibhaftige Schutzmänner in weißer Kleidung den Verkehr mit tai-chi-artigen Bewegungen geregelt. Amos Oz erinnert sich in seinem autobiographischen Roman *Eine Geschichte von Liebe und Finsternis*, dass unweit seines Elternhauses auf einer Kreuzung immer ein eifriger Polizist in kurzen Hosen und mit einer weißen Armbinde stand. „Dieser Polizist war stolzer Herrscher einer kleinen, von einem runden Blechschirm geschützten Betoninsel. Von der Insel aus regelte er den Verkehr, eine allmächtige Gottheit, ausgestattet mit einer schrillen Trillerpfeife, seine Linke gebot dem Verkehr Halt, seine Rechte trieb ihn zur Eile an."
Solchen Polizisten begegnete man in Deutschland mit einer Haltung, die Heinrich Mann in seinem Roman *Der Untertan* geschildert hat: „Ecke Meisestraße hinwieder musste man an einem Polizisten vorüber, der, wenn er wollte, ins Gefängnis abführen konnte! Diederichs Herz klopfte beweglich; wie gern hätte er einen weiten Bogen gemacht! Aber dann würde der Polizist sein schlechtes Gewissen erkannt und ihn aufgegriffen haben. Es war vielmehr geboten, zu beweisen, dass man sich rein und ohne Schuld fühlte – und mit zitternder Stimme fragte Diederich den Schutzmann nach der Uhr." Peter Brückner berichtet rückblickend: „Der uniformierte Polizist auf der Straße, Repräsentant des wilhelminischen Obrigkeitsstaats, war für Jugend und Volk eine weitere, wirksame Quelle der Einschüchterung. Noch in meiner Jugend, 1929, ich war sieben Jahre alt, empfand ein *deutscher Junge* in der Regel Herzklopfen, wenn er einen Polizisten sah, jedenfalls ein leidlich erzogener." Seit den *Untertanen* Heinrich Manns ziehen diese Aspekte des Gehorsams und der Treue zu Obrigkeit und Staat ihre verhängnisvolle Spur durch unsere Geschichte. Die Verfilzung von Gewalt und Hörigkeit brachte es mit sich, dass deutsche Lehrer die unverbrüchliche Liebe ihrer Schüler erst dann gewannen, wenn sie sie geohrfeigt oder durchgeprügelt hatten. Diederich Heßling umwand am Geburtstag des Ordinarius' dessen Rohrstock mit Girlanden, mit dem er zuvor gezüchtigt worden war. Erst in den späten 1960er Jahren än-

derte sich daran etwas, und Brückner war sehr erstaunt, als 1968 gebildete Deutsche, Studierende, erstmals Steine auf Polizisten warfen und sich gegen Eltern und Lehrer auflehnten.

Das bürgerlich-autoritäre Zeitalter beruhte auf der bruchlosen Verzahnung von innerer und äußerer Polizei, von Gewissen und Herrschaftsstruktur. Das Über-Ich des Untertanen war verinnerlichter Staat und der Staat war die Externalisierung seines Über-Ichs, und das Zusammenspiel beider bewirkte die freiwillige Fügsamkeit und Unterwerfung, welche die gesellschaftliche Praxis in einem so erstaunlichen Maße kennzeichneten.

Später hat man über großen Kreuzungen sogenannte Verkehrslüster aufgehängt, die von einem inzwischen auf dem Gehsteig postierten Polizisten von Hand gesteuert wurden. Erst nach und nach hat sich die Technik von der polizeilichen Anwesenheit emanzipiert, aber ihre Autorität hat sie lange noch von dieser geerbt und bezogen. Die Ampel galt als eine Art stählerner Polizist, dem man genauso Gehorsam schuldete wie einem Polizisten aus Fleisch und Blut. Die äußere Polizei konnte sich in die Kulissen des Alltags zurückziehen, für den Normalfall durfte man sich über weite Strecken der jüngsten Geschichte auf die Wirksamkeit des Über-Ichs verlassen, das den seelischen Innenraum beobachtete und eingriff, wenn sich Impulse bemerkbar machten, die das Verhalten in eine gesellschaftlich nicht lizenzierte Richtung lenken wollten.

Um nun auf die eingangs geschilderten Phänomene zurückzukommen, so liefern sie uns Beispiele für Tendenzen, die Jürgen Habermas schon in seinem 1970 erschienenen Buch *Technik und Wissenschaft als ‚Ideologie'* auf den Begriff der „Entstrukturierung des Über-Ich" gebracht hat: „Die sozialpsychologische Signatur des Zeitalters wird weniger durch die autoritäre Persönlichkeit als durch Entstrukturierung des Über-Ich charakterisiert." Es scheint, als ginge die Ära des „innengeleiteten Charakters" (David Riesman) ihrem Ende entgegen. Das Über-Ich bildete sich im Rahmen der patriarchalisch strukturierten Traditionsfamilie dadurch aus, dass sich das Kind – zunächst aus Furcht vor Strafe, später im günstigsten Fall aus Einsicht und freien Stücken - mit den Eltern identifizierte und ihre Ge- und Verbote in sich hineinnahm. In der Folge wurde das Über-Ich auf andere Personen und Instanzen wie Lehrer, Schule, Vorgesetzte, Fabrik und die Inhaber politischer Macht übertragen, die von der familialen Vorunterwerfung profitierten und sie beerbten. „Denn aus der Eltern Obrigkeit fließt und breitet sich aus alle andere", schrieb bereits Martin Luther. „... Alle, die man Herrn heißt, an der Eltern Statt sind und von ihnen Kraft und Macht zu regieren nehmen müssen." Leonhard Frank, der wie kaum ein anderer Autor die Schrecken einer autoritären Erziehung erlebt und in seinen Romanen verarbeitet hat, schreibt in *Links wo das Herz ist* über den Volksschullehrer Dürr: „Das Ärgste war die Angst. Seine Erziehungsmethode war, die Knaben in Angstbesessene zu verwandeln. Das Schulzimmer war mit Angst geheizt. Angst war nachts der Trauminhalt seiner Schüler. Frühere Schüler von ihm fuhren seinetwegen noch als verheiratete Männer aus Angstträumen hoch und wichen auf der Straße erschreckt zur Seite, wenn er unverhofft ihres Weges kam. ... Er benutzte seine überwältigende Autorität dazu, die Persönlichkeit des Schülers auszurotten, und beging den Seelenmord gründlich. Nach kurzer Zeit bestand die Mehrzahl aus Kreaturen mit allen Eigenschaften des Untertanen, fertiges Material für die nächste Autorität, den Feldwebel im Kasernenhof, und die Empfindsameren trugen den Stempel des Irrenhauskandidaten auf der Stirn.“

Nach alldem, was „schwarze Pädagogik“ (Katharina Rutschky) und autoritäre Dressur im Leben einzelner und der Geschichte ganzer Völker an Verheerungen angerichtet haben, könnte man den Schwund elterlich-väterlicher Autorität und das Ende jener pädagogischen Paranoia, die man Erziehung nannte, begrüßen, wenn etwas qualitativ Besseres und Menschlicheres an ihre Stelle getreten wäre. Realiter aber erleben wir, wie etwas Schlechtes von etwas noch Schlechterem abgelöst wird. Was gegenwärtig überhandnimmt, sind Nicht-Erziehung, rabiate Vergleichgültigung und zeitgenössische Praktiken der Kindsaussetzung vor Geräten. Die Rest-Familien verwandeln sich in das bloße Nebeneinander von Geld- und Warensubjekten, in eine einzige Szenerie von Indifferenz, Feindseligkeit und Kälte. Angesichts der geschilderten Regelverletzungen fragt man sich, wie es um die Funktionstüchtigkeit der inneren Polizei bestellt ist? Wo sind der *Untertan* Heinrich Manns und sein reflexartiges Unterwerfungsverhalten geblieben? Man könnte die Abdankung seiner ständigen Gewissenszwänge begrüßen, wenn an ihre Stelle ein ich-gesteuertes, wirklich reflektiertes, demokratisch-souveränes Verhältnis zu Regeln und staatlicher Autorität getreten wäre. Man könnte allgemeine Regeln ja auch aus vernünftiger Einsicht, statt aus blindem Gehorsam respektieren. Aber die traditionellen Formen von Konformismus und reflexartiger Folgebereitschaft erodieren bloß und faulen gewissermaßen ab. Wir werden Zeugen einer gespenstischen Selbstzerstörung von Formen bürgerlichen Verhaltens, an deren Stelle Rücksichtslosigkeit und blanker Egoismus treten. Kurz vor seinem Tod hatte Max Horkheimer den Eindruck, in einer Übergangszeit voller Anomie zu leben: Das Gewissen der Leute war nicht mehr wirksam genug, um den Fortbestand der ökonomisch-sozialen Ordnung zu sichern, und die Polizei und die Kontrolle durch Apparate noch nicht stark genug.

Irgendwann geht die gesellschaftliche Entwicklung über die traditionelle Familie hinweg und überantwortet sie einem galoppierenden Funktionsverlust und Erosionsprozess. Mit dem Anbruch des konsumistischen Zeitalters, vollends aber mit dem Übergang zum System des “flexiblen Kapitalismus” (Sennett) erweisen sich ihre Produkte als dysfunktional. Dem geprägten und mit einem Charakter ausgestatteten Mensch mangelt es an Konsumlust und Wendigkeit. Der autoritäre Untertan mit seiner zwanghaften Neigung zu Sparsamkeit und Routine war der erwünschte Sozialcharakter des 19. und der ersten Hälfte des 20. Jahrhunderts. Der Massenabsatz von Waren und die veränderten Verhaltensanforderungen der Industrie verlangen nun nach einem Menschentyp, der süchtig konsumiert und offen ist für ständige berufliche und örtliche Veränderungen. Der charakterlich geprägte und lebensgeschichtlich an ein Bündel fester Eigenschaften fixierte Mensch musste durch den "flexiblen Menschen" abgelöst werden, der sich im Gleitflug wechselnden Marktwinden überlässt und seine Bindungen an Menschen und Orte aufzugeben bereit ist.

Die Markt- und Kapitallogik räumt nicht nur alle ihren expansiven Drang behindernden äußeren Barrieren und Kontrollen beiseite, sondern auch die im Inneren der Menschen. Der flexible Mensch soll alle Bindungen und Hemmungen ablegen, damit er zu allem fähig werde. So ist es denn auch. Man kann offensichtlich nicht beides zugleich haben: den hochflexiblen, wendigen, allseits anschlussfähigen Menschen und einen Fundus von in der Person fest verankerten handlungsleitenden Normen und Werten. Wer unter der Ägide des losgelassenen Marktes aufwächst, lernt, Normforderungen auf jenes Minimum zu reduzieren, das gerade noch vor strafrechtlicher Verfolgung schützt. Wer im Kampf um Erfolg sittlichen und moralischen Normen gerecht werden möchte, muss private Standortnachteile und einen rapiden Verfall des Kurswerts seiner Ich-Aktien in Kauf nehmen.
Deswegen darf man sich nicht wundern, wenn an die Innenlenkung gebundene und auf sie angewiesene Regelungen nicht mehr eingehalten werden und es vermehrt zu unkontrollierten Impulsdurchbrüchen und Regelverletzungen kommt.
Über weite Strecken der neueren Geschichte wurden die Folgen einer unvollständigen Menschwerdung und mangelnden narzisstischen Besetzung von Ich und Über-Ich durch eine rigide Erziehung kompensiert, die die psychischen Strukturdefizite verdeckte. Drill und Dressur ließen charakterliche und körperliche Panzerungen entstehen, die als Deckelung archaischer Wut und Destruktivität fungierten. Erzwungene Identifikationen mit dem Aggressor hielten Wut und Hass im Zaum, wandten sie nach innen und gegen die eigene Person. Heute halten sich unterdrückte Wut und heftigste Aggressionen dicht unter der Oberfläche angepassten Verhaltens auf und brechen bei erster Gelegenheit durch, wenn die brüchigen Hemmungen durchstoßen werden. Offenbar beginnen die Panzerungen der alten autoritären Sozialcharaktere porös zu werden. Gewiss sind sie nicht gänzlich verschwunden, aber die geschichtlichen Voraussetzungen für ihre Ausbildung: ungebrochene Vaterautorität, über Arbeit vermittelte Mechanismen der Triebunterdrückung, gesellschaftliche Ökonomie des Mangels etc. sind in Rückbildung begriffen.

Wenn die innere Polizei des Gewissens das Verhalten der Menschen nicht mehr mit ausreichender Zuverlässigkeit reguliert, muss die äußere Polizei verstärkt in Erscheinung treten. Die Disziplinargesellschaft entwickelt sich zur Kontrollgesellschaft. Flankiert wird die verstärkte Präsenz der uniformierten Polizei in Fußgängerzonen, auf Straßen und Plätzen durch neuartige Kontroll- und Überwachungstechniken. Die Moral und andere synthetisierende und einheitsstiftende Fähigkeiten des Ichs wandern aus den Subjekten aus und in technische Geräte ein, die das menschliche Verhalten flächendeckend und lückenlos steuern, überwachen und kontrollieren. Der in den Einkaufswagen gesteckte Euro steigert die Bereitschaft, den Wagen zurückzubringen, die elektronische Diebstahls-Überwachung fördert die Neigung, zu bezahlen.

Die Apparate werden immer intelligenter, die Menschen im gleichen Maß dümmer. Wie die Navigationsgeräte den geographischen Orientierungssinn verkümmern lassen, die Internet-Suchmaschinen das Erinnerungsvermögen obsolet werden lassen, so untergräbt die Apparate-Moral das kritische Urteilsvermögen und die moralische Substanz im Menschen. In verschiedenen Konzernen wird an der Entwicklung einer satellitengesteuerten Bremse gearbeitet. Verstößt ein Fahrer gegen ein Tempolimit, setzt die Bremse automatisch ein. Big-Brother-Stopper wird dieses GPS-System bezeichnenderweise genannt, das eines Tages serienmäßig in die PKWs eingebaut werden wird. So wird man auch das Verhalten an Ampeln steuern können: bei Rot werden die Wagen automatisch lahm gelegt, die Bremsen setzen ein, das Gas wird weggenommen. Die niederländische Straßenverkehrsbehörde hat eine Alcoholslot genannte Wegfahrsperre für Fahrzeuge zugelassen. In das am Fahrzeug angebrachte Messgerät muss vor jeder Fahrt geblasen werden - bei mehr als 0,2 Promille Alkohol im Blut springt der Wagen nicht an.

Immer mehr einstmals autonome Ich-Leistungen und Gewissensentscheidungen werden quasi outgesourct und an Apparate delegiert. Ursache ist meist eine vorangegangene Schwächung der verhaltenssteuernden Kraft des Über-Ichs, dann aber arbeiten die Apparate, wenn sie erst einmal das Kommando übernommen haben, an seiner weiteren Entmachtung und fördern seine Erosion und Abdankung. Warum soll ich mich mühsam selbst orientieren, wenn ich mich von Geräten orientieren lassen kann? Etymologisch stammt orientieren von dem Wort Orient ab, das so viel wie Sonnenaufgang, Osten bedeutet. Sich orientieren heißt ursprünglich, die Himmelsrichtung nach dem Aufgang der Sonne zu bestimmen. Das ist eine aktive Leistung des Subjekts, worauf das reflexive sich verweist. Warum soll ich einen Handlungsimpuls an verinnerlichten Normen prüfen, wenn Apparate mir sagen, was das Richtige ist, das ich zu tun, und was das Falsche, das ich zu unterlassen habe? Das menschliche Bewusstsein wird als bloßes Durchgangsmoment in die Schaltung von verselbständigten Apparaten eingespannt und damit ein Stück weit entbehrlich. Die weitgehend bewusstseinsferne, technokratische Organisation des sozialen Lebens enteignet die Subjekte und lässt sie verarmen - ihre Erfahrungswelt, heißt es in der Dialektik der Aufklärung, ähnelt sich „tendenziell wieder der der Lurche an“.
Die tektonischen Beben, die durch die Wucht von Modernisierungs- und Globalisierungsprozessen ausgelöst werden, erschüttern nicht nur die tragenden Gerüste des Gesellschaftsbaus, sondern auch die tradierten Formen sozialer Integration und den Innenbau der Menschen. Was da mobilisiert und flexibilisiert wird, ist eben nicht nur die Ware Arbeitskraft. Da diese, wo man sie noch benötigt, nach wie vor in Körper real existierender Menschen, die von den Apologeten des “Neuen Zeitalters” als “Unternehmer ihrer Arbeitskraft”, als “Ich-AG” begriffen werden, eingebunden ist, verflüssigt sich deren psy-

chische Struktur gleich mit. Von den neuen Funktionsimperativen des hochfluiden, globalisierten Kapitals dazu aufgefordert, sich permanent psychisch umzumontieren und auf sich drehende Marktwinde wendig und prompt zu reagieren, sind immer mehr Menschen genötigt, eine fragmentarische und flüchtige Identität auszubilden. Die im Namen des Neoliberalismus seit den 1980er Jahren betriebene Deregulierung von Sozialstaat, Wirtschaft und Gesellschaft scheint also mit einer psychischen und moralischen Deregulierung einherzugehen, von der das Über-Ich, das Ich und seine Modi der Abwehr gleichermaßen betroffen sind. Die Menschen geraten in den Sog einer regressiven psychischen Entstrukturierung, die dazu führen kann, dass sie auf archaische Mechanismen der psychischen Regulation zurückgreifen. Da gleichzeitig die Verwandlung von "Fremdzwängen in verinnerlichte Selbstzwänge" (Elias) - die oben erwähnte Deckelung - nicht mehr mit ausreichender Zuverlässigkeit stattfindet, wächst die Neigung, intrapsychische Spannungen und Konflikte in der Außenwelt auszuagieren. Ein privilegiertes Feld dieses Agierens ist der Straßenverkehr.

„Mit solchen Leuten wird man niemals den Sozialismus aufbauen", sagte angesichts des Pariser Straßenverkehrs ein Freund aus Ostdeutschland zu André Gorz. Wenn es wahr ist, „dass man eine Nation erst dann wirklich kennt, wenn man in ihren Gefängnissen gewesen ist", wie Nelson Mandela gesagt hat, so könnte man auch den Straßenverkehr zum Gradmesser dafür machen, wie es um die Zivilisiertheit einer Gesellschaft bestellt und wie hoch ihr Aggressionspegel ist. In diesem Sinne schreibt Cees Nooteboom in seinen *Berliner Notizen*, die 1991 im Suhrkamp-Verlag erschienen sind, über seine Erfahrungen beim Fahren durch die ehemalige DDR: „Wenig Verkehr. Genug Zeit zum Nachdenken. Auch an den Autos sieht man die Unterschiede der beiden Länder desselben Landes. Der Trabant ist ein ulkiges Vehikel, beinahe rührend. Die anderen, in ihren emblematischen Mercedessen, Audis, BMWs, fühlen sich bestimmt überlegen. Etwas fehlt hier zum Glück, das hysterische, aggressive Rasen und Drängen auf den westdeutschen Autobahnen. Man hat den Eindruck, als würde da der ganze nationale Frust ausgelebt. Wenn man gerade am Überholen ist, und im Rückspiegel in der Ferne so einen sinnlosen Meister auftauchen sieht, kann man sicher sein, dass man seinen verbissenen Schatten zwei Sekunden später auf der Stoßstange hat, Fernlicht an, am liebsten würde er durch einen hindurchfahren. Mord, das scheinen sie fortwährend im Sinn zu haben. Haben sie einen überholt, kann man Gift darauf nehmen, dass sie Sekunden später schon hinterm Horizont verschwunden sind, 180, 200 ist gar nichts. Ihr ganzes Leben haben sie etwas runterschlucken müssen, und das rasen sie nun heraus, als wäre dieses Volk permanent wütend. Hier keine Spur davon. Hundert ist wenig, 120 wäre mir auch recht, nach einer halben Stunde jedoch ist man daran gewöhnt, und so sehe ich wenigstens Bruder Falke und Schwester Bussard, die roten Rispen der Kastanien, die wollüstige Schrift des Windes im Korn."
Mitunter gewinnt man den Eindruck, dass der Straßenverkehr zu einer Form des Krieges geworden ist. Rainald Goetz schreibt rund zwanzig Jahre nach

Nooteboom in seinem neuen Roman: Für Johann Holtrop war etwas Schöneres gar nicht vorstellbar, „als zwischen sieben und acht Uhr früh über diese Ostautobahn zu brausen, eng im Pulk mit alle den anderen Verrückten, Stoßstange an Stoßstange hintereinander her, siebenfacher ABS, ixfacher Safeassistent, Driveself, Airbag allseits, und jeder auf die Art vollgas in seiner eigenen rasenden Einzelzelle unterwegs und mit anderen Absichten, Hoffnungen, Urdringlichkeiten befasst und davon gejagt, jeder anders verrückt und alle zusammen doch auch perfekt koordiniert bei Tempo 180."

Autos sind keine Fortbewegungsmittel, sondern „lackierte Kampfhunde" (Norbert Kostede), die ihre Besitzer aufeinander loslassen. Das Auto ist das nach außen verlagerte Aggressionspotenzial seines Besitzers, dient als Entlastungsmittel von inneren Spannungen und Konflikten. Das Gaspedal ist der einzige Hebel, den der heutige Mensch noch betätigen kann. Hier kann er sich als Herr der Lage empfinden, hier übt er die Kontrolle über die Maschine aus, die seinen Befehlen gehorcht. Im Rausch der Geschwindigkeit vergessen Männer ihre reale Schwäche. Ein Machtgefühl schlagen sie daraus, einer Maschine zu befehlen oder mit einer Maschine zu verschmelzen. Das Auto selbst ist eine Waffe, die es im Konfliktfall erlaubt, missliebige Rivalen abzuschütteln oder sich ihrer durch eine leichte Drehung der Servolenkung zu entledigen. Das automobile Cockpit bildet eine göttliche Machtzentrale, und die Lust, die auf allen Bedienungselementen blinkt und aus dem Display springt, ist kaum noch zu steigern. Nirgends wird so viel geflucht wie hinter dem Steuer, die Nerven liegen blank, die Stimmung ist aggressiv aufgeladen und gereizt. Wenn wir wegen unserer hinter dem Steuer ausgesprochenen Verwünschungen, Flüche und Drohungen vor Gericht müssten, landeten wir alle im Gefängnis.

„Längst ist der PKW zu einem gesellschaftlich akzeptierten Instrument der Realisierung homocidaler und suizidaler Tendenzen geworden", heißt es bei Peter Brückner. Mord und Selbstmord liegen oft dicht beieinander, für einen Moment ist in der Schwebe, in welche Richtung die destruktiven Energien sich wenden. Das Auto erlaubt die Verknüpfung beider in Gestalt einer spezifischen Form des erweiterten Suizids. Wie vollzogene Selbstmorde eine Tendenz aufweisen, eine Epidemie auszulösen, so zieht auch der erweiterte Suizid mittels Auto Nachahmungstaten nach sich. Bundesweit gab es im Herbst 2012 immer wieder Geisterfahrer-Kollisionen mit mehreren Toten. So starben allein im Oktober 2012 mindestens 13 Menschen durch Falschfahrer. Es mag unter den sogenannten Geisterfahrten auch Irrfahrten älterer oder berauschter Menschen geben, aber im Kern geht es dem Geisterfahrer darum, in den beschlossenen eigenen Untergang andere Menschen mitzureißen. Der Geisterfahrer ist ein Amoktäter, der zur Realisierung seiner Absichten das Automobil als Waffe einsetzt.[1]

---

1 Gerade lese ich in der Süddeutschen Zeitung von einer Amokfahrt. Am 1. August 2013 ist in Regensburg ein 46-jähriger Mann mit seinem Auto durch die Stadt gerast. Er durchbrach eine Baustellenabsperrung, fuhr in Höchstgeschwindigkeit durch eine Fußgängerzone, wobei er

Die Dunkelziffer bei den Suiziden wird relativ hoch veranschlagt, weil viele Suizide als Unfälle getarnt werden und nicht als solche erkannt und erfasst werden. So ist aus Untersuchungen bekannt, dass sich unter der Rubrik KFZ-Unfälle auch Suizide, die mit dem Auto begangen wurden, verbergen.

Vor allem aber dienen Autos als Selbstwert-Prothesen, worüber uns folgende alltägliche Szene belehrt: An einer Ampel unweit meiner Wohnung halten kurz nacheinander zwei schwarze Autos. Sie kommen nebeneinander zu stehen. Die Fahrer haben gegelte Haare und tragen Gangstersonnenbrillen und Lederjacken. Musik wummert in beiden Wagen und verwandelt sie in Klangbomben. Wenn die Fenster auf der Fahrerseite nicht geöffnet wären, drohten die Bässe die Scheiben rauszudrücken. Betont lässig liegen die Ellenbogen auf den Türrahmen. Die beiden jungen Männer haben Witterung aufgenommen, Reflexe schnappen ein und setzen einen Mechanismus in Gang, der kaum noch zu stoppen ist: Die Autos werden zu männlichen Selbstwertprothesen, die das Selbstgefühl aufblähen und ihren Besitzern das Gefühl vermitteln, grandios zu sein. Die Kraft der Motoren wird über ihren Status entscheiden. Sie betreiben ein nervöses Wechselspiel zwischen Kupplung und Gaspedal, so dass die Autos leicht vor und zurück wippen. Ihre Blicke gehen hektisch zwischen den Lichtern der Ampel und dem Rivalen hin und her. Beide warten auf das Startsignal. Verspätete Fußgänger oder Radfahrer hätten keine Überlebenschance. Die Ampel springt auf Gelb, innerhalb von Sekundenbruchteilen geben sie Gas, Motoren heulen auf, Reifen quietschen und die Wagen schießen leicht schlingernd davon. Ein paar hundert Meter weiter müssen sie ihr Rennen vor der nächsten roten Ampel ebenso rabiat unterbrechen. Wer die erste Etappe gewonnen hat, kann ich nicht erkennen.
Dass der Straßenverkehr zu einer Form des Krieges geworden ist, zeigt unter anderem der Siegeszug der Geländewagen, der SUVs und Hummers, die mit Slogans wie diesem beworben werden: „Man kann seine Natur ignorieren, oder sie einfach ausleben.“
Auf der Autobahn: Die Heckscheibe verfinstert sich und der Kühlergrill eines SUV (Sports Utility Vehicle) schiebt sich wie eine aggressive Pitbull-Schnauze bis auf Zentimeter an die Stoßstange meines Kleinwagens heran und wird mich wegbeißen. Statt zu bellen oder zu knurren, werden gleich die Scheinwerfer aufflammen und mir signalisieren, dass ich gefälligst zu weichen habe. Statt an der Entbrutalisierung des Verkehrs zu arbeiten, rüsten die Leute auf. Man will eine möglichst große Knautschzone vor sich haben. Gleichzeitig wird gerast wie nie. Dort oben, im Cockpit eines SUV, wähnt man sich sicher. Man fährt mit Licht, statt die wechselseitige Aufmerksamkeit zu schärfen. Wenn die Aufmerksamkeit auf Licht eingestellt ist, wird alles Unbeleuchtete – Radfahrer, Fußgänger – umso weniger wahrgenommen.

Passanten erfasste und verletze, und krachte schließlich in die gläserne Eingangstür eines Waschsalons. Dabei erfasste der Wagen ein fünfjähriges Mädchen und ihre dreijährige Schwester. Das fünfjährige Mädchen starb, ihre jüngere Schwester wurde schwer verletzt. Die Motive des Mannes, der verletzt überlebte, sind unklar. Er soll in einer Klinik wegen psychischer Probleme behandelt worden sein.

Greenpeace schreibt: „Ursprünglich fürs Militär entwickelt, verwandeln sie heute die Straßen in Nahkampfzonen. Geländewagen sind so ungefähr das Letzte, was unsere Städte brauchen können. Nehmen Platz weg und sehen bedrohlich aus. Verbrauchen Unmengen Sprit und belasten unnötig das Klima. Versperren anderen Verkehrsteilnehmern die Sicht und erhöhen deren Verletzungsrisiko bei Unfällen, weil sie so schwer und hoch sind. Und obwohl fast alle, die nicht selbst drin sitzen, sie abscheulich finden, werden es immer mehr."

Auch David Foster Wallace regte sich auf „über all diese riesigen, hirnrissigen, straßenblockierenden Geländewagen, Hummer und 12-Zylinder-Pick-ups, aus deren selbstsüchtigen, verschwenderischen 150-Liter-Tanks die Welt mit Abgasen verpestet wird. Die rücksichtslosesten, hässlichsten und aggressivsten Fahrer, die üblicherweise an ihren Handys hängen, haben patriotische oder religiöse Aufkleber auf ihren Kisten kleben. Sie schneiden einem den Weg ab, bloß um im Stau zehn Meter weiter vorn zu stehen. All die Fahrzeuge im Leerlauf, die einem den Weg versperren. Sollten all diese SUV-Fahrer irgendwann schreckliche Autounfälle erlebt haben, von denen sie dermaßen traumatisiert sind, dass ihre Therapeuten ihnen geradezu verordnet haben, sich große, schwere SUVs zuzulegen, damit sie sich sicher genug fühlen und fahren können? Vielleicht wird der Hummer, der mich gerade ausgebremst hat, von einem Vater gefahren, der ein krankes Kind ins Krankenhaus bringen muss."

Allenthalben sieht man Mütter, die in Geländewagen ihre Kinder aus den besseren Vororten zur Schule kutschieren und dann in der zweiten Reihe halten, um ihre Früchtchen ans Schultor zu bringen oder ihnen ihre Schultasche bis in den Klassenraum zu tragen. Jonathan Franzen stellt fest: „Die Debatte über die Idiotie von Geländewagen verstummt jäh, wenn es heißt, man kaufe sie, um die kostbaren eigenen Kinder zu schützen."

Man klettert an Bord, sinkt in die Ledersitze und lässt die Tür ins Schloss fallen. Alle Geräusche verebben, nichts kann einem mehr etwas anhaben. SUV-Fahrer haben das Gefühl, in einer Burg zu sitzen. Je höher man sitzt, desto eher unterschätzt man die Geschwindigkeit und man neigt dazu, riskanter zu fahren. Ein kleiner Druck aufs Gaspedal und schon bewegt man sich mit 160 oder 180 Stundenkilometern auf der Autobahn fort. Der Wind macht einen großen Bogen um die Karosse. Der starke Motor brummt, umsichtige Assistenzsysteme warnen vor Geschwindigkeits- und Spurüberschreitungen - und werden ignoriert. Klein- und Mittelklassewagen weichen vor der schieren Masse dieser Wagen erschrocken aus. Man ist Herr der Lage. Man reitet eine Kanonenkugel. Man ist der King.

Die eingangs geschilderten Phänomene haben sich uns im Laufe unserer Überlegungen als Erscheinungsformen der Erosion des Verkehrs-Über-Ichs erschlossen. Diese haben nicht nur eine erfreulich-heitere, gleichsam italienische Seite, die man begrüßen könnte, sondern auch eine weniger erfreulich-düstere. Der entfesselte Egoismus zersetzt die Rücksichtnahme und das Gefühl des wechselseitigen Aufeinander-Angewiesen-Seins. Jeder Dritte telefoniert während der Fahrt mit dem Handy oder hat sein Smartphone, das auch als Navi fungiert, auf dem Oberschenkel liegen und wischt mit dem Finger über den Touchscreen. Man könnte sonst ja womöglich den Eingang einer Nachricht verpassen. Immer weniger Autofahrer zeigen eine Richtungsänderung noch durch Setzen des Blinkers an. Es wird abgebogen, ein- und ausgeparkt, überholt und die Spur gewechselt ohne jedes Signal an die anderen. Immer mehr Autofahrer verfahren nach dem Motto: „Was geht es die anderen an, wenn ich vorhabe abzubiegen oder zu überholen!“ Was drückt sich darin aus? Eine Aufkündigung gesellschaftlicher Bezogenheit, ein Schwund der Fähigkeit zum Perspektivenwechsel, eine Entsolidarisierung. Das Blinken ist ja ein Signal an den Anderen, dem ich auf diese Weise meine Absichten kundtue, damit er sie in seine Handlungsperspektiven einbeziehen und berücksichtigen kann. Wesentlich ist der Moral die Beziehung zum anderen und die Einnahme von dessen Perspektive, die Einfühlung in ihn. Das verbreitete Ignorieren von Regeln und das Roulette an den Ampeln ist Ausdruck einer allgemeinen Enthemmungstendenz. Es ist neoliberale Deregulierung - angewandt auf den Straßenverkehr. Der „flexible Mensch“ (Richard Sennett) empfindet die Regulierung des Verkehrs durch Ampeln und Verkehrszeichen als unzulässige und lästige Beschränkung seiner Freiheit. „Wer bremst, verliert!“, lautet das Motto des Lebens unter den Bedingungen entfesselter Konkurrenz. Der andere ist der Feind - Glück ist, wenn der Pfeil den Nebenmann trifft. Nirgends zeigen sich die Folgen der systematisch betriebenen Entgesellschaftung und asozialen Individualisierung so deutlich wie im Straßenverkehr.

So darf es uns eigentlich nicht wundern, dass die Zahl der Verkehrstoten in Deutschland zum ersten Mal seit 20 Jahren wieder gestiegen ist. Im Jahr 2011 starben - trotz der ganzen in die PKWs eingebauten Sicherheitstechnik - 4009 Menschen bei Verkehrsunfällen. Das entspricht einem Anstieg von fast 10 Prozent. Besonders die Lage der Radfahrer ist prekär. Laut *Süddeutscher Zeitung* vom 6. September 2012 kamen im Jahr 2011 614 Menschen mit ihren Fahrrädern ums Leben. An fast jedem siebten Verkehrsunfall, bei dem ein Mensch verletzt wurde, war ein Radfahrer beteiligt, zwanzig Jahre zuvor nur an jedem zehnten. An drei Vierteln der Fahrradunfälle ist ein Auto beteiligt und an drei Vierteln dieser Zusammenstöße wiederum sind die Autofahrer schuld. Diese Zahlen sind ein Indikator dafür, dass Aggressivität und Rücksichtslosigkeit zunehmen und sich über das Auto einen Weg der Entäußerung suchen. Dass für viele Radfahrer rote Ampeln nur Schmuckleuchten und Verkehrszeichen allenfalls unverbindliche Empfehlungen sind, wird in dem Artikel der *Süddeutschen Zeitung* allerdings auch erwähnt.

Das Auto ist dasjenige technische Gerät, das am deutlichsten für subjektive Emanzipation steht und symbolisiert, was die meisten Menschen unter Freiheit verstehen oder besser: mit Freiheit verwechseln. Mit nichts identifiziert sich das männliche Selbst so spontan, mit nichts verbindet es so genau die lebensgeschichtliche Vorstellung des Vorwärtskommens wie mit dem Auto, mit *seinem Auto*. „Weil in der Moderne das Selbst ohne *seine* Bewegung gar nicht gedacht werden kann, gehören“, wie Peter Sloterdijk bemerkt hat, „das Ich und sein Automobil metaphysisch wie Seele und Körper derselben Bewegungseinheit zusammen.“

Unser Leben basiert auf impliziten Kontinuitätsannahmen, die durch den Einbruch des Unerwarteten durchkreuzt werden. Im Grunde gilt für unser ganzes Leben eine Art von Vertrauensgrundsatz, den es, wie wir eingangs festgestellt haben, im Verkehrsrecht gibt: ich muss mich darauf verlassen können, dass sich alle Menschen an die Regeln halten und ihre wechselseitige Unversehrtheit respektieren. *Weltvertrauen* nannte Améry diesen Kredit, den wir uns als soziale Wesen auf Treu und Glauben wechselseitig einräumen. Alles, was gegen den Vertrauensgrundsatz verstößt, ist ein krisenhaftes Ereignis, ein Schock. Unser ganzes Alltagsleben basiert auf dem Vertrauen in das Menschliche aller Menschen, ohne das menschliches Zusammenleben nicht möglich wäre. Ohne dieses Vertrauen beginnt der soziale Kitt der Gesellschaft zu bröckeln. Wir befinden uns in einer gesellschaftlichen Lage, in der die Menschen nicht mehr sicher sind, ob die Geschäftsgrundlagen ihrer alltäglichen Lebensführung noch Gültigkeit besitzen oder sich schon geändert haben. Immer dann, wenn in der alltäglichen Lebenswelt bislang selbstverständlich eingeschliffene Abläufe den Status des Selbstverständlichen verlieren, fallen sie uns auf, fragen wir uns, wie und warum sie so funktionierten, wie sie bislang funktioniert haben, und warum das plötzlich nicht mehr so ist. Es entstehen Irritationen, Unsicherheit und Angst schleichen sich ins Lebensgrundgefühl der Menschen ein.

Der Verkehr ist neben dem Sport zu einer wichtigen *Ventilsitte* geworden, die diese Kultur ihren Mitgliedern zur Verfügung stellt. In klassengespalteten Herrschaftskulturen wird der Prozess der Menschwerdung durch eine systematisch betriebene Reifungshemmung und herrschaftsstrukturelle Fixierung auf Stufen der infantilen Entwicklung künstlich blockiert und arretiert. Das führt paradoxerweise auf der Außenseite zu einer erheblichen Beschleunigung der historischen Entwicklung und der ökonomischen Expansion. Der Motor dieser Beschleunigung ist die von Herrschaftskulturen künstlich gezüchtete und stimulierte Aggression. Da diese nicht zur Gänze in Arbeit und Produktion unterzubringen sind, bedürfen solche Gesellschaften sogenannter Ventilsitten. Ventilsitten führen überschüssige Wut und Aggression auf eine Weise ab, die den Fortbestand des herrschenden Systems nicht gefährdet, sondern es noch in seiner scheinbaren Negation am Leben erhält. Sie dienen der Aufrechterhaltung inhumaner gesellschaftlicher Zustände, indem man die Menschen zum Beispiel im Krieg auf fremde Völker loslässt. Da man sich nicht immer schlagen kann, haben klassengespaltene Herrschaftskulturen für die Friedenszeiten innenpolitische Entlastungsmechanismen ersonnen. Man lenkt die gestaute Wut der anständigen Bürger auf die „Bösen“, die Verbrecher, und gegen andere Minderheiten und Sündenböcke. Der Rest der destruktiven und aggressiven Energien wird von Arbeit und Konsum absorbiert oder entweicht durch gesellschaftlich lizenzierte Ventile wie den Stadionbesuch am Wochenende oder das Autofahren. Im Auto steckt die gestaute Aggression der Unmündigkeit und des ungelebten Lebens.

Viele Zeitgenossen favorisieren ein *Leben auf der Überholspur*, finden Bremsen extrem „uncool“ und etwas für „Loser“. Wer Zeichen von Müdigkeit und Depression zeigt, fliegt aus dem Rennen, dessen Ziel und Sinn niemand kennt: Rasend schnell nach Nirgendwo. Dieser Lebensstil birgt den enormen Vorteil, nicht denken zu müssen. Es gibt einen Zusammenhang zwischen Geschwindigkeit und Denken, und zwar einen negativen: Wer es eilig hat, kann nicht denken. Jede kleinste Unterbrechung, jedes Zögern birgt die Gefahr, dass man zu denken anfängt, und das könnte dazu führen, dass einem der Wahnsinn der ganzen leeren Betriebsamkeit aufgeht. Neben dem *Fastfood* bevorzugt unsere Gesellschaft deshalb *Fastthinkers*, die wie gewisse Westernhelden, „schneller schießen als ihr Schatten" (Pierre Bourdieu). Trotz aller Bewegung an der Oberfläche verändert sich qualitativ nichts, wir leben in einem Zustand, den der französische Beschleunigungsphilosoph Paul Virilio als „rasenden Stillstand" beschrieben hat.

„Jeder, der das Wort Ewigkeit buchstabieren kann, hat sich schon einmal gefragt, ob es so etwas wie Zeit überhaupt gibt. Ist ihr Ticken aber nur Täuschung, wie manche meinen, kann man sie weder gewinnen noch verlieren, und dann werden sogenannte Errungenschaften der Technik, die ja meistens der Zeitersparnis dienen, bedrohlich sinnlos. Das Auto zum Beispiel scheint tief im Innern, da wo Materie sich vergeistigt, eine Ahnung zu haben von seiner … Aber nein, lassen wir das", bricht Ralf Rothmann seine Überlegungen zum Berliner Straßenverkehr, die er in der Erzählung *Schicke Mütze* untergebracht hat, mitten im Satz ab.

Mit Thomas Pynchon habe ich meine Überlegungen zum Straßenverkehr begonnen und ich lasse sie auch mit ihm ausklingen. In seinem 1973 erschienenen Buch *Die Enden der Parabel* hat er die Hochgeschwindigkeits- und Spaßgesellschaft der Gegenwart und ihren wahrheitsvergessenen Aktivismus bereits kühn vorweggenommen: „Innerhalb des Systems zu leben ist wie eine Überlandfahrt in einem Bus, der von einem Wahnsinnigen gesteuert wird, der seinen Selbstmord plant ... obwohl er ein netter Kerl ist und ständig Witze über den Lautsprecher lässt."

Ethnologie des Inlands: Der Antirüpel

Im Jahr 1908 verfasste der Philosoph Theodor Lessing einen programmatischen Text für „Den ersten deutschen Antilärmverein", der in jenem Jahr in Hannover gegründet wurde und dessen Vereinsorgan „Der Antirüpel" hieß. Verein und Zeitschrift traten für ein „Recht auf Stille" ein und wandten sich gegen „Lärm, Roheit und Unkultur im deutschen Wirtschafts-, Handels- und Verkehrsleben". Im Zentrum der Lessing'schen akustischen Qualen standen das „Teppich-, Polster- und Bettenklopfen", das Peitschenknallen der Kutscher, das Kreischen der beschlagenen Wagenräder auf dem Pflaster und die „grauenhafte Unsitte" öffentlichen musikalischen Dilettierens.

Die von Lessing aufgelisteten Lärmquellen muten uns heute wie die Geräuschkulisse eines romantischen Films an. Der Durchschnitts-Lärmpegel in den Industrieländern ist seit Lessings Zeiten pro Jahr um rund ein Dezibel gestiegen. Hätten wir angesichts und angehörs von Motorrädern, Laubbläsern, Schlagbohrern, Rasenmähern, Schleifmaschinen und elektrischen Heckenscheren nicht triftige Gründe, flächendeckend „Antilärmvereine" ins Leben zu rufen und Zeitschriften mit dem Titel „Der Antirüpel" zu gründen? „Wohin", fragte Lessing 1908, „sollen wir Träumer entfliehen? Vielleicht zu den Sternen hinauf?" Wir Heutigen liefen Gefahr, bereits auf dem Weg Zeugen eines Satelliten-Zusammenstoßes zu werden und nach unserer Ankunft selbst dort auf Bohrmaschinen, Dampframmen und andere Insignien der Zivilisation zu stoßen.
Ich stimme Ralf Rothmann vehement zu, wenn er in seinem Roman „Feuer brennt nicht" über die Lärmempfindlichkeit eines Schriftstellers schreibt: „Lärmphobie als Berufskrankheit; man hört die Flöhe der Flöhe husten. … Erst als er anfing, Prosa zu schreiben, ging ihm der Lärm plötzlich auf die Nerven. Er fühlte sich wie gehäutet von der Scharfkantigkeit der Geräusche und machte die banale Erfahrung, dass Sprache, in der mehr anklingt als das Alltägliche, nicht ohne Stille zu haben ist. Denn die ist nicht einfach nur Lautlosigkeit; sie ist die Übersetzung der Wahrheit ins Akustische, ihr muss er ablauschen, was übertragen werden will in die Schrift, und seitdem verschlingt die Suche nach Verhältnissen, in denen er arbeiten kann, nach wirklich ruhigen Hotels oder Inseln ohne Autoverkehr, annähernd so viel Energie wie die Arbeit selbst. Andererseits ist ihm der Wunsch, etwas in Ruhe zu schreiben, auch wieder verdächtig; die wesentlichen Texte scheren sich nämlich nicht darum, ob es laut ist oder leise im Raum; was Gestalt annehmen will, tut es in fast jeder Situation."
Während ich diese Zeilen schreibe, sitze ich auf dem Balkon unter einem Sonnenschirm. Der Lärm, der von der Straße heraufdringt, kommt mir infernalisch vor und dröhnt in meinen Ohren. Mopeds vom Pizza-Service knattern vorüber, zu Klangbomben ausgebaute Autos wummern, Autotüren werden zugeschlagen, Motoren starten und heulen auf. Ein Tanklaster hält vor dem Nachbarhaus und pumpt mit laufendem Motor Heizöl in den Tank. Auf einer nahen Baustelle wird Metall gegen Metall geschlagen. Obwohl wir Hochsommer haben und die Blätter noch tiefgrün sind und an den Bäumen hängen, jault irgendwo ein Laubbläser. Der Lärm nimmt keinen Anfang und findet kein Ende. Wen beschleicht angesichts der grassierenden Rücksichtslosigkeit nicht gelegentlich das Gefühl, das Leben könnte eines Tages unaushaltbar werden? Es wird ja nicht dadurch aushaltbarer, dass man weiß, dass die Rücksichtslosigkeit gesellschaftliche Ursachen hat und unter den Bedingungen des losgelassenen Marktes treibhausmäßig gezüchtet wird.
Wie soll man unter solchen Bedingungen nicht krank oder verrückt werden? „Wenn ich Arzt wäre", heißt es bei Kierkegaard, „und man mich fragte: Was rätst du? Ich würde antworten: Schaffe Schweigen."

III.

Die Zerstörung des sozialen Immunsystems - Am Beispiel der von der Stadt Gießen geplanten Privatisierung des Wochenmarkts

Mit Erschrecken habe ich der Lokalpresse entnommen, dass es in der Stadtverwaltung Pläne gibt, den Wochenmarkt zu privatisieren, für dessen Betrieb bisher die Stadt zuständig ist. Er gehöre, so lässt die Oberbürgermeisterin verlauten, zu den „defizitären Einrichtungen", die den Haushalt der Stadt belasteten. Mit 26.000 Euro habe der Eigenbetrieb Wochenmarkt im Jahr 2011 zu Buche geschlagen. Die Kosten fallen an für die Auswahl und Zulassung der Beschicker, die Führung der Gebührenkasse, die Marktaufsicht inklusive Reinigung und Instandhaltung des Marktgeländes und Abfallentsorgung. Man befinde sich gegenwärtig in einem „Interessenbekundungsverfahren" und verhandele mit möglichen neuen Betreibern.

Die Berufung auf Sachzwänge, die in solchen Zusammenhängen gern erfolgt, versucht eine unerreichbare Schicksalsmacht für eine Realität verantwortlich zu machen, die in Wirklichkeit von Menschen verursacht und darum von Menschen auch korrigierbar ist. Die Privatisierung des Wochenmarktes würde den baldigen Tod einer Institution bedeuten, die für das soziale Immunsystem der Stadt eine enorme Bedeutung hat. Er ist das emotionale Herzstück der Stadt. Viele Gießener nennen, wenn man sie fragt, was sie an diese an städtebaulichen Attraktionen nicht gerade reiche Stadt bindet, an erster Stelle den Wochenmarkt. Ein privater Betreiber würde den Markt nur aus einem einzigen Grund betreiben: Er will einen Gewinn erzielen. Im Handumdrehen würden die kleinen Marktbeschicker aus den Dörfern der Umgebung ihre Stände aufgeben müssen, weil sie die zu erwartenden höheren Standmieten nicht aufbringen könnten. Der Wochenmarkt würde zu einer Art Shopping Mall, zu einer ausgelagerten Obst- und Gemüseabteilung eines Kaufhauses oder Großhändlers.

„Gut dasses de Makkt gibt, dass mer sisch trifft", hörte ich vor einiger Zeit eine alte Frau zu einer Bekannten sagen. Hinter der Kulisse der ökonomischen Transaktionen geht es um ganz andere Dinge: Der Wochenmarkt ist ein Treffpunkt, eine Stätte der Kommunikation, eine Börse für Nachrichten, Klatsch und Tratsch. Jeder Marktbesucher hat seine speziellen Zeiten und bevorzugten Stände. Man kauft etwas, schlendert weiter, trifft Bekannte und plaudert, kauft an einem anderen Stand etwas anderes. Zwischen Kunden und Verkäufern entwickeln sich Beziehungen: Man wird wiedererkannt, jede längere Abwesenheit fällt auf, man spricht über dies und das. Wo sonst kann man in unserer ökonomisch ausgenüchterten, hektischen Welt diese Erfahrung noch machen? Das Einkaufen in Supermärkten und Malls geht – bis auf das obligatorische, floskelhafte „schönen Tag noch“ - vollkommen sprach- und emotionslos vonstatten; wer etwas sagt oder fragt, blockiert den reibungslosen Betrieb. Ältere Menschen, die etwas Zeit brauchen, ihre Einkäufe vom Band zu räumen und in ihren Geldbörsen umständlich nach Münzen suchen, gelten als Sand im Getriebe und Störfaktor. Das ist auf dem Wochenmarkt erfreulich anders. Es ist, als beträte man eine andere Zeitzone, hier geht man hin, um Zeit zu verlieren, nicht um Zeit zu gewinnen oder einzusparen. Auf dem Markt sind die sinnliche Dichte der Welt und ihre saftige Fülle und Vielfalt noch erfahrbar. Er ist auch ein Ort der Balz und des Flirts. Man geht umher, schaut, wird angeschaut und durch Überkreuzungen entstehen Blickverhältnisse, deren Reiz darin liegt, dass die Beteiligten nie ganz sicher sein können, ob sie in der Realität oder nur in der Phantasie miteinander befasst sind. Und es wird viel gelacht auf dem Markt. Der Markt bringt einen spezifischen Humor hervor, der sich nur in dieser ökonomischen Nische und seiner spezifischen Zeitstruktur entfalten kann. Kurzum: Der Wochenmarkt ist eine Enklave der Ungleichzeitigkeit, ein bunter Fleck in einer verödeten und total kommerzialisierten städtischen Lebenswelt. Er ist Teil eines sozialen Immunsystems, eines Geflechts von sozialen Bindungen und Kontakten, das Menschen ebenso dringend benötigen wie das körperliche Immunsystem. Das Vorhandensein und die Qualität beider haben großen Einfluss darauf, ob wir körperliche und seelische Abwehrkräfte mobilisieren können. In unserer durchökonomisierten Welt ist alles „in die Funktionale gerutscht“, wie Brecht sagte. Umso dringender benötigen wir Orte, an denen das Unzeitgemäße und Nicht-Funktionale gedeihen kann.

Ein demokratisches Gemeinwesen braucht Orte, an denen Demokratie und Öffentlichkeit sich materialisieren und entfalten können, Orte, die sich libidinös besetzen lassen. Dazu gehören Theater, Parks, Schwimmbäder, botanische Gärten, Bibliotheken und öffentliche Plätze. Den Erhalt solcher Einrichtungen – der Soziologe Oskar Negt spricht von „mittleren Gefäßen“, die zwischen Individuum und Gesellschaft vermitteln - kann und muss eine lebendige Demokratie sich etwas kosten lassen. Sie darf ihre Steuereinnahmen eben nicht – oder jedenfalls nicht nur - für repräsentative und imageträchtige Ereignisse wie zum Beispiel eine Landesgartenschau, die Renovierung des Bahnhofsvorplatzes (ein paar hundert Meter weiter verrottet das Gebäude der alten Post, das sich ein Spekulant unter den Nagel gerissen hat) und irgendwelche neo-barocken Sichtachsen verausgaben. Der Wochenmarkt ist auch der Ort einer diskutierenden Öffentlichkeit, wo Bürger zusammentreffen und sich über ihre Belange austauschen. Immer wieder stößt man auf kleine Grüppchen, die sich über kommunalpolitische und gesellschaftliche Themen die Köpfe heiß reden. Eine Öffentlichkeit braucht Platz, sie braucht

Cafés, sie muss sich ausdehnen, hin und her fluten können. Sie braucht auch kleine, beinahe dörfliche Inseln der Besinnung, sie braucht den kleinen Laden, wo man einander kennt. Mit der Entwicklung der Städte in den letzten Jahrzehnten ist dieses urbane Element zerstört worden oder doch stark in seinem Bestand bedroht.

Nicht umsonst bildet der Markt, die Agorà, im antiken Athen die Wiege der Demokratie. Auch die mittelalterliche Stadt konstituiert sich um und definiert sich über den Markt und das Marktrecht. Markt und Stadt sind im Grunde identisch, ohne Markt keine Stadt und ohne Stadt kein Markt. Das bürgerliche Individuum und die Formen zivilgesellschaftlicher Kommunikation verdanken ihre Entstehung dem Markt. Ob auf der griechischen Agorà oder einem römischen Forum, immer war der Markt der Ort, wo die Gesellschaft nicht nur ihre Waren austauschte, sondern auch redend und diskutierend ihre Interessen ermittelte. Der Markt war der Geburtstort der Öffentlichkeit. Auf diese Form der Vermittlung gemeinsamer Interessen gehen bis heute alle demokratischen Idealvorstellungen zurück. Das Parlament ist konzipiert als der politische Markt, auf dem die unterschiedlichen Fraktionen und Gruppierungen der Gesellschaft ihre Konflikte gewaltfrei austragen und nach tragfähigen Kompromissen suchen. Dass das in der Praxis nie wirklich herrschaftsfrei abging, versteht sich von selbst, aber ohne den Markt hätten wir nicht einmal die Idee der herrschaftsfreien Diskussion. Jeder, der eine solche Einrichtung schleifen will, indem er sie vollständig dem Diktat der „gefühllosen, baren Zahlung“ (Marx) unterwirft, zerstört die urbane Substanz der Stadt, begünstigt so das Absterben des Verantwortungsgefühls für das Gemeinwohl und begeht einen weiteren Anschlag auf unsere ohnehin von Auszehrung befallene und gefährdete Demokratie. Dabei wohnt dem Markt selbst eine Tendenz zur Zerstörung seiner zivilisatorischen Errungenschaften inne: Er bringt das bürgerliche Individuum hervor und zieht es im Zuge seiner Universalisierung dann auch wieder ein, indem er es in ein bloßes Waren- und Geldsubjekt verwandelt. Der ökonomische Aspekt des Marktes zehrt die demokratischen Aspekte auf, was schon Platon befürchtete, weshalb er vorschlug, die merkantilen Funktionen von den kommunikativ-politischen zu trennen.

In Zeiten, da die Kanzlerin dieses Landes von der Notwendigkeit redet, die Demokratie „marktkonform“ umzugestalten, muss man mit dem Schlimmsten rechnen. Wenn sich der Trend, Orte, an denen Demokratie gelebt und erfahren werden kann, die Bindeglieder zwischen dem einzelnen und *seinem* Gemeinwesen darstellen, zum Verschwinden zu bringen, fortsetzt, werden immer mehr Individuen mit dem gesellschaftlichen Ganzen gar nicht mehr verbunden sein und sich gänzlich ins vermeintlich Private zurückziehen. Ein solcher Mangel an Verbundenheit trägt nicht nur zur Ausbreitung von Apathie und politischem Desinteresse bei, sondern ist auch ein wichtiger Risikofaktor für die Verbreitung antisozialen Verhaltens bis hin zu Kriminalität und Drogenkonsum.

Ich hätte mir früher nicht träumen lassen, dass wir eines Tages den (Wochen-) Markt vor dem Markt würden verteidigen müssen! Wie kann man in einem rot-grünen Magistrat nur auf so eine Idee verfallen? Nur vom Virus des Neoliberalismus infizierte Gehirne können so etwas aushecken. Dessen erklärtes Ziel war und ist es, den Markt dem freien Spiel der Kräfte des Wettbewerbs zu überlassen, diese Kräfte als einziges Regulativ anzuerkennen und zur Quelle sowohl gesellschaftlichen Reichtums als auch individuellen Wohlergehens zu erheben. Das heißt nichts anderes, als eine der großen Errungenschaften der Neuzeit, nämlich den Sozialstaat mit seinen sozialen Sicherungssystemen, die das Individuum schützen und dem Egoismus Grenzen setzen, durch das Prinzip *Jeder ist sich selbst der Nächste* und *seines Glückes Schmied* zu ersetzen. Margaret Thatcher wird der Satz zugeschrieben, so etwas wie eine Gesellschaft gebe es nicht. Die heilige Dreifaltigkeit, die von der neoliberalen Religion angebetet wird, heißt Kostensenkung, Privatisierung und Deregulierung. Privatisierung und Ökonomisierung machen vor nichts Halt, sie erfassen das Bildungs- und Gesundheitswesen, die Künste, das öffentliche Verkehrssystem, die Energieversorgung, sogar Gefängnisse werden teilprivatisiert.

Im Bann vermeintlicher oder auch realer Sparzwänge riskieren Bund, Länder und Gemeinden die Auszehrung und den Tod lebenswichtiger Institutionen und öffentlicher Einrichtungen. Wie man die Bedeutung der Vitamine erst entdeckte, als Mangelerkrankungen auftraten, so werden wir auch die Bedeutung der mittleren Gefäße und des sozialen Immunsystems erst erkennen, wenn soziale Mangelerkrankungen und Dysfunktionen überhand nehmen. Dann kann es aber bereits zu spät sein. Wie soll man zum Beispiel in einem Krankenhaus gesund werden, in dem niemand mehr Zeit hat, sich zu einem ans Bett zu setzen und etwas vorzulesen oder Trost zu spenden? Ich komme auf diese Frage gleich zurück.

Erinnern wir uns an einen berühmten Schwank aus Schilda. Danach hatten die Schildbürger ein Pferd, das mit weniger Hafer dieselbe Leistung wie vorher erbrachte. Um zu sparen, beschlossen sie, dem Tier die Rationen nach und nach weiter zu kürzen. Am Tag, als sie glaubten, ihr Ziel erreicht zu haben, das Pferd also ganz ohne Futter arbeiten würde, fanden sie es tot in seinem Stall vor.

Im Schlagschatten des Neoliberalismus sind unsere Städte zum Aufmarschgebiet der Waren verkommen. Den kapitalstarken Unternehmen und Ladenketten ist es gelungen, die alteingesessenen Geschäfte in den Ruin zu treiben. Mittels eines raffinierten „Stadtmarketings" und Arm in Arm mit wohlgesonnenen und willfährigen Kommunalpolitikern haben sie die Innenstädte gentrifiziert und kommerzialisiert. Sie haben den Seltersweg – die Gießener Fußgängerzone – in einen sterilen „Boulevard der Marken" verwandelt – sie haben sogar die Chuzpe, ihn so zu nennen! Sie benehmen sich, als gehöre die Stadt ihnen. Mich befällt angesichts dieser Entwicklungen das Gefühl, dass sich um mich herum etwas zusammenzieht. Ich drohe zu ersticken und muss mir dringend Luft verschaffen.

Wolfgang Herrndorf scheint ebenso zu empfinden. Er berichtet in seinem Blog *Arbeit und Struktur*, dass er in seinem inzwischen gentrifizierten Berliner Stadtteil nach dem Fußball mit seinen Freunden nicht mehr essen gehen kann: „Und jetzt kann man die Torstraße kaum noch betreten. Zweimal ist es uns nach dem Fußball zuletzt passiert, daß wir nicht bedient wurden. Verschwitzt draußen gesessen, hundert Mal die Bedienung gerufen und ignoriert worden, erst eine Stunde lang im Spaghetti Western und dann im Lokal etwas weiter noch eine Stunde lang, und ich war kurz davor, im original Naterstonfall den Leuten entgegenzuschreien, daß ich schon fünfzehn Jahre hier wohne, daß ich genauso lange mit meiner Mannschaft auf der Torstraße nach dem Fußball etwas essen und trinken gehe, daß ich trotz meiner Hosen nicht ärmer bin als die beschlipsten Nullen am Nebentisch und daß sie mich alle mal kreuzweise können."

Vor einiger Zeit sah ich den ehemaligen Inhaber eines alten Gießener Geschäfts. Er hatte die Räume seines einstigen Ladens betreten, in die nun eines dieser Franchiseunternehmen eingezogen ist, die kommen und gehen wie Goldgräber, die eine Weile schürfen und weiterziehen, wenn die Mine nicht mehr genug abwirft. Sie sind auf Kurzfristigkeit angelegt, ruhelos und nomadisch, ohne jede Bindung an Orte und Menschen. Stets stehen irgendwelche Geschäftsräume leer wie verlassene Goldgräberstätten, die dann nach einer kurzen Renovierungs- und Umbaupause vom nächsten Glücksritter übernommen werden. Der Mann stand einfach da. Er wirkte in seiner Erstarrung inmitten des geschäftigen Treibens wie ein steinerner Gast. Die Höhe der Mieten und die Konkurrenz der Discounter haben ihn vor einigen Jahren zur Geschäftsaufgabe gezwungen. Am Ende seines beruflichen Lebens hat ein Mensch das Resultat seines jahrzehntelangen Bemühens gern vor Augen und möchte, wenn er zurückblickt, sagen können: „Das hat sich gelohnt, das ist halbwegs geglückt!" Es muss etwas an sich und für mich eine zusammenhängende Bewegung ergeben, damit ich sagen kann: „Das hatte Sinn." Anonyme und abstrakte ökonomische Mechanismen haben diesen Mann enteignet, ökonomisch und existenziell. Mit dem Geschäft ging ja viel mehr verloren als nur eine Einnahmequelle. Ein Mensch verlor das Metronom, das den Takt seines Lebens bestimmte und es mit Sinn ausstattete, eine Familie das, was sie über Generationen verband und zusammenhielt und in die Zukunft wies.[1]

---

1 Heute Morgen, als ich Brötchen holen wollte, stellte ich fest, dass die Bäckerei, die vorige Woche noch da war, nicht mehr da ist. Alles wird von der marktwirtschaftlichen Furie des Verschwindens ergriffen. Was einem bleibt, ist, sich zum Chronist des Verschwindens und der Zerstörung zu machen, wie es Peter Kurzeck seit seinem frühen Buch *Der Nussbaum gegenüber vom Laden in dem du dein Brot kaufst* bis hin zu seinem monumentalen Werk *Vorabend,* und Andreas Maier mit seinem auf elf Bände angelegten Projekt *Ortsumgehung,* dessen dritter Teil unter dem Titel *Die Straße* gerade erscheint, seit geraumer Zeit tun.

Mit dem Verschwinden der alteingesessenen Geschäfte und ihrer Inhaber hat der Seltersweg seine charakteristischen Züge eingebüßt und ist eine Einkaufsmeile geworden, wie man sie in jeder anderen x-beliebigen Stadt findet. Paderborn, Passau, Pforzheim und Gießen unterscheiden sich nur durch die unterschiedliche Anordnung der Boutiquen, Handy-Shops und 1-Euro-Läden. Was Herbert Achternbusch über seine bayerische Heimat gesagt hat, könnte man auch über Hessen und Gießen sagen: „Früher ist hier Bayern gewesen. Jetzt herrscht hier die Welt. Auch Bayern ist wie der Kongo oder Kanada von der Welt unterworfen, wird von der Welt regiert. Bayern ist eine Kolonie der Welt. Auch dieses Stück Erde ist Welt geworden. Und Welt ist nur ein anderes Wort für Geld. Je mehr die Welt regiert, desto mehr wird die Erde vernichtet, werden wir, die dieses Stück Erde bewohnen, vernichtet. Die Welt vernichtet uns, das kann man sagen."

Vor 178 Jahren hat Georg Büchner ein paar hundert Meter von meiner Wohnung entfernt den *Hessischen Landboten* verfasst, das Dokument eines großen Zorns. In einer an die Bauernkriege und biblische Texte erinnernden Sprache voller Bilder und Metaphern wandte Georg Büchner sich im Frühjahr 1834 an die „Geringsten", also an Stadtarme, Bauern und Handwerker, mit der Absicht, sie „aus ihrer Erniedrigung hervorzuziehen". Damals war Büchner kein Erfolg beschieden, der flammende Appell verhallte weitgehend ungehört. Sein Koautor Ludwig Weidig brachte sich im Darmstädter Gefängnis um, nachdem er zwei Jahre lang verhört und gefoltert worden war, Büchner selbst konnte sich seiner drohenden Verhaftung durch die Flucht nach Straßburg entziehen und starb im Februar 1837 in Zürich an Typhus. Wäre es nicht höchste Zeit und unsere, seiner intellektuellen Nachfahren, Aufgabe, aus Anlass seines 200. Geburtstags im Jahr 2013 eine Neufassung des *Hessischen Landboten* in Angriff zu nehmen? Büchners Motto „Friede den Hütten! Krieg den Palästen!" greift auch heute noch in unser aller Phantasie und kann mühelos mit den heutigen Palästen des Geldes und den Leidenserfahrungen ihrer Opfer assoziiert werden. Ernst Bloch hat davon berichtet, dass er gegen Ende der Weimarer Republik einen kommunistischen Agitator erlebt hat, der bei Kundgebungen Texte von Thomas Münzer und Passagen aus Büchners *Hessischen Landboten* vortrug und von seinen Zuhörern bestens verstanden wurde. Wohltuend unterschied sich diese alte Sprache, die damals noch erfahrbare und virulente „Ungleichzeitigkeiten" zum Ausdruck brachte, von der dürren, bilderlosen Parteisprache. Ob diese Sprache in unserer pasteurisierten und homogenisierten Welt, die im Begriff ist, alle Ungleichzeitigkeiten zu planieren, noch verstanden wird, ist fraglich. Vielleicht müssen wir, wenn wir etwas ausrichten wollen, eine neue erfinden, die die Erfahrungen der rasanten Beschleunigung, der universellen Zerstörung von gewachsenen Lebensverhältnissen und des Verlustes alles Vertrauten beredt werden lässt. Aber sie muss deftig und sinnlich sein, auf die üblichen akademischen Stoßdämpfer verzichten und in die Phantasie greifen.

Auf Globalisierung und Ökonomisierung, die sich wie ein Alp auf das Leben der Menschen legen und es in eine eisige Gletscherlandschaft verwandeln, sollten wir mit einer kritischen Aufladung des Begriffs *Heimat* und Strategien der Wiederaneignung von Lebensbedingungen, die unter die Kontrolle von Herrschaft und Profit gebracht worden sind, antworten. Wir dürfen Begriffe wie *Heimat* nicht den reaktionären Kräften überlassen, sondern müssen ihn mit humanen und solidarischen Inhalten aufladen. Wir brauchen emanzipatorische Begriffe und Wegweiser für die unter der dünnen Decke angepassten Verhaltens schwelende Wut, sonst eignen sich wieder einmal die Rechten diese Energien an und setzen sie nach rückwärts und mörderisch in Gang. Zorn und Wut müssen aber auch deswegen planvoll in eine aufklärerische Richtung gelenkt werden, weil sie sich andernfalls, wie die Ghetto-Revolten der letzten Zeit gelehrt haben, eines Tages ungerichtet und blind entäußern. Auf die Kolonialisierung der Lebenswelt durch Markt und Kapital müssen wir mit einer Art von antikolonialem Befreiungskampf antworten, der peu à peu im Universum der nullenden Nullen wieder kleine Stücke Heimat freilegt. Wir alle sind Formen der Fremdherrschaft unterworfen, die Heiner Müller nach der sogenannten Wiedervereinigung besonders drastisch erfuhr und in Interviews mit der *Frankfurter Rundschau* so beschrieb: „Eine Fahrt durch Mecklenburg: an jeder Tankstelle die Siegesbanner der Ölkonzerne, in jedem Dorf statt der gewohnten Schreibwaren Mc Paper & Co." Und weiter: „Deutschland reduziert sich auf die Währungsunion. Aber Geld ist nicht patriotisch. Wenn es in Taiwan oder sonstwo mehr abwirft, wandert es dorthin. Da kann man nichts machen." Es gibt kein nationales Geld, dem Geld ist, salopp gesagt, alles egal. „Mittlerweile ist Geld der einzige Wert, auf den hin Orientierung realistisch ist oder sogar möglich ist. Ab einem bestimmten ökonomischen Niveau verzehrt es die Idee des Nationalstaats. Am Gebäude der Deutschen Bank in München, Maximilianstraße, steht: ‚Aus Ideen werden Märkte'. Jetzt ist der Ideenhimmel verbraucht. Deutschland ist zu einem Markt unter vielen geworden, der weder Hintergründe noch metaphysische Reserven mehr besitzt. Deutschland ist ortlos. Es ist, was Hölderlin in den Anmerkungen zu Ödipus und Antigone einen ‚leeren Transport' nennt. … Es gibt nur noch Märkte, und dadurch entsteht eine ungeheure Leere. Die Frage ist, ob der Mensch das aushält. In Nietzsches Nachlass findet sich der Satzsplitter: ‚Die Menschheit braucht ein neues Wozu'."

Über den bayrischen Filmemacher und Dichter Herbert Achterbusch hat Heiner Müller gesagt: „Herbert Achternbusch ist der Klassiker des antikolonialistischen Befreiungskampfes auf dem Territorium der BRD." Und Achternbusch, der das gehört hatte und in solchen Reden „nur ein Lockern der universitären Krawatten" erblickte, konterte: „So sagt es Heiner Müller. Aber ich wollte es so sagen, wie ich es gesagt habe." Und gesagt hat er es zum Beispiel in einem wunderbaren kleinen Text, der *Die Autobahn* heißt. Ich habe weiter oben bereits aus ihm zitiert. Er erläutert dort die Produktionsweise seiner Filme: „Filme, die von aller Welt verstanden werden, bringen Geld. Ich möchte aber Filme, die niemand versteht. Früher hat man einen Bachlauf nicht verstanden, heute wird er begradigt, das versteht ein jeder. Ein Bach, der so schlängelt. Karl Valentin: Das machen sie gern, die Bäch. Ich kann mich eines schlängelnden Baches nicht bedienen zur Begradigung. Warum ertragen die Weltbayern meine Filme nicht? Weil sie sie angeblich nicht verstehen. Und sie können sie wirklich nicht verstehen, weil meine schlängelnden Filme nicht in ihre begradigten, in ihre sanierten Gehirne passen, sie ecken in ihren gestraßten Gehirnen an, da kriegen sie Kopfschmerzen ..." Freilich: „Auch ich wurde begradigt. Auch ich musste auf die Schule. Auch mir wurden die Triebe gestutzt, dass ich, wie alle, nicht eine Edelpflanze wurde, wie einem der scheinheilige Gärtner die Zukunft verhieß, sondern eine dürre Zaunlatte. Von der Moral gestutzt, von der Bildung gedörrt und mit Welt imprägniert und eingeordnet der endlosen Öde der endlosen Zaunreihen. ... Ein Lehrerklein und soviel Wissen. Und ich kannte Bauern, die nichts sagten, aber eine Ausstrahlung hatten wie der Sonnenschein. So viele Gedichte mussten wir unglücklich lesen, und ich wusste doch, mir fällt selber eins ein vom Glück. Aber dann stand ich vor der Möglichkeit, ein Gedicht zu schreiben. Aber ein Glück war nicht mehr da. Nur mein zerstörter Kopf. Mein Kopf mit seiner Zerstörung. Ich hatte ihn aus der Begradigungs- und Sanierungsmaschinerie gerade noch herausgezogen. Dass ich das feststellen durfte, war das einzige Glück noch. ... Die Beschäftigung mit diesem Unglück war mein einziges Glück. Schreibend, filmend bekam die Erinnerung einen utopischen Glanz. So die Vernichtung nachlebend, gewann ich ein wenig an Rettung. Wurden die Menschen in meinem Einzugsgebiet ein wenig Materie, ein wenig Satz, ein wenig Bild, und fielen für mich nicht ganz randlos wie vorgesehen ins Nichts. So half ich mir selbst. Und siehe, die Straßenbaustelle in meinem Kopf, von der ich gerade noch die Ingenieure mit ihren Arbeitern weggeschickt hatte, damit die Autos der rasenden Begriffe nicht durch mich führen, verlor ihren wahnsinnigen Charakter mit Unkraut und Gras, Geziefer und Ungeziefer! Da hockte ich auf diesem Dreck, der langsam wieder Natur wurde, und blinzelte ein paar Jahre in die Sonne." Er erzählt dann von der Zusammenarbeit mit der Gastwirtstochter Annamirl Bierbichler, die er eines Tages fragte, ob sie in seinen Filmen mitspielen möchte. Ich kann „doch keine andere nehmen von Berlin oder Wien, die herumplärrt, ihren Namen zu unterstreichen, damit sie in die Welt kommt, nach New York und Mailand, und Geld bekommt wie Heu und Sand. Wir bleiben hier und leben vom Mund in die Hand. Drehen einmal in diesem Dorf und dann im Nachbardorf und stellen in diesem Riesenloch wieder kleine Stücke Bayern her." All das braucht Geduld. „Aber wenn ein paar Tage vergangen sind und die Autos verrostet sind und die Wege wieder krumm sind, dann laufen wieder ein paar Menschen rum, die ganz nüchtern sind und nicht dieses von Angst besoffene Allerweltsmenschenungeheuer."

---

1. Glücklicherweise sind noch andere Menschen auf diese Idee gekommen und haben sie auch realisiert. Ein Autorenlollektiv um Edgar Weick, den wir Älteren noch als Mitarbeiter des *Sozialistischen Büros* in Offenbach kennen, hat im Stuttgarter Peter Grohmann-Verlag eine Broschüre mit dem Titel *Der hessische Landbote 2013* herausgebracht. Sie benennt mit der nötigen Schärfe und Klarheit die Widersprüche und Auswüchse des Kapitalprinzips.

Heimat und Entfremdung

„Nirgendwo ist Heimat, überall Modernisierung und Zerstörung."
(Christa Bürger)

„Heimat ist immer etwas Verlorenes, eine Sehnsucht, die sich nie erfüllen lässt."
(Edgar Reitz)

Um Fehlinterpretationen und Missverständnissen vorzubeugen, habe ich einige ergänzende Anmerkungen zum Begriff „Heimat" formuliert, der ein missbrauchter und geschichtlich belasteter Begriff ist, den man nicht so ohne weiteres verwenden kann.

Zunächst einmal ist *Heimat* ein Gegenbegriff zur industriellen Revolution und der mit ihr einhergehenden rabiaten Entfremdungsarbeit. Indem die Menschen sich anschicken, ihre gesellschaftlichen Verhältnisse zueinander in Tausch- und Geldbeziehungen zu verwandeln und der Natur mittels kapitalfixierter Technik und Industrie auf den Leib zu rücken, erzeugen sie Bewegungen und Strukturen, die sich verselbständigen und sich gegen sie „auf die Hinterbeine stellen", wie Marx es ausgedrückt hat. Die eigenen Hervorbringungen nehmen die gespenstische Gegenständlichkeit der Wertform der Waren an, üben Macht über die Menschen aus und schleifen sie irgendwann nur noch als Anhängsel hinter sich her. Heimat ist von Anbeginn und bis heute Ausdruck des Wunsches nach dem Gebrauchswert, der zum bloßen Träger des Tauschwerts degradiert wird. Lebendiges wird verdrängt durch Totes, Qualitatives durch abstrakte Quantität. Die Vorherrschaft des Tauschwerts über den Gebrauchswert lässt die konkrete Erfahrbarkeit der Dinge verkümmern. Heimat enthält die Sehnsucht nach Zeitmaßen und Räumen, die etwas mit den Menschen zu tun haben und ihrer kollektiven Kontrolle unterliegen, nach zyklischer statt linearer Zeit, nach leiblicher Anwesenheit und der sinnlichen Dichte der Welt. Der Begriff Heimat entstand parallel zur Industrialisierung, die die Lebenswelt der Menschen radikal veränderte. Die Ausbreitung von Waren- und Geldbeziehungen erlebten die Zeitgenossen, als lege sich ein kalter Hauch, eine Art Raureif, über Menschen und Dinge. Die Romantik hat den Schrecken darüber beredt werden lassen und der Sehnsucht nach rückwärts Ausdruck verliehen. Der Begriff Heimat ist eine Reparaturkategorie, der Versuch der Kompensation eines Mangels – eine Wärmestube in der sich ausbreitenden sozialen Kälte. Das im Schwinden Begriffene wird in der Erinnerung zur Idylle verklärt, die es in Wahrheit natürlich immer nur ansatzweise war. In Thomas Hettches Buch *Totenberg* stieß ich auf einen Satz, den man stets mitdenken sollte, wenn von einer *Idylle* die Rede ist: „Die Idylle ist der Tumormarker des Verdrängten." Das heißt: Das Verdrängte

scheint in den Bemühungen durch, mit denen man es zum Verschwinden bringen will.
Heimat bezeichnet einen Ort fragloser Zugehörigkeit und Geborgenheit im Vertrauten. Heimat bildet einen Gegenpol zu den um sich greifenden Entfremdungsphänomenen der Moderne, ist eine Kontrastkategorie zu Anonymität, Mobilität, Dynamik, Tausch und Abstraktion. Heimat schwingt immer mit, wenn einer sagt: „Weiß du noch, damals“ …, oder: „Früher, als die Menschen sich noch füreinander interessierten.“ Da in modernen Zeiten jeder von uns irgendwann einmal weggehen muss, in irgendeine Fremde hinein, neigen wir dazu, den Ort, von dem wir stammen, zu einem mythischen Ort, zu einem Sehnsuchtsort zu verklären: zur Heimat eben. Aus dem Reich der Vertrautheit verstoßen, wandert der Blick zurück. Dort strahlt das Kinderglück. In der Morgenstunde des Lebens wurde uns das Versprechen gegeben, dass die Welt es gut mit uns meint. Nun – erwachsen geworden und in der Fremde – hält sie dieses Versprechen nicht ein. Dennoch, sagt Alexander Kluge, bilden die Glücksversprechen des Anfangs, die uns in Gestalt elterlicher Liebe und Zuwendung zuteil geworden sind, einen „Schatz, den bis zum Lebensende keiner so leicht aufgibt. Ehrlich gesagt, leben wir davon.“ Wir bauen aus diesen Erfahrungen einen Kokon um uns, und sie bilden das Ferment unserer nach vorn gerichteten Hoffnungen.
In seinem Buch *Umgebracht hat er keinen* erzählt Jean-Louis Fournier von einem Foto, das er sehr mag. „Es zeigt mich und Papa. Papa liegt auf einem Diwan und liest; ich liege neben ihm. Ich muss etwa ein Jahr alt sein, ich sehe glücklich aus, mir kann nichts Schlimmes passieren, weil ich ja mit meinem Papa zusammen bin.“ Dann fragt Fournier: „Wo ist er nur hin, der Papa von dem Foto?“ Aber es hat ihn gegeben, und er zehrt von diesem Bild und dem, was auf ihm zu sehen ist oder was er auf ihm zu sehen glaubt. Jeder von uns verfügt über einen solchen inneren Bildervorrat. Aus solchen und ähnlichen Erinnerungsspuren ist das zusammengesetzt, was wir Heimat nennen. Heimat vermittelt uns die Illusion, dort sei die Welt noch in Ordnung gewesen, nicht fremd. Dabei ist längst nirgends mehr Heimat, alles ist zerstört und wird fortwährend weiter zerstört von einem ruinösen Fortschritt. Überall herrschen Kälte, Hässlichkeit und Entfremdung, es gibt kein Entrinnen.
Wir können also nicht mehr in so etwas wie Heimat zurückkehren, sondern müssen sie uns als eine solidarische Zukunft allererst erkämpfen, die mit dem Vorrang der Ökonomie gebrochen und diese den menschlichen Bedürfnissen untergeordnet hat. Es geht bei den fälligen Veränderungen darum, das ganze Leben nach Maßstäben realer Humanität zu gestalten, was weit über eine neu geordnete Wirtschaftsform und andere sozialtechnische Maßnahmen hinausgeht. Wir können ein solches Projekt aber nur so lang verfolgen, wie wir noch den Geruch der Glücksmomente des Anfangs in der Nase haben. Gäbe es diese eines Tages nicht mehr, wären wir in eine vollständig eindimensionale Welt eingetreten, in der nur noch wunsch- und traumloses Unglück herrschte, und sich niemand mehr eine bessere Welt vorstellen könnte, für die der Begriff Heimat eine Chiffre darstellt.

Die vorindustrielle Welt kennt den Begriff der Heimat nicht. Solange die Menschen von Heimat umfangen waren und sich fraglos in ihr bewegten, hatten sie keinen Anlass, sich danach zu sehnen und einen entsprechenden Begriff hervorzubringen. Die Menschen waren Teil von überschaubaren und statischen Gemeinschaften, die ihnen ihren Ort und ihre Rolle zuwiesen. Die Bindung der Gesellschaftsmitglieder an Boden und Herrschaft, Sippe und Stand löste sich auf, als der „soziale Urknall“ (Klaus Dörner) der Industrialisierung die agrarischen Hausgemeinschaften in lauter auseinanderdriftende Segmente aufsprengte. Als vereinzelte Einzelne, als *Individuen*, werden die Menschen nun primär durch den Geldnexus und nur komplementär durch Gewalt und Moral zusammengehalten. Was man Modernisierung nennt, bedeutet unaufhörliche Transformation gemeinschaftlicher in gesellschaftliche Lebensformen. Die gesellschaftliche Entwicklung verläuft vom Konkreten zum Abstrakten, führt aus vermeintlichen oder realen Heimaten in die gefürchtete Fremde, treibt aus glücklich erworbener Bodenständigkeit in ein großstädtisches Nomadentum. Die ständische Ordnung war ein stabiler, fraglos gegebener Lebenskontext, der die gesamte Existenz umschloss. Die Marktvergesellschaftung zehrt die verbliebenen Gemeinschaften, ihren Widerpart, peu à peu auf und frisst sich im Laufe ihrer Durchsetzungsgeschichte durch alle Schichten des Gesellschaftsbaus hindurch. Die Kategorie des „Genug“ wird durch eine neue Grenzenlosigkeit ersetzt. Der Tauschwert ist, wie schon Aristoteles wusste, potentiell grenzenlos. Der Kapitalismus erweist sich, wie Eric Hobsbawm schrieb, als „die Kraft der permanenten, ununterbrochenen Revolution“. Er ist ein System, das immer in Bewegung sein muss, ständige Überschreitung ist sein Wesen. Mit zunehmender Arbeitsteilung entwickelt sich das Geld vom gelegentlichen Tauschmittel, das den Austausch erleichtert und die Enge geldloser Märkte erweitert, dann aber im neuen Gebrauchswert wieder verschwindet, zum „absoluten Mittel“ und gerade dadurch muss es dann zum „absoluten Zweck“ und schließlich, zum Kapital mutiert, zum Selbstzweck werden. Entscheidend ist, dass das Geld als „absoluter Zweck“ keine Erfüllung verspricht. Es wird unbegrenzt begehrt, keine Geldsumme ist so groß, dass sie nicht noch größer werden könnte. Der Kapitalismus kennt und akzeptiert keine immanenten Stoppregeln und Begrenzungen.

Halten wir fest: Von Heimat wird erst geredet, wenn man sie verloren hat, wenn man aus ihr vertrieben wurde. Solange die Menschen blieben, wo sie geboren worden sind, hat diese Kategorie keinen Sinn. Erst die Wanderungsbewegungen, die mit der Industrialisierung einhergingen, und die Verstädterung haben Heimat zu einer Sehnsuchtskategorie und zum Fluchtpunkt der Phantasie gemacht.

Nach den Erfahrungen des 20. Jahrhunderts schleppt der Begriff „Heimat“ Aufladungen und Konnotationen wie Vaterland, Rasse, Blut und Boden, Brauchtum, Gemüt und Gemütlichkeit mit sich, die uns einen unreflektierten Gebrauch dieses Begriffs verbieten. Die politische Rechte hat sich den Begriff der Heimat betrügerisch angeeignet und für ihre Zwecke instrumentalisiert.

Das Leiden der Menschen unter der Entfremdung und Verdinglichung wird umformuliert in die Furcht vor Überfremdung. Nationale Identität dient den Verstörten und Verunsicherten als Schutzschild gegen die Tatsache, im Strudel undurchsichtiger finanzieller Abstraktionen gefangen zu sein. Im nächsten Schritt werden den Menschen Teilpopulationen bezeichnet, die Schuld an ihrem Leiden sein sollen und gegen die sich ihr Groll entladen kann: „Es sind die fremdem Eindringlinge, die unser Leben stören!" Der Inbegriff des Fremden und Anderen sind „der Jude" und „der Zigeuner". Die Angst vor der Modernisierung und das Leiden unter der unaufhörlichen Umwälzung aller Lebensverhältnisse finden im ‚raffenden Juden' und ‚stehlenden Zigeuner' ihr imaginäres Objekt. Dabei ist, schreibt Slavoj Zizek, „der wahre ‚Fremdkörper', der nicht assimiliert werden kann, letztlich die höllische, sich selbst antreibende Maschine des Kapitals selbst".

Angesichts dieser „Besetzungen" des Begriffs *Heimat* und weil er fürchtete, sich unablässig erklären und abgrenzen zu müssen, hatte Edgar Reitz seinen Film „Heimat" zunächst *Geheischnis* nennen wollen. Das ist ein Hunsrücker Dialektwort und bedeutet so viel wie *Geborgenheit, menschliche Nähe.* Aber das hätte außerhalb des Hunsrücks niemand, und auch dort kaum noch jemand, verstanden. Peter Brückner zog es vor, vom „Nahraum" zu sprechen, dessen Wiederaneignung die räumliche Dimension der Rückeroberung der wild gewordenen Zeit wäre. Ausgehend von der erlebten Erfahrung hätten Revolten des Nahraums konkreten, sinnlichen Zusammenhalt herzustellen und die Parzellierung, Isolation und Segregationen aufzuheben, die den machtförmigen, serialisierten Alltag prägen. Nahraum als Kategorie der Emanzipation heißt: Aufsprengen der ghettoartigen Wohnverhältnisse vor allem für Alte und Kinder, Wiederbelebung von Nachbarschaftsbeziehungen, die Vermenschlichung einer Architektur, die die Menschen in Wohnungen sperrt, die Isolierstationen sind, in denen sie in Wohn-Haft gehalten werden, und die Transformation der Städte, die unterm Diktat der Bodenspekulation und der beschleunigten Zirkulation des Kapitals vollkommen durchkommerzialisiert sind, in einen Raum, in dem das Leben in seiner ganzen sinnlichen Fülle sich entfalten und seine öffentliche, gesellschaftliche Dimension zurückgewinnen und ausdrücken kann. „Erweiterter Nahraum" ist ein Kampfbegriff, der darauf abzielt, inmitten der „Eiswüste der Abstraktionen" (Benjamin) wieder kleine Stücke „Heimat" herzustellen, die lebensgeschichtlich anknüpfen an Glücksmomente der Kindheit.

Ernst Blochs Kritik der linken Kopfgläubigkeit

Ernst Bloch hatte in seinem Buch *Erbschaft dieser Zeit* die Weimarer Linke angesichts des heraufziehenden Faschismus vor einer „utopischen Unterernährung" der sozialistischen Phantasie gewarnt. Die Linke hat vieles dem Feind überlassen, dem der Missbrauch so leicht gelang, „weil die echten Revolutionäre hier nicht Wache gestanden haben." Die Nazis leben von Windbeutelei und Mystizismus, doch sie konnten eben nur deshalb so ungestört mit ihnen betrügen, „weil eine allzu abstrakte Linke die Massenphantasie unterernährt hat. Weil sie die Welt der Phantasie fast preisgegeben hat." „Nazis sprechen betrügend, aber zu Menschen, die Kommunisten völlig wahr, aber nur von Sachen. Die Kommunisten strapazieren oft gleichfalls Schlagworte, aber viele, aus denen der Alkohol längst heraus ist und nur Schema drinnen. Oder sie bringen ihre richtigen Zahlen, Prüfungen, Buchungen denen, die den ganzen Tag über mit nichts als Zahlen, Buchungen, Büro und Trockenarbeit verödet werden, also der gesamten ‚Wirtschaft' subjektiv überdrüssig sind." Der kommunistische Materialismus sollte aber nicht die bloße Verdoppelung der totalen Ökonomie sein, „sondern gerade der Hebel, um die beherrschte Wirtschaft an die Peripherie zu stellen und den Menschen erstmals in die Mitte." Es sei höchste Zeit, so Ernst Bloch weiter, dass der Marxismus jene Tiefen des Revolutionsinhalts in sich belichtet, welche er den Feinden zum Betrug überlässt. Die sozialistische Propaganda war vielfach kalt, schulmeisterlich und ökonomistisch. Während die Rechten in Bildern und Metaphern schwelgten, die in die Phantasie der Menschen griffen, langweilten die Sozialisten die Menschen mit „dem sturen Ableiern von ökonomistischen Parolen". Die auf die Entlarvung ökonomischer Widersprüche fixierte Linke geriet in den Bann des „Kältestroms", der von der kapitalistischen Ökonomie ausgeht, und vernachlässigte den „Wärmestrom", der das ist, was in die Phantasie greift und die Menschen berührt und antreibt. Der Triumph des Nationalsozialismus resultiert auch aus der Unfähigkeit der sozialistischen Linken, die hungrigen – hungrig auch nach Sinn! -, unglücklichen, ohne Ziel umherirrenden Menschen satt zu machen.

In einem Gespräch zwischen Rainer Traub und Harald Wieser und Ernst Bloch, das 1974 geführt wurde und in dem Band *Gespräche mit Ernst Bloch* (Frankfurt/Main 1975) enthalten ist, erinnert dieser sich an einen Besuch im Berliner Sportpalast. Es war kurz vor dem Sieg Hitlers und zwei Propagandisten traten gegeneinander an, ein Kommunist und ein Nazi. Es gab zwischen den beiden Herren einen Wettstreit, wer zuerst sprechen soll. Der Nazi ließ dem Kommunisten den Vortritt, „was der als Auszeichnung empfunden hat, der Dummkopf, und fing nun an zu reden. Da kam alles vor: der Grundwiderspruch und die Durchschnittsprofitrate, die schwierigsten Partien aus dem *Kapital* und immer neue Zahlen. Die Versammelten aber verstanden kein Wort und hörten ihm sehr gelangweilt zu. Der Beifall war mäßig und mehr als matt. Dann kam der Nazi, der sprach am Anfang sehr höflich: ‚Ich danke dem Herrn Vorredner für seine lichtvollen oder für die meisten hier nicht so sehr lichtvollen Ausführungen. Und daraus können Sie schon etwas gelernt haben, bevor ich gesprochen habe. Was tun Sie denn, soweit Sie zum Mittelstand, zum kleinen Mittelstand gehören, in Büros arbeiten, z.B. als Buchhalterinnen oder Buchhalter – was tun Sie denn den ganzen Tag? Sie schreiben Zahlen, addieren, subtrahieren usw., und was haben Sie heute gehört von dem Herrn Vorredner? Zahlen, Zahlen und nichts als Zahlen. So dass der Satz unseres Führers wieder eine neue Bestätigung erfahren hat, von einer unerwarteten Seite: Kommunismus und Kapitalismus sind die Kehrseiten der gleichen Medaille.' Dann eine wohleinstudierte Pause. Als die zu Ende

war – sie hat ziemlich lange gedauert -, reckte sich der Bursche auf, in der Nachfolge Hitlers hat er das gemacht, warf mit einem Mal die Arme in die Höhe und schrie mit Stentorstimme ganz langsam ins Publikum hinein: ‚Ich aber spreche zu Euch in höherem Auftrag!' Sofort war der Stromkreis geschlossen: der Übergang zu Hitler."
Die Nazis strömten in die leergewordenen, ursprünglich linken Gebiete, die sie für sich besetzten und ausbeuteten. Es sei höchste Zeit, so Bloch, Anschluss zu finden an die Wach- und Tagträume der Menschen. Die Sozialisten müssten romantische Phantasie in den Marxismus bringen, denn Phantasie und Affekte spielten für das Volk eine ganz andere Rolle als Vernunft und Analyse. Es gebe eine Innenseite der Klassenkämpfe, die gerade von bewussten Klassenkämpfern ignoriert werde. So Ernst Bloch in den zwanziger Jahren des neunzehnten Jahrhunderts.
Sinnliche Qualität, Geschmack und Geruch gewinnt der Bloch'sche Begriff *Heimat*, wenn er zum Beispiel in seinem Buch *Spuren* vom „Wirtshaus jenseits vom Wald" spricht: „Zwischen Kraut und Rüben liegt dort der Hase im Pfeffer. Wird in heißer Liebe gebraten und jenem Gewürz, das aus unseren besseren Nachtträumen stammt." Der Einklang von innen und außen ist seinem Begriff der Heimat wesentlich, wie Bloch im Gespräch mit Rainer Traub und Harald Wieser erläutert: „Dass man in der Heimat identisch sein kann, dass die Objekte, wie Hegel sagt, nicht mehr behaftet sind mit einem Fremden, sondern wo das Objekt uns so nahe rückt wie das Subjekt, dass wir darin zu Hause sind." Zurück zu den *Spuren*, wo Bloch eine Szene beschreibt, die man als Symbol für diesen Einklang von innen und außen nehmen kann. Er erinnert sich an eine Begegnung mit einem Freund in dessen Haus: „Ich speiste einst mit diesem Mann, die Schüsseln waren abgetragen, die Bauerntochter, die seine Geliebte war, ging in die Küche. Wir Freunde saßen uns schweigend gegenüber und rauchten die Pfeife, die Tabakwolke roch, wie wenn man hinter Waldarbeitern hergeht, so kräftig und gut nach Zimt; draußen das weite bayrische Land mit Kuppelwolken am unbewegten Himmel, eine Fliege summte in der Stube, die Bauerntochter klapperte mit dem kräftigen Geschirr. Ein höchst heiteres Kreisen ging fühlbar zwischen Drinnen und Draußen, Schein und Tiefe, Kraft und Oberfläche. ‚Hören Sie', sagte da mein Freund, ‚wie gut das Haus in Gang ist.' Und man hörte die Ruhe, das richtig Eingehängte, wie es läuft, die wohlbekannte Kameradschaft mit den Dingen, die jeder Gesunde fühlt, die Lebensluft um sie her und die taohafte Welt."

Der italienische Filmemacher und Schriftsteller Pier Paolo Pasolini beschreibt die Zerstörung des bäuerlich-frühindustriellen Italien durch ein neues Gesellschaftsmodell, das er *hedonistischen Konsumismus* nennt. Kein anderes Land habe eine so große Zahl spezieller und realer Kulturen, eine solche Zahl von *piccole patrie,* kleiner Heimaten und Dialekt-Welten besessen, die nun der neuen Herrschaft des Konsums unterworfen werden, einer Herrschaft, die vollkommen irreligiös, totalitär, gewalttätig, scheintolerant – oder besser: repressiver denn je, korrupt und entwürdigend ist. Die Herrschaft des Konsums ist in den Augen Pasolinis der „neue Faschismus, der nicht greifbar ist und unterschwellig wie eine Fäulnis an der Gesellschaft zehrt". Er erlebte den Konsumzwang als eine anthropologische Mutation und auch persönliche Katastrophe: „Und ich lebe diese Katastrophe, die zumindest bis jetzt eine reine Entwürdigung ist, an meinem eigenen Dasein. Ich lebe sie in meinem täglichen Leben, in den Formen meiner Existenz, *in meinem Körper*."

Auch für Max Frisch war *Heimat* eigentlich nur als Erinnerung denkbar: an eine Mundart, gewisse Speisen, wie sie nur die Mutter oder die Großmutter zubereiten konnte, an Gerüche, Klänge, an ein bestimmtes Quartier, eine Landschaft. Zu Hause sein bedeutet, verstanden zu werden, ohne viel sagen zu müssen. Für Frisch ist *Heimat* eine Kategorie des Mangels, der Sehnsucht und keineswegs definiert durch „Blut und Boden", das Zugehörigkeitsgefühl zu einer Nation oder die Identifikation mit der Mehrheit. Sich als Deutscher, Schweizer, Franzose und so weiter zu definieren zeugte ihm von mangelndem Selbstbewusstsein. Eine patriotische Identität dient den metaphysisch Obdachlosen als wohlfeiler Unterstand. Man schiebt sie wie eine Kulisse vor die große, allumfassende Sinnkrise, um das Nichts, die große Leere zu verbergen. Wer sonst nichts hat oder ist, für den ist *Deutschsein* die letzte Zuflucht und rettende Insel im Meer der Überfremdung. Solche Identitäten gehen immer mit streitbaren Ab- und Ausgrenzungen einher: „Der da ist kein Deutscher, ist nicht wie ich, ist fremd, nicht unsereiner." In Krisenzeiten droht eine solche Identität militant zu werden und in Vernichtung der Fremden und des Fremden umzuschlagen.

Am weitesten in puncto Heimat-Ausnüchterung geht Josef Bierbichler, der uns am Ende seines wunderbaren Romans *Mittelreich* daran erinnert, dass menschliche Gesellschaften allenfalls Behelfsheimaten sein können:

„Die Erde ist keine Heimat.
Im Taubenschlag lässt sich's gut warten …"

Revolution als Griff zur Notbremse

Ernst Bloch hielt zeitlebens daran fest, dass es Aufgabe der politischen Linken sei, sich um emanzipatorische Aneignungsformen solcher Energien zu bemühen und den Begriff *Heimat* der nostalgischen Rechten abspenstig zu machen, die betrügerisch ihr Süppchen darauf kochen will. Das Leiden der Menschen unterm ruinösen Prinzip des Fortschritts ist massenhaft vorhanden, aber es ist in den psychischen Untergrund gedrängt, wo es sich in ein chiffriertes, körpersprachliches Ausdrucksgeschehen verwandelt, mit dessen Bearbeitung Ärzte, Psychotherapeuten und mit dessen Ausschlachtung esoterische Scharlatane befasst sind. Inzwischen wird deutlich, dass sich in den Auseinandersetzungen um den Stuttgarter Bahnhof und andere sogenannte Großprojekte die Konturen neuer Konflikt- und Bruchlinien der sozialen Integration abzeichnen, die sich nicht mehr an tradierte Klassen- und Deutungsschemata halten. Galten dem Marxismus und der sich auf ihn berufenden Arbeiterbewegung die Produktivkräfte und ihre von Wissenschaft und Technik forcierte Entwicklung als Garant der sozialen Veränderung, so lassen sich die zeitgenössischen Konflikte eher im Bezugsrahmen der geschichtsphilosophischen Thesen Walter Benjamins deuten. Aus seiner Perspektive erscheint Marx als Beschleunigungs- und Mobilmachungsdenker, dessen Bestreben darin bestand, einem durch die bürgerlichen Produktionsverhältnisse blockierten Fortschritt vollends zum Durchbruch zu verhelfen und dessen Prinzip der Naturbeherrschung auf die Spitze zu treiben. So gelangt Benjamin zu einem völlig anderen Begriff von Revolution: „Marx sagt, die Revolutionen sind die Lokomotive der Weltgeschichte. Aber vielleicht ist dem gänzlich anders. Vielleicht sind die Revolutionen der Griff des in diesem Zuge reisenden Menschengeschlechts nach der Notbremse.“ Revolutionen sind im Benjamin'schen Sinne eher der Versuch, die Zeit anzuhalten, die Beschleunigung der Geschichte zu bremsen. In der fünfzehnten geschichtsphilosophischen These erinnert Benjamin an einen Zwischenfall während der französischen Juli-Revolution von 1830, „in dem dieses Bewusstsein zu seinem Recht gelangte. Als der Abend des ersten Kampftages gekommen war, ergab es sich, dass an mehreren Stellen von Paris unabhängig voneinander und gleichzeitig nach den Turmuhren geschossen wurde.“ Die Revolution zerbricht die alten Zeitverhältnisse, sprengt das Kontinuum der linearen Zeit auf, und eröffnet so neue Erfahrungs- und Lebensräume. Nicht Atemlosigkeit, sondern das Anhalten des Atems ist das Zeichen solcher Erfahrung, zu der die bestehenden Verhältnisse uns wenig Gelegenheit einräumen. Erst das Stillstellen der Uhren und die gesellschaftliche Durchsetzung eines anderen Zeitbegriffs ermöglichen eine Wiederaneignung der entfremdeten Lebensbedingungen und eine lebbare Synchronisierung von Ich-Zeit und Welt-Zeit. Zeit würde aus etwas, das rast und sich dabei vom Rhythmus der lebenden Menschen immer mehr losreißt und abstraktifiziert, zum Raum für menschliche Entwicklung, zum Tätigkeitsfeld, in dem, was sich wandelt, der Kontrolle der Menschen unterliegt: „Die Zeit ist mein Besitz, mein Acker ist die Zeit.“ (Goethe)

Herbert Marcuse ist Benjamin in dieser Einschätzung weitgehend gefolgt und wies wiederholt darauf hin, dass Marx den Begriff des Sozialismus selbst noch zu sehr im Rahmen der Entwicklung der Produktivkräfte und einer Steigerung der Produktivität gefasst habe. Sozialismus schrumpfte so unter der Hand zur bloß quantitativen Steigerung des Vorhandenen und verlor die Dimension einer qualitativ anderen Gesellschaft aus den Augen, die einen Bruch mit den aggressiven und repressiven Werten und Bedürfnissen und dem Leistungsprinzip des Kapitalismus zur Voraussetzung habe und neue Qualitäten wie Rezeptivität, Sensibilität und Sinnlichkeit freisetzen müsse. Die Freisetzung dieser Qualitäten könne nicht im selben historischen Kontinuum gedacht werden, sondern setze einen Bruch mit diesem Kontinuum voraus.

„Der Marxismus muss riskieren, die Freiheit so zu definieren, dass sie als ein nirgends schon Bestehendes bewusst und erkannt wird.“

Ohne ein Stoppen der toll gewordenen Uhren des Fortschritts ist ein Aufsprengen des repressiven Kontinuums der Geschichte nicht möglich. Auch Heiner Müller teilt diese Sichtweise: „Der poetische Satz von Marx, die Revolutionen seien die Lokomotiven der Geschichte, ist sicherlich falsch. Revolutionen sind eher der Versuch, die Zeit anzuhalten, die Beschleunigung der Geschichte zu bremsen. ... Die totale Beschleunigung führt zum Nullpunkt, in die Vernichtung.“ Wir erleben eine Form der Beschleunigung, „die Wirbel produziert, in denen ungeheuer viel untergeht – auch an menschlicher Substanz.“

Wenn man solche Gedankengänge laut werden lässt, bekommt man stereotyp das Argument zu hören, man könne das Rad der Geschichte nicht zurückdrehen. Das ist ein Argument, das zum Verstummen bringen soll und oft auch bringt. Wer aber sagt eigentlich, dass das so ist? Nur der sogenannte gesunde Menschenverstand, vom dem Albert Einstein gesagt hat, er sei „eigentlich nur eine Anhäufung von Vorurteilen, die man bis zum 18. Lebensjahr erworben hat.“ Wir alle sind bereits in der Wolle mit Wachstumsideologie eingefärbt und können uns, wie Hartmut Rosa gesagt hat, eher das Ende der Welt vorstellen als ein Leben ohne Wachstum. Wenn das Rad der Geschichte in eine falsche Richtung gelaufen ist, kann eine zur Vernunft gekommene Menschheit sehr wohl in die Speichen greifen und das Rad zurückdrehen bis zu einem Punkt, der vor der falschen Abzweigung liegt. In einem Gespräch mit der Süddeutschen Zeitung vom 2./3. März 2013 antwortet Harald Welzer auf die Frage, wie er sich einen Ausweg aus den Krisen der Gegenwart und eine andere Zukunft vorstelle: „Es geht nur mit so intelligentem wie radikalem Rückbau: weniger Produkte, weniger Mobilität, anders ist es nicht zu machen.“ Warum müssen 114 Millionen US-Haushalte 80 Millionen Bohrmaschinen besitzen, die im gesamten Leben im Schnitt 13 Minuten benutzt werden? Also weg mit ihnen. Es reicht eine pro Straße. Schluss mit dem Individualverkehr, weg mit diesen idiotischen Geländewagen, mit denen Mütter aus den besseren Stadtteilen die kleinen Chefs von morgen über vierspurige Stadtautobahnen zur Schule fahren und auf dem Rückweg, nachdem sie den 150-Liter-Tank gefüllt haben, nochmal kurz in der zweiten Reihe vorm Bio-Laden anhalten. Weg mit diesen Fastfood-Lokalen und dem im Stehen und Gehen hinuntergeschlungenen Scheißfraß, weg mit den ganzen Fernsehprogrammen mit hohem Verblödungskoeffizienten, weg mit den lärmenden Quads, den Smartphones und Spielekonsolen, dem Coffee to go, den Laubbläsern und Hochgeschwindigkeitszügen und der ganzen sinnlosen Fliegerei von einem gesichtslosen Ort zum anderen. Das Recht auf Stille wird eine entscheidende Qualität einer neuen Gesellschaft sein, die sich vom Fetisch *Wachstum* verabschiedet hat und ihren Zusammenhalt nicht auf Konsum gründet. Wir benötigen stattdessen Tugenden des Unterlassens, Prämien aufs

Nichtstun, Kontemplation statt Produktion, Faulheit statt rastlosem Tun. „Vielleicht wird die wahre Gesellschaft der Entfaltung überdrüssig und lässt aus Freiheit Möglichkeiten ungenützt, anstatt unter irrem Zwang auf fremde Sterne einzustürmen", schrieb Adorno in seinem Buch *Minima Moralia.* Rund einhundertzwanzig Jahre früher lässt Büchner in *Leonce und Lena* den Valerio, einem Gefährten von Leonce, der eigentlich ein Vagabund und früher Anarchist ist, sein Programm in deftiger Sprache und ohne akademische Krawatte so formulieren: „Wir lassen alle Uhren zerschlagen, alle Kalender verbieten und zählen Stunden und Monden nur nach der Blumenuhr, nur nach Blüte und Frucht." Valerio setzt hinzu: „Und ich werde Staatsminister, und es wird ein Dekret erlassen, dass, wer sich Schwielen in die Hände schafft, unter Kuratel gestellt wird; dass, wer sich krank arbeitet, kriminalistisch strafbar ist; dass jeder, der sich rühmt, sein Brot im Schweiße seines Angesichts zu essen, für verrückt und der menschlichen Gesellschaft für gefährlich erklärt wird; und dann legen wir uns in den Schatten und bitten Gott um Makkaroni, Melonen und Feigen, um musikalische Kehlen, klassische Leiber und eine commode Religion!"

Ein erfülltes, gelebtes Leben in Solidarität und aufrechtem Gang wäre einem Leben inmitten der Überfülle allemal vorzuziehen. Auch das wäre Heimat!

Bedürfnisse nach Nichtveränderung

Die Wirklichkeit drängt sich durchaus zu diesen Gedanken, wir müssten sie nur denken und laut und vernehmlich propagieren. An vielen zeitgenössischen Menschen lässt sich ein Bedürfnis nach Ruhe, nach Nichtveränderung, nach stationären Zuständen beobachten, das auf den ersten Blick nicht subversiv erscheint. Subversiv wird es aber in einer Welt, deren Wesen die permanente kapitalkonforme Umwälzung ist. Viele Menschen wünschen sich die Herstellung einer Lebenssituation, in der sich möglichst wenig ändert und die eigene Lage konstant, das heißt auch überschaubar, einschätzbar bleibt. Das Tempo der Veränderung ist derart rasant geworden, dass es jedes menschliche Maß sprengt. Das Kapital und die Geldströme sind immer schneller und dynamischer geworden, der Mensch aber ist eher langsam und seine Fähigkeit, Veränderungen zu verarbeiten, begrenzt. Immer mehr Menschen machen angesichts des forcierten gesellschaftlichen Wandels die Erfahrung von *Sinnentzug*: Darunter versteht Alexander Kluge „eine gesellschaftliche Situation, in der das kollektive Lebensprogramm von Menschen schneller zerfällt, als die Menschen neue Lebensprogramme produzieren können". Was sie in Kindheit und Jugend gelernt und verinnerlicht haben, passt bald auf kein Lebensgelände mehr so richtig. Vielen von ihnen geht es wie Meister Anton, der am Ende von Friedrich Hebbels Theaterstück *Maria Magdalena* sinnend stehen bleibt und ausruft: „Ich verstehe die Welt nicht mehr." Sie haben mit dem Fortgang des Ganzen nichts mehr zu tun und fühlen sich angesichts des Zusammenbruchs des Reichs des Vertrauten verstört und entwertet. Der forcierte gesellschaftliche Wandel erschüttert das eingespielte Gleichgewicht zwischen der Struktur der äußeren Realität und der Identitätsstruktur der Menschen und wird zur Quelle von Wirklichkeitsverlust und seelischer Krankheit. Alte Menschen geraten in den quasidadaistischen Zustand desjenigen, der mit einem Stadtplan von 1920 das heutige Berlin durchqueren will. Das, was aus Gegenwart und Zukunft auf die Menschen zukommt, fügt sich ihrer Verarbeitungsroutine nicht mehr. Immer mehr bisher gut angepasste Menschen fallen aus ihrer Ordnung der Dinge und haben das Gefühl, dass der Film der äußeren Realität schneller läuft als der innere Text, den sie dazu sprechen. Sie hoffen, dass eines Tages die äußere Realität wieder zu ihren inneren Texten passt. Manch einen treibt diese Sehnsucht in die Arme von politischen Strömungen, die ihnen Entlastung durch rückwärtsgewandte Konzepte versprechen, und es wäre höchste Zeit, dass die Linke, deren Blick nach wie vor produktivistisch verengt ist, ein Sensorium für die Wahrnehmung derartiger Bedürfnisse entwickelt. Nur so kann sie die Fähigkeit zurückerobern, die zeitgenössischen Leidenserfahrungen der Menschen beredt werden zu lassen. Es genügt nicht, hat Marx gesagt, dass der Gedanke sich zur Wirklichkeit drängt, es muss sich auch die Wirklichkeit zum Gedanken drängen. Wohin drängt denn heute die Wirklichkeit? Es sind solange nicht unsere, der Linken, Gedanken, wie wir uns nicht auf der Höhe der Zeit befinden und in unseren Interpretationen der Wirklichkeit und dem Leiden an ihr hinterherhinken. Wir müssen, wenn wir etwas ausrichten wollen, unsere Theorie weiterentwickeln und eine Sprache entwickeln, welche die Erfahrungen der rasanten Beschleunigung, der universellen Zerstörung von gewachsenen Lebensverhältnissen und des Verlustes alles Vertrauten auszudrücken vermag. *Heimat* ist ein Mittel gegen die Verflüchtigung in einer global gewordenen Kultur, gegen die Homogenisierung des Denkens, Fühlens, Handelns. *Heimat* könnte zu einer Denkfigur des Innehaltens werden, zu einer Chiffre für Sehnsüchte nach Orten, an denen wir sagen können: „Hier kann ich sein, hier weiß ich mich zugehörig, hier bin ich richtig, hier fühle ich mich aufgehoben." Paul Simon hat dieser Sehnsucht in seinem Lied *The Boxer* folgendermaßen Ausdruck verliehen:

„Dann kramte ich meine Winterklamotten raus und wünschte, ich wäre weit weg, daheim, wo mich nicht der harte Winter von New York City in den Fängen hat - und am Ende machte ich mich auf nach Hause."

Die Linke muss lernen, ein Sensorium und eine Sprache für das Leiden an der Modernisierung zu entwickeln, was voraussetzt, dass sie ihre bis heute fortwirkende Bindung an Konzepte kritisch überdenkt, die dem bürgerlichen Begriff des Fortschritts verhaftet bleiben. Wir benötigen einen Sozialismus der Verlangsamung, der Entbrutalisierung des Umgangs zwischen den Menschen und Mensch und Natur, der an die Stelle der wild gewordenen Finanzmärkte eine „Ökonomie des ganzen Hauses" (Negt), eine „Ökonomie des Glücks" setzt, „die auf menschlicher Initiative und menschlichem Willen basiert, und die in ihre Berechnungen die Kosten des Leidens und die Gewinne aus Erfüllung und Selbstverwirklichung berücksichtigt, welche dem ausschließlich ökonomisch orientierten Produktivitäts- und Rentabilitätskult fremd sind", wie Pierre Bourdieu es ausgedrückt hat.

Um dabei nicht selbst in den Sog der Regression zu geraten und zu vergessen, dass, wie Sartre bemerkte, die „Natur des Menschen die Kultur" ist, ist es wesentlich, auf dem Unterschied zwischen „Solidarität" und „Gemeinschaft" zu bestehen. Diese will die Phase der Individualisierung rückgängig machen und durch Formen von Zwangsgemeinschaft ersetzen, die sich in Abgrenzung vom und unter Ausschluss des Anderen konstituieren und die Entfaltungsmöglichkeiten von Besonderheit radikal beschneiden, jene besteht darauf, dass freie, reziproke Verbundenheit die Verschiedenheit der Individuen zur Voraussetzung hat, die sich aus ihrer monadenhaften Isolierung und Parzellierung lösen und ihre Gesellschaftlichkeit auf kollektiven Formen des Zusammenschlusses und der freiwilligen Kooperation gründen. Diese dialektische Spannung zwischen den beiden Polen kann man auch so formulieren: Wenn es richtig ist, dass man „wir" sagen können muss, um „ich" sagen zu dürfen, so muss man andererseits auch „ich" sagen können, bevor man „wir" sagt. Es geht darum, die Errungenschaften des Prozesses der Individuierung mit der Fähigkeit zu verschränken, sich in den anderen hineinversetzen und mit ihm mitfühlen zu können. Diese neuen solidarischen Verkehrsformen müssen durch die Phase der Individualisierung hindurchgegangen sein und das Beste aus ihr *aufgehoben* und bewahrt haben. In diesem Sinne wäre der Sozialismus, im Gegensatz zu seinen gescheiterten geschichtlichen Verwirklichungsversuchen, keine mehr oder weniger terroristisch zusammengezwungene Gesinnungsgemeinschaft, sondern ein aus freier Übereinkunft resultierendes System von Verkehrsregeln, das die Entfaltung von Verschiedenheit und Dissens ermöglicht, sofern diese sich aus der dialektischen Balance von Besonderem und Allgemeinem nicht grob vereinseitigend herauslösen. Zur Entfaltung und Gestaltung dieser Balance brauchen wir, wie Negt in seiner *Römerberg-Rede* ausgeführt hat, „mittlere Gefäße, lebensfähige und identitätsstiftende Einheiten", die es erlauben, die nicht aufzuhebenden Spannungen zwischen Individuum und Gesellschaft, Besonderem und Allgemeinem, Nähe und Distanz auszutragen, und die Individuen aus jenem abstrakten Gegenüber von undurchschauten Macht- und Herrschaftsverhältnissen und individueller Lebensperspektive herauszuführen.

Aufklärung als „Kopf der Leidenschaft"

Ernst Blochs Verdikt über den Ökonomismus der Linken sollte uns auch heute noch nachdenklich stimmen. Denn auch die heutige Linke begeht häufig den Fehler, den ökonomiekritischen *Kältestrom* überzubetonen und den in die Phantasie greifenden *Wärmestrom* zu vernachlässigen, auch sie leidet unter der „Unterernährung der sozialistischen Phantasie". Möglicherweise geht die weitgehende Vergeblichkeit ihrer Bemühungen auch auf das Konto der Kopfgläubigkeit einer Aufklärung, die davon ausgeht, das bloße Aufzeigen von objektiven Widersprüchen werde quasi automatisch ein subjektives

Widersprechen nach sich ziehen und die Menschen würden durch die Fernwirkung der Vernunft eines Tages aus ihrer ideologischen Verblendung aufwachen.

Dass die Kritik ökonomischer Sachverhalte in der linken Theoriebildung und Analyse bis heute eine derart große Rolle spielt, ist zunächst einmal dem real existierenden Ökonomismus der kapitalistischen Gesellschaft geschuldet und nicht einer besonderen Wertschätzung der Ökonomie auf Seiten der Linken. Durch den großen Stellenwert der ökonomischen Aufklärung entsteht aber mitunter der Anschein, als sei das angestrebte Ziel einer anderen Gesellschaft in erster Linie eine Sache der Ökonomie oder gar der Triumph einer von ihren bürgerlichen Fesseln befreiten ökonomischen Vernunft. Dem ist aber keineswegs so. Zur gleichen Zeit, da Ernst Bloch seine Kritik am Ökonomismus der Linken formulierte, hat Max Horkheimer in seinem unter dem Pseudonym Heinrich Regius erschienenen Buch *Dämmerung* formuliert: „Die Begründung der Abschaffung des Kapitalismus durch die Notwendigkeit eines der Produktivität günstigeren Auswahlprinzips ist verkehrt, weil sie die Kategorien des herrschenden ökonomischen Systems als Norm nimmt. Sie glaubt, es sei mit Reparaturen getan. Nicht damit die Tüchtigen an die erste Stelle kommen, müssen wir die Gesellschaft verändern, sondern im Gegenteil, weil die Herrschaft dieser ‚Tüchtigen' ein Übel ist."

Dass die Ökonomie unser Dasein beherrscht und bestimmt, ist für das kritische Denken kein weltanschauliches Bekenntnis, sondern die Diagnose eines aufzuhebenden Zustands. Der Primat des Ökonomischen soll gebrochen werden, die Ökonomie in den Dienst der Bedürfnisbefriedigung solidarischer Menschen treten, statt diese – wie heute – zu ihren stummen Vollzugsorganen und Anhängseln herabzuwürdigen. Wer den real existierenden Primat der Ökonomie im Kapitalismus kritisiert, ist immer in Gefahr, sich dem kritisierten Zustand partiell zu assimilieren und dem Ökonomischen zu viel Gewicht beizumessen. Das Problem ist, dass aus den aufgezeigten objektiven Widersprüchen kein subjektives Widersprechen mehr resultiert. Das hat auch mit jener Unterernährung der sozialistischen Phantasie zu tun, vor der Bloch die Linke gewarnt hat. Mit purer ökonomischer Aufklärung lockt man niemand hinter dem Ofen hervor. Man macht nicht die Revolution, weil die Akkumulation des Kapitals ins Stocken gerät und der Kapitalismus Krisen produziert, sondern weil man wie ein Mensch leben und glücklich sein will. „Das, was wirklich zählt – ist das etwa nicht das Glück? Wofür macht man denn die Revolution, wenn nicht, um glücklich zu sein?", schrieb der italienische Filmemacher, Schriftsteller und Kommunist Pasolini in seinen „Freibeuterschriften". Analyse und theoretische Aufklärung weisen dem Veränderungswillen den Weg und vertreiben den Nebel, der über den Verhältnissen liegt. Sie sind notwendiger denn je und man darf nie davon ablassen, bestimmte Dinge beim Namen zu nennen – selbst wenn einem niemand mehr zuhört. Aber der Wille zur Veränderung stammt aus anderen Quellen und hat seinen Ursprung in Persönlichkeitsschichten weit unterhalb des Kopfes. Die Veränderung der Gesellschaft besitzt eine körperliche, triebmäßige Basis und wurzelt in Bedürfnissen, die verschieden, ja antagonistisch gegenüber jenen sind, die in ausbeuterischen Gesellschaften vorherrschen und ihren Zusammenhalt gewährleisten. Die Basis der Veränderung sind Körper, die Aggressivität, Brutalität und Hässlichkeit der etablierten Lebensweise nicht länger ertragen können und ihr stummes Nein zu den Verhaltenszumutungen der forcierten Leistungskonkurrenz in verrätselten psychosomatischen Formen zum Ausdruck bringen. Diese Leidenserfahrungen und ihrer selbst noch nicht bewussten Formen der Revolte hätte Theorie beredt werden zu lassen. Die Veränderung könnte dann Wurzel in den Menschen selbst schlagen, Aufklärung und Theorie hätten auf diesem Boden Ziele und Strategie des politischen Kampfes neu zu definieren. „Kritik ist", wie Marx in seiner frühen Auseinandersetzung mit der Hegelschen Rechtsphilosophie formulierte, „keine Leidenschaft des Kopfes, sie ist der Kopf der Leidenschaft".

Der eigentliche Skandal der bürgerlichen Gesellschaft ist nicht, dass sie die Entwicklung der Produktivkräfte hemmt oder Ressourcen verschleudert, sondern dass unter der Vorherrschaft von Ware und Geld das menschliche Leben erstirbt. Das niedergedrückte und an der Entfaltung gehinderte Leben bildet Schattenräume der Träume, Wünsche und Sehnsüchte, die die politische Linke nicht als irrational abtun und ignorieren darf, sondern aufgreifen muss. Andernfalls eignen sich andere diese frei flottierenden Energien an und münzen sie in Nachfrage nach Produkten um oder setzen sie erneut nach rückwärts und für mörderische Ziele in Gang.

Ethnologie des Inlands: Alfreds Garagen-Treff

Als der Pensionswirt Alfred mich gegen Abend von einer Wanderung nach Hause kommen sieht, ruft er mir über den Hof zu: „Wenn du Lust auf ein Bier hast, komm in zehn Minuten in der Garage vorbei. Heute ist geöffnet." So eine Einladung ist wie die Berufung in die Nationalmannschaft, dachte ich, die kannst du nicht ablehnen. Also beschließe ich, auf ein Bier hinzugehen.

Ein paar Schritte über den Hof liegen die ehemaligen Ställe. Aus der einen Hälfte ist eine Garage, aus der anderen eine Werkstatt geworden. Das linke der beiden Tore steht offen, hinter dem anderen steht der silber-graue VW Turan, den Alfred sich vor drei Monaten gekauft hat und der sein ganzer Stolz ist. Am Morgen hat er ihn gewaschen und gewachst, „damit das Wasser gut abperlt", wie er sagt. Ich betrete den schummrigen Innenraum. Eine nackte Glühbirne baumelt von der Decke. Ein altes Radio beschallt den Raum mit Volksmusik. Drei Männer stehen an einem improvisierten Tresen und trinken Bier, ein vierter lehnt mit dem Rücken an einer Drehbank und schraubt an einem kleinen Blaulicht herum, das Alfred ins Fenster stellt, um zu signalisieren, dass ‚seine Kneipe' geöffnet ist. An einer Wand hängen Pinups, die aus einer alten Motorradzeitung stammen. „Das ist Fachliteratur", sagt Alfred, als er bemerkt, dass ich die Bilder ein wenig skeptisch beäuge. Im Laufe des Abends wird mir klar, dass die Pinups an den Wänden die Funktion eines Abwehrzaubers haben: Sie sollen die Frauen draußen halten und signalisieren: „Das hier ist ein Männern vorbehaltener, frauenfreier Raum!" Davor steht auf einem Stapel hölzerner Obstkisten ein Springbrunnen, den der örtliche Schlosser Alfred überlassen hat. Zwei Laubfrösche mit aufgespannten Regenschirmen sitzen am Rande eines kleinen Beckens und spucken Wasser, wenn man die elektrische Pumpe einschaltet. Im Augenblick funktioniert die Anlage nicht richtig, weil die Schellen an den Schläuchen kaputt sind und nicht genug Wasser in die Mäuler der Frösche gelangt.

Den Unterbau des Tresens, um den die Männer herumstehen, bildet ein kleiner, ausrangierter Bundesbahncontainer aus Holz und Metallverstrebungen, in dem Alfred früher Ferkel gehalten hat, und ein trichterförmiger, eiserner Düngemittelbehälter. Darüber liegt eine hölzerne Tür. In der Mitte ragt noch der Griff heraus. Allerhand Krempel hat sich auf der Tür angesammelt, so dass man Mühe hat, einen Platz zum Abstellen des Bieres zu finden. „Der Antriebsriemen aus Gummi ist gerissen", kommentiert Otto, als ich ihn frage, was er mit dem Spielzeugblaulicht macht, „ich versuch's jetzt mal mit einem einfachen Gummiring." Otto ist 69 Jahre alt, ein ehemaliger Bergarbeiter aus Dortmund, der sich vor vielen Jahren nach seiner Verrentung hier am Edersee niedergelassen hat. Der Älteste in der Runde ist Heinz, der 76 Jahre alt und wie ich Gast in der Pension ist, aber schon seit Jahrzehnten seinen Urlaub hier verbringt. Er war sein Leben lang Bauschlosser, seine Frau ist vor zehn Jahren gestorben, inzwischen kommt er mir seinen Töchtern mindestens einmal im Jahr hierher. Alfred und seine Frau Hannelore sind seit dem Tod seiner Frau seine Familie, sagt er und trinkt einen Schluck aus der Flasche. Dann ist da noch Harry, der Jüngste im Kreis der Garagenbesucher. Er wird in ein paar Monaten 55, war Berufssoldat und arbeitet seit seiner Pensionierung nebenbei als Fahrlehrer. Er ist mit einer Polizistin zusammen und der einzige in der Runde, der Weißwein trinkt. „Grauer Burgunder", sagt er und prostet mir mit seinem randvollen Wasserglas zu. Harry hat seinen großen, schwarzen Hund mitgebracht, der in der Garage herumschnüffelt und ein bisschen nervt. Und dann ist da Alfred, der Gastgeber, in dessen Räumlichkeiten man sich in der kühleren Jahreszeit versammelt, um miteinander zu reden und währenddessen das eine oder andere alkoholische Getränk zu sich zu nehmen. Im Sommer sitzen sie draußen im Garten unter den Obstbäumen. Es gehören noch zwei oder drei andere Männer zur Stammbelegschaft, die mit Alfred zur Schule gegangen sind. „Damals hatten wir ein Baumhaus im Wald, wo wir uns trafen und versteckten", erklärt Alfred, „heute machen wir das in der Garage. Damals flohen wir vor den Eltern, heute vor unseren Frauen", fügt er lachend hinzu. Alfred stellt mich der Runde vor: „Das ist Götz, der kommt aus dem Gefängnis und hat ein paar Tage Hafturlaub." Das war's dann schon, erst mal keine weiteren Fragen, ich gehöre dazu und bekomme ein Bier hingestellt. Harry hat eine angebrochene Flasche Ouzo mitgebracht: „Das Zeug muss weg", sagt er und gießt den griechischen Anisschnaps in kleine Gläser. „Also gut", sage ich, „unterstützen wir die angeschlagene griechische Wirtschaft, indem wir einen Ouzo trinken. Ein Prost auf die gebeutelten Griechen!" Damit habe ich der Runde ein Stichwort geliefert. Denen ist doch nicht zu helfen, die sind einfach zu faul, die kriegen nix zustande, die ganzen Milliarden könnte man genauso gut gleich ins Mittelmeer schütten, sagt Alfred. Heinz verweist auf die griechische Mentalität: „Mit dem Arbeiten ham die das nich so!" Otto pflichtet ihm bei. Er sei gerade im Sommer ein paar Wochen da gewesen und habe diese Mentalität beobachten können. „Die fangen irgendwo was an und lassen es dann halbfertig liegen", berichtet er, es fehle dem Griechen an Durchhaltevermögen und Arbeitsmoral, „das kriegste nich raus aus den Griechen!" „Prost", erhob Harry sein Ouzo-Glas, „auf das die Griechen bald ihre Drachmen wiederkriegen und wir sie los sind." Abgesehen davon kommen die Milliarden aus den Rettungsschirmen gar nicht bei den Griechen an, sagt er. „Die sacken die Banken ein, die sich an der Krise bereichern", gibt Otto zu bedenken. „Es ist in Wirklichkeit keine Euro-Rettung, sondern eine Banken-Rettung. Wir, die Steuerzahler, die kleinen Leute bluten und die Reichen werden immer reicher, so war es immer und isses heute erst recht. Alles dreht sich um das liebe Geld und wir können am Ende die Zeche zahlen." Harry wendet sich den anderen zu und fragt plötzlich in die Runde: „Und wer steckt hinter alldem?" Ich bin gespannt, was jetzt kommt, und falle dann aus allen Wolken, als er seine Frage selbst beantwortet: „Die Juden! So war es und so isses immer noch! Wer hat denn den größten Einfluss in Amerika?" In meine Richtung gewandt fügt er hinzu: „Das darf man ja öffentlich nicht sagen." „Hier is nicht öffentlich, hier is bei mir in der Garage und hier kann man alles sagen", sagt Alfred. Widerspruch erhebt sich keiner, alle scheinen Harry zuzustimmen. Ich unternehme ein paar hilflose Versuche, die Verbindung von Juden und Geld sozialgeschichtlich zu erklären, kann aber mit meinen Aufklärungsbemühungen nicht durchdringen. „Die Zigeuner und die Juden: die sind eine Geisel der Menschheit und, wo sie in Massen auftreten, eine echte Landplage", sagt Heinz, der bisher zur Judenfrage geschwiegen hat. Nun werden Erfahrungen mit Zigeunern ausgetauscht. „Wenn früher in Arolsen Viehmarkt war, kamen sie in hellen Scharen", erinnert sich Harry, der aus einem Dorf in der Nähe von Arolsen stammt. „Die Leute haben wochenlang ihre Kinder im Haus behalten und keine Wäsche rausgehängt. Die Zigeuner klauen alles, was nicht festgedübelt ist. Vorn an der Haustür liest dir eine Zigeunerin aus der Hand, hinten steigen die anderen in die Wohnung ein und klauen den Speck aus dem Rauch, das Eingemachte aus dem Keller und das Obst von den Bäumen." Als Zeichen, dass Zigeuner unerwünscht seien, hätten die Leute kleine grüne Birken in ihre Haustür gestellt. Das habe diese aus irgendwelchen, wahrscheinlich religiösen Gründen abgeschreckt. Als Kinder hätten sie mit den Zigeunerkindern gespielt. „Die Zigeunermädchen hatten unter ihren Röcken nix an und es hat uns Jungens natürlich mächtig interessiert, was es da zu sehen gab. Die Jungen haben mit uns Fußball gespielt. Sie hatten als einzige richtige lederne Bälle, die sie mitbrachten und mit denen wir gekickt haben. Irgendwann hat einer von ihnen den Ball ins Gebüsch getreten und kam dann mit einem kaputten Ball zurück. Dann tauchten die Eltern auf und verlangten, dass wir, das heißt also: unsere Eltern den Ball bezahlen sollten. Ja, so waren sie damals und so sind sie auch heute noch." Es bereitet Harry Spaß, Zigeuner und Jude zu sagen. Er betont, dass er auch den Neger weiterhin Neger nenne. „Wie sagt man denn politisch korrekt dazu?", fragt er mehr rhetorisch in die Runde. „Dass wir uns nicht falsch verstehen: Der Obama hat meine vollste Sympathie. Er tut mir leid, denn die schieben ihm jetzt die Schuld an der ganzen ökonomischen Lage in die Schuhe. Vor den Wahlen haben die kein Interesse an einer wirklichen Lösung der Probleme, weil sie die dem Obama anlasten wollen."

Dass die Kinder heute von den Lehrern nicht mehr hart rangenommen werden dürfen, sondern mit Samthandschuhen behandelt werden, sei auch so eine moderne Unsitte. Mit dieser Bemerkung eröffnet Heinz ein neues Themengebiet. Otto erinnert sich an ihren Lehrer in der Volksschule, der ihnen die Steigerungsformen einbläuen wollte. Reihum musste jeder irgendein Adjektiv steigern. „Groß, größer, am größten, sagte einer, dick, dicker, am dicksten der nächste. Dann hat der Lehrer meinen Freund Kurt aufgefordert, das Wort tot zu steigern: Tot, töter, am tötesten, hat der stolz gesagt und dann derartig eine gefangen, dass er aus der Bank gekippt ist. Dumm, dümmer, am dümmsten, könne er da nur sagen. Tot ist tot, hat der Lehrer verkündet, und toter als tot könne niemand sein." „Und", fragt Alfred in die Runde, „hat es uns geschadet, dass wir ab und zu eine gelangt bekommen haben? Ganz bestimmt nicht. Es hat uns hart gemacht und ganz gut aufs Leben vorbereitet." Alle pflichten ihm bei. Die Härte der Lehrer und Eltern sei vollkommen richtig gewesen. „Heute tanzen die Kinder ihren Eltern und Lehrern auf der Nase herum und denken, das Leben sei ein einziges Zuckerschlecken", wirft Harry ein. „Von wegen ADHS, oder wie das heißt, was die Kinder heute angeblich fast alle haben sollen", empört sich Alfred, „ich wüsste da ein Rezept: Mit Handschellen an der Bank festmachen und mal kräftig die Ohren langgezogen. Dann wird ihnen die Lust am Zappeln vergehen und es ist Ruhe im Karton. Aber die Lehrer dürfen die Gören ja nicht mehr anlangen heutzutage."

Ich schweige beinahe die ganze Zeit und lasse die Männer reden. Ich höre ihnen zu und denke: Pass gut auf, vergiss nichts und schreib es später auf. Ab und zu, wenn es allzu toll und gemeingefährlich wird, unternehme ich ein paar hilflose Versuche, über geschichtliche Zusammenhänge aufzuklären. Die Männer denken: Lass ihn reden, den Schlaumeier, diese Studierten werden es nie kapieren. Es ist eine gefährliche Gratwanderung, auf die ich mich in solchen Situationen einlasse: Schweigt man zu solchem faschistoiden, menschenverachtenden Blödsinn, macht man sich zum Komplizen und sie deuten das Schweigen als Zustimmung, greift man allzu rabiat ein und grenzt man sich allzu vehement ab, verstummen die anderen und man erfährt nichts mehr. Wie viele solcher Garagen mit solchen Männern drin mag es in Deutschland geben, frage ich mich - und die entsprechenden Frauen nicht zu vergessen – und was wird dort alles geredet? Da liegt immer noch ein Rohstoff bereit, der nur systematisch aufgegriffen und gebündelt werden muss, und schon geht es wieder los mit dem faschistischen Unwesen. „Der Schoß ist fruchtbar noch, aus dem das kroch", heißt es bei Brecht.

Eine Passage aus Adornos „Minima Moralia" kommt mir in den Sinn: „Das Zufallsgespräch mit dem Mann in der Eisenbahn, dem man, damit es nicht zu einem Streit kommt, auf ein paar Sätze zustimmt, von denen man weiß, dass sie schließlich auf den Mord hinauslaufen müssen, ist schon ein Stück Verrat."

Ich habe jetzt genug. Ich bedanke mich für die Einladung und das Bier und gehe. Draußen ist es inzwischen vollständig dunkel geworden. Eine Weile lang dringt das Lachen der Männer aus der Garage noch zu mir herauf. Jetzt werden sie ihre Rücksichtnahme fallen lassen und richtig vom Leder ziehen, denke ich. Dann gehen auch sie nach Hause und es wird still im Haus über dem Edersee.

Vom Gesundheitswesen zur Gesundheitswirtschaft

„Diese empörenden Ärzte! Geschäftlich entschlossen und in der Heilung so unwissend, dass sie, wenn jene geschäftliche Entschlossenheit sie verließe, wie Schuljungen vor den Krankenbetten stünden. Hätte ich doch die Kraft, einen Naturheilverein zu gründen."
(Franz Kafka: Tagebücher)

Ein Freund, der selber Arzt ist, musste sich auf einer Reise durch Lateinamerika unerwartet einer schwierigen Operation unterziehen. Er erzählte mir später, dass sein Leben tagelang an einem seidenen Faden gehangen habe, und dass er davon überzeugt ist, dass er sein Überleben einer indianischen Putzfrau verdankt, die sich zu ihm ans Bett setzte, seine Hand hielt und mit ihm sprach, obwohl er gar nicht bei Bewusstsein war. „Was für eine Zeitverschwendung, und außerdem ist die Wirksamkeit solcher Praktiken wissenschaftlich nicht bewiesen", würden unsere zeitgenössischen Klinik-Manager sagen. Unsere hiesigen Ärzte werden inzwischen dazu angehalten, wie Betriebswirtschaftler oder Controller zu denken und zu reden. Wolfgang Pföhler, der Vorstandsvorsitzende der *Rhön AG*, deren Umsatz 2,63 Milliarden Euro bei einem Gewinn von 161 Millionen beträgt, vergleicht sein Unternehmenskonzept gern mit dem von Autokonzernen. Das „Flussprinzip" moderner Industriefertigung werde von seinem Unternehmen auf die Abläufe im Krankenhaus übertragen. Als neuen Arzt-Typ in einer durchrationalisierten, fabrikmäßig betriebenen Klinik propagiert Pföhler den „Systembetreuer für die Gesamtprozessoptimierung", der von der Bettenbelegung und OP-Ausnutzung die „gesamte Prozesskette" im Blick habe: „Ein Krankenhaus ist ein Unternehmen, ein komplex organisierter Großbetrieb, der in einem schwierigen Markt bestehen muss." (Zitiert nach Frankfurter Allgemeine Sonntagszeitung vom 16. Dezember 2012, S. 8)

Seit der Einführung der „Fallpauschalen" durch die Krankenkassen wird, um die Einnahmen der Krankenhäuser zu steigern, operiert, was das Zeug hält, und danach schnell entlassen. Die finanziellen Interessen der Kliniken spielen bei der Entscheidung, ob eine Operation angezeigt ist, eine größere Rolle als das Wohlergehen der Patienten. „Die Einnahmen steigern – die Ausgaben senken", lautet die zeitgemäße BWL-Fassung des hippokratischen Eides, den die jungen Assistenzärzte schwören müssen, wenn sie es zu etwas bringen wollen. So nachzulesen unter der Überschrift *Gehorsam vor Patientenwohl* in der *Frankfurter Allgemeinen Sonntagszeitung* vom 3. März 2013. Ein Berliner Arzt schildert unter anderem, wie ein junger Assistenzarzt von seinem Chef gemaßregelt wird, weil er einen gebrochenen Unterarm eingegipst hatte, statt ihn zu operieren. Eine solche Operation hätte nicht im Interesse des Patienten, wohl aber in dem der Klinik gelegen. „Die OP hätte der Klinik deutlich mehr Geld gebracht. Das wusste der Assistent, er hat sich im jugendlichen Idealismus aber vom Patientenwohl leiten lassen." Den OP-Saal sah der Assistenzarzt danach wochenlang nicht von innen. Im Interesse seines beruflichen Fortkommens wird er seine Lektion lernen und verinnerlichen müssen. Medizinisches Personal, Ärzte, Pfleger und alle anderen unterstehen den Kaufleuten der Klinikkonzerne. Unterm Primat der Ökonomie hat sich in Deutschland beispielsweise die Zahl der Wirbelsäulen-Operationen in den Jahren zwischen 2005 und 2010 glatt verdoppelt, weil eine solche Operation rund 12.000 Euro einbringt. In keinem anderen OECD-Land gibt es so viele Hüft- und Knieoperationen wie in Deutschland, und auch für diesen Rekord gibt es einen einfachen Grund: Geld.

Der Widerspruch, in den unser junger Arzt sich verstrickt hat, kommt bereits bei Platon zur Sprache. In seiner Schrift *Der Staat* wird ein Dialog zwischen Sokrates und Thrasymachos übermittelt, in dem es unter anderem um die Frage nach dem Selbstverständnis der Ärzte geht. Sokrates resümiert: „Also sucht die ärztliche Kunst nicht ihren eigenen Nutzen, sondern den Nutzen des kranken Leibes." Und gleich darauf sagt er: „Keineswegs hat also ein Arzt, insofern er Arzt ist, seinen eigenen Nutzen im Auge, sondern den des Kranken! Wir hatten uns ja geeinigt, dass der Arzt im strengen Sinne Versorger der Kranken und nicht Erwerbsmann ist? Nicht wahr?" Dieser Konsens scheint heute mehrheitlich aufgekündigt zu sein.

Mein Freund A. berichtete mir unlängst, dass sein Neurologe ihn binnen weniger Monate wegen eines Bandscheibenvorfalls bereits zum dritten Mal „in die Röhre geschoben" habe. Die letzte Aufnahme habe denn auch, wie vom Arzt vorher schon vermutet, nichts Neues zutage gefördert. Als A. fragte, warum er die dritte, äußerst kostspielige Computertomographie angeordnet habe, antwortete der Arzt unverblümt: „Ein Privatpatient wie Sie wiegt zwanzig Kassenpatienten auf." Dann habe er sich noch zu einem Vergleich hinreißen lassen, der ihm, A., seine ganze Selbstbeherrschung abverlangt habe: „Wenn Sie mit einem Mercedes gegen eine Wand fahren, ist das ja auch etwas anderes, als wenn Sie das mit einem Kleinwagen machen." Damit wollte er A. sagen: „Als Privatpatient haben Sie deutlich größere Überlebenschancen." Manchmal redet A., der Studienrat, im Twitterslang seiner Schüler: „Eigentlich wär da der Punkt erreicht gewesen für was in die Fresse." Aber er sei ja Privatpatient und da gehöre sich so etwas nicht.

Unter der Überschrift *Totgespart* hat die *Süddeutsche Zeitung* in ihrer Ausgabe vom 3./4. November 2012 am Beispiel der Berliner Charité gezeigt, um welchen Preis Kliniken in gewinnträchtige Wirtschaftsunternehmen umgewandelt werden. Auf der eigenen Homepage wird als „Charité Spitzenleistung" angepriesen, der Charité sei der „Turnaround" gelungen. „Mit Turnaround ist in der Regel eine Umkehr ins Positive gemeint, das Umkehren einer Abschwungsituation in eine Aufschwungsituation, am häufigsten bezogen auf die Gewinn- und Umsatzsituation bei einzelnen Unternehmen", erfahren wir bei *Wikipedia.* Die Charité, so heißt es in der SZ weiter, sei aus den roten Zahlen heraus und habe zuletzt acht Millionen Plus eingefahren. Dass so etwas als Erfolg verbucht und gemeldet wird, zeige nur, wie weit verbreitet der Systemfehler schon sei. Wie hat man ihn geschafft, den Turnaround? Wie man das macht in der sogenannten freien Wirtschaft: Sehr viel mehr Patienten werden durchgeschleust und behandelt und gleichzeitig wurden rund 600 Stellen abgebaut. Da ist es wieder, das Missverständnis, die Diktatur der Ökonomie, der auch Bereiche unterworfen wurden oder der sich auch Bereiche unterworfen haben, die genau dafür nicht geeignet sind. Im Alltag der Klinik sehe es so aus, dass Patienten stürben, weil es einfach niemand merke, dass sie zurück auf die Intensivstation müssten. Es werde derart brutal gespart, dass zwei Schwestern gegen 48 Patienten „kämpfen müssen". Sie sähen die Patienten ein bis zwei Mal pro Schicht, wenn sie durchgehen, und das auch nur sehr kurz und flüchtig. „Wir haben Todesfälle dadurch", sagt jemand, der es wissen muss, aber lieber anonym bleiben will. Patienten werden zum Zwecke irgendeiner Untersuchung von nicht deutsch sprechenden Bettenschiebern mit Niedriglöhnen durch das Krankenhaus geschoben und stehen dann oft stundenlang irgendwo herum. Hunderttausende Menschen infizieren sich in Deutschlands Krankenhäusern jährlich an Keimen, weil man an der Reinigung und der Hygiene spart. Man hat sich im vollen Wortsinn „totgespart". In einem Haus, das Charité heißt, was so viel wie Barmherzigkeit und Nächstenliebe bedeutet, hat man vergessen, dass Heilen noch etwas anderes ist als Hochleistungsmedizin. Man kann auch an emotionaler Unterernährung sterben.

Der ebenfalls privatisierten Universitätsklinik Gießen steht der „Turnaround" noch bevor. Das Klinikum bescherte dem neuen Besitzer, der Rhön AG, im Jahr 2011 ein Minus von circa 17 Millionen Euro. Was tun? Die Geschäftsführung kündigte prompt weitere Stellenkürzungen und die Schließung klinikseigener Betriebe wie der Wäscherei an. Deren Aufgaben werden an Firmen nach außen vergeben, für die diese Sektoren dank brutalstem Lohndumping noch profitabel sind. Was dieses Vorgehen für die Hygiene bedeutet, weiß man inzwischen. Das Resultat besteht auch hier darin, dass immer weniger Personal eine wachsende Zahl von Patienten versorgen soll. Warum sollte die der kapitalistischen Gesellschaft innewohnende Tendenz, alles in Ware zu verwandeln, ausgerechnet vor der Krankheit halt machen? Man kann im Grunde nur beten, dass man leidlich gesund bleibt und nicht eines Tages gezwungen ist, sich in die Obhut einer solchen Einrichtung und von

Ärzten begeben zu müssen, die sich unter dem Druck der Verhältnisse oder auch aus freien Stücken von „Krankenfreunden" zu „Erwerbsmännern" entwickelt haben.

Den „Systemfehler", von dem im Bericht der *Süddeutschen Zeitung* die Rede ist, hat André Gorz in seiner *Kritik der ökonomischen Vernunft*, die 1989 erschienen ist, bereits beschrieben. Man müsse, heißt es dort, pflegerische, helfende, heilende und lehrende Tätigkeiten mit einer gewissen Hingabe verrichten, sie erfordern „ein Sich-selbst-Geben"; man wundere sich dann hinterher, dass man dafür Geld bekommt, dass das, was man da getan hat, bezahlt wird. „Die Bezahlung nach Einzelleistung ist ein Anreiz zur Leistungserhöhung. Der geringste Verdacht jedoch, der Heil- und Pflegedienst Leistende könnte als vorrangiges Ziel die Erhöhung seines Verdienstes haben, unterminiert die therapeutische (oder pädagogische oder Hilfe leistende) Beziehung und lässt die Qualität der angebotenen Hilfe zweifelhaft werden. Denn diese muss im Interesse des Patienten und nicht in dem des Arztes liegen. Darin liegt das Wesen der therapeutischen (oder pädagogischen oder hilfeleistenden) Beziehung und die Bedingung ihrer Wirksamkeit. Derjenige, der Pflegedienste leistet, darf kein Interesse daran haben, dass die Leute auf Pflege angewiesen sind. Das Geld, das er verdient, muss für ihn Mittel dafür sein, seinen Beruf ausüben zu können, nicht Zweck. Er muss in gewisser Weise seinen Lebensunterhalt obendrein verdienen." (André Gorz, Kritik der ökonomischen Vernunft, Berlin 1989, S. 204/05) Soll pädagogisches, helfendes, therapeutisches Handeln gelingen, muss der Schüler, Hilfesuchende, Patient das Gefühl haben, mehr und etwas anderes erhalten zu haben als das, was er mit Geld kaufen kann: Die Hilfeleistung muss auch den Charakter einer Hingabe haben. Das Kapital betätigt sich in seinem rastlosen Bemühen, sich alle gesellschaftlichen Bereiche reell zu subsumieren und als Profitquellen zu erschließen, als Kannibale: es zerstört seine eigenen lebendigen Bestandsvoraussetzungen und sägt Äste ab, auf denen es selber sitzt. Ganze Sektoren der Gesellschaft, ganze Lebensbereiche müssen von der ökonomischen Vernunft freigehalten werden und verschont bleiben, wenn sie denn nicht in ihrem Kern zerstört oder beschädigt werden sollen. Diese Bereiche sind: Sozialisation im weitesten Sinne, Lernen, Bildung, Krankenpflege, Therapie und zwischenmenschliche Hilfe bis hin zu gutem Kochen und Gastfreundschaft. In all diesen Bereichen muss eine Gebrauchswertlogik durchgehalten werden, eine, wie Habermas sagen würde, lebensweltliche Logik der Kommunikation.

Spekulative Skizze über den Zusammenhang von Krebs, Krieg und Kapital

„Wo hat sich der Mensch verborgen? Wir ersticken; von Kindheit an werden wir verstümmelt: es gibt nur Monstren!“
(Paul Nizan)

„... und die Älteren, vor verleugneter Sehnsucht, böse.“
(Ralf Rothmann)

Es gibt, denke ich seit einiger Zeit, eine eigenartige Parallele zwischen dem Kapitalprinzip und der Verlaufsform der Krebserkrankung. Als Parasiten müssten Kapital und Krebs eigentlich auf das Wohlergehen ihres Wirts bedacht sein, aber beide nisten sich in ihm ein, breiten sich aus, überwuchern ihn und fressen sich durch alle Schichten des Wirts- beziehungsweise Gesellschaftskörpers hindurch, bis dieser schließlich kollabiert und abstirbt. Mit dem Wirtskörper stirbt natürlich auch der an ihm hängende und in ihm nistende Parasit. Ich kannte mal einen Krebskranken, der redete mit „seinem Krebs“ und versuchte ihm klarzumachen, dass er in seinem Wachstum gewisse Grenzen nicht überschreiten dürfe, weil er andernfalls mit ihm stürbe. Das könne ja nicht in seinem Interesse liegen. Er hat nicht auf ihn gehört. Der Krebs meines Bekannten verhielt sich dieser Belehrung gegenüber genauso indolent, wie das Kapital gegenüber jeder noch so gut gemeinten Wachstumskritik. Beide können offenbar nicht anders als ständig zu wachsen und gehorchen in ihrem Wachstum einer amokartigen Logik und reißen in ihren Untergang alles mit: Nach uns die Sintflut! Vielleicht ist die Verwandtschaft von Krebs und Kapital mehr als eine formale Analogie, und der Krebs ist so etwas wie das verinnerlichte und verkörperlichte Kapitalprinzip. Jedenfalls muss man feststellen, dass er in den Metropolen des Kapitals zu einer endemischen Krankheit geworden ist. Kapital ist die aufgehäufte Arbeit vergangener Generationen, erstorbene, tote Arbeit, die sich von ihren Urhebern losgerissen und gegen sie verselbständigt hat. Kapitalismus ist die Herrschaft des Toten über das Lebendige. Das Kapital schießt immer mehr in die Abstraktion und schleift die Menschen nur noch wie Anhängsel mit sich. Abstraktion heißt auf der Seite der Subjekte: Lebewesen werden zu Arbeitswesen hergerichtet, Menschen werden zu abstrakten Größen, zum subjektiven Faktor des Kapitals. Sie haben sich den Zahlen, sprich: den Gewinnerwartungen anzupassen und zu unterwerfen. Das Nicht-Verwertbare wird nach ‚innen‘ in die Phantasie und nach ‚unten‘ in die Verdrängung geschoben, wo es für die Kapitalverwertung unschädlich ist. Es landet auf einer inneren Giftmülldeponie, wo es zunächst einmal aus der Welt zu sein scheint. Aber eines Tages werden die Fässer durchrosten und das Abgedrängte wird Blasen werfen. Herbert Marcuse hat gesagt: Das Proletariat existiert auch in uns, in Gestalt der unterdrückten

Wünsche und Bedürfnisse. Vor allem die deutsche Geschichte hat uns aber darüber belehrt, dass es auch eine Wiederkehr des Verdrängten in Form des Faschismus gibt: „Wenn die toten Wünsche auferstehen, werden sie verwandelt in die Masse der Umzubringenden", schrieb Klaus Theweleit in seinem leider beinahe vergessenen Buch „Männerphantasien". Das niedergedrückte Leben wird böse und feindselig und wendet sich voller Ressentiment und Hass gegen alles, was ihm lebendiger und weniger eingeschränkt vorkommt. Die Erinnerung daran, dass man einst vorhatte, wie ein Mensch zu leben, schlägt um in Wut auf jene, die an diesem Wunsch festhalten und ihn gegen viele Widerstände zu realisieren versuchen. Einst libidinöse Energien verkehren sich ins Gegenteil, werden destruktiv und zur Quelle des Hasses auf alles Lebendige. Wenn sich diese toxischen Energien nach innen gegen die eigene Person und den eigenen Körper wenden, können sie zum Nährboden suizidaler Tendenzen und des Krebses werden, wenden sie sich nach außen, sind das Resultat Krieg, Faschismus und Pogrom. Wenn eine Kultur ihren Mitgliedern rigorosere Triebverzichte zumutet, als ohne Beschädigung tragbar ist, dann werden den Bürgern im sozialen Vorurteil auch gleich jene Ersatzobjekte markiert, auf die sie ihre akkumulierte Feindseligkeit verschieben, an denen sie sich für Enttäuschungen rächen können. Was man in sich niederhält, setzt man aus sich heraus und verfolgt es draußen in Gestalt von Minoritäten und Fremden. Alles, „was nicht komplett, was nicht sichtlich unsereiner ist, steht sehr unfest in der Kultur", schrieb Peter Brückner.

Die in Folge von Wunschvernichtung und Selbsteinschränkung böse und gemein gewordenen Menschen hatte der junge Paul Nizan vor Augen, als er schrieb: „Wo hat sich der Mensch verborgen? Wir ersticken; von Kindheit an werden wir verstümmelt: es gibt nur Monstren!"
In den kapitalkonform zugerichteten Menschen ist zu viel Fremdes, das das Eigene zurückdrängt und überwuchert. Ihr Ich ist zu großen Teilen Nicht-Ich, verinnerlichtes Äußeres, fremd-entfremdetes Implantat. In seinem Roman *Aden* schrieb Paul Nizan: „Der *homo oeconomicus* marschiert gegen die letzten Menschen, bekämpft die letzten Lebenden und will sie zum Tode bekehren. Die große List der Bougeoisie besteht darin, die Arbeiter zu Aktionären oder Rentiers zu machen und sie für die Moral, die Härte und den Tod des *homo oeconomicus* zu gewinnen. Werden die Menschen auf ewig diesem Leerlauf und der Verführung durch sprechende Maschinen verfallen? Es ist Zeit, den *homo oeconomicus* zu vernichten, er ist verletzbar wie ein Mensch, der nackt ist. Aber man kann ihn nicht überreden. Er weiß ja nicht, dass er einen zerstört, noch warum er es tut. Das Kapital verlangt einfach, dass er zerstört, es herrscht wie das Gesetz eines Gottes."
Die Vermittlung zwischen Lebendigem und Toten ist das, was man Erziehung nennt. Sie dient dem Zweck, die Menschen für ihr kapitalverwertendes Unglück zurechtzurücken, das Lebendige zurückzudrängen und es dem Kommando des Toten zu unterstellen. Das ‚brave Kind' lässt statt des eigenen Selbst die Erwachsenen in sich wachsen, die ihm gegenüber die Ansprüche und Anforderungen der Gesellschaft geltend machen. Die Eltern, lässt Tho-

mas Bernhard in seinem Roman *Der Untergeher* den gescheiterten Klavierkünstler Wertheimer sagen, haben ihn oben „in die fürchterliche Existenzmaschine hineingeworfen, damit er völlig zerstört unten wieder herauskomme. (…) Das Kind war in diese Existenzmaschine hineingeworfen worden von der Mutter, der Vater hielt diese Existenzmaschine, die den Sohn konsequent zerstückelte, lebenslänglich in Gang. Eltern wissen ganz genau, dass sie das Unglück, das sie selbst sind, an ihren Kindern fortsetzen, mit Grausamkeit gehen sie vor, indem sie Kinder machen und in die Existenzmaschine hineinwerfen …"

Ein Teil von uns ist, wenn wir Glück hatten, durch haltende, schützende und wärmende Körper und frühe Liebesobjekte belebt und bewohnt, der andere durch Abwesenheiten, Strafen, Kälte und Verlassenheit unbewohnt, entlebendigt, anästhesiert, im Extremfall totgestellt. Zwischen diesen beiden in uns miteinander ringenden Prinzipien herrscht kein ruhiges, homöostatisches Gleichgewicht, und jeder Mensch muss sich entscheiden, welches von beiden die Oberhand über sein und in seinem Leben gewinnen soll. Entscheidet man sich nicht, hat man sich auch entschieden: Der Überhang der gesellschaftlichen Objektivität, der aufgehäuften und zu Kapital gewordenen toten Arbeit der vergangenen Generationen wird dafür sorgen, dass im Zustand scheinbarer Balance das tödliche Prinzip den Sieg davonträgt. Affirmation ans Tote oder Emanzipation, auf diese existentielle Frage antwortet jeder mit seinem Lebenslauf.

Gustav Regler behauptet in seiner Autobiographie „Das Ohr des Malchus", dass er den Augenblick benennen könne, in dem sich der Krebs im Körper seiner Frau auszubreiten begann. Nach dem Bruch mit der Kommunistischen Partei und dem Stalinismus wurde er Objekt von Intrigen und Verleumdungen. Die ehemaligen Genossen unternahmen den Versuch, Regler zu diskreditieren, indem sie ihn der Zusammenarbeit mit dem politischen Gegner bezichtigten und zum Denunziant und Verräter erklärten. „Ein Pestkordon legte sich um unser Leben", schrieb er. Er versuchte die Lügen von seiner Frau Marieluise fernzuhalten, aber eines Tages fiel dieser eine Zeitung in die Hände, in der ihr ehemaliger Freund Kisch die Behauptung aufstellte, Regler habe sich den Amerikanern als Denunziant angeboten. „Ich sah die Zeitung in Marieluises Hand und erschrak vor ihrem traurigen Blick. (...) An diesem Tag – dessen bin ich mir sicher – begann ihre Krankheit. Sie schluckte das Gift des Abscheus in sich hinein. Der zerbrechliche Körper nahm es gierig auf. An jenen unsichtbaren Grenzen der Gene, wo alles infinitesimal und im Übergang von Psyche und Biologie ist, setzte der Prozess ein. Ich bin heute überzeugt, dass alle unbestimmbaren Krankheiten diesen Ursprung haben. Übel kommt nur vom Übel, es ist eine Scheinlogik, aber eine furchtbare. Irgendeine Zelle hat nach solchem Angriff den Einfall, sich selbständig zu machen, und vermehrt sich ohne Rücksicht auf ihren organischen Platz, vermehrt sich ins Millionenfache und tötet sich, indem sie ihren Gastgeber tötet." (Frankfurt/Main 1975, S. 490/91)

Noch vor wenigen Generationen war es üblich, dass klassengespaltene Gesellschaften sich durch kriegerische Entregelungen von den toxischen Energien befreiten. Mindestens einmal in jeder Generation schickte man die jungen Männer in den Krieg und ließ sie sich wechselseitig umbringen. Die gesamte Bevölkerung wurde mobil gemacht und schloss sich gegen den äußeren Feind eng zusammen. Nun kann man sich nicht immer schlagen, von Zeit zu Zeit muss man schon Frieden schließen. „Für die Friedenszeit", schreibt Sartre in *Saint Genet*, „hat die Gesellschaft in ihrer Weisheit, wenn ich so sagen darf, professionelle Böse geschaffen. Diese ‚bösen Menschen' sind für die guten Menschen ebenso notwendig wie die Bordellmädchen für die anständigen Frauen: sie sind Fixationsabszesse; wieviel friedliche, abgeklärte, beruhigte Gewissen kommen auf einen einzigen Sadisten."
Seit einiger Zeit führen wir unsere Kriege anderswo – an der Peripherie Europas oder auf anderen Kontinenten. Die europäischen Kernländer sind seit fast 70 Jahren von kriegerischen Auseinandersetzungen verschont geblieben. Wenn es stimmt, dass Kriege Gesellschaften von gewissen destruktiven Energien befreien, muss deren Ausbleiben sozialpsychologische Folgen haben. Die befriedeten Gesellschaften bleiben auf diesen Energien sitzen oder diese suchen sich andere Äußerungsformen. Sie wenden sich nach innen, gegen den eigenen Körper. Man hat herausgefunden, dass in Kriegszeiten die Zahl der psychischen Erkrankungen, der Selbstmorde und der Krebserkrankungen signifikant zurückgeht, was noch einmal einen Hinweis darauf liefert, dass kriegerische und suizidal-kanzerogene Energien auf demselben Holz wachsen und sich ähnlich sind.[1]

In der *Frankfurter Allgemeinen Sonntagszeitung* vom 3. April 2011 bin ich auf den *Im Rausch der Gefahr* betitelten Bericht über einen russischen Autor gestoßen, der sich *DJ Stalingrad* nennt. Er erinnert in einer uns befremdenden Weise an die Funktion des Krieges als eine Form des gesellschaftlichen Aderlasses, der dazu dient, „schlechtes Blut" aus dem Gesellschaftskörper abfließen zu lassen und ihn so zu reinigen. *DJ Stalingrad* lebt irgendwo und nirgends, niemand kennt sein Gesicht und seinen Aufenthaltsort. Er repräsentiert, so heißt es, das Milieu radikaler Anarchisten, die sich gegen die aktuellen russischen Machthaber und die Miliz militant zur Wehr setzen. Es müsse Leute geben, die die gleiche Sprache zu sprechen verstehen wie sie, wird der junge Mann zitiert. Gerade ist ein Taschenbuch mit Texten von *DJ Stalingrad* erschienen, aus dem ein paar Passagen zitiert werden, von denen ich wiederum einige Sätze wiedergeben möchte.

---

1 Für Menschen, die jetzt sagen: „Wo hat er denn das wieder her?" und Belege sehen wollen, seien hier einige Hinweise und Quellen nachgereicht. Zum Rückgang der Sterblichkeitsraten bei Krebs: Lawrence LeShan: Psychotherapie gegen den Krebs, Stuttgart 1977, S. 87f; zum Rückgang der Suizidalität während des Krieges: Thomas Bronisch: Der Suizid, München 1995, S. 29. In Sartres Buch Saint Genet (Reinbek 1982) heißt es auf Seite 54: „… in Kriegen gibt es auch am wenigsten Verrückte."

Ich empfinde gerne Schmerz. Peinlich, es auszusprechen, aber seit meiner Kindheit lehrte mich das Leben, den Schmerz zu lieben. Ich erinnere mich an die Jahre meiner Kindheit als permanenten Schmerz. Meine Mutter schlug mich ständig. In einer meiner frühesten Erinnerungen bin ich drei, vier Jahre alt. Mutter blickt mir in die Augen und schreit vor Wut: „ich bring dich um!“ … Schmerz ist das, wie wir die Welt wahrnehmen. (…) das Leben verletzt uns in jeder Sekunde durch die Augen, die Ohren, die Nase, den Mund, die Haut. Blut tritt aus, wir werden zu denen, die wir sind.

Und dann denkt man plötzlich, man habe es mit einem Wiedergänger Ernst Jüngers zu tun:

Wir sind geboren für den Krieg, dafür, in geschlossenen Reihen in die Schlacht zu ziehen, in den Kugelhagel, ins Minenfeld. In der menschlichen Gesellschaft sind immer überflüssige männliche Individuen aussortiert worden. Sie würden schlechte Ehemänner, Väter, Arbeiter oder Chefs abgeben. Sie haben einen Hang zur Zerstörung. Kluge Mechanismen der gesellschaftlichen Selbstregulierung sondern diese Individuen schon früh aus und entwickeln ihr einziges nützliches Talent, das darin liegt, Schmerzen zuzufügen und zu ertragen, um sie, wenn sie ‚fertig‘ sind, ihrem vorbestimmten Zweck zuzuführen, dem Krieg. Im Verlauf der gesamten Menschheitsgeschichte ließ die Gesellschaft sich in regelmäßigen Zeitabständen zur Ader, um das überschüssige männliche Blut aus ihrem Organismus zu entfernen. Ein sehr weiser Mechanismus. Wenn die Gesellschaft auf Kriege verzichtet, füllen sich bisher friedliche und glückliche Länder mit Horden von Verbrechern, Halsabschneidern und Wahnsinnigen, Abenteurern, Heiligen – das nicht vergossene männliche Blut beginnt zu gären, alles um sich herum zu vergiften. Die inneren Mechanismen der Gesellschaft werden wieder aktiv, finden einen Kompromiss – der Krieg verlagert sich ins Innere. Die einen überflüssigen Männer werden Polizisten, andere Verbrecher. Das hilft ein bisschen, das Blut fließt wieder, als dünnes Rinnsal. Obwohl tatsächlich weder die eine noch die andere Seite zufrieden ist, in Wirklichkeit wollen alle einen echten Krieg, wo mehr als dreißig, vielleicht aber auch alle hundert Prozent der Beteiligten sterben.

Inzwischen, heißt es weiter, sei DJ Stalingrad, der in Russland mit Haftbefehl gesucht wird, nach Westeuropa geflohen. Dort, so ließ er über ein Internet-Portal verlauten, komme er sich vor wie im „kapitalistischen Auschwitz des Konsums“. „Bald gibt es Krieg“, verkündet er beinahe sehnsuchtsvoll. Und liegt damit vielleicht gar nicht so falsch …

Ethnologie des Inlands - Im Antiquariat

Nach dem Einkauf schaue ich im Antiquariat in der Bahnhofstraße vorbei. Stefan, der Besitzer, weist mich auf Bücherstapel hin, die gleich neben dem Tresen am Boden liegen. „Das sind alles Bücher aus deiner Zeit: kommunistische und politische Literatur aus den 70er Jahren", sagt er. Ich bücke mich und nehme ein Buch zur Hand. Es ist eine deutsche Erstausgabe von Sartres „Zeit der Reife". Vorn im Buch steht der Name des ehemaligen Besitzers. Es ist Heinz, ein alter Freund von mir, der sich Anfang der 1980er Jahre das Leben genommen hat. Ich blättere irritiert in dem Buch und stoße auf den Satz: „Ach was!", sagte Mathieu. „Dein erwachsenes Alter ist das Alter der Resignation, darauf lege ich überhaupt keinen Wert." Auch Heinz tat sich schwer mit dem Eintritt ins Erwachsenenalter und dem damit verbundenen Verlust an Sensibilität. Da stehe ich nun vor seinen Büchern. Erinnerungen schießen mir durch den Kopf und ich sehe ihn plötzlich vor mir mit seinem revolutionären Ernst und seiner existentiellen Radikalität. Die Bücher waren bei seiner ältesten Freundin Bärbel eingelagert, die Anfang dieses Jahres an Krebs gestorben ist. Beide kannte ich seit Anfang der 1970er Jahre, als sie in der Marburger Evangelischen Studentengemeinde wohnten und arbeiteten, die mich zu einer Diskussion über mein erstes Buch eingeladen hatte.

In Gedanken versunken schlendere ich durch die Regalreihen und schaue nach neu eingestellten Büchern. Heute ist der letzte Schultag vor den großen Ferien und die Stadt ist überschwemmt von Schülern, die ihre Zeugnisse in Händen halten und ihre Noten und Fehltage kommentieren. Zwischen zwei Regalreihen sitzt ein Teenie-Mädchen im Schneidersitz auf dem Boden und blättert in einem Folianten. „Ey, ich fühle mich voll wie ein Hipster, der alte Bücher kauft", sagt sie zu einer Mitschülerin, die hinter ihr steht, „ich möchte ja auf keinen Fall Mainstream sein." Auch wenn wir uns damals anders ausgedrückt und es „existentiellen Ekel" genannt haben: So ähnlich hat es auch bei uns angefangen, denke ich. Auch Heinz und ich haben unsere ersten Suhrkamp-Bändchen in einem ähnlichen Gefühlszustand von unserem spärlichen Taschengeld erstanden. Nur ist es bei uns nicht bei der bloßen Attitüde geblieben. Wir haben die Bücher wirklich gelesen, und so fand die antibürgerliche Renitenz ihre Begriffe und politisierte sich. Über Aktionen und Diskussionen vermittelte politische Lernprozesse trieben uns über den Rand unserer Klassenzugehörigkeit hinaus - aber wohin? Das Proletariat wies die ihm angetragene Rolle zurück und ließ uns im Regen stehen. Dieses Scheitern der Revolte machte das Überleben in der bestehenden Gesellschaft zum existentiellen Drahtseilakt. Heinz hat ihn auf Dauer nicht hinbekommen oder ausgehalten. Jetzt stehe ich vor seinen Büchern. Sie liegen im Antiquariat am Boden – mit Staub bedeckt, wie ein Symbol geplatzter Träume und enttäuschter Hoffnungen.

Ich stoße dann noch auf ein Buch von Thomas Bernhard, das buchstäblich von Mäusen angenagt ist. Die rechte untere Ecke der Erzählung „Amras" aus dem

Jahr 1988 trägt die Spuren von Nagezähnen. Aber es fehlt nur eine kleine Ecke. Bernhard scheint selbst für Mäuse schwer verdaulich.

Auf den folgenden Seiten werde ich berichten, wie für mich „alles anfing“, wie meine (und vieler anderer) Politisierung vonstattenging, wie die revolutionären Hoffnungen sich als Illusionen erwiesen und welche Identitätsprobleme das nach sich zog.

Eine große, frei flottierende Sehnsucht nach etwas Anderem - Erinnerungen an Politisierungsprozesse um 1968 herum[1]

„Der Aufstand geschieht gegen diejenigen, die mich zur Sau gemacht haben, es ist kein blinder Hass, kein Drang, zurück ins Nirwana, vor die Geburt. Aber die Rebellion gegen die zwanzig Jahre im Elternhaus, gegen den Vater, die Manipulation, die Verführung, die Vergeudung der Jugend, der Begeisterung, des Elans, der Hoffnung – da ich begriffen habe, dass es einmalig, nicht wiederholbar ist. Ich weiß nicht, wann es dämmerte, aber ich weiß, dass es jetzt Tag ist und die Zeit der Klarstellung. Denn wie ich sind wir alle betrogen worden, um unsere Träume, um Liebe, Geist, Heiterkeit, ums Ficken, um Hasch und Trip (werden weiter alle betrogen)“.
(Bernward Vesper: Die Reise)

„Sogar dem, der einen Nagel wieder aus der Wand zieht, bleibt doch das Loch“.
(Peter Brückner)

„Wenn man mich im Zenit meines Lebens fragt: Hast du mit fünfzehn Jahren geträumt, das zu werden -, was werde ich antworten?“
(André Gorz)

„Das Unglück, in das Alter der Verantwortung einzutreten, ohne den Verlust der Sensibilität, der mit ihm einherzugehen pflegt und der dann erlaubt, diese Verantwortung ohne besondere Rücksicht auf die anderen zu übernehmen.“
(Albert Camus)

Im Sommer 1967 fuhr ich mit zwei Freunden auf den Fahrrädern nach Holland. Wir waren 16 Jahre alt und genossen sechs Wochen ohne Eltern und Pädagogik, frei von Gängelung und Kontrolle. Endlich öffnete sich die Welt.

1 Diesen Text habe ich ursprünglich für die Wochenzeitung Freitag geschrieben, die ihn in der Ausgabe vom 29. Februar 2008 in einer stark gekürzten Version brachte.

Wir fuhren, dass uns der Schweiß von der Nasenspitze tropfte, suchten uns gegen Abend einen Zeltplatz, kochten uns auf einem Gaskocher eine Tütensuppe oder aßen Pommes frites. Dann sahen wir uns um. Überall traf man auf junge Leute in Aufbruchstimmung. Unterwegs kehrten wir in Kneipen oder Imbiss-Buden ein und setzten die Musik-Box mit den Hits dieses Sommers in Gang. Dabei kam jeder mal zu seinem Recht und abwechselnd wurden *Pictures of Lily* von den Who, *Ha, Ha, said the clown* von Manfred Man und *All you need is love* von den inzwischen zu Hippies verpuppten Beatles gedrückt. Es gibt im Leben junger Menschen, wenn sie Glück haben, einen Augenblick, in dem sie plötzlich entdecken, dass die Freiheit existiert. Dieser Sommer war für uns drei eine solche Erfahrung.
Auf irgendeinem holländischen Campingplatz lernten wir Cora kennen. Cora wusste über Vieles bereits Bescheid und brachte uns nacheinander das Küssen bei. Ausnahmsweise blieben wir an einem Ort mehrere Tage. Ich erinnere mich, wie die Reihe an mich kam. Wir saßen unter Kiefern in der Abendsonne und Cora steckte mir ihre Zunge in den Mund. Bei meinen Eltern hatte ich nur Küsse mit gespitzten Mündern oder auf Stirn und Wange gesehen. Dass die Zunge beim Küssen eine Rolle spielte, war mir völlig neu, und es irritierte mich anfangs. Behutsam und dennoch zielstrebig dirigierte sie meine Hände in Regionen ihres Körpers, die ich noch nie zuvor berührt hatte. Es war ein wunderbarer Sommer, etwas von Aufbruch lag über allem, und als wir wieder zu Hause waren, waren wir nicht mehr dieselben. Ab jetzt wussten wir, dass es so, wie es war, nicht bleiben würde.
Politisch war ich 1968 noch eine Rübe auf dem Feld und hatte von nichts eine Ahnung. Ich saß trübsinnig in meinem Dachstübchen zu Hause und hörte mittels eines Transistorradios, das mir mein Großvater hinter dem Rücken meiner Eltern geschenkt hatte, abends die „Schlagerbörse“ und jede Menge „Amigeheul und Negermusik“, vor denen mein Vater mich hatte bewahren wollen. Auf diesem Weg erfuhr ich auch vom Mordanschlag auf Rudi Dutschke. Dutschke kannte ich dem Namen nach als einen der Rädelsführer dieser merkwürdigen Studentenunruhen in Berlin, von denen allenthalben die Rede war. Ich teilte die dummen Gemeinplätze, die zur Beurteilung dieser Unruhen im Schwange waren: „So geht es nicht, man muss sich an die Spielregeln halten. Wozu haben wir denn Parteien und Parlamente! Man kann sicher dies und das verbessern, aber nicht so.“
An diesem Gründonnerstag in meiner trostlosen Kasseler Dachstube stellte sich für mich zum ersten Mal eine Verbindung her zwischen „dem da draußen“, dem Anschlag auf Rudi Dutschke, den der aus München angereiste Malergehilfe Josef Bachmann angeschossen hatte, und mir und meinem bis dahin namenlosen Unbehagen. Ich spürte, dass mich das anging, aber noch blieb ich zuhause und erlebte die Osterunruhen und Springer-Blockaden direkt nach dem Anschlag als sympathisierender Beobachter. In den nächsten Wochen stand die dritte und abschließende Lesung der Notstandsgesetze an. Von einem übel beleumundeten Gymnasium hauten die Schüler trotz massiver Drohungen des Direktors einfach ab, zogen quer durch die Stadt von Schule zu Schule und holten uns ab. Das Belagern der Mädchengymnasien

war natürlich von besonderem Reiz. Schließlich fand sich ein ständig wachsender Menschenhaufen zusammen, der vor das Rathaus zog, die Straßenbahnen und den Zugang zum Rathaus blockierte, Flugblätter verteilte und mit Passanten diskutierte. Später ging's zu „Opa Lohmann", wo es den „Halben" für 65 Pfennige gab, oder in den „Republikanischen Club".
Was mich an der Bewegung zunächst faszinierte, waren die Jeans, die bei uns Zuhause verpönt waren, weil sie aus Amerika stammten und als zu eng und aufreizend galten, die Parkas, die filterlosen Roth-Händle und selbst gedrehten Zigaretten, die langsam länger werdenden und aus der Fasson wachsenden Haare, die freieren Umgangsformen auch zwischen den Geschlechtern und die schnoddrig-respektlose Sprache. Ich empfand es schon als Defizit, inhaltlich „nichts drauf" und politisch keine Ahnung zu haben, aber dieses Nichtwissen schloss einen nicht aus. Die wichtigsten Argumente gegen die Notstandsgesetze, den amerikanischen Krieg in Vietnam und die Springer-Presse schnappte ich schnell in Diskussionen auf und ich las Flugblätter und lernte aus ihnen.
Die letzte Zeit in der Schule saß ich neben Michael, der im „Aktionszentrum unabhängiger sozialistischer Schüler" (AUSS) war und dem im September 1969 der Chef des Sicherheitsdienstes der NPD Klaus Kolley bei einer Demonstration gegen den Auftritt des NPD-Vorsitzenden von Thadden in Kassel eine Kugel durch den Arm schoss. Der zweite Angeschossene hieß Bernd. Dieser hatte es als Jugendlicher als Ein- und vor allem Ausbrecher zu einer gewissen Berühmtheit gebracht. Während eines Gefangenentransportes zwängte er sich durch das schmale Fenster einer *Grünen Minna* und floh. Die Polizei stattete anschließend sämtliche *Grünen Minnas* mit einer zusätzlichen Querstrebe aus, die man nach ihm benannte. Nun verpuppte er sich zum „Che von Kassel", trug langes Haar und Baskenmütze. Nach dem Ende der antiautoritären Zeit schloss er sich einer maoistisch-stalinistischen Partei an, später scheffelte er eine Menge Geld als Immobilienhändler, das er noch später in den Kauf eines ehemaligen DDR-Verlages steckte. Mein Mitschüler Michael „agitierte" mich in den Pausen und während der langweiligen Stunden, versorgte mich mit Flugblättern. Über ihn bezog ich mein erstes politisches Buch, das „Sexualität und Klassenkampf" hieß und von Reimut Reiche stammte.
Im Deutsch- und Religionsunterricht fingen wir an, Kritik an den tradierten Inhalten und Formen des Unterrichts zu üben. Es war für uns tatsächlich noch eine Entdeckung, dass es im klassischen Athen Sklaven gegeben hat. Wie leicht waren diese autoritären und nur oberflächlich entnazifizierten Pauker auf die Palme zu bringen und zu demaskieren! Das Gelächter über blamierte und bloßgestellte Autoritäten war eine große, befreiende Kraft. Meinen Abituraufsatz schrieb ich mit zusammengeklauten Argumenten über und gegen das dreigliedrige Schulsystem, das die Spaltung der Gesellschaft in Klassen und Schichten zementiere. Zum Abitur bekam jeder Schüler vom Direktor ein Buch eigener Wahl überreicht. Ich ließ mir „Kinderkreuzzug oder beginnt die Revolution in den Schulen?" von Günther Amendt schenken.

„Götz Eisenberg – zum Andenken an seine Schule“ steht da samt einer Unterschrift des Direktors als Widmung drin.
Ich begann zu lesen und langsam fand mein diffuses Unbehagen seine Begriffe. Ich lernte, meine persönlichen Lebensumstände im Kontext gesellschaftlicher und geschichtlicher Bedingungen zu sehen, im Individuellen meiner Misere das Allgemeine zu entdecken, ein für mich wie viele andere wichtiger Lernprozess.
Aber es waren zunächst Beweggründe unterhalb des Kopfes und der politischen Programmatik, die mich zur Schülerbewegung trieben, eine Art dicke, fette, frei flottierende Sehnsucht nach etwas anderem, jenseits eines Elternhauses, das mich einengte und ins Korsett sperrte. Zu Hause ging es zu wie eh und je in bürgerlichen deutschen Elternhäusern: „Sitz gerade, Junge; nimm den Ellenbogen vom Tisch; linke Hand am Tellerrand; kämm dich gefälligst vor dem Essen.“ Es gab Sonntagskleider und Werktagskleider, Bügelfalten und steife Krägen, einen Waschlappen für oben und einen für unten. Ohrfeigen und Schläge galten nach wie vor als probates Mittel der Erziehung. Alle paar Wochen bekam man von einem Vorstadtfriseur den obligatorischen „Kochpottschnitt“ verpasst und selbstverständlich hatte man abends zeitig zu Hause zu sein. Eindringlich warnte man uns vor den Folgen der Onanie und beschwor das Gespenst des hohlwangigen Onanisten, dessen Gehirn sich schließlich zersetzt. Die ganze pädagogische Paranoia, die man in Deutschland Erziehung nannte (und mitunter immer noch nennt) und die die subjektiven Bedingungen der Möglichkeit des Faschismus geschaffen hatte, war in vielen Familien nach wie vor im Schwange.
Der AUSS gab unter dem Titel „Venceremos“ eine Schülerzeitung heraus, in der der gerade erschienene und als großes Reformwerk gefeierte „Sexualkunde-Atlas“ einer heftigen Kritik unterzogen wurde. Verknüpft wurde diese Kritik mit der Forderung nach Räumen für Jugendliche, „in denen sie in Ruhe vögeln können“. Meine Stiefmutter unterschrieb in ihrer Eigenschaft als Elternbeiratsvorsitzende einer Schule einen Aufruf „An die Eltern Kasseler Schüler und Schülerinnen“, in dem diese aufgefordert wurden, sich gegen den Versuch, „unserer Kinder in dieser Art gegen Elternhaus und Schule aufzuwiegeln“, zur Wehr zu setzen. Obwohl mir die Forderung nach Räumen zum Vögeln nicht ganz geheuer war, schlug ich mich auf die Seite dieser Zeitung, weil sie meine Stiefmutter auf die Palme gebracht und zu dieser öffentlichen Stellungnahme veranlasst hatte.
Außer über Sexualität wurde auch über die nationalsozialistische Vergangenheit zu Hause und in der Schule nicht gesprochen. Ab und zu kam Onkel Ludwig zu Besuch, der ein „hohes Tier“ in Hitlers Wehrmacht gewesen und von Kopfverletzungen grässlich entstellt war. Er war so etwas wie die personifizierte Wiederkehr des Verdrängten. Dieser Onkel wurde uns Kindern als Vorbild in Sachen „Tischzucht“ empfohlen: „Seht nur, wie sich Onkel Ludwig trotz seiner schweren Verletzungen bei Tisch hält, wie er mit Messer und Gabel umgeht“. Zunächst hielt ich es für einen Widerspruch: Wie kann einer mit so guten Manieren eine solche Rolle bei den Nazis gespielt haben? Dann be-

griff ich: Man kann sehr wohl gute Manieren haben und Nazi sein. Gute Manieren, Anstand und humanistische Bildung schützen vor gar nichts!
Wir begannen, unseren Eltern und Lehrern bezüglich ihrer Haltung zum Nationalsozialismus den Pass abzuverlangen und stießen auf Schweigen, Lügen, Ausflüchte, Hass und Feindseligkeit. Die Revolte zerstörte die Friedhofsruhe, die sich als Resultat der kollektiven Verleugnung und Verdrängung des Faschismus über das politisch-gesellschaftliche Leben der Bundesrepublik gelegt hatte. Die vergesslichen und wieder zur Tagesordnung übergegangenen Wohlstands-Stupor-Bürger bekamen von ihren Kindern den Spiegel vorgehalten, und darin erschienen die hässliche Fratze der Nazis, die Leichenberge von Auschwitz, die massenhafte Begeisterung für den „Führer". Wir haben all jene Erinnerungen wieder in die Gegenwart geholt, von denen sich unsere Eltern losgerissen hatten, um wieder so zu leben wie zuvor, und zerstörten die kollektive bundesrepublikanische Lebenslüge des „Davon haben wir nichts gewusst".
Alle Normen und Werte, die man uns zu Hause und in der Schule beibringen wollte, verloren ihre unhinterfragbare und Gefolgschaft erheischende Würde, seitdem wir wussten, dass sie an Wänden von Konzentrationslagern gestanden hatten. Fortan hatten meine Eltern mir nichts mehr zu sagen, und als ich kurz nach meinem Abitur meinen Musterungsbefehl erhielt und beschloss, ihn zu ignorieren, flog ich zu Hause raus.
Im Herbst desselben Jahres – 1969 – kam ich zum Studium nach Gießen. In der Mensa zeigten mir einige Schulfreunde, die schon länger hier studierten, die örtlichen APO-Größen. Die Linken saßen noch einträchtig an einem Tisch und waren noch so antiautoritär, dass sie sich gelegentlich mit pampigen Salzkartoffeln bewarfen. Aber die Anzeichen für die beginnende Fraktionierung waren bereits deutlich erkennbar. Die paar Mitgliederversammlungen des „Sozialistischen Deutschen Studentenbundes", die ich noch miterlebte, waren schon von Grabenkämpfen geprägt. Aus Berlin und Heidelberg drangen bis in die Provinz Positionspapiere und Grundsatzerklärungen, um die sich Gruppen bildeten, die bald schon kaum noch miteinander sprachen. Die Zeit des „kleinbürgerlichen Anarchismus" und der „antiautoritären Handwerkelei" sei nun vorüber, hieß es, und es gelte, sich straff zu organisieren. Auf einer der letzten Krisensitzungen, die noch gemeinsam stattfanden, ließ ein älterer Genosse, den ich sehr bewunderte, einen Satz fallen, der in seiner apodiktischen Kürze einen Schlussstrich unter die antiautoritäre Phase setzte: „Die Arbeiterklasse ist und bleibt das revolutionäre Subjekt!"
Ein paar Monate später folgte ich diesem Genossen in eine der maoistischen Sekten, die der Zerfallsprozess der Revolte hervorgebracht hatte. Doch schon wenige Monate später flog ich wegen irgendeiner „Abweichung" aus der Bochumer Linie der KPD/ML heraus. Den Sommer 1970 verbrachten ein WG-Mitbewohner und ich auf Einladung und Kosten der DDR in einem „Schulungslager" in der Nähe von Weimar. Man wollte die nach dem Ende der antiautoritären Bewegung um sich greifende Desorientierung nutzen, um Mitglieder für die 1968 gegründete DKP und deren Studentenorganisation „Spartakus" zu rekrutieren. Die Phrasen aus dem Arsenal eines zur Legitima-

tionswissenschaft parteikommunistischer Herrschaft erstarrten Marxismus, mit denen die zu unserer Schulung abgestellten SED-Funktionäre uns abspeisen wollten, überzeugten uns nicht. Ich hatte im Sommer 1969 mit Freunden Prag besucht und wir waren dort in die Demonstrationen zum ersten Jahrestag des Einmarsches der Truppen des Warschauer Paktes geraten. Das Ende des Prager Frühlings und die Erfahrung mit dem harten Vorgehen der Prager Polizei gegen die Demonstranten am ersten Jahrestag hatten mein Verhältnis zur Sowjetunion und dem Ostblock in der Wolle mit einer tiefen Skepsis eingefärbt. Wenn ich dennoch vor dieser Reise noch Illusionen über den „real existierenden Sozialismus" gehabt haben sollte, verlor ich sie in diesen drei Wochen in der DDR. Alles, wogegen wir uns zu Hause aufgelehnt hatten, wurde uns hier als Errungenschaft und Kennzeichen einer proletarischen Kultur und angeblich sozialistischen Lebensweise präsentiert. Der junge Kommunist war mit Kernseife gewaschen, musste seinen Teller abessen, uniformiert stramm stehen und den Erwachsenen Gehorsam leisten. Unsere Skepsis und Kritik teilten beileibe nicht alle Teilnehmer aus dem Westen. Unter ihnen befand sich auch Diether Dehm, den wir unter seinem Künstlernamen Lerryn als Liedermacher kannten. Er war damals schon auf Linie und ist es wohl bis heute, da er Landesvorsitzender der Linkspartei in Niedersachsen ist, geblieben. Für B. und mich konnte das die Alternative nicht sein. Was aber dann? Ab 1973 sammelten sich die von den so genannten K-Gruppen Enttäuschten und Abgestoßenen unter dem selbstironischen Etikett „Spontis", das ihnen ursprünglich ihre leninistischen Kritiker verpasst hatten.

Die Sehnsucht nach etwas, das meinem Leben einen Sinn geben könnte, hatte mich in die Arme der antiautoritären Bewegung getrieben. Nachdem auch die lockeren Sponti-Zusammenhänge sich aufgelöst hatten und die Rebellen von einst vom bürgerlichen Alltag wieder verschluckt worden waren, büßten die revolutionären Hoffnungen ihre Verankerung in der Welt ein und wurden wieder zu dem, was sie zuvor gewesen waren: Sehnsucht. Der Horizont, der sich 1967 glücklich geöffnet und geweitet hatte, verengte sich wieder. Vor uns lag die Leidensgeschichte der Mäßigung der Ansprüche und die bittere Erkenntnis, dass die Veränderung der Welt nicht die Zeitstruktur des „Sofort" besaß. Wir alle würden lernen müssen, in einer Gesellschaft älter und vielleicht sogar alt zu werden, die wir im Kern ablehnten und die wir nun dennoch zur Basis unserer Lebensentwürfe und Identitätskonstruktionen nehmen mussten.

Max Horkheimer zum Gedächtnis

Unter der Überschrift *Die Mitschuldigen* notiert Max Horkheimer im Jahre 1956: „Wir dürfen uns nicht beklagen, was auch kommt, denn wir sitzen ruhig und bequem in unseren Fauteuils, wir dinieren und diskutieren, wenngleich wir wissen, dass die Hölle los ist. Auch wir gehören zu den Teufeln – auch wir."

Gestern vor 40 Jahren - am 7. Juli 1973, ist Max Horkheimer gestorben. Ich nehme sein frühes Buch *Dämmerung* zur Hand, beginne zu blättern und stoße auf von mir vor Jahren angestrichene Stellen:

„Bürgerliche Kritik am proletarischen Kampf ist eine logische Unmöglichkeit."

„Symbol – Ein Bettler träumte von einem Millionär. Als er aufwachte, traf er einen Psychoanalytiker. Der erklärte ihm, der Millionär sei ein Symbol für seinen Vater. ‚Merkwürdig', antwortete der Bettler."

„Auch dass die beherrschten Klassen, von den fortgeschrittensten Gruppen abgesehen, der Verlogenheit ihrer Vorbilder folgen, ist zwar schwer verständlich, aber doch hinreichend allgemein bekannt. Besteht doch die Abhängigkeit dieser Klassen nicht allein darin, dass man ihnen zu wenig zu essen gibt, sondern dass man sie in einem erbärmlichen geistigen und seelischen Zustand hält. Sie sind die Affen ihrer Gefängniswärter, beten die Symbole ihres Gefängnisses an und sind bereit, nicht etwa diese ihre Wärter zu überfallen, sondern den in Stücke zu reißen, der sie von ihnen befreien will."

In einer Diskussion mit Gefangenen in der JVA Butzbach, die im Sommer 2012 stattfand, erinnerte sich der Soziologe Detlev Clausen, der bei Horkheimer und Adorno studiert hat, an eine lang zurückliegende Begegnung mit Max Horkheimer. An einem Abend im Juni 1967 sei er zusammen mit Adorno spontan im Walter Kolb-Heim am Beethovenplatz vorbeigekommen, um mit den dort wohnenden Frankfurter SDS-Mitgliedern über die Unruhe der Studenten zu diskutieren. Diese seien ganz auf den Vietnamkrieg fixiert gewesen, während Horkheimer sie auf das ganz alltägliche Unrecht in der Gesellschaft aufmerksam machte: „Denken Sie daran, was jeden Tag in den Gefängnissen geschieht." Damals sei ihnen diese Aufforderung relativ abstrakt vorgekommen, heute wisse er was Horkheimer gemeint habe, sagte Claussen. Angesichts der weltweit grassierenden Strafwut und der populären Tendenz, das Andere in Gestalt der Straftäter wegzusperren, sei es wichtig, an diese Aufforderung Horkheimers zu erinnern. Horkheimers und Adornos Freund, der hessische Generalstaatsanwalt Fritz Bauer, habe etwa zur gleichen Zeit eine Rede vor Gefangenen mit den Worten begonnen: „Meine Kameraden". Ein Staatsanwalt, der Verbrecher seine Kameraden nennt: Die Presse tobte. In dieser Generation linker Intellektueller sei das Bewusstsein, dass man jederzeit eingekerkert werden könne, noch sehr präsent gewesen. In anderen Weltgegenden sei das auch heute noch so. Claussens Freund Liao Yiwu habe wegen eines Gedichts über das Massaker auf dem Platz des himmlischen Friedens vier Jahre unter grauenhaften Bedingungen in einem chinesischen Gefängnis verbracht. Den Bericht, den Liao darüber geschrieben habe und der gerade unter dem Titel *Für ein Lied und hundert Lieder* erschienen sei, lasse er uns über den Verlag zuschicken.

Ethnologie des Inlands: Die Vermenschlichung des Hundes

Unlängst fuhr auf dem Heimweg von der Arbeit ein Auto vor mir, auf dessen Heck stand: „Ambulante Hundekrankengymnastik". Ich dachte zunächst, ich hätte mich verlesen, aber es stand tatsächlich da, samt Name und Telefonnummer. Es gibt Weltregionen, da wird Hunden Krankengymnastik verabreicht, während andernorts gleichzeitig Menschen Hunger leiden und nicht einmal über die elementarste medizinische Versorgung verfügen. Es ist hierzulande inzwischen üblich, mit seinem Hund die Hundeschule und einen Hundefriseur zu besuchen, und, wenn Frauchen mal ins Kino gehen möchte, einen Hundesitter zu engagieren. Sogar Hunde-Psychotherapeuten soll es geben. Eigentlich auch kein Wunder, denn die armen Tiere werden im Laufe der Zeit zu Widerspiegelungen ihrer Besitzer und übernehmen auch deren Neurosen. Sie dienen als Partner- und Kindersatz und als Hilfsmittel gegen die Einsamkeit. Die Kultur dringt in die Tiere ein und ruiniert die Natur in ihnen, ohne sie zu ersetzen. Die Hauptquelle ihrer Frustrationen scheint allerdings die Sprache zu sein: Sie verstehen in groben Zügen deren Funktion, aber sie können sie selbst nicht benutzen. Man spricht zu ihnen, man spricht von ihnen, sie wissen es, aber die Sprache markiert die unüberschreitbare Grenze ihrer Möglichkeiten.

Der französische Philosoph Paul Virilio hat einmal scherzhaft behauptet, der Wunsch zur Einwanderung in die Zentren des Konsumismus rühre daher, dass die Leute in ihren Heimatländern im Fernsehen Werbung für Katzenfutter sähen: Eine wunderschöne junge Frau in einem geschlitzten Kleid füttert ihre Katze mit einer köstlichen Pastete, teilt sie zuvor mit einer Gabel und legt einen Zweig Dill zur Garnierung in den Spalt. „Wenn es den Tieren dort derart gut geht", sagten sich die potenziellen Flüchtlinge, „wie toll müssen dann erst die Menschen dort leben. Nichts wie hin!"

IV.

Aus Verzweiflung erbrüteter Sprengstoff - Anmerkungen und Fragen zur Messerattacke im Jobcenter von Neuss

„Ein Arbeiter wurde vor Gericht gefragt, ob er die weltliche oder die kirchliche Form des Eides benutzen wolle. Er antwortete: ‚Ich bin arbeitslos.' – ‚Dies war nicht nur Zerstreutheit', sagte Herr K. ‚Durch diese Antwort gab er zu erkennen, dass er sich in einer Lage befand, wo solche Fragen, ja vielleicht das ganze Gerichtsverfahren als solches, keinen Sinn mehr haben.'"
(Bertolt Brecht)

Am Morgen des 26. September 2012 betrat der 52 Jahre alte Ahmed S. das Jobcenter in Neuss. Der aus Marokko stammende Mann bezog dort seit einiger Zeit Hartz IV. Obwohl er keinen Termin vereinbart hatte, begab er sich ohne Umschweife in das Büro seiner Beraterin. Als er es verließ, lag die Frau, von Messerstichen getroffen, am Boden. Der Notarzt wurde gerufen, aber der Frau konnte nicht mehr geholfen werden. Sie erlag im Krankenhaus ihren schweren Verletzungen. Sie hinterlässt ihren Ehemann und einen zweijährigen Sohn. Die Polizei vermutet inzwischen, dass die Beraterin eher zufällig Opfer der Messerattacke wurde. Der Mann habe kurz vor der Tat eine Datenschutzerklärung für das Jobcenter unterschrieben und nun den Verdacht gehegt, dass Missbrauch mit seinen Daten getrieben werden könnte. Ein Fernsehbeitrag habe seinen Argwohn geweckt und er habe wegen dieser Befürchtungen nächtelang nicht schlafen können. Deswegen wollte er sich am Tattag eigentlich den Mitarbeiter vorknöpfen, bei dem er die Erklärung unterschrieben hatte. Da er diesen nicht antraf, betrat er das Büro der Mitarbeiterin Irene N.

Arbeitsämter heißen seit einigen Jahren Jobcenter, ihre Klienten Kunden. Das soll etwas freundlicher klingen, ändert aber nichts daran, dass Jobcenter Orte der Demütigung, Kränkung und Beschämung sind. Die semantischen Waschstraßen, durch die wir in letzter Zeit unangenehme soziale Phänomene laufen lassen, spülen sie äußerlich rein und polieren die Oberfläche auf, hinter der die Sache selbst unverändert fortbesteht. Die alten Begriffe waren ehrlicher, indem sie den Gewaltgehalt der Phänomene aufbewahrten und zum Ausdruck brachten. In Jobcentern wird das Scheitern verwaltet. Hier werden Menschen, die unter großen lebensgeschichtlichen Entbehrungen Qualifikationen erworben haben, die irgendwann nicht mehr nachgefragt werden, zu Nummern und Fällen verdinglicht und zu Objekten irgendwelcher Maßnahmen gemacht. Es geht ja, wenn Arbeit verloren geht, viel mehr verloren als Arbeit. Ein Mensch büßt seine Würde ein, er wird ent-gesellschaftet und droht, wenn ihn keine sozialen und emotionalen Netze auffangen, aus der Welt zu fallen. Der Arbeitslose stirbt einen sozialen Tod. So darf es uns eigentlich nicht wundern, dass es in Einrichtungen wie diesen immer mal wieder zu unschönen Szenen, verbalen Attacken und Beschimpfungen und gelegentlich auch zu gewalttätigen Angriffen auf Angestellte kommt. Vor allem seit im Zuge der nach Herrn Hartz benannten Reformen nicht mehr vorrangig gefördert, sondern gefordert wird, ist das Klima spürbar rauer geworden. Die Süddeutsche Zeitung erinnert am 28. September 2012 daran, dass allein im vergangenen Jahr drei schwere Gewalttaten in Jobcentern bekannt wurden. So hat ein Mann in Berlin das Büro eines Sachbearbeiters mit einer Axt kurz und klein geschlagen.

Grausamkeit, heißt es bei Nietzsche, ist die Rache des verletzten Stolzes. In unsere heutige Sprache übersetzt heißt das: Der menschliche Narzissmus kann zu einer hochbrisanten, destruktiven Kraft werden, vor allem dann, wenn wir ihn ignorieren. Das Bedürfnis nach Reparatur eines durch erlittene Kränkungen beschädigten Selbstwertgefühls ist mitunter so drängend, dass archaische Racheimpulse und eine Wut freigesetzt werden, die den eigenen Untergang in Kauf nehmen. Gegen eine drohende narzisstische Katastrophe scheint Kampf mit allen Mitteln geboten.

Motive und Hintergründe von Taten wie die von Neuss werden sich uns nur dann annähernd erschließen, wenn wir die Rückschläge des niedergedrückten Lebens und des verletzten Stolzes in unsere Überlegungen einbeziehen. Wie verzweifelt muss ein Mann und Vater von fünf Kindern gewesen sein, dass er sich zu einer solchen Tat entschloss? Die Sorge wegen des möglichen Datenmissbrauchs mutet ein wenig übersteigert, vielleicht sogar paranoid an. Aber in Zeiten tiefgehender lebensgeschichtlicher Krisen fällt es oft schwer, den Kopf über der Wasseroberfläche der Realität zu behalten, und man ist anfällig für Wahrnehmungsverzerrungen und übersichtliche Freund-Feind-Verhältnisse. Welcher Dialog hat sich zwischen der Beraterin und dem Mann abgespielt?[1] An der Grenze der Kulturen und Mentalitäten ist das Gelände vermint und voller Fallstricke. Die Nerven liegen blank, und die Chance, missverstanden zu werden und dadurch eine ungeahnte Eskalation der Gewalt heraufzubeschwören, ist groß. Was hat letzten Endes seine Wut von der

1 Dem Bericht von Hans Holzhaider in der Süddeutschen Zeitung vom 6./7. April 2013 über die Verurteilung zu einer lebenslangen Freiheitsstrafe ist zu entnehmen, dass die Arbeitsvermittlerin zu Ahmed S. gesagt haben soll, er, der des Deutschen kaum mächtig ist, hätte sich die Datenschutzerklärung eben durchlesen müssen, bevor er sie unterschrieb. Daraufhin habe er zugestochen.

Leine gelassen? Wie lang trug er das oder die Messer schon bei sich? Wie stand es angesichts des dramatischen Niedergangs des einstigen Bauern um seine Selbstachtung und Würde? Schämte er sich vor seinen Kindern? Wie hat er das Scheitern seiner Ehe und die Trennung von seiner Frau verkraftet? „Ehre", „Stolz" und „Schande" sind in muslimischen Ländern Kategorien von einer Bedeutung, die sich uns Westeuropäern nur schwer erschließt. Hass und Selbsthass sind oft wie zu einem Zopf verflochten und können sich als Mord, Selbstmord oder auch beidem zusammen, als erweiterter Suizid entäußern. Wenn die Klinge des ersten Messers nicht abgebrochen wäre, für wen war das zweite Messer ursprünglich gedacht? Wie oft hat der Mann schon seinen Strick geölt und auf dem Dachboden über einen Balken geworfen? Es werden meist mehrere Menschen getötet, wenn ein Mensch umgebracht wird. Wer war noch oder eigentlich gemeint?

Das sind alles bloß Spekulationen, Fragen und vage Möglichkeiten. Man müsste den Neusser Fall zum Gegenstand einer gründlichen Recherche machen. Wir könnten, sollten und müssten aus ihm lernen. Wo sind denn die heutigen Repräsentanten einer engagierten Literatur, die sich eines solchen Geschehens annehmen, die Hintergründe ausleuchten, die Motive des Mannes verstehbar werden lassen - wie es beispielsweise Alfred Döblin, Thomas Brasch oder Georg Büchner getan haben? Was trieb den Perückenmacher Johann Christian Woyzeck am 3. Juli 1821 dazu, die Witwe Woost zu erstechen? Büchner liest über ein Jahrzehnt später über den Fall in einer medizinischen Zeitschrift und gibt sich mit den dort präsentierten Erklärungen nicht zufrieden. Der Mann wurde von einem zu Rate gezogenen Gutachter trotz massiver Hinweise auf eine wahnhafte Entwicklung für schuldfähig erklärt und 1824 auf dem Leipziger Marktplatz hingerichtet. Wenn er wirklich in den Bann eines Wahns geraten war, der ihn die Tat begehen ließ, was hat Woyzeck in den Wahnsinn getrieben? Erzeugen nicht soziale Umstände das, was man Umnachtung nennt? Auch wenn einer paranoid ist, heißt das nicht, dass sie nicht hinter ihm her sein können, hat viel später irgendjemand in der Sprache des 20. Jahrhunderts gesagt. Die Frage der sozialen Verursachung solcher Taten wird gestellt, die gesellschaftliche Lage des Täters ins Kalkül einbezogen. Es entstehen aus einer Mischung von Realität und Fiktion die Fragmente eines bis heute faszinierenden und erhellenden Theaterstücks. „Jeder Mensch is ein Abgrund; es schwindelt einem, wenn man hinabsieht", schreit Woyzeck heraus. Büchner lehrt uns zu fragen: Wie wird ein Mensch zum Straftäter? Was war aus ihm geworden, ehe er zum Straftäter wurde? Was ist der Straftäter noch, außer Straftäter? Und dann auch: Was wird aus einem Straftäter nach seiner Verurteilung? Fragen, die man gewöhnlich nicht stellt, weil sie die Exklusion des Straftäters aufheben, ihn innerhalb des Menschlichen situieren und als uns Ähnlichen kenntlich machen.

Joke Frerichs hat am 28. Februar 2008 auf den NachDenkSeiten ein aktuelles Beispiel für eine solche Recherche geliefert, als er unter dem Titel Tod auf dem Hochsitz versuchte, die Geschichte eines 58 Jahre alten Mannes zu rekonstruieren, der sich, nachdem er seine Arbeit verloren hatte, auf einem Hochsitz zu Tode gehungert hatte.

Eine Gesellschaft, der es ernst wäre mit dem Gedanken der Prävention, würde jenseits der und unabhängig von den Zwängen und Begrenzungen der juristischen Wahrheitsfindung umgehend ein interdisziplinäres Forschungsprojekt auf den Weg bringen, dessen Aufgabe es wäre, all das auszuleuchten, was vom Gericht als „nicht zur Sache gehörig" erklärt und außer Acht gelassen wird. Es hätte den gesellschaftlichen Hintergründen und psycho-sozialen Bedingungen der Möglichkeit dieser Tat rückhaltlos auf den Grund zu gehen. Ernsthaft betriebene Prävention muss, wie schon Franz von Liszt wusste, eine soziale sein und dürfte sich nicht in polizeilichen und technischen Maßnahmen erschöpfen. Schon ist davon die Rede, es sollten Barrieren zwischen Mitarbeitern und Kunden errichtet sowie Fluchtwege ausgebaut werden. Auch der Einsatz von qualifiziertem Sicherheitspersonal in „sensiblen" Verwaltungsbereichen wird diskutiert.
Einem solchen Forschungsprojekt müsste die Freiheit eingeräumt werden, an die Wunden zu rühren, die die bestehende Gesellschaft und die in ihr herrschende Form der Produktion und Reproduktion des Lebens den Menschen zufügen. Eine gründliche Erforschung des Neusser Falls würde die Zwischenglieder ans Licht befördern, die aus einem Arbeitslosen einen Mörder oder Totschläger werden ließen und über die ich einstweilen nur Vermutungen anstellen und im Konjunktiv sprechen kann. Die Resultate, die ein solches Forschungsprojekt zeitigen würde, müssten in die Form eines gesellschaftlichen Lehrstücks gebracht werden, das man im wahrsten Sinn des Wortes unters Volk bringen und das von ihm verstanden werden könnte.

Um einem verbreiteten und immer wieder vorgebrachten Missverständnis vorzubeugen, sei darauf hingewiesen: Es geht nicht darum, Ahmed S. zu exkulpieren. Eine Tat verstehbar werden zu lassen, ist etwas anderes, als sie und den Täter zu entschuldigen. Ahmed S. hat die Tat begangen und wird die Verantwortung dafür übernehmen müssen. Es sei denn, er hätte im Zustand eines Wahns gehandelt, also im Bann eines von ihm nicht beherrschbaren Zwangs, der ihm keine Möglichkeit ließ, sich anders zu entscheiden. Dennoch sollte, wer immer sich ein soziales Gewissen durch die eisigen neoliberalen Zeitläufte hindurch gerettet hat, sich hüten, den Tätern das individuell und ausschließlich als Schuld anzurechnen, was ihnen von außen zustößt und das ohne kompakt falsche gesellschaftliche Verhältnisse nicht möglich wäre. Nochmal anders formuliert: Die gesellschaftlichen Verhältnisse für sich genommen tun nichts, aber ohne sie wären Taten wie diese nicht möglich. Wir sollten uns auch und gerade anlässlich eines solchen Falles Gedanken darüber machen, ob es nicht höchste Zeit wird, gesellschaftliche Verhältnisse herzustellen, die den einzelnen weniger Wunden zufügen und ihnen weniger Bosheit und Gemeinheit einpressen, die sich dann häufig gegen versetzte Objekte wenden, die als Sündenböcke fungieren.

Wir sollten also den Blick in die Abgründe unserer Gegenwart wagen. Das wäre gleichzeitig auch die beste Form der Prävention für Mitarbeiter von Jobcentern, Sozialämtern und anderen Institutionen. Solange diese die Dynamik des gekränkten Stolzes nicht verstehen und nicht begreifen, was sie Menschen – meist ohne es zu wollen und zu wissen – qua Amt und der Logik bürokratischen Handelns antun, kann man sie noch so häufig in Deeskalationstechniken schulen. Das einzige Mittel gegen die bürokratische Kälte der Reduktion von Menschen auf Fälle, mit denen unter allen Umständen soundso zu verfahren ist, ist Mitgefühl, das immer Sensibilität für besondere Umstände voraussetzt. Es gibt Institutionen, die gleichsam Stolz-Vernichtungs-Maschinen sind und deswegen immer dicht an der Kränkungswut siedeln. In ihnen wird aus Verzweiflung erbrüteter Sprengstoff gelagert, und manchmal genügt eine kleine Reibung oder Erschütterung, um ihn scharf zu machen und eine Explosion auszulösen. Das Unkontrollierbare ist stets gegenwärtig und lauert dicht unter der Oberfläche angepassten Verhaltens. „Menschen, die etwas nicht mehr aushalten, ertragen es oft noch lang", hat Alexander Kluge in einem seiner Filme gesagt, bis eines Tages ein für sich genommen läppisches Ereignis, eine harmlos aussehende Kränkung das Fass zum Überlaufen bringt. Der Status von Gerichtsvollziehern scheint noch prekärer. Ich erinnere an den Fall in Karlsruhe, wo im Juli 2012 ein von Zwangsräumung bedrohter 53-jähriger Mann den Gerichtsvollzieher, zwei seiner Begleiter und seine Lebensgefährtin umgebracht und sich dann selbst erschossen hat. Das Paar hatte die Hausumlage für die Eigentumswohnung nicht mehr bezahlen können und ihre Wohnung war deswegen zwangsversteigert worden. Als der neue Eigentümer mit dem Gerichtsvollzieher anrückte, bat der Mann die Leute in die Wohnung, holte dann eine Pistole herbei und erschoss zunächst die Männer und seine Frau und schließlich sich selbst. Die Ermittler sprachen von einer Hinrichtung. In der hessischen Kleinstadt Wetzlar eröffnete im Mai 2002 ein 80-jähriger Mann das Feuer auf den Gerichtsvollzieher und Möbelpacker, die auf richterliche Anordnung seine Wohnung räumen sollten. Er verletzte niemand, zog sich in die Wohnung zurück, wo er sich selbst erschoss. Er habe durch die angedrohte Räumung „sein Gesicht verloren", hatte er zuvor seinem Rechtsanwalt gesagt.

Nicht immer sind es Mitarbeiterinnen und Mitarbeiter der Institution, die zu Opfern werden. Im Mai 2011 hat eine Polizistin in einem Frankfurter Jobcenter eine 39-jährige Frau erschossen, die dort randaliert und ihren Kollegen mit einem Messer attackiert hatte. Die Süddeutsche Zeitung hat am 14. Juli 2012 unter der Überschrift Tod im Amt über die Hintergründe dieser Tat berichtet.

Wenn meine These von den Institutionen, in denen der aus psycho-sozialer Verzweiflung stammende Sprengstoff zwischengelagert wird, richtig ist, muss man sich fragen, warum es nicht häufiger zu solchen Taten kommt. Das kann nur an immer noch wirksamen verinnerlichten Hemmungen liegen und daran, dass die meisten Arbeitslosen gelernt haben, sich selbst die Schuld an ihrer Malaise zuzuweisen. Die Sozialisation im Rahmen herkömmlicher Familien führt zur Ausbildung einer "inneren Selbstzwangapparatur" (Norbert Elias), die dafür sorgt, dass die Menschen sich in ihr oft trostloses Schicksal fügen und eher ein Leben in stiller Verzweiflung führen als sich aufzulehnen.

Sie haben, wie Heinrich Heine bemerkte, den Stock, mit dem man sie geschlagen hat, verschluckt und wenden die Aggressionen, die das niedergedrückte und an der Entfaltung gehinderte Leben in ihnen hervorruft, gegen die eigene Person. Ihre Wut wird in der Watte verinnerlichter Hemmungen stumpf. Auch wenn hierzulande der Modus der Reprivatisierung sozialer Konflikte noch vorherrscht, heißt das keineswegs, dass das in Zukunft so bleiben wird. Vieles deutet darauf hin, dass angesichts der rapiden Erosion der Familie und der durch sie gewährleisteten Sozialisation der nachwachsenden Generationen das Zeitalter der Verinnerlichung der Aggression seinem Ende entgegengeht. Da können Eltern, Erzieher und Lehrer Aggressionshemmungen aufbauen so viel sie wollen, sie werden von den Medien, der Freizeitindustrie und den Verhaltensimperativen der Konsumgesellschaft postwendend wieder zerstört. Wenn die Verwandlung von „Fremdzwängen in verinnerlichte Selbstzwänge" nicht mehr mit ausreichender Zuverlässigkeit stattfindet, obendrein immer mehr Menschen sozial desintegriert sind und wachsende Teile der jungen Generationen ohne jede Perspektive bleiben, ist damit zu rechnen, dass es in Zukunft vermehrt zu unkontrollierten Trieb- und Impulsdurchbrüchen kommt, die im Extremfall die Form der raptusartigen Aggressionsentladung und des Amoklaufs annehmen können. Die sogenannten Riots in englischen Großstädten (s.u.) haben uns letztes Jahr einen Vorgeschmack dessen geliefert, was auch auf uns zukommen könnte.

Nachtrag:

Am Freitag, den 5. April 2013 hat das Landgericht Düsseldorf Ahmed S. zu einer lebenslangen Freiheitsstrafe verurteilt. Das arglose Opfer habe keine Chance gehabt, sich zur Wehr zu setzen oder zu fliehen. Ahmed S. habe „heimtückisch" gehandelt und sei infolgedessen als Mörder zu verurteilen gewesen. Die Verteidigung hatte auf Totschlag plädiert und kündigte an, Revision einzulegen.

Das Gericht hat seine Pflicht getan und das Geschehen vom 26. September 2012 unter den Paragraph § 211 StGB subsumiert und damit eine Sprachregelung gefunden, mit der die Öffentlichkeit leben kann. Das Urteil ist gesprochen, die Waage der Justitia scheint austariert, das Unrecht gesühnt, der Fall gilt, wie man so sagt, als abgeschlossen. Und dennoch bleiben die Motive des Täters – wie so häufig - im Dunkeln, wo sie „wie Fledermäuse umherschwirren", wie der Frankfurter Theatermacher Wolfgang Spielvogel anlässlich der Verurteilung von Magnus Gäfgen gesagt hat. Der solcherart wiederhergestellte Rechtsfrieden weist etwas zutiefst Unversöhntes auf. Nach wie vor scheint es bei unserer Justiz eine Neigung zu geben, die Beweggründe der Niedrigen zu niedrigen Beweggründen zu erklären.
Bei Friedrich Dürrenmatt heißt es: „Die Gerechtigkeit wohnt auf einer Etage, zu der die Justiz keinen Zutritt hat."

Ethnologie des Inlands: Flaschensammler

Seit dem Siegeszug der Pfandflasche kann man Männer beobachten, die umherschweifen und in Mülltonnen und Papierkörben nach leeren Flaschen suchen. Manche führen Vierkantschlüssel mit sich, um die städtischen Abfallbehälter öffnen und durchsuchen zu können. Es ist anzunehmen, dass die Armut sie dazu treibt, und sie das nicht freiwillig tun. Am Sonntag nach dem Faschingszug schlug ihre große Stunde. Längs der Route, die der Zug genommen hatte, blieben nicht nur Konfetti, Pappbecher und allerhand Verpackungsmüll zurück, sondern auch jede Menge Flaschen, zerbrochene und ganze. Während Mütter mit ihren Kindern prall gefüllte Tüten mit Bonbons und Süßigkeiten nach Hause tragen, sammeln Männer die achtlos weggeworfenen Flaschen ein. Im Zweifelsfall wird auf dem Etikett nachgeschaut, ob es sich auch wirklich um eine Pfandflasche handelt. Unlängst verteilte eine Brauerei in der Fußgängerzone Fassbrause in Glasflaschen an die Passanten, die diese dann irgendwo abstellten oder in Abfallbehälter warfen. Ein guter Tag für die Flaschensammler.

Im Sommer beobachtete ich im Johannespark einen Mann, der aus dem Flaschensammeln einen Beruf oder Zweitberuf gemacht hat. Er betrieb sein Gewerbe mit dem Rad und fuhr systematisch von Tonne zu Tonne. Er trug Gummihandschuhe und durchsuchte die Tonnen mit professioneller Routine und Gründlichkeit. Die gefundenen Flaschen steckte er in Plastiktüten, die an der Lenkstange hingen. Die am Gepäckträger angebrachten Packtaschen waren bereits prall gefüllt. Ich überschlug den Zuverdienst dieses Mannes, der ganz normale, eher biedere Kleidung trug und keineswegs heruntergekommen wirkte. Schickte etwa die Stadt nach Feierabend ihre Angestellten aus, um auf diese Weise zur Sanierung des Haushalts beizutragen?

Am meisten wunderte ich mich über die Schamfreiheit des Mannes. Wie hatte es dieser Mann, dem das In-Abfallbehältern-Herumwühlen sicher nicht an der Wiege gesungen worden ist, geschafft, sich die Scham wegzutrainieren? Ich könnte wahrscheinlich selbst in der größten Not keine Mülltonnen durchsuchen, ich würde vor Scham vergehen. In Zeiten gesellschaftlichen Zerfalls werden schamlose Menschen größere Überlebenschancen haben, dachte ich auf dem Heimweg. Die Braven und Angepassten, die Skrupulösen und Gutmütigen, all diese „Idioten der Ehrlichkeit“, wie Genazino sie einmal sarkastisch genannt hat, müssen damit rechnen, Opfer zu werden und im sozialen Dschungelkampf unterzugehen. Vagabunden, Schieber und Geschäftemacher, Schwarzarbeiter und Kleinkriminelle hingegen verfügen über die bessere Innenausrüstung und sozialen Techniken, um in einer sich auflösenden Gesellschaft überleben zu können.

V.

Amok in Erfurt – Rückblick auf das Massaker am Gutenberg-Gymnasium

„Ja, dann ist Schluss!"

Als Robert S. sich am Morgen des 26. April 2002 anschickt, das Haus zu verlassen, drückt ihn der Vater an der Tür an die Brust und sagt: „Jetzt geht's um die Wurst!" Die Mutter wundert sich, dass Robert eine uralte Hose mit großen Seitentaschen trägt. Kann man in einer schäbigen Cargo-Hose zur letzten schriftlichen Abiturprüfung erscheinen? „Lass den Jungen in Ruhe", denkt sie und sagt zu ihm: „Heute ist endlich Schluss." Im Gehen erwidert er: „Ja, dann ist Schluss."

Kurz vor 11 Uhr betritt Robert S. mit Rucksack und Sporttasche die Schule und sucht eine Toilette auf. Ganz in Schwarz gekleidet und maskiert kommt er wenig später heraus. Es ist, als hätte er sich durch diese Metamorphose in eine Figur aus einem seiner Ego-Shooter-Spiele verwandelt. Diese liefern ihm nun auch die Choreographie für sein weiteres Vorgehen: Mit Pistole und Pumpgun bewaffnet, durchkämmt er systematisch das ganze Gebäude, geht von Klassenzimmer zu Klassenzimmer, von Stockwerk zu Stockwerk. Sobald eine Lehrerin oder ein Lehrer in sein Blickfeld gerät, feuert er gezielt auf deren Kopf. Zwei Mitschüler tötet er eher zufällig beim Durchschießen einer geschlossenen Tür. Gegen 11:15 trifft er im ersten Stock auf seinen ehemaligen Geschichtslehrer Rainer Heise. Inzwischen hat Robert S. angesichts chaotischer Zustände im Schulgebäude, fliehender und schreiender Schüler, leerer Räume und nahender Polizeisirenen die Kontrolle über die Situation verloren. Er ist nicht mehr Herr der Lage und am Ende mit seinem mörderischen Latein. Der Amoklauf implodiert, die Metamorphose ist beendet, er verwandelt sich aus einer Ninja-Figur in Robert S. zurück. Das ist Rainer Heises Rettung. Robert S. zieht die Maske vom schwitzenden Gesicht und steht ihm, mit der Waffe in der Hand, direkt gegenüber. „Du, Robert!", sagt Lehrer Heise, „na dann erschieß mich auch!" Robert erwidert: „Für heute reicht's!" Der Lehrer stößt ihn in ein Zimmer und schließt von außen ab. Innen schießt Robert S. sich eine Kugel in den Kopf.

Seinem Amoklauf fielen zwölf Lehrerinnen und Lehrer, ein Mitschüler und eine Mitschülerin, eine Sekretärin und ein Polizist zum Opfer.

Die Sache war die: Robert S. ging seit einem halben Jahr gar nicht mehr zur Schule. Das Gutenberg-Gymnasium hatte sich seiner Anfang Oktober 2001 durch einen Akt bürokratischer Exklusion entledigt, nachdem er geschwänzt und Atteste gefälscht hatte. Da Robert S. volljährig war, brauchte die Schule seine Eltern nicht zu informieren. Der Schulverweis entzog seinem Lebensentwurf die Grundlagen und stürzte ihn wegen einer Besonderheit des damaligen thüringischen Schulgesetzes ins Nichts. Ohne jeden Bildungsnachweis drohte er zu dem zu werden, was man im sozialdarwinistischen Jargon der Gegenwart einen „Loser" nennt. Am Abend des Schulverweises hob er Geld ab, zwei Wochen später kaufte er sich die Tatwaffe und wurde Mitglied des Schützenvereins „Domblick".

Da er sich von der realen Welt zurückgewiesen fühlte, zog er sich mehr und mehr in die virtuelle Welt der Computerspiele zurück, die sein lädiertes Selbstwertgefühl aufpäppelte und ihm ein Gefühl von Macht und Stärke vermittelte, dem in der Realität immer weniger entsprach. Parallel dazu verstrickte er sich der Familie gegenüber in ein komplexes Lügengebilde. Das emotional kühle und leistungsfixierte Klima in der Familie S. hielt ihn davon ab, von seinem Schulverweis und seinem drohenden Absturz ins Bildungs-Nirwana zu berichten. Er verließ morgens das Haus und verbrachte den ganzen Vormittag in einem Café. „Wie war dein Tag?", fragte die Mutter, wenn er nach Hause kam. „Ganz okay", sagte er und erzählte von der Schule, von wachsendem Druck und dem bevorstehenden Abitur. Dann verschwand er in seinem Zimmer und seiner Computerwelt. Das Trainingsprogramm im Kinderzimmer: Wie man im Laufschritt und im Sekundentakt kaltblütig tötet, wie man Gebäude und Gelände strategisch sichert, wie man am schnellsten seine Waffe nachlädt. Alles per Mausklick, über Jahre, Level für Level. Er trainierte sich systematisch das Mitleid ab, schwelgte in Rachephantasien und begann, sich intensiv mit Eric Harris und Dylan Klebold zu beschäftigen, die 1999 an der Columbine-Highschool in Colorado zwölf Mitschüler und einen Lehrer erschossen hatten. Die Bilder der Überwachungskameras, die ihren mörderischen Auftritt in der Schulcafeteria festhielten, gelangten ebenso ins Internet wie die Handy-Notrufe der Opfer. So wurde Littleton zum Symbol für Schießereien an Schulen und Universitäten und liefert seither eine Art Blaupause für alle Nachfolger.

Indem Robert S. den Schulverweis zu Hause verschwieg und so tat, als wäre alles in Ordnung, begann er, wie Gerhard Mauz einmal gesagt hat, mit seiner Umgebung „Federball mit Dynamit" zu spielen. Denn zwangsläufig musste der Tag kommen, an dem seine Lügen auffliegen würden, und er seinen Eltern mit dem Geständnis seines Scheiterns unter die Augen treten müsste. Der letzte Tag der schriftlichen Abiturprüfungen wurde so zum Tag der Entscheidung, und er beschloss, die Widersprüche in der realen Welt, in die er sich heillos verstrickt hatte, nach dem eingeübten Modus der virtuellen Welt gewaltsam zu ‚lösen'.

In einem Gespräch mit dem Nachrichtenmagazin *Der Spiegel* vom 28.4.2003 hat Roberts Mutter ein Jahr nach der Tat eigene Versäumnisse eingestanden. Sie habe damals aus Zeitmangel und wegen privater und beruflicher Belastungen Vieles übersehen oder nicht sehen wollen. Sie erinnert sich an eine bestimmte Szene: „Ein paar Monate vor der Tat saß Robert am Küchentisch und sagte: ‚Es hat alles keinen Sinn'. Ich habe nur geantwortet: 'Was redest du für einen Quatsch?' Heute sage ich mir ständig, dass ich nur ein einziges Mal hätte reagieren müssen."

Ich erinnere mich, dass mir in den Tagen nach dem Massaker von Erfurt in der Stadt ein junger Mann begegnet ist, der ein T-Shirt mit dem Aufdruck trug: "Erfurt – sind wir nicht alle ein bisschen Robert?" Der junge Mann wirkte so, als ginge es ihm nicht lediglich darum, durch die provokative Verfremdung eines dümmlichen Werbeslogans Aufsehen zu erregen und einen Unterscheidungsmehrwert einzuheimsen. Seine auf dem Leib getragene Frage forderte sich und uns auf, den Täter nicht zu isolieren und zur Inkarnation des Bösen zu erklären, sondern uns in ihm und seiner Tat wiederzuerkennen. Hätte unser junger Mann die Tagebücher von Max Frisch gekannt, hätte er auch - in leicht abgewandelter Form - die 22. Frage eines der dort formulierten Fragebögen auf sein T-Shirt drucken können: „Gesetzt den Fall, Sie sind noch nie Amok gelaufen: Wie erklären Sie es sich, dass es dazu nie gekommen ist?" Oder einen Satz aus Jean-Paul Sartres Genet-Biographie: „Wenn jeder Mensch der ganze Mensch ist, muss dieser Abweichler entweder ein Kieselstein oder ich sein."
In Gedanken sind wir alle schon einmal Amok gelaufen. Wer hat nicht gelegentlich ein Gefühl der Klaustrophobie und verspürt die Lust, das grausame Spiel zu beenden und die Figuren mit einer wütenden Handbewegung vom Brett zu fegen? Wer könnte nicht gelegentlich alles kurz und klein schlagen? Im Internet kann man T-Shirts mit dem Aufdruck bestellen: „Ich lauf hier gleich Amok" – wohl einer der häufigsten stillen oder halblauten Stoßseufzer in Büros, Fabrikhallen und auf den Gängen von Behörden.

Die Halbwertszeit der öffentlichen Betroffenheit nach dem Massaker von Erfurt erwies sich als erstaunlich kurz. Vier Wochen befand sich die Republik in Aufregung und auf der hektischen Suche nach Erklärungen, dann legte sich der Sturm und es ging „normal" weiter. Der damalige thüringische Ministerpräsident Bernhard Vogel eröffnete den Verdrängungsprozess und gab die Richtung vor, indem er unmittelbar nach der Tat von einem „Unheil" sprach, „das vom Himmel gefallen ist." Das Massaker war ein Ereignis wie das Erdbeben von Lissabon, und gegen so etwas kann man nichts tun, da hilft nur Beten.
Der Staat lebt vom Glauben seiner Bürger, durch ihn vor Unsicherheiten und Gefahren aller Art bewahrt zu werden. Da es gegen den Amoklauf so gut wie keine kurzfristig wirksamen Präventionsmöglichkeiten gibt, muss der Staat wenigstens so tun, als gäbe es sie. Um die durch die monströse Erfurter Tat erschütterte Innerlichkeit und Loyalität der Bürger zu restabilisieren, verabreichte man ihnen die üblichen Palliativa aus der sicherheitspolitischen Hausapotheke: Man verschärfte das Waffenrecht geringfügig, novellierte das Jugendschutzgesetz und änderte das Schulgesetz von Thüringen, das Robert S.

ins Bodenlose hatte stürzen lassen. Ein im Juni 2002 vorgelegter „vorläufiger Abschlussbericht“ erklärte die Tatmotive für geklärt. Dieter Althaus, Vogels Nachfolger im Amt des Ministerpräsidenten, verkündete noch Anfang 2004: „Zu Gutenberg ist alles gesagt. Der Fall ist geklärt und durch den vorläufigen Abschlussbericht des Innenministeriums ausreichend dargestellt.“ Althaus fuhr kurz und knapp fort: „Robert S. ist ein Mörder, und das hat nichts mit der Schule oder dem Schulsystem zu tun.“ Für Althaus stand fest: Der „Böse“ ist der andere, er heißt Robert S. und ist tot. Damit konnte alles so bleiben, wie es war, und so weitergehen wie bisher.
Nach Protesten gegen die Inhaltslosigkeit und Vagheit des vorläufigen Abschlussberichts und wegen der vielen weiterhin offenen Fragen, setzte man dann doch eine „Kommission Gutenberg-Gymnasium“ ein, die im April 2004 einen voluminösen Bericht vorlegte. Er war mit seinen 371 Seiten vor einer breiteren Rezeption geschützt und begrub die Zweifel unter einer Unmenge sogenannter Fakten und Details.

„Gerechtigkeit gibt’s im Jenseits, hier auf Erden gibt’s das Recht“, schreibt William Gaddis zu Anfang seines Romans „Letzte Instanz“. Auch wenn das so sein mag, erfüllen gerichtliche Verfahren dennoch eine wichtige Funktion im Kontext der sozialen Integration einer Gesellschaft. Das Strafrecht ist trotz all dieser Einschränkungen doch und immerhin ein „vergängliches Gebilde zur Erhaltung eines verworrenen Gefüges“, wie Gerhard Mauz es vorsichtig ausgedrückt hat. Das, was man pathetisch „Rechtsordnung“ nennt, ist bei Lichte besehen der Versuch, ein leidliches Zusammenleben der Gesellschaftsmitglieder zu ermöglichen. Auch wenn die forensisch gefundene Sprachregelung letztlich nur ein Konstrukt ist, bietet sie doch allen Beteiligten und der Gesellschaft Schutz vor der unendlichen Auslegbarkeit des menschlichen Lebens und Handelns. Das Urteil reduziert das komplexe Rauschen der Totalität auf eine Stimme und stellt eine wie immer problematische, für die Aufrechterhaltung des „verworrenen Gefüges“ aber unverzichtbare Eindeutigkeit her.
Einem Täter, der sich am Ende seines mörderischen Wütens selbst tötet, kann man keinen Prozess machen, eine forensische Auseinandersetzung mit Tat und Schuld findet nicht statt. Unsere Bedürfnisse nach Aufklärung der Hintergründe der Tat, einer Verantwortungsübernahme durch den Täter und seiner Bestrafung gehen ins Leere. Ein Amoktäter, der sich am Ende selbst tötet, bringt uns um die Erfahrung, der irdischen Form der Gerechtigkeit bei der Arbeit zusehen zu können und frustriert unsere Erklärungs-, Kausalitäts- und Vergeltungsbedürfnisse. „Aha, das ist es also!“ würden wir irgendwann gern sagen können, um dann erleichtert zur Tagesordnung zurückzukehren. An die Stelle einer forensischen Aufklärung treten in einem solchen Fall Phantasien, Spekulationen über „das Böse im Menschen“, simple mediale Konstrukte oder das Versprechen der Wissenschaft, demnächst „Muster“, „Patterns“ zu finden, die eine Früherkennung potenzieller Täter und damit eine wirksame Prävention ermöglichen sollen. Oder, können wir im Erfurter Fall hinzusetzen: regierungsamtliche Abschlussberichte.

Wie schwer sich eine Gesellschaft mit einem überlebenden Amokläufer und der juristischen Wahrheitsfindung tun kann, ist in diesen Tagen, da der Prozess gegen Anders Behring Breivik begonnen hat, in Norwegen zu beobachten. Ich werde gleich auf die Tat Breiviks und das Verfahren gegen ihn zurückkommen.

„Schrei nach Veränderung“

Im August 2005 wurde der Schulbetrieb im umgebauten und gründlich sanierten Erfurter Gutenberg-Gymnasium mit einer Feierstunde wieder aufgenommen. Neben dem Eingang brachte man eine Gedenktafel mit den Namen der sechzehn Getöteten an. Gesellschaften und Gemeinschaften brauchen Orte der Erinnerung und kollektive Rituale zur Bewältigung eines Traumas, um ihr erschüttertes Gleichgewicht wieder zu erlangen. Es gibt allerdings Formen der Erinnerung, die in Wahrheit eher das Vergessen befördern. Man schafft, salopp gesagt, „Kranzabwurfstellen“, Orte, an denen man an Jahrestagen Blumen niederlegt, Kerzen entzündet und sich einer ritualisierten Gedächtnisübung unterzieht, um hinterher umso schneller vergessen zu können und über die Ursachen der Gewalt nicht reden zu müssen.

Auf der Erfurter Gedenktafel findet sich über den Namen der Opfer die Inschrift: „Verbunden mit der Hoffnung auf eine Zukunft ohne Gewalt.“ Das ist angemessen und klingt gut, aber hat man auch etwas unternommen, damit die am Ort des Schreckens artikulierte Hoffnung zu einer aufgeklärten, fundierten und geprüften Hoffnung wird, die mehr und etwas anderes ist als ein frommer Wunsch und Beschwichtigung? Wer nach dem Massaker auf eine Form von Katastrophendidaktik gesetzt hatte, sah sich bald enttäuscht. Selbst die größten anzunehmenden zwischenmenschlichen Unfälle scheinen keinen prinzipiellen und nachhaltigen Zweifel an der Gangart des gesellschaftlichen Prozesses auszulösen. Staat und Gesellschaft lassen es sich etwas kosten, die Ursachen der Gewalt bestehen zu lassen und ihre Folgen mit technischen und repressiven Mitteln zu bekämpfen.
Die Erfurter Schülerinitiative „Schrei nach Veränderung“, die unmittelbar nach dem Massaker am Gutenberg-Gymnasium entstanden war, stellte schon wenige Monate nach der Tat fest, dass „vielerorts wieder Normalität eingekehrt“ sei. Das mögen die meisten von der Tat Betroffenen und auch die Bürger der Stadt Erfurt mit Erleichterung zur Kenntnis genommen haben, wenn aber Massenmörder nicht, wie Bernhard Vogel anzunehmen scheint, von einem fremden Stern stammen, sondern unserer Normalität entspringen, ist die Rückkehr dieser Normalität eher ein Grund zur Besorgnis.

Am 18. Juli 2002 veröffentlichte die *Frankfurter Rundschau* einen *Aufruf Erfurter Schüler und Studierender*, in dem gefordert wurde, sich „verstärkt mit den gesellschaftlichen Ursachen dieser Tat auseinander zu setzen", weil nur deren Kenntnis es ermögliche, ähnlichen Taten vorzubeugen. Insbesondere müsse der Leistungsbegriff hinterfragt werden, der das Bildungssystem beherrsche und dafür verantwortlich sei, dass unablässig Verlierer produziert würden, die den vorherrschenden Idealen nicht entsprächen und in der Folge leicht in eine Position abseitiger Verzweiflung gerieten.

Was ist aus den Forderungen der Schüler und Studierenden geworden? Was hat man gelernt oder: was hätte man aus der Katastrophe von Erfurt lernen können?
In Familien sollte ein Klima herrschen, das es Kindern und Jugendlichen ermöglicht, alles sagen zu können. Wer die Erfahrung macht, dass man erlittene Niederlagen eingestehen darf, ohne die Zuwendung der Eltern zu riskieren, und dass er in Notsituationen von einem unzerstörbaren Netz emotionaler Bindungen aufgefangenen wird, wird es selbst mit peinlichen Kränkungen und schlimmen Zurückweisungen aufnehmen können, die das Leben „draußen" bereit hält. Unwissenheit, die die Eltern von Robert S. für sich reklamiert haben, beruht zu einem großen Teil auf einem wie auch immer begründeten Desinteresse, oder andersherum: Eltern, die wissen wollen, ob ihr Sohn tatsächlich die Schule besucht und dort etwas lernt, erfahren das auch. „Wer denkt, es ist alles in Ordnung, obwohl nichts in Ordnung ist, der will auch glauben, es sei alles in Ordnung, weil er angesichts der erahnten Unordnung resigniert hat", kommentiert Wolfgang Schmidbauer die Haltung vieler heutiger Eltern. Hätte sich Frau S. an jenem von ihr geschilderten, oder irgendeinem anderen Morgen zu Robert an den Küchentisch gesetzt und ihm Gelegenheit gegeben, zu erzählen und sein schulisches Scheitern einzugestehen, wäre es möglicherweise zur Tat nicht gekommen.
Am Ende von Fritz Langs Film *M – eine Stadt sucht den Mörder* fällt der Satz: „Wir müssen uns mehr um unsere Kinder kümmern." Was so einfach und banal klingt und die einzig wirksame Form der Prävention wäre: Dass für keinen und niemand die Kommunikation und der Bezug zur Welt abbricht, ist doch zugleich das Schwierigste. Die Bereitschaft, sich umeinander und vor allem um Kinder zu kümmern, lässt sich nicht dekretieren, und solange mächtige Tendenzen, die in der Grundstruktur dieser Gesellschaft verankert sind, daran arbeiten, die Menschen in gegeneinander isolierte und miteinander konkurrierende Sozialatome zu verwandeln, werden viele Familien nicht mehr sein als das bloße Nebeneinander von sprach- und lieblosen Einsamkeiten.

Dass rund um den 10. Jahrestag des Massakers in den Medien – und auch in diesem Text - der Name des Robert S. erneut genannt wird, gehört zu seinen posthumen Erfolgen und belehrt uns zugleich über ein möglicherweise zentrales Motiv solcher Täter. „Ich möchte, dass mich eines Tages alle kennen", hatte er im Vorfeld der Tat einer Mitschülerin anvertraut – und so ist es nun auch. Wem es auf gesellschaftlich akzeptierte Weise nicht gelingt, Anerken-

nung zu finden, kann als Massenmörder und Negativ-Held in die Annalen der Zeitgeschichte eingehen. Die Medien erweisen sich als mächtige Komplizen von Tätern, die auf Anerkennung aus sind. Der Täter produziert den Schrecken in der sicheren Gewissheit, dass die Medien ihn verbreiten.
Im *Zeitalter des Narzissmus* besteht nur dann Hoffnung auf eine Eindämmung des *School Shootings*, wenn die mediale Resonanz möglichst gering ausfällt und jede Heroisierung der Täter unterbleibt. Gäbe es den medialen Hype nicht und würden Meldungen über Schulschießereien auf Seite sieben der Lokalzeitungen landen, gäbe es die Schulmassaker nicht oder doch in viel geringerem Ausmaß. Vor allem dürfen keine Bilder des Täters in Aktion und Kampfmontur in Umlauf gesetzt werden, weil diese den *bösartigen Narzissmus* amokgefährdeter Jugendlicher auf besondere Weise stimulieren und sie zur Nachahmung geradezu animieren. Am besten wäre es, nicht einmal Fotos und Namen der Täter zu verbreiten. Da *Winnenden* uns vor ein paar Jahren wieder ein zum medialen Paroxysmus gesteigertes Gegenbeispiel geliefert hat, könnte man auf die Idee verfallen, dass diese Gesellschaft – und damit wir alle – den Amoklauf unbewusst fördert. Er beliefert uns mit Bildern, die wir schaudernd genießen, und beschert uns kurzfristig ein panikinduziertes Gefühl der Zusammengehörigkeit.

Gesamtgesellschaftlich wäre aus der Erfurter Katastrophe zu lernen gewesen, dass wir gesellschaftliche Verhältnisse herstellen müssten, unter denen der Mensch dem Mensch kein Wolf mehr ist und sein muss und ihm weniger Bosheit eingepresst wird. Wir müssten der Demontage des Sozialstaats Einhalt gebieten, den Wahnsinn der losgelassenen Märkte stoppen und Solidarität an die Stelle des entfesselten Konkurrenzkampfes setzen. Das wäre eine Form von sozialer Prävention, die langfristig den Nährboden austrocknen könnte, auf dem der Amoklauf gedeiht. Die Menschen des neoliberalen Zeitalters leben in einem Universum permanenter Verteidigung und Aggression und werden von der Angst umgetrieben, aus der Gesellschaft, ja aus der Welt herauszufallen und einen sozialen Tod zu sterben. Wer seine Arbeit verliert, verliert ja weit mehr als seine Arbeit. Er büßt seine Gesellschaftlichkeit ein, das Gefühl gebraucht zu werden, die Bindung an einen Ort, an dem man abends zu ihm sagt: „Schönen Feierabend und bis morgen!"
Wer von der Teilhabe am gesellschaftlichen Prozess ausgeschlossen wird, kann leicht fallen – und wohin fällt er dann unter heutigen Bedingungen? Welche Netze halten seinen Sturz auf? Da ist kein Glaube mehr, der tröstet, kein gewerkschaftlich-politisches Milieu, das den Verlust mit Sinn ausstattet und in gemeinsamen Widerstand überführt. Persönlichkeitsstörungen, die im geregelten Alltag leidlich eingekapselt waren, können nun aufbrechen. Gelingt der Rückweg in die Normalität nicht, wird der aus der Welt gefallene Mensch mehr und mehr von seiner Tagtraumwelt aufgesogen. Er brütet über seinen inneren Unglücksvorräten und droht in den Bann einer destruktiven Dynamik zu geraten, die sich schließlich suizidal oder amokartig entladen kann. Es ist gewiss kein Zufall, dass sich der Amoklauf im neoliberalen Zeitalter aus einem zuvor seltenen Ereignis zu einer grausigen Mode entwickelt

hat. Seit Mitte der 1970er Jahre hat es weltweit allein mehr als 120 sogenannte School-Shootings gegeben, die meisten davon in den USA, gefolgt von Kanada und Deutschland. Aber das *School Shooting* ist nur die jugendliche Variante dessen, wofür sich der aus dem Malaiischen stammende Begriff *Amok* durchgesetzt hat. Das Gros der amokartigen Taten wird von Männern um die vierzig begangen, die im Vorfeld der Tat einen sozialen Tod gestorben sind und nun ihre verlorene Gesellschaftlichkeit nur noch tödlich wiederherstellen zu können glauben, indem sie in ihren Untergang so viele Menschen wie möglich mitreißen. Wenn der mit den Zwängen der weltweiten Konkurrenz begründete Trend zu Rationalisierung und Stellenabbau sich fortsetzt, große Teile der Jugend ohne jede Perspektive bleiben und ältere, leistungsschwächere, psychisch labile und mental unflexible Menschen weiter aus dem Arbeitsprozess heraus- und in eine Anomie-Position hineingedrängt werden, droht der Amoklauf zur kriminellen Signatur des neoliberalen Zeitalters zu werden.

Schulen: Verlässliche Orte oder Zulieferbetriebe für Markt und Industrie?

Im Zentrum des Appels der Erfurter Schüler und Studierenden vom Juli 2002 stand die Forderung, über das Schul- und Bildungssystem und seine Orientierung am Leistungsprinzip nachzudenken. „Wer infolge der Pisa-Studie meint, es komme nur auf eine Steigerung der Leistung und nicht auf eine Verbesserung der Lernbedingungen an, der sollte Erfurt mitdenken", hieß es in ihrem Aufruf. In den Wochen und Monaten nach dem Massaker gab es einen breiten Konsens darüber, dass ein Zusammenhang zwischen einem einseitig leistungsfixierten Schulklima und der wachsenden Gewaltbereitschaft von Schülern existiert, und dass Schulen der sozialen und emotionalen Entwicklung der Schüler mehr Raum und Zeit zur Entfaltung gewähren sollten. Aber die Konsequenzen aus dem sogenannten *Pisa-Schock* haben schnell die Schlussfolgerungen aus dem Massaker von Erfurt überlagert und beiseite gedrängt.

Kaum waren die Aufrufe, man müsse „aufeinander zugehen" und sich „mehr umeinander sorgen", verklungen, gingen dieselben Leute daran, die Schulen und das ganze Bildungssystem nach Maßgabe betriebswirtschaftlicher Prinzipien zu reformieren. Die Leistungsfähigkeit der deutschen Industrie und ihre Stellung auf dem Weltmarkt, heißt es unisono, seien mehr und mehr abhängig von der Produktion verwertbaren und marktfähigen Wissens. Nachdem Bergwerke und Hochöfen stillgelegt worden sind, und der Übergang in die sogenannte „postindustrielle Wissens- und Dienstleistungsgesellschaft" vollzogen ist, gelten die Gehirne der nachwachsenden Generationen als wichtigste „Ressource" - und Bildung ist die Art und Weise, sie zu erschließen und als Produktivkraft des Kapitals nutzbar zu machen. In seinem neuen Buch *Anna, die Schule und der liebe Gott* stößt auch der Medienphilosoph Precht in dieses Horn: „Wir brauchen in Zukunft jedes Gehirn, das wir haben." Alles und jedes soll sich im Rahmen einer betriebswirtschaftlichen Rationalität rechtfertigen und definieren und wird einem entsprechenden Kosten-Nutzen-Kalkül unterworfen. Der privatwirtschaftlich verfasste Betrieb ist das Bild, nach dem Kindergärten, Schulen, Universitäten, Krankenhäuser, Altenheime und Gefängnisse zu gestalten sind. Wer aber Schulen an Input-Output-Modellen misst, verwechselt die Produktion eines Autos mit der Förderung kindlicher Entwicklung. Ganze Sektoren der Gesellschaft, in denen es um Lernen, Heilen, die Entwicklung lebensgeschichtlicher Identität geht, müssen ihrer inneren Logik nach, die eine des Lebendigen ist, von der betriebswirtschaftlichen Logik, die eine des Maschinellen und Toten ist, ausgespart und verschont bleiben!

Seit die Bildungs-Ratingagentur *Pisa* das deutsche Schulsystem quasi auf Ramschniveau heruntergestuft hat, wird ständig an der Leistungsschraube gedreht. Oskar Negt hat angesichts der jüngsten Entwicklungen von der „reellen Subsumption" des Bildungssektors unter das Kapital gesprochen, was soviel bedeutet wie die Kapitalisierung des Lehrens und Lernens in seiner inneren Struktur. Managementmethoden dringen in den Bildungssektor ein, Begriffe wie Evaluation, Qualitätssicherung, Prozessorientierung, Ressourcenoptimierung, Monitoring beherrschen nicht nur die Sprache der Bildungsdiskurse, sondern beginnen, den Schulalltag und seine Zeitstruktur zu durchdringen. Die Schulzeit wird verkürzt, regelmäßig werden Lernstandserhebungen durchgeführt und Rankinglisten erstellt, die die Konkurrenz unter den Schulen und den Druck auf Lehrer und Schüler erhöhen. Schüler sind das *Humankapital von morgen* und sollen fit gemacht werden für den Markt und *Verwertungsketten.*

Wer nicht mithalten kann, dem droht zeitig die soziale Exklusion. Schon Viertklässler werden, wie Gerhard Matzig unlängst in der *Süddeutschen Zeitung* schrieb, zu „delirierenden Post-Pisa-Schock-Insassen" von Grundschulen gemacht, die nicht länger Bildungs- und Lehranstalten genannt werden könnten, sondern „Optimierungs- und Besserungs-Anstalten". Bereits im zarten Alter von 10 Jahren wird ein ungeheurer Notenstress erzeugt, dessen Bewältigung darüber entscheidet, ob ein Schüler aufs Gymnasium oder wenigstens auf die Realschule wechseln darf, oder auf die Hauptschule und damit auf ein Abstellgleis abgeschoben wird. Eine boomende Nachhilfebranche hat inzwischen die Grundschulen erobert, ehrgeizige Eltern treiben ihre Kinder bereits in einem Alter, in dem wir früher noch gänzlich sorglos und zweckfrei spielen durften, zu Höchstleistungen an. Kein Wunder, dass der Psychopharmaka-Konsum von Kindern in den letzten Jahren deutlich gestiegen ist. Sie stehen unter einem enormen familiären und schulischen Druck, den sie oft ohne Hilfsmittel nicht bewältigen können. Schon Kindern werden mehr und mehr Antidepressiva verabreicht. Der Gebrauch des Ritalin-Inhaltsstoffes Methylphenidat, das zu den Amphetaminen zählt und eine hochwirksame psychoaktive Substanz ist, hat sich in der letzten Dekade rund verzehnfacht. Wie der ins Milchglas gefallene Frosch so lange strampelt, bis aus der Milch Butter geworden ist, und er das Glas verlassen kann, zappeln viele Kinder in der vagen Hoffnung, dass jemand kommen möge, der sie hält und beruhigt und so die Bedingungen dafür herstellt, dass sich in ihrem Innern eine angstmindernde und identitätsstiftende psychische Struktur herausbilden kann.

Manche Eltern wollen, dass ihre Kinder „brav" sind und funktionieren, aber sie sind nicht bereit, durch Bereitstellung geschützter Räume und persönlichen Einsatz von Nerven und Lebenszeit dazu beizutragen. Sie überlassen die anstrengende Erziehungsarbeit Erzieherinnen und Lehrern und vertrauen ansonsten auf den großen *Bravmacher* Ritalin, der den Kindern wie in der Form einer zeitgenössischen Schulspeisung täglich verabreicht wird - wie uns seinerzeit Lebertran oder *Rotbäckchen*-Saft. Die *Frankfurter Allgemeine Sonntagszeitung* vom 12. Februar 2012 stellt uns Paul und seine Mutter vor. Diese arbeitet in der Werbe-Branche. Ihr Sohn Paul ist ein „anstrengendes Kind". Die Mutter lässt ihm Ritalin verschreiben. Jetzt ist Paul kein anstrengendes Kind mehr, weder für die Mutter noch für die Lehrer. Und die Mutter fügt hinzu: „Wir leben in einer Leistungsgesellschaft und ich möchte, dass meine Kinder ganz vorne mitschwimmen."

Auf die ihnen von oben und außen auferlegte Leistungskonkurrenz pfropfen die Schüler noch eine horizontale Anerkennungskonkurrenz und Konformitätszwänge auf und machen sich untereinander das Leben schwer - und manchmal unerträglich bis zum Suizid. Die unterdrückte Wut der um ihre Kindheit Betrogenen dreht sich im Kreis und richtet unter ihnen selbst Verheerungen an. Sie lernen, dass sie nur dann nicht zu den *Losern* gehören, wenn sie bestimmte Konsumgüter vorweisen können und aktiv dazu beitragen, andere auszugrenzen und zu *Verlierern* zu stempeln. Wo harte Leistungskonkurrenz bis in die seelischen Innenräume eindringt, wo Denken und Verhalten der einzelnen bis ins Unbewusste hinein vom Überlebenskampf bestimmt wird, wo Unbehagen und Wut aber keine eindeutigen Adressaten finden, entsteht eine frei flottierende, diffuse Aggressivität, die in alle möglichen Richtungen geht und sich unter anderem in *Mobbing*- und *Dissing*-Attacken unter- und gegeneinander entlädt. Deren bevorzugtes Medium sind die sogenannten sozialen Netzwerke, in denen der Sozialdarwinismus sich austobt, und die sich mehr und mehr zu einem digitalen Pranger entwickeln.

In dem Maße, wie Schulen sich als effiziente Zulieferbetriebe für Industrie und Markt begreifen, werden sie verschärft zu Orten der Konkurrenz, der Selektion und damit auch der Kränkung und Beschämung. Da gleichzeitig von den Heranwachsenden die Fähigkeit zur angemessenen Kränkungsverarbeitung immer weniger erworben wird, entsteht hier jede Menge schulischer Sprengstoff. Wenn wir solche Entwicklungen zulassen oder gar fördern, werden wir in Zukunft immer damit rechnen müssen, dass eines Tages ein bis dato stiller, unauffälliger Junge einen schwarzen Kampfanzug anzieht, die Waffe seines Vaters aus dem Schrank holt, ins Epizentrum seiner Kränkungen

- die Schule - zurückkehrt und sich in aller Öffentlichkeit rächt für seine erlittenen Demütigungen und den Raub seiner Kindheit.

Gegenwärtig wächst eine Generation heran, die schon in der Wolle mit Sozialdarwinismus eingefärbt ist. Die hinter uns liegenden, von der Praxis des Neoliberalismus geprägten eisigen Jahre haben die Menschen selbst eisig werden lassen und ihre Innenwelt vergletschert. Sie können gar nicht anders, als diese Kälte weiterzugeben und auf ihre Umgebung abzustrahlen. Es macht einen nicht zu unterschätzenden Unterschied, ob man in einer Gesellschaft aufwächst und lebt, in der schwachen und nicht oder weniger leistungsfähigen Mitmenschen solidarisch beigesprungen und unter die Arme gegriffen wird, oder in einer, in der sie der Verelendung preisgegeben und als sogenannte *Loser* zu Objekten von Hohn und Missachtung werden. Der Siegeszug des Neoliberalismus brachte die umfassende Durchsetzung jener Art von moralischem Darwinismus mit sich, „der mit dem Kult des *winner* ... den Kampf eines jeden gegen jeden und den normativen Zynismus all seiner Praktiken ins Recht setzt", heißt es in Pierre Bourdieus Schrift *Gegenfeuer*. Die vom Markt propagierten und für ein erfolgreiches Agieren auf dem ökonomischen Parkett erforderlichen Eigenschaften und Haltungen sind inzwischen in Gestalt von Rücksichtslosigkeit und Rohheit tief in die Poren des Alltagslebens vorgedrungen und haben sich in die Denk-, Affekt- und Wahrnehmungsgewohnheiten und Reaktionsmechanismen der Heranwachsenden eingegraben.

Die Schulen haben sich also unter dem Druck sogenannter Sachzwänge von Markt und Industrie unter Kuratel stellen lassen, statt „Erfurt mitzudenken" und sich in Richtung einer menschlicheren Schule zu entwickeln. Dabei quittiert die Rede von den „Sachzwängen" nur den Umstand, dass wir – die Bürger eines dem Anspruch nach demokratischen Gemeinwesens – es nicht mehr wagen, die „Sachen", die ja in Wahrheit menschliche und von Menschen hervorgebrachte Verhältnisse sind, in eine andere, menschenförmige Richtung zu zwingen. Man will uns die Funktionsweisen der herrschenden Ökonomie und Gesellschaft als Naturgesetze verkaufen und Menschen, die das nicht akzeptieren wollen, in die Position desjenigen rücken, der so töricht ist, einem Erdbeben Vorwürfe zu machen. Mit großem medialem und propagandistischen Aufwand soll verhindert werden, dass jene angeblich *ehernen Gesetze*, deren perfekte Grausamkeit man uns gegenüber als ein Naturfaktum darstellt, den Menschen plötzlich gestehen würden, dass sie sie ja selbst gemacht haben und also auch verändern können. Wenn wir uns auf unsere Stärke und gestalterischen Möglichkeiten besännen, könnten wir also durchaus darauf bestehen, Schulen und Universitäten dem Zugriff des Kapitals zu entziehen und sie in der Tradition der Aufklärung an der regulativen *Idee der Mündigkeit* auszurichten. Das aufsteigende Bürgertum hatte Mündigkeit zu seinem Kampfbegriff gemacht und Bildung zu einem Instrument der Emanzipation. Freilich blieb der Anspruch, Bildung mit Mündigkeit zu verbinden, auf die bürgerliche Klasse beschränkt, die ihn, zu Reichtum und Macht gelangt, immer stärker einschränkte und schließlich wieder loszuwerden versuchte. Mündigkeit und ihre Strangulierung wachsen auf dem gleichen Holz, und es käme heute darauf an, den ursprünglichen Gehalt von Bildung wieder freizulegen, sie von ihren klassenspezifischen Beschränkungen zu befreien und als Instrument der Befreiung aller zu konzipieren. Wenn wir soweit wären, würden wir schnell feststellen, dass sich das Kapital seine kostenlosen Bildungszulieferbetriebe nicht kampflos entreißen lassen wird. Wir werden also nicht umhin kommen, den betriebswirtschaftlichen Imperialismus insgesamt zu bekämpfen und der Ökonomie vernünftige gesellschaftliche Ziele vorzugeben, denen sie zu dienen und sich unterzuordnen hat.

Zum Schluss zurück zu dem, was wir aus Erfurt hätten lernen sollen und was nach wie vor zu verändern wäre. Je mehr die Elternhäuser in ihren sozialisierenden, prägenden und Kinder und Jugendliche bergenden und haltenden Aufgaben und Funktionen ausfallen, desto mehr müssen Schulen zu Schutzräumen und „verlässlichen Orten" (Oskar Negt) werden, in denen sie sich unter Bedingungen raum-zeitlicher Kontinuität und Verlässlichkeit zu Menschen entwickeln können. Es ist nicht länger hinzunehmen, dass in unseren Schulen Subjektivität und Innerlichkeit der Schüler (fast) nur als Störung vorkommen. Die Subjektivität der Schüler muss noch in ihren verqueren Ausdrucksformen ernst genommen und zum Gegenstand von Auseinandersetzungen zwischen leibhaftigen Menschen werden, die sich gerade in solchen Auseinandersetzungen als Menschen zu erkennen geben. Es kann nicht sein, dass Schüler, die leistungsschwach sind oder „stören", bürokratisch entsorgt werden. Kinder und Jugendliche brauchen Zuwendung am meisten, wenn sie sie am wenigsten „verdienen". Das einzige Antidot gegen die Gewalt besteht aus emotionalen Bindungen der Schüler untereinander, an ihre Schule und Lehrer und ein lebendiges, offenes Schulklima, das es möglich macht, über alles zu reden. Nur auf diese Weise kann verhindert werden, dass einzelne Schüler oder ganze Gruppen aus von der Schule gestifteten Bezügen herausfallen und dauerhaft an den Rand gedrängt werden.
„Es hätte nur jemand mit mir reden müssen", hat ein amerikanischer School Shooter auf die Frage geantwortet, was hätte passieren müssen, um seinen Amoklauf zu verhindern. Schulen benötigen das, was bürokratischen Institutionen eigentlich wesensfremd ist, also widrigen Verhältnissen abgerungen werden muss: Einfühlungsvermögen und Sensibilität für besondere Umstände. Nur so sind Schulgemeinschaften imstande, die Folgen von Verletzungen wahrzunehmen, die die Schule einzelnen Schülern zufügt, und die Warnsignale aufzufangen, die die Verletzten und Gekränkten aussenden, bevor sie zur Gewalt greifen. Routine, Bequemlichkeit und Indifferenz sorgen im Schulalltag dafür, dass solche Vorzeichen übersehen werden: die Äußerung von Suizidabsichten oder tiefer Ausweg- und Hoffnungslosigkeit, dauerhafte Mobbing- und Dissing-Attacken gegenüber bestimmten Schülern, das Abdriften in gewaltgesättigte virtuelle Welten, apokryphe oder offene Andeutungen, dass „demnächst irgendetwas passieren wird", das Erstellen von „To-

deslisten", die intensive heroisierende Beschäftigung mit anderen Amokläufern und die Übernahme von deren Zeichen- und Symbolsystemen.

Wenn sich Schwächen auf beiden oben beschriebenen Ebenen der Konkurrenz miteinander verfilzen, ist Gefahr im Verzug. Ein Versagen in der vertikalen schulischen Leistungskonkurrenz kann unter Umständen kompensiert werden durch hinreichende Anerkennung auf der horizontalen Ebene der Statuskonkurrenz untereinander. Umgekehrt kann sich ein Schüler für die mangelnde Akzeptanz bei seinesgleichen durch die narzisstischen Gratifikationen schadlos halten, die mit schulischen Erfolgen verbunden sind. Versagen beide Quellen der narzisstischen Zufuhr, mischt sich die Kritik an schwachen schulischen Leistungen mit Demütigungen, Schmähungen und Missachtung durch die anderen Schüler, kann ein Kollaps der inneren Selbstwertregulation die Folge sein. Gegen diesen drohenden narzisstischen Super-Gau ist Kampf mit allen Mitteln geboten. Die in diesem Kampf freigesetzten Aggressionen können in alle Richtungen gehen. Bei jungen Männern wenden sie sich häufig gegen die Außen- und Mitwelt, bei jungen Frauen immer noch eher gegen die eigene Person.

Bei all dem präventiven Eifer, den man seit Erfurt an Schulen betreibt, wird häufig übersehen, dass alle spektakulären Schulschießereien in Deutschland nicht von aktuellen, sondern von ehemaligen Schülern begangen wurden. Die Täter von Freising, Erfurt, Emsdetten und Winnenden kehrten nach mehr oder weniger großem zeitlichem Abstand an ihre ehemaligen Schulen zurück, um dort für vergangene und gegenwärtige Kränkungen Rache zu üben. Ein noch so ausgefuchstes „Bedrohungsmanagement" an diesen Schulen hätte also gegen diese Taten nichts auszurichten vermocht. Es sei denn, man hätte in Erfurt die bürokratische Entsorgung eines Schülers verhindert oder fürsorglich aufgefangen. Ehemalige Schüler befinden sich häufig auf irgendwelchen Abstellgleisen im Niemandsland zwischen Schule und Beruf, Pubertät und Erwachsensein, und wissen nicht, gegen wen sie ihre ohnmächtige Wut wenden sollen. Diese sucht sich dann ein Ersatzopfer, einen Sündenbock, der die Wut auf sich zieht, weil er verletzlich und greifbar ist und/oder weil er mit vergangenen Kränkungen assoziiert wird, die sich mit den gegenwärtigen trübe verfilzen.

Die wirksamste Form der Prävention gegen eskalierende Gewalt ist und bleibt eine soziale: Ein von Empathie und Vertrauen getragenes Klima der Aufmerksamkeit und wechselseitigen Sorge. Jedes hysterische Agieren aber, das auffällige Schüler vorschnell verdächtigt, droht das informelle Frühwarnsystem, das eine halbwegs intakte Schulgemeinschaft hervorbringt, zu zerstören. Nicht jede Verhaltensauffälligkeit darf behördliche Nachstellungen und sozialarbeiterische oder psychotherapeutische Zwangszuwendung auslösen. Die Ausbreitung einer Fahndungsmentalität würde Gewaltphantasien in den Untergrund abdrängen, wo sie sich der kommunikativen Bearbeitung und Entschärfung entziehen.

„Onkel, schieß uns nicht!" – Ein Rückblick auf das Amok-Jahr 1913

„Von dem Vulkan, der in mir brütet und kocht, hat kein Mensch eine Ahnung."
(Aus den Memoiren des Amokläufers Wagner)

Dem Buch von Florian Illies mit dem Titel und über das Jahr *1913* ist zu entnehmen, dass am 20. Juni diesen Jahres der erste Schulamoklauf in Deutschland stattfand – interessanterweise mit einem Lehrer als Täter. Gegen Mittag betrat der arbeitslose Lehrer Ernst Friedrich Schmidt die Bremer Sankt-Marien-Mädchenschule. Er führte sechs geladene Revolver mit sich, drang damit in die Klassenräume ein und begann sein mörderisches Vorhaben. Panik brach aus, die Mädchen verkrochen sich unter den Bänken und riefen: „Onkel, schieß' uns nicht!" Doch Schmidt kannte keine Gnade und schoss aus dem Fenster sogar auf jene, die über den Hof zu fliehen versuchten. Fünf Mädchen starben, achtzehn Kinder und fünf Erwachsene wurden schwer verletzt. Dann wurde er überwältigt. Er habe, heißt es bei Illies, mit dieser Tat dagegen protestieren wollen, dass er keine Anstellung als Lehrer gefunden habe. In der Süddeutschen Zeitung vom 20. Juni 2013 heißt es dagegen, sein Motiv sei Hass auf Katholiken gewesen. Sein Vater sei evangelischer Pfarrer gewesen und am Tag vor der Tat verstorben. Der Sohn habe die konkurrierende Kirche für den Tod des Vaters verantwortlich gemacht. Man diagnostizierte bei Schmidt eine Schizophrenie und wies ihn in eine Nervenheilanstalt ein.

1913 ist das Jahr der Amok laufenden Lehrer. Damals scheint die Gewalt noch von den Lehrern ausgegangen zu sein. Am 4. September des Jahres hat der Hauptlehrer Ernst August Wagner in Degerloch seine Frau und seine vier Kinder erstochen. Den Mord an der eigenen Familie, gibt er später zu Protokoll, habe er aus Mitleid begangen, um seine Frau und die Kinder vor zukünftigem Leid zu bewahren und ihnen die Schande des Weiterlebens nach seiner Tat zu ersparen. Nach dem ersten Akt der Tat fuhr er mit dem Fahrrad nach Stuttgart, von da aus mit dem Zug weiter nach Mühlhausen an der Enz, wo er in der Jahren 1901/02 als Lehrer an der Volksschule tätig gewesen und dann, weil er die Tochter des örtlichen Gastwirts geschwängert hatte, strafversetzt worden war. Dort legte er nachts Feuer und tötete im Schein dieses Feuers mit seinen mitgeführten Mauserpistolen neun weitere Menschen und verletzte elf zum Teil schwer. Und warum das alles? Weil er angenommen hatte, alle Welt wisse von einer viele Jahre zurückliegenden sodomitischen Verfehlung, von der in seinen später verfassten autobiographischen Aufzeichnungen die Rede ist. Überall, wo er auftauche, werde über ihn getuschelt und gespottet. Dabei wusste kein Mensch von dem Akt der Sodomie, und es ist fraglich, ob er überhaupt je stattgefunden hat. Er habe unter dem ständigen Getuschel und der üblen Nachrede derart gelitten, dass er schließlich seinen

Rachefeldzug geplant und durchgeführt habe. Am Ende seines Wütens wurde er - selbst schwer verletzt - überwältigt. Da der zu Rate gezogene Psychiater Dr. Robert Gaupp einen Verfolgungswahn diagnostizierte, wurde Wagner vor Gericht exkulpiert und lebenslänglich in eine Irrenanstalt eingewiesen. Bis heute begegnet man dem Hauptlehrer Wagner in Psychiatrie-Lehrbüchern im Kapitel über paranoide Psychosen. Er verbrachte den Rest seines Lebens in der Heil- und Pflegeanstalt Winnenthal in Winnenden. Er erhielt eine Einzelzelle und betätigte sich als Schriftsteller und Dramatiker, bis er 1938 an Tuberkulose starb. Wer sich eingehender mit dem Fall Wagner befassen möchte, findet in dem insgesamt lesenswerten Buch von Philipp Blom *Der taumelnde Kontinent* (München 2011) ein Kapitel über *Wagners Wahn* und weitere Literaturhinweise. Unter anderem auf das von Neuzner und Brandstätter herausgegebene Buch *Wagner. Lehrer. Dichter. Massenmörder.* Hermann Hesse hat sich vom Fall Wagner zu seiner Novelle *Klein und Wagner* anregen lassen. In Winnenden berühren sich ‚unterirdisch' einer der ältesten und einer der jüngsten Amokläufe in Deutschland. Erinnern wir uns: Am 11.3.2009 kehrte der 17-jährige Tim K. in schwarzer Kampfmontur an seine ehemalige Schule in Winnenden, die Albertville-Realschule, zurück und schoss mit einer Pistole aus dem Besitz seines Vaters in mehreren Klassenräumen um sich. Er tötete acht Schülerinnen, einen Schüler, drei Lehrerinnen. Nach dem Eintreffen der Einsatzkräfte verließ er die Schule und tötete auf seiner Flucht drei weitere Menschen. Er wurde auf einem Parkplatz vor einem Autohaus von der Polizei umstellt und angeschossen. Schließlich tötete er sich selbst.

Ein faschistischer Amokläufer – Ein Rückblick auf die Tat des Anders Behring Breivik

Am 22. Juli 2011 zündete der 32-jährige Norweger Anders Behring Breivik zunächst im Regierungsviertel in Oslo Bomben, wobei acht Menschen ums Leben kamen. Dann fuhr er zur Insel Utoya und eröffnete das Feuer auf Jugendliche, die dort ihre Ferien in einem Lager der Norwegischen Arbeiterpartei verbrachten. Im Laufe von 60 Minuten erschoss er 69 Jugendliche.
In der *Frankfurter Rundschau* vom 28. Juli 2011 findet sich ein ausführliches Interview mit Jostein Gaarder über die Auswirkungen des Massakers von Utoya. „Waren Sie je auf der Insel Utoya?", wird er gefragt und antwortet: „Ich habe sie oft aus der Ferne betrachtet, wenn ich im Auto auf der Straße am Festland an ihr vorbeifuhr. Aber ich war selbst noch nie dort. Es ist eine sehr schöne, grüne Insel, in einem kleinen See gelegen, 40 Minuten von Oslo entfernt. Die norwegische Arbeiterpartei richtet dort seit Jahrzehnten Sommer-Camps für Jugendliche aus. Das muss man sich als Kombination aus politischen Diskussionen und Vorträgen und eben Sommerferien vorstellen, mit

allem was dazu gehört. Ich kenne viele Norweger, darunter auch einige bedeutende aus Politik und Gesellschaft, für die Utoya Teil ihrer Jugend ist, eben ein ganz besonderer Ort. Die einen haben dort ihre späteren Ehefrauen getroffen. Für andere war es der Ort, wo sie sich zum ersten Mal verliebten oder das erste Mal Fußball spielten."

Nachdem ich dieses Interview und vor allem die eben zitierte Passage gelesen hatte, erschloss sich mir eine Dimension der Tat des Anders Behring Breivik, die so in den mir bekannten Deutungsversuchen bisher nicht zur Sprache gekommen ist. Utoya wird in Norwegen auch „Insel der Liebe" genannt, es gilt als der beste Ort zum Verlieben. Da wachsen nicht nur die Sozialisten der Zukunft heran, sondern da wird auch gevögelt, da vermischen sich die Leiber! Ein freier Geist wohnt in einem befreiten Körper, wie schon Wilhelm Reich wusste. Klar, dass da einem verklemmten Zeitgenossen wie Anders Breivik das Messer in der Tasche aufgeht – wenn ihm schon nichts anderes aufgeht. Es genügt nicht, den Kopf voller rechter oder faschistischer Gedanken zu haben, man muss auch über ein gehöriges Potenzial an Hass verfügen, das die Ideen scharf macht und ihren Träger zur Tat drängt. Manchmal sind die Ideen allerdings nur eine Art nachproduziertes Alibi, ein ideeller Überbau, der die Funktion hat, den an sich reinen, frei flottierenden Hass zu rechtfertigen. Auch Täter wie Cho Sueng-Hui, der 2007 in Virginia 32 Studenten erschoss, oder Sebastian B. aus Emsdetten, der 2006 in seiner ehemaligen Schule um sich schoss und Rauchbomben zündete, haben Texte hinterlassen, in denen sie ihre Weltsicht kund taten und ihr Handeln zu erklären versuchten, wenn auch nicht in der akribischen und graphomanischen Form wie Anders Breivik. Aber die Kausalität zwischen Ideologie und Tat ist nicht unmittelbar und ungebrochen. Man kann auch so denken, ohne zum Massenmörder zu werden, und man kann zum Massenmörder werden ohne jeden rechten und menschenverachtenden Begleittext. Das politische Handeln ist mitunter nur die Maske eines seelischen Geschehens, oder wenn man lieber will: Der militante Anti-Islamismus ist in diesem Fall das Mittel, eine unerträgliche innere Leere und Strukturlosigkeit zu überwinden und ein an seiner männlichen Identität zweifelndes Milchgesicht zum Mann zu machen.

Energetisch werden amokartige Taten wie diese von Hass angetrieben. Was aber ist Hass und woher stammt er? Es ist, wie Theweleit und auch Glucksmann gezeigt haben, ein Hass auf Teile der eigenen Person, auf abgewehrte und mühsam in Schach gehaltene eigene Triebwünsche und Begierden. Und vor allem Hass auf Frauen, der die Faschisten aller Länder und Zeiten umgetrieben hat und bis heute um- und antreibt.

Gleich in den ersten Kapiteln seines Manifestes verurteilt Breivik die Idee von der Gleichberechtigung der Menschen, insbesondere der von Mann und Frau, die Freundschaft unter Rassen, Völkern und Kulturen sowie die offene Gesellschaft – aus all diesen Gründen sind die Sozialdemokraten, die für diese Ideen stehen, für ihn die Inkarnation alles Schrecklichen. Der Kampf, in den Breivik sich verwickelt sieht, findet aber vor allem in ihm selbst statt. Er ist eine Abwehrschlacht gegen triebhafte Impulse und durch sie ausgelöste Ängste. Er wendet sich. wie alle Faschisten, gegen die Vermischung der Rassen

und Kulturen und träumt von der Reinheit und Homogenität des Volkskörpers.
Breivik entstammt einer Mittelklassefamilie. Der Vater ist ein der Sozialdemokratie nahestehender Diplomat, die Mutter Krankenschwester. Kurz nach der Geburt des Sohnes verlässt der Vater die Familie und wendet sich einer anderen Frau zu. Anders Breivik wächst bei der Mutter und dem Stiefvater auf. Vor dem Attentat lebt er wieder eine Zeitlang bei der Mutter. Auch als er woanders wohnt, kommt er jeden Sonntag zur Mutter zum Essen. Beruflich erleidet er in den letzten Jahren mit verschiedenen Projekten Schiffbruch. Beziehungen zu Frauen sind nicht bekannt. Nachbarn schildern ihn als schüchtern, ruhig und zurückhaltend. Dieses Profil teilt er mit den jungen Amokläufern der letzten Jahre. Wie viele zeitgenössische Massenmörder und Amokläufer trainiert auch Anders Breivik sich an der Spielkonsole beim Spielen von Ego-Shootern das Mitleid ab. Auf die Anschläge bereitet er sich mit dem Kriegsspiel „Modern Warfare 2" vor. Mit 25 nimmt er sich eine Auszeit und spielt intensiv „World of Warcraft". Auf diesem Weg verschafft er sich die nötige Grundhärte für das geplante Massaker. Während des systematischen Tötens auf der Insel trägt Breivik einen Stöpsel im Ohr und hört über einen iPod Musik. Er hat sich in eine Gamefigur verwandelt und auch die Choreographie seines Vorgehens scheint von Ego-Shootern inspiriert. Breivik kommt mir vor wie eine Kreuzung aus einem Freikorpsmann der 1920er Jahre und einem zeitgenössischen School-Shooter. Mit jenem teilt er die Verbräunung seines Hasses und den Rassismus, mit diesem den medialen Narzissmus und den Wunsch berühmt zu werden.

Das Manifest, das ich nur in Auszügen kenne, scheint mir das nachträglich verfasste Libretto zu einer Melodie zu sein, die Breivik schon lange in sich trug. Es ist der Versuch einer Versprachlichung eines Konflikts, für den ihm letztlich die Worte fehlen und den er sprachlich nicht wegarbeiten kann. Er scheint von Verschlingungsängsten umgetrieben zu werden, Wiederverschlingung durch eine präödipale, symbiotische Mutter, von der ihm die Ablösung nie wirklich gelang. Da sich der Grundkonflikt seinem Bewusstsein entzieht, werden seine Konturen und Themen in die Welt projiziert. Europa wird vom Islam überflutet und überschwemmt, der „Kulturmarxismus" und „Multikulturalismus" liefert Europa an seine Vernichter aus. Wie König Herodes, als er von der Geburt eines neuen Königs der Juden erfuhr, in Bethlehem alle Knaben unter zwei Jahren töten ließ, so tötet Anders Breivik auf der Insel Utoya den Nachwuchs der Norwegischen Arbeiterpartei, die sich in seinen Augen als Steigbügelhalter des Islam und der „Kulturmarxismus" betätigt. War nicht auch der amtierende Ministerpräsident Stoltenberg einst hier in einem Sommerlager gewesen? Wenn er alle Jugendlichen tötet, würde er auch den künftigen Stoltenberg erwischen.

Den Frauen, schreibt er, sollte man höhere Bildung verweigern und sie „vor die Alternative stellen, Nonne, Prostituierte oder Mutter zu werden". Dann würden sie sich schon für das Familienleben entscheiden und die „nordischen

Gene" wären gesichert. Mühsam errechnet er einen Quotienten für den Grad der Sexualmoral der Frauen in 17 europäischen Ländern und den USA. Skandinavien schneidet dabei erwartungsgemäß sehr schlecht ab. Er hat Sehnsucht nach der Rückkehr des Patriarchats und der Prügelstrafe für Kinder. Es sind im Kern die gleichen Motive und Themen, die Theweleit aus den Texten der Freikorps-Soldaten herauslas: Es sind Muttersöhnchen, die durch eine zur Schau gestellte Männlichkeit und Gewalt beweisen wollen, dass sie keine Memmen und Schwuchteln sind. Durch leib-seelische Panzerungen schützen sie sich vor Desintegration und psychischer Fragmentierung. Wer Täter wie Breivik verstehen will, sollte den Staub von Theweleits *Männerphantasien* blasen und sich der Mühe unterziehen, die beiden Bände noch einmal zu lesen. Wir müssen diese Täter zu verstehen versuchen, wenn wir ihnen ernsthaft begegnen und etwas entgegensetzen wollen. An Theweleit und Lloyd deMause geschult, käme es darauf an, die affektive Struktur ihrer Texte zu entschlüsseln und die in ihren Begriffen und Metaphern chiffriert zur Sprache gebrachten Körpergeheimnisse zu enträtseln.
Alle seine Intellektualisierungen und graphomanischen Rationalisierungen sind nur Chiffren für innere Ängste, seine wahnhaften paranoiden Verfolgungsphantasien verweisen auf seine eigenen aggressiven Bestrebungen: Alles, was er draußen von irgendwelchen finsteren, islamischen Mächten befürchtet, möchte er gern selbst anrichten und hat es dann ja auch angerichtet. Wenn es könnte, würde das in symbiotischer Gefangenschaft gehaltene Kind in seiner unermesslichen Wut die ganze Welt in die Luft sprengen. Der Erwachsene versucht es.
Es gibt, wie Nietzsche bereits wusste, so etwas wie einen Juckreiz unterdrückter Gefühle, der von einer übertriebenen Selbstbeherrschung ausgelöst wird: Das, was man in sich selbst verbissen und krampfhaft niederhält, setzt man aus sich heraus und bekämpft es dort in Gestalt von Minderheiten und Abweichlern oder allem, was einem fremd vorkommt. Äußeres weist innen auf Verschüttetes - und das im Innern Verschüttete gibt keine Ruhe und heftet sich außen an Objekte, die es symbolisieren.

Das niedergedrückte und beschädigte Leben brütet über seinen Kompensationen und sinnt auf Rache. Auf der Basis eines an seiner Entfaltung gehinderten, durch pädagogische Dressur partiell getöteten Lebens entwickelt sich eine Tendenz, sich am Anderen schadlos zu halten und zu verfolgen, was einem lebendiger vorkommt: „Der da, der reißt sich nicht so zusammen wie ich!" Spielerisch-provokant hat diesen Mechanismus eine Berliner Punkerin entlarvt, die in den Anfangsjahren der Punk-Bewegung mit ihrem schrillen Outfit und bunten Haaren in ein Taxi einstieg und vom Fahrer gefragt wurde: „Wat bist'n du für eene?". Sie antwortete ihm: „Gestatten, ich bin Ihr Trieb!" Ressentiments und Feindseligkeit schlagen dem um sein Glück Betrogenem aus allen Poren. Auf Anzeichen von einem Mehr an Glück und Lebendigkeit wird er mit Härte und Grausamkeit reagieren. „Gleiches Unrecht für alle", avanciert zur unausgesprochenen Maxime seines ungelebten Lebens. Der Faschismus setzte dieses Ressentiment politisch in Gang, er war und ist psychodynamisch die Wiederkehr des Verdrängten: „Wenn die toten Wünsche auferstehen, werden sie verwandelt in die Masse der Umzubringenden", heißt es bei Theweleit.

In dem Maße, wie wir Objekt und Opfer solcher Erziehungsprozesse geworden sind, sind wir alle partiell Getötete und tragen in uns den Widerstreit des Toten mit dem Lebendigen aus. Schlägt man sich auf die Seite des Toten, macht man sich – zumindest in psychischer Hinsicht - zum Faschist, ergreift man die Partei des Lebendigen, wird man Sozialist oder doch freiheitlicher Demokrat und nicht-faschistischer Bürger. Die Erzeugung des Menschlichen ist das Kriterium von Emanzipation, weniger die abstrakte politische Entscheidung zwischen links und rechts. Geschichtliche Erfahrungen haben uns schmerzhaft darüber belehrt, dass auch vermeintlich linke Entwürfe in den Sog einer tödlichen und todbringenden Produktionsweise geraten können, wenn sie sich von der regulativen Idee der Emanzipation als der Erzeugung des Menschlichen allzu weit entfernen. Es gibt in Gestalt des Toten in uns einen fortdauernden Faschismus weit unterhalb des Kopfes, einen Faschismus der Gefühle oder der Gefühllosigkeit, der uns zu einem lebenslangen Austrag des Kampfes nötigt. Wer resigniert und sich der Schwerkraft des Realen überlässt, gibt dem Toten in sich Raum zur Entfaltung, das sich mit dem Überhang des Toten draußen mannigfach verflicht und durch dieses gestützt wird. „Der Tod tritt ein, wenn das Leben nichts mehr hat, das es zu verteidigen gilt", schreibt John Berger in seinem Buch *Mit Hoffnung zwischen den Zähnen.*

Die Tat des Anders Behring Breivik hat uns daran erinnert, dass es nach wie vor so etwas gibt wie Klassenkampf und dass dieser von der Gegenseite mit aller Härte und Brutalität und ohne jede Rücksichtnahme geführt wird. Der Kampf hat eine Innenseite, in der es um die innerpsychische Hegemonie des Lebendigen über das Tote oder des Toten über das Lebendige geht und nicht um höhere Produktivität und die proletarische Kontrolle einer immer effektiveren Ausbeutung der Natur. Unterschlägt man diese Innenseite, werden aus dem Kampf immer nur neue Varianten von Macht und Naturbeherrschung hervorgehen und die Dominanz des Toten über das Lebendige droht sich zu verewigen. Gegen den tödlichen Hass der Faschisten können wir nur auf die Energien der Lebenstriebe und die Entwicklung einer sinnlichen Vernunft setzen, die die Aggressivität, Brutalität und Hässlichkeit der etablierten Lebensweise nicht länger zu ertragen vermag.

Das Vorurteil fungiert als ein „Schlüssel, um eingepresste Bosheit loszulassen", schrieb Max Horkheimer. Wenn es uns also darum zu tun ist, eine versöhnte Gesellschaft zu errichten, käme es darauf an, gesellschaftliche Lebensverhältnisse zu schaffen, unter denen den Menschen weniger Bosheit eingepresst wird als heute und in deren Rahmen sie Fremde und das Fremde nicht mehr fürchten müssten. Ob das gelingt, hängt entscheidend davon ab, wie die Gesellschaft mit ihren nachwachsenden Generationen umgeht. Es kommt darauf an, Bedingungen zu schaffen, unter denen Kinder ihre „psychische Geburt" (Margaret Mahler) vollenden und zu wahren Menschen mit menschlichen Eigenschaften und Fähigkeiten heranwachsen können. Nur so bilden sich die psychischen Voraussetzungen wahrhafter Demokratie aus, die vor allem in der Fähigkeit bestehen, mit Ambivalenzen, Schwebezuständen, offenen Fragen und Konflikten umgehen zu können. Diese reifen, gewissermaßen dialektischen Subjekt- und Ich-Funktionen, die Menschen instand setzen, unlösbare Widersprüche prüfend in der Schwebe zu belassen, Dissens und Verschiedenheit zu ertragen, nach Kompromiss und vernünftigem Ausgleich zu suchen, stehen auf dem Spiel oder bilden sich zurück, wenn Massen von Menschen unter dem Druck von Angst und aufkeimender Wut auf einfachere Mechanismen der psychischen Regulation regredieren. Das ursprünglich schwache Ich gewinnt seine Stärke erst aus einem nicht-selektiven Umgang mit einer ambivalenten Umgebung, und droht unter Spannung und Stress auf die Ebene archaischer Spaltungen zurückzufallen. Auch unter durchschnittlichen Erwachsenen bleibt das Bedürfnis wirksam, unerträgliche Spannungszustände und kognitive Dissonanzen durch Spaltung und Projektion zu entschärfen. Wenn die Unübersichtlichkeit eskaliert und die Wirklichkeitskonstruktionen unter dem Einbruch von allzu viel Unvertrautem, das sich den gewohnten Wahrnehmungsweisen und Deutungsmustern nicht fügt, zu erodieren drohen, schlägt die Stunde der populistischen Vereinfacher und Fanatiker. An den Grenzen zum Anderen radikalisieren sich die Differenzwahrnehmungen, und man versucht, die gefährdete eigene Identität dadurch zu retten, dass man, was nicht sichtlich Seinesgleichen ist, auszugrenzen und zu bekämpfen beginnt. Das Bild des „Bösen", das den verunsicherten Menschen in Gestalt des jeweiligen Sündenbocks im Innern und des Feindes im Äußeren präsentiert wird, ist das beste Gefäß für alle möglichen diffusen Bedrohtheitsgefühle. Weil unter der Schicht normalen, angepassten Verhaltens primitive internalisierte Objektbeziehungen und um die Spaltung gruppierte Abwehrmechanismen latent fortbestehen, geraten Demokratie, Rechtsstaat und Vernunft in Krisenzeiten regelmäßig in Gefahr. Ein gewisses Maß an sozialer Sicherheit und Angstfreiheit ist unabdingbare Voraussetzung einer demokratischen Gesellschaft.

Ethnologie des Inlands: Wandertag

Dieser Tage stieß ich auf einem morgendlichen Spaziergang unterhalb des Schiffenbergs auf Schüler, die offenbar Wandertag hatten. Lange bevor ich sie sehen konnte, hörte ich sie bereits. Sechzig bis siebzig Kinder im Alter von sieben oder acht Jahren bewegten sich im Schneckentempo durch den Wald. Ihr Schreien lag deutlich über der für Mensch und Tier erträglichen Dezibel-Grenze. Zwei Lehrerinnen mühten sich, die riesige Gruppe irgendwie unter Kontrolle zu bekommen. Sie befanden sich auf hilflosem Posten und versuchten verzweifelt, das Ge-

brüll der Kinder zu übertönen. Eine Radfahrerin, die an den Kindern vorbeifahren wollte und durch Klingeln auf sich aufmerksam machte, musste absteigen und ihr Rad durch den Graben am Rand des Weges schieben. Auch ich musste mir mühsam einen Weg durch die Brennnesseln am Wegesrand bahnen. In kleinen Gruppen standen die Kinder zusammen und beugten sich über die Displays von Smartphones, die einzelne Privilegierte bereits besaßen. Drei Jungen unterhielten sich über ein Computerspiel. „Da kann man immer nur einen Menschen töten", sagte einer im Ton des Bedauerns. „Nein, mit einer Bombe kannst du eine ganze Armee umbringen", tröstete ein anderer. Obszöne Beschimpfungen flogen durch die Luft. Im Gefängnis, in dem ich arbeite, herrscht verglichen mit diesen Schulklassen ein gesitteter Ton.
Keines der Kinder hatte Augen und Ohren für die Natur, die sie umgab. Niemand achtete auf Blumen am Wegesrand, auf das Klopfen des Spechtes oder den Flug und die Schreie der Bussarde oder den harzigen Duft, der den Bäumen entströmt. Niemand hält die Kinder dazu an, den Wald wie eine Kirche zu betreten, der Natur mit Demut und Respekt zu begegnen und sie mit wachen Sinnen wahrzunehmen. Erwachsene und Lehrer scheuen die Aura solcher alten Worte und können das von ihnen Gemeinte auch nicht mehr vermitteln. Im betriebswirtschaftlichen Pädagogen-Jargon von heute heißt der Wandertag wahrscheinlich auch nicht mehr Wandertag, sondern ökologisch-soziales Kompetenztraining.

„Verrückt" oder „böse"? - Zum Prozessauftakt gegen Anders Behring Breivik

Amokläufe enden meist mit dem Tod des Amokläufers, der sich am Ende seines mörderischen Wütens selbst umbringt, von den Sicherheitskräften getötet wird oder sich von der Polizei umbringen lässt. Man hat es oft bedauert, dass man sie deswegen nicht vor Gericht stellen und der irdischen Form der Gerechtigkeit zuführen kann. Wolfgang Schmidbauer hat in seiner „Psychologie des Terrors" angemerkt: „Ein Mörder, der sich selbst tötet, hinterlässt in uns eine Leere. Er maßt sich nicht nur an, Richter und Henker derer zu sein, die er tötet, sondern er entzieht sich unserem Urteil, unserem Recht, unserem Wunsch, etwas von seiner Tat zu begreifen und uns mit ihm auseinanderzusetzen. Mehr als sein eigener Richter ist er sein eigener Erlöser; wir aber, Zeugen seiner Tat, bleiben unerlöst und mit allen unbeantworteten Fragen zurück. Die von diesen Tätern geschaffene Leere füllen wir zwangsläufig mit eigenen Phantasien, mit Erinnerungen, mit Mythen aus der Geschichte oder aus den Medien."
Wie schwer sich eine Gesellschaft mit einem überlebenden Amokläufer und der juristischen Wahrheitsfindung tun kann, ist seit Juli 2011 in Norwegen zu

beobachten. Es ist seltsam: Da hat man einen Täter, der ein amokartiges Massaker angerichtet hat und es überlebt und vor der Tat seine Motive auf circa 1500 Seiten eines „Manifests“ dargelegt hat - und schon erklären die Gutachter die vorgetragenen Begründungen und Motive zu Krankheitszeichen und den Täter für unzurechnungsfähig. Andere überlebende Amokläufer verbreiteten ihren Schrecken wortlos, konnten auch später die Motive ihrer Tat nicht erläutern. Wären ihnen ihre Motive zugänglich gewesen, hätten sie die Tat wahrscheinlich nicht begehen müssen. Auch Justiz und forensische Psychiatrie beißen sich an solchen Fällen fast immer die Zähne aus, stellen die Suche nach den Motiven irgendwann resigniert ein – und erklären die Täter dennoch für schuldfähig und verurteilen sie. Überlebende und Angehörige von Opfern bleiben unerlöst und ratlos zurück und müssen versuchen, sich selbst einen Reim auf das Geschehen zu machen und die Gründe für die Tat herauszufinden.

Breivik nimmt die Welt wahr als einen alles kontrollierenden und beherrschenden „Multikulturalismus“, es wimmelt von Marxisten, Humanisten, Kapitalisten, Ausländern, Schwulen und lasterhaften, geschlechtskranken Frauen. Alle haben sich gegen die weiße Rasse und die abendländische Kultur verschworen. Diese Not habe nun eine westeuropäische Widerstandsbewegung in Gestalt der „Kreuzritter“ auf den Plan gerufen, die für die europäische Säuberung reiten. Er selbst sieht sich als „einzigartiger Pionier, neuer Regent Norwegens und Nachfolger des Königs“. Einmal an der Macht, will er Krankheiten ausrotten, den „norwegisch-ethnischen Pool verbessern“, die Scheidungsrate reduzieren, „Reservate für Urvolk-Norweger anlegen“ und flächendeckend DNA-Tests durchführen.

Natürlich ist das, was er in seinem Manifest schreibt, gemessen an dem, was wir für „normal“ halten, ziemlich „verrückt“ und steckt voller paranoider Projektionen, aber warum nimmt man ihn nicht dennoch beim Wort? Klaus Theweleit hat aus den schriftlichen Hinterlassenschaften der Freikorpsmänner der frühen 1920er Jahre ein Psychogramm des Faschisten und des Faschismus herausgelesen. Fast alles, was Theweleit dort gefunden und in seinem zweibändigen Buch „Männerphantasien“ beschrieben hat, finden wir nun auch bei Breivik. Er ist die zeitgenössische, digitale Gestalt eines Faschisten, denkt, fühlt und handelt wie ein Faschist und zeigt die für einen Faschisten typischen Wahrnehmungsverzerrungen.

Auch Adolf Hitler hat in den wenigen Monaten, die er von seiner Festungshaft absitzen und im Gefängnis Landsberg verbringen musste, den ersten Teil eines ähnlich kruden und wirren Manifests verfasst, das später unter dem Titel *Mein Kampf* erschien. Hätte er die fünf Jahre, zu der das Volksgericht München ihn wegen des Putschversuchs von 1923 verurteilt hatte, absitzen müssen, wäre Hitler sicher auch auf 1500 Seiten gekommen. So wurde er am 20. Dezember 1924 nach nur 9 Monaten vorzeitig entlassen. Wir wissen, wie es weiterging: Ende der zwanziger, Anfang der dreißiger Jahre vermasste sich im Zug der Weltwirtschaftskrise und der durch sie in Gang gesetzten kollektiven Regression auf einfachere Mechanismen der psychischen Regulation der Privatwahn eines einzelnen zum Wahnsinn einer ganzen Nation. Der renommierte deutsche Psychiater Ernst Kretschmer sagte 1919 in einer Vorlesung über „Psychopathen“: „In ruhigen Zeiten diagnostizieren wir sie, in unruhigen regieren sie uns.“

Johan Galtung sagt im Interview mit der Süddeutschen Zeitung vom 21./22. Juli 2012: „Breiviks Manifest gibt sich als politische Philosophie. Er rechnet fest mit einem Bürgerkrieg, dessen Schauplatz ein durch Kulturmarxismus und Multikulturalismus geschwächtes Europa sei. Ganz wie die Nazis, hasst auch Breivik die sogenannten Kulturmarxisten, Sozialdemokraten und jegliche Form interkulturellen Miteinanders. Er ist schlichtweg ein europäisch-westlicher Neo-Faschist und Rassist. Verrückt war Breivik aber nicht, jedenfalls nicht verrückter als die norwegische Regierung.“

Die Psychiatrisierung eines Täters wie Breivik hat bei aller Beunruhigung zugleich auch etwas Beruhigendes. Die Annahme einer „paranoiden Schizophrenie“ hat den Vorteil, dass die Gesellschaft von ihrer Mitverantwortung freigesprochen wird: „Nun, es handelt sich eben um einen Verrückten. So etwas kommt vor, überall und zu allen Zeiten gab und gibt es Verrückte, die schlimme Sachen tun.“ Man muss sich nicht mit den Wurzeln des Rechtsextremismus und seiner Verbreitung in zeitgenössischen Gesellschaften auseinandersetzen. Wir schauen in den Spiegel von Terrorismus und Amok und laufen Gefahr, uns darin selbst zu entdecken. Dieses Erschrecken ersparen wir uns, in dem wir den, der aus unserer Mitte heraus und möglicherweise im Namen einer schweigenden Mehrheit Verbrechen und Gewalttaten begeht, für verrückt erklären. Dieses Erschrecken hätten wir uns auch gern bei den Nazi-Tätern erspart. Mit Erleichterung hätten wir reagiert, wenn die psychologische Untersuchung der in Nürnberg angeklagten Nazi-Führer ergeben hätte, dass sie allesamt abnorme, sadistische Persönlichkeiten gewesen wären. Das waren sie aber gerade nicht. Es ließen sich bei ihnen keinerlei klinische Auffälligkeiten finden. Zum gleichen Resultat kam auch ein Gutachter im Eichmann-Prozess. Eichmann sei vollkommen normal, und er fügte hinzu: „Normaler jedenfalls, als ich es bin, nachdem ich ihn untersucht habe.“ Das Erschrecken über die auch im Gerichtssaal von Jerusalem zu Tage getretene Normalität fasste Primo Levi in die Worte: „Es gibt Ungeheuer, aber sie sind zu wenig, als dass sie wirklich gefährlich werden könnten. Wer gefährlich ist, das sind die normalen Menschen.“

Psychiatrisiert man einen Massenmörder, ist die Gesellschaft nicht haftbar zu machen, es ist etwas geschehen, das außerhalb ihrer Mitverantwortung liegt und seine Ursache ausschließlich in der krankhaften Persönlichkeit des Täters hat. Der Amokläufer steht für sich selbst: Er repräsentiert etwas zeitlos Böses und wird medial als zeitgenössische Gestalt des Teufels dargestellt und inszeniert.

Schon lang vor Prozessbeginn ist in Norwegen ein heftiger Streit über das Ergebnis des ersten psychiatrischen Sachverständigengutachtens entbrannt. Im Januar 2012 hat das Gericht nach Protesten vor allem der Opferanwälte schließlich ein zweites in Auftrag gegeben. Es scheint nach wie vor so zu sein, wie Gerhard Mauz es vor vielen Jahren beschrieben hat: „Bereits bei der Auswahl der Sachverständigen fallen Vorentscheidungen, und so wie sich die forensische Psychiatrie und Psychologie darbieten, hat jeder Verfahrensbeteiligte im Kopf oder im Schreibtisch eine Liste der Sachverständigen, die seiner jeweiligen Erwartung mit der größten Wahrscheinlichkeit (ja sogar mit absoluter Sicherheit) entsprechen werden." Gerichte, Staatsanwaltschaften und Verteidigung, so Mauz weiter, bestellten „forensische Sachverständige wie Waffen beim Versandhandel." So kann es nicht wundernehmen, dass das zweite Gutachten zu einem vollkommen anderen Ergebnis gelangte: Breivik weise keinerlei Zeichen einer psychotischen Erkrankung auf und sei zum Tatzeitpunkt voll zurechnungsfähig gewesen. Breivik selbst hatte gekränkt reagiert, als man seine Motive zu Symptomen einer schizophrenen Erkrankung erklärt hatte, und zeigte sich über den Ausgang der zweiten Begutachtung hoch erfreut. Breivik wünscht, bestraft zu werden, weil die Strafe ihn im Sinne Hegels als vernünftiges und verantwortliches Wesen ehren würde. Ein unvernünftiges Tier, so können wir hinzusetzen, kann nur gezüchtigt, ein „Verrückter" nur weggesperrt, aber nicht bestraft werden. Nur wer imstande ist, zwischen „gut" und „böse" wählen zu können, kann strafrechtlich zur Verantwortung gezogen werden. Handelt ein Täter im Banne einer Krankheit oder einer Sucht, die sein Handeln im Sinne eines lückenlosen Determinismus steuert und sich dem Zugriff seines Bewusstseins entzieht, ist er nicht frei zu wählen und die Kategorien „gut" und „böse" verlieren ihren Sinn. Breivik möchte beim Wort genommen, als vernünftiges Wesen behandelt und also bestraft werden. Alles andere wäre für ihn, ließ er verlauten, eine „ultimative Kränkung" und „schlimmer als der Tod".

Sein Amoklauf auf der Insel Utoya endete deswegen nicht mit seinem Tod, weil er im Unterschied zu den meisten anderen Amoktätern, die ihren Schrecken wortlos verbreiten und für die der letzte Akt der Tat der eigene Tod darstellt, über eine Programmatik verfügt. Das forensische Nachspiel ist Teil seiner Tatplanung und er möchte die mit dem Prozess verbundene weltweite Aufmerksamkeit nutzen, um für seine Vorstellungen eines von der „islamischen Sklaverei" befreiten Norwegen zu werben und mit den „marxistisch-multikulturellen Regimen in Europa" abzurechnen. Die *Süddeutsche Zeitung* zitiert in ihrer Ausgabe vom 14./15. April 2012 einen Norweger, der es bereits bedauert, dass Breivik überlebte: „Vielleicht wäre es besser gewesen, das wäre hier so gelaufen wie neulich Frankreich, und die hätten ihn damals da draußen erschossen. Besser als dieser Zirkus jetzt."

Justiz ist entsagende Rache und eine große zivilisatorische Errungenschaft, die wir uns auf keinen Fall abmarkten lassen sollten - auch nicht vom Markt, der in Gestalt der Boulevard-Medien seit Längerem im Namen einer schweigenden Mehrheit und im Interesse der Einschaltquoten und Auflagenhöhe eine Logik der Rache wiederauferstehen lässt und propagiert. „Das Monströse ist der Ernstfall der Humanität" – so hat es der Strafvollzugspraktiker und –theoretiker Gerhard Rehn einmal formuliert. Bisher hat Norwegen uns ein Beispiel dafür geliefert, dass rechtsstaatliche und demokratische Gelassenheit sich auch im Umgang mit einem monströsen Verbrecher bewahren lassen. Hoffentlich gelingt es, diese Haltung angesichts einer *Breivik Horror*

Picture Show, die die *Süddeutsche Zeitung* nun weltweit anlaufen sieht, beizubehalten. Eine vollkommen pervertierte Form direkter Mediendemokratie greift um sich und droht die Distanz zum Zeitdruck und gegenüber dem Druck kollektiver, nicht gerade demokratischer, strafwütiger Leidenschaften abzuschaffen.

Der Prozess wird am heutigen Montag beginnen und wir können gespannt sein, wie das Gericht in der umstrittenen Frage der Schuldfähigkeit entscheidet und wie es Breiviks von Größen- und Allmachtsphantasien und paranoiden Projektionen durchtränkte Programmatik wertet: „böse“ oder „krank“, Gefängnis oder Unterbringung in einer geschlossenen psychiatrischen Anstalt? Gespannt aber vor allem auch darauf, wie das Gericht mit dem medialen Ansturm umgeht und was der Prozess an wirklicher Aufklärung über die geistigen und ideologischen Hintergründe und Motive der Tat und für die Aufrechterhaltung des Zusammenhalts der norwegischen Gesellschaft leistet.

Nachtrag:

Am 24. August 2012 wurde Breivik in Oslo entgegen dem Antrag der Staatsanwaltschaft für zurechnungsfähig erklärt und wegen Mordes an 77 Menschen zu 21 Jahren Haft mit anschließender Sicherungsverwahrung verurteilt. Breivik wird nun darauf setzen, dass eine erstarkende und dereinst siegreiche nationale Bewegung ihn aus dem Gefängnis befreien und zum „neuen Regent Norwegens und Nachfolger des Königs“ ausrufen wird.

VI.

„Dein Hirn ist unter dem Hut“

„Die Erinnerung ist das einzige Paradies, aus dem man nicht vertrieben werden kann.“
(Jean Paul)

„Aber er hatte alles vergessen. In seinem Fall bedeutete Alzheimer Glück.“
(Oskar Roehler)

Dieser Tage musste ich mein Auto wegen einer umfangreichen Reparatur in einer Werkstatt zurücklassen. Es war einer der wenigen sonnigen und warmen Tage in einem ansonsten verregneten und kalten Frühling, und so beschloss ich, zu Fuß nach Hause zurückzukehren. Ich durchquerte einen großen, am Stadtrand gelegenen Park. Dieser ist eine nach dem Zweiten Weltkrieg von Menschen gestaltete Kunstlandschaft, die im Laufe der Jahrzehnte langsam wieder Natur geworden ist – mit Gras und Unkraut, Geziefer und Ungeziefer. Nun wird das Gelände für eine Landesgartenschau hergerichtet, also noch einmal und diesmal gründlich zerstört und verwüstet. Es ist im Augenblick eine einzige, riesige Baustelle, auf der jede Menge Baufahrzeuge und Bulldozer im Einsatz sind. Dennoch gingen an diesem späten Vormittag hier und da Menschen spazieren, führten ihre Hunde aus oder saßen auf Bänken in der Sonne. Ein alter Mann fragte eine auf einer Bank sitzende Frau nach dem Weg. Diese war der deutschen Sprache offenbar nicht mächtig und verwies den alten Mann an mich. Er trat prompt ein paar Schritte auf mich zu und sagte: „Ich möchte nach Leverkusen. Können Sie mir zeigen, wie ich dorthin komme?“ Der vielleicht 75 Jahre alte Mann hatte sein silbergraues Haar korrekt gescheitelt, trug ein weißes Hemd und einen schwarzen Anzug und wirkte insgesamt keineswegs heruntergekommen oder verwahrlost. Seine ganze Erscheinung ließ an einen emeritierten Professor oder Pfarrer im Ruhestand denken. Zunächst dachte ich, dass in der Nähe möglicherweise eine Leverkusener-Straße existiert, in der es ein Alten- oder Pflegeheim gibt, nach dem er suchte. Deswegen fragte ich: „Meinen Sie die Stadt Leverkusen im Rheinland?“ Ja, die meine er. Er müsse nach Norden. Leverkusen liege meines Wissens nach westlich von hier, gab ich zu bedenken. „Moment“, sagte er dann, „ich habe hier ein Schriftstück, das kann ich Ihnen mal zeigen.“ Er klappte umständlich eine schwarze Aktentasche auf, die er unter den Arm geklemmt hatte. In ihr befand sich aber nur ein alter, leerer Bilderrahmen.

„Oh“, sagte er enttäuscht und schloss die Tasche wieder. Ob es denn in der Nähe eine größere Straße gebe, fragte er nun, vielleicht helfe ihm das schon einmal weiter? Ich zeigte ihm den Weg, den er einschlagen musste, um zur nächst größeren Straße zu gelangen. Der Mann bedankte sich, verabschiedete sich von der Frau auf der Bank und mir und verschwand dann langsamen Schrittes in die angegebene Richtung.
Das war meine erste bewusste Begegnung mit einem an Demenz erkrankten Menschen, dachte ich beim Weitergehen, und ich machte mir Vorwürfe, den alten Mann seinem Schicksal überlassen zu haben. Andererseits hatte er nicht so hilflos gewirkt, dass man sich wirklich Sorgen um ihn hätte machen müssen, versuchte ich mein schlechtes Gewissen zu beruhigen. Arno Geiger erzählt in seinem wundervollen Buch *Der alte König in seinem Exil* vom ständigen Wunsch seines an Demenz erkrankten Vaters, *nach Hause zu gehen*, der auch dann auftrat, wenn er sich zu Hause aufhielt. Arno Geiger entdeckt in dem Wunsch heimzukehren, ein wahrhaftes Zuhause zu haben, etwas zutiefst Menschliches. Vielleicht war *Leverkusen* eine Chiffre für diese große menschliche Sehnsucht, für den Wunsch nach Heimkehr. Der Psychoanalytiker Wilhelm Stekel hat von der Sehnsucht des Greises nach der eigenen Jugend gesprochen, die möglicherweise noch weiter zurückreicht – in den Zustand vor der Individuation, ins Zeitalter der Verschmelzung.
Vor allem aber erschien mir dieser alte Mann plötzlich wie eine lebende Prophezeiung: Ich war möglicherweise meiner eigenen, nicht mehr allzu fernen Zukunft begegnet. Und das machte mir große Angst und irritierte mich. Die Angst, an Alzheimer zu erkranken, ist letztlich die Angst vor dem Verlust der Identität, der unverwechselbaren Einheit unserer Person, der Instanz, die uns das Gefühl des *Ich*, *Ich-Selbst* vermittelt und all unsere Wahrnehmungen ordnet, unsere Intentionen zu einem mehr oder weniger energischen Willensstrahl bündelt. Identitätsverlust wird umso bedrohlicher erlebt, als wir in einer Kultur leben, die diese Idee der Einheit, der Identität, der Unteilbarkeit des einzelnen in den Mittelpunkt stellt und stark übertreibt. Das ist keineswegs in allen Kulturen so. Der Psychiater Erich Wulff hat in seinem Buch *Vietnamesische Lehrjahre* davon berichtet, dass die vietnamesische Sprache kein Wort für „Ich“ kennt. Die Zürcher Ethno-Psychoanalytiker Paul und Goldy Parin und Fitz Morgenthaler haben bei einer Expedition zum afrikanischen Volk der Dogon herausgefunden, dass es bei ihnen keine Individuen im europäischen Sinne, keine fest abgegrenzten und um ihre Abgrenzung besorgten Subjekte gibt. Die Dogon leben mit einer Art Gruppen-Ich, einem Clan-Gewissen und einer von der unseren sehr verschiedenen psychischen Struktur. Die Idee der Einheit sei, so vermutete Nietzsche, möglicherweise die „Idiosynkrasie einer bestimmten Tierart“. Nun gut, aber ich gehöre dieser Tierart an und werde infolgedessen von der Furcht umgetrieben, dass die einheitsstiftende Instanz in mir zerfallen könnte und ich gewissermaßen zum Gespenst werde. Der Geist, das Denken lösen sich auf, während der Körper, der in unserer cartesianisch geprägten Kultur eigentlich nur als Untersatz des Kopfes fungiert, halbwegs intakt und von diesen Prozessen unberührt bleibt. Ein Körper, aus dem der Geist entweicht. Von im Umgang mit Demenzkran-

ken erfahrenen Leuten ist zu hören, dass im Meer des Vergessens kleine Inseln der Erinnerung erhalten bleiben, auf denen man den Demenzkranken gelegentlich begegnen kann. Auch emotional seien sie partiell erreichbar und könnten sich über Vieles freuen. Umgekehrte Metamorphose: Der alte Mensch wird wieder zum Kind. Ein schwacher Trost, der allerdings nur dem zuteil wird, der im Schutz der Liebe altert.

Bei Arno Geiger findet sich folgende Schilderung:

„Der Vater wand sich in den hellen Momenten, die er durchaus hatte, vor Verlangen nach einem funktionierenden Gehirn – doch Besserung trat nicht ein. Das Hämmern mit der Faust gegen den Kopf hatte nicht dieselbe Wirkung wie in meiner Kindheit, als der Vater aufstand und mit der Faust auf den Fernseher haute, weil das Bild angefangen hatte zu wandern.

An einem kalten Tag im Frühjahr 2009 machte Daniela – die Pflegerin – den Vater zum Spazierengehen fertig. Er trug bereits Straßenschuhe und Jacke. Daniela setzte ihm den Hut auf und sagte:

„Hier hast du deinen Hut."

„Das ist recht und gut. Aber wo ist mein Gehirn?"

„Dein Hirn ist unter dem Hut", sagte ich von der Küche aus."

Vor ziemlich genau zwei Jahren, im Mai 2011, hat sich Gunter Sachs das Leben genommen. Er hat sich erschossen, weil er fürchtete, wegen einer Alzheimer-Erkrankung die Kontrolle über sein Leben zu verlieren. Gunter Sachs hat sich eine Frage gestellt, die wir uns alle stellen sollten: Ob man sich dem langen Parcours der Demenz stellen muss. „Erst merkt man es selbst, dann auch die anderen, dann nur noch die anderen", hat Walter Kempowski in einem seiner Tagebücher diesen Prozess lakonisch zusammengefasst. Man darf den Zeitpunkt vor dem Eintritt in Phase drei nicht versäumen, muss handeln, bevor es nur noch die anderen merken und man selbst zu keiner Willensanstrengung mehr in der Lage ist. Eines Tages wird man vergessen, dass man vergisst, und vollkommen in sich selbst verschwinden. Seit einiger Zeit beobachte ich mit Schrecken erste Anzeichen, dass mein Hirn anfängt abzurutschen von der Haft- und Reibungsfläche, die das Individuum – also mich - ausmacht. Kleine Verzögerungen in der Reaktion, kleine Stockungen und Brüche in Denken, Sprachfindung und Artikulation. In einer Diskussion fiel es mir neulich seit Langem mal wieder auf und ich erschrak innerlich. Eine kleine Unterbrechung im Fluss meiner Gedanken und meiner Rede trat ein - wie ein kaum hörbarer Kratzer auf einer Platte. „Die Tür zum Wortschatz im Gehirn klemmt", zitiert Tilman Jens die Holländerin Stella Braam, die wie er selbst ein Buch über ihren alzheimerkranken Vater geschrieben hat. Immer öfter kommt es vor, dass ich vom Lesen aufstehe, um irgendetwas zu holen oder zu erledigen, und wenn ich in Küche oder Flur angekommen bin, weiß ich nicht mehr, was ich holen oder erledigen wollte. Früher wusste ich, in welchem Buch und auf welcher Seite ein bestimmtes Zitat zu finden ist. Heute muss ich mir alles notieren oder markieren, sonst ist es im Handumdrehen im Bermudadreieck des Vergessens versunken. Als ich dieser Tage auf einem Laptop, den ich bis vor zwei Jahren in Gebrauch hatte, nach einer Datei suchen wollte, stellte ich fest, dass ich das Kennwort vergessen hatte und nicht mehr reingelangen konnte. Ich ging verschiedene Möglichkeiten durch, aber keine öffnete den Zugang. Panik flackerte auf und der Rest des Tages verging mit einer hektischen Suche. Ich ging alle meine Heroen und Überväter durch, schrieb sie mal groß, mal klein - vergeblich. Freunde, die ich um Rat fragte und denen ich von meinem Missgeschick erzählte, versuchten mich zu beruhigen. Bei der Vielzahl von Pass- und Kennwörtern und Geheimzahlen könne so etwas schon mal passieren. Irgendwann werde es mir sicher wieder einfallen. Ich solle einstweilen locker lassen. Wirklich beruhigen konnte mich das nicht, und ich schrieb mir noch am selben Abend sämtliche aktuellen Zugangscodes auf einen Zettel. Hoffentlich finde ich den, wenn es ernst wird und ich ins große Vergessen drifte. Der Vater von Stella Braam hat, als die Demenz langsam Besitz ergriff von seinem Leben, „die Wohnung mit kleinen Spickzetteln gespickt: Telefonnummern, Termine, wichtige Worte. Er fühlt sich, als spiele er Schach gegen einen mysteriösen Gegner, und unternimmt, wie so viele Demente, letzte verzweifelte Anstrengungen, das Elend vor seinen Mitmenschen zu kaschieren."

Ethnologie des Inlands: Das Alter

Eben habe ich vom Balkon aus gesehen, wie unten auf dem Bürgersteig drei alte Menschen vorübergingen. Was heißt gingen? Sie schleppten sich vorüber. Eine alte Frau schob mühsam und langsam ihren Rollator, in dessen Einkaufskörbchen die Ausgabe einer Apothekenzeitschrift lag. Ihr folgte ein Paar. Der Mann stützte sich auf der einen Seite auf einen Stock, auf der anderen auf den Arm seiner Frau, die rüstiger als er zu sein schien und ihm Halt gab.

Früher sind ältere Menschen aus meinem Wahrnehmungsschema weitgehend herausgefallen, jetzt erblicke ich in ihnen immer öfter die lebende Prophezeiung einer nicht mehr allzu fernen eigenen Zukunft. Der Anblick dieser – vom Balkon aus betrachtet - friedlichen Altersprozession stimmte mich wehmütig: Wie werde ich meine Würde bewahren, wie mich fortbewegen, auf wen mich stützen können?

„Wehe dem, der nicht im Schutz der Liebe altert", heißt es in Ralf Rothmanns Roman Feuer brennt nicht.

Von der Senilität zur Demenz

Am letzten Wochenende las ich in der *Süddeutschen Zeitung*, dass die Zahl der Demenzkranken in Deutschland jedes Jahr um etwa 40.000 steigt, was mehr als 100 Neuerkrankungen pro Tag bedeutet. Nach Angaben der *Deutschen Alzheimer Gesellschaft* träten pro Jahr fast 300.000 Ersterkrankungen auf, und da es deutlich mehr Neuerkrankungen als Sterbefälle gebe, nehme die Zahl der Demenzkranken insgesamt kontinuierlich zu. Derzeit litten in Deutschland 1,4 Millionen Menschen an Alzheimer oder einer anderen Form der Demenz.

Was man seit alters her als Senilität kannte, weitet sich offenbar unter unseren Augen zu einer Epidemie aus. Der amerikanische Journalist David Shenk schreibt in seinem Buch *Das Vergessen*: „Fünf Millionen Amerikaner und vielleicht fünfzehn Millionen Menschen weltweit litten jetzt schon an dieser unheilbaren Krankheit, und bald schon würden diese Zahlen geschönt wirken. Im Jahr 2011 werden die ersten Menschen aus der Generation der Baby-Boomer fünfundsechzig werden. Ihnen werden Millionen folgen. Schon im Jahr 2050 würden bei der Fortschreibung der heutigen Zahlen allein in den USA ungefähr fünfzehn Millionen Menschen an Alzheimer leiden, die Kosten sich auf etwa siebenhundert Milliarden US-Dollar belaufen." Gelänge es nicht, diese Krankheit aufzuhalten, heißt es bei Shenk weiter, werde „sie zu einem wesentlichen Merkmal der Zivilisation werden, zu einem Eckstein menschlicher Erfahrung". Schon wird unsere nahe Zukunft gelegentlich als „Alzheimer-Gesellschaft" beschrieben, und die Frage drängt sich auf, ob diese Krankheit nicht auch etwas über unsere Kultur aussagt, also mithin ein kulturelles Konstrukt und zugleich eine echte Leidenserfahrung darstellt. Arno Geiger wirft in seinem Buch diese Frage ebenfalls auf. „Auch für einen einigermaßen Gesunden ist die Ordnung im Kopf nur eine Fiktion des Verstandes. Uns Gesunden öffnet die Alzheimerkrankheit die Augen dafür, wie komplex die Fähigkeiten sind, die es braucht, um den Alltag zu meistern. Gleichzeitig ist Alzheimer ein Sinnbild für den Zustand unserer Gesellschaft. Der Überblick ist verloren gegangen, das verfügbare Wissen nicht mehr überschaubar, pausenlose Neuerungen erzeugen Orientierungsprobleme und Zukunftsängste. Von Alzheimer reden heißt, von der Krankheit des Jahrhunderts reden. Durch Zufall ist das Leben des Vaters symptomatisch für diese Entwicklung. Sein Leben begann in einer Zeit, in der es zahlreiche feste Pfeiler gab (Familie, Religion, Machtstrukturen, Ideologien, Geschlechterrollen, Vaterland), und mündete in die Krankheit, als sich die westliche Gesellschaft bereits in ein Trümmerfeld solcher Stützen verwandelt hatte. Angesichts dieser mir während der Jahre heraufdämmernden Erkenntnis lag es nahe, dass ich mich mit dem Vater mehr und mehr solidarisch fühlte." Die Basis dieser Solidarität ist der Umstand, dass fast alle Zeitgenossen einen Verlust von sozialen Kontexten erleben, in denen die Koordinaten für einen Lebensentwurf und für eine Bewältigung von Alltagssituationen relativ stabil vorgegeben waren. Wir alle geraten ins Schwimmen und drohen den Boden unter den Füßen zu verlieren.

Alzheimer ist zunächst einmal eine neurodegenerative Erkrankung, die auf entzündliche Prozesse und anschließende Verklebungen, sogenannte Plaques, im Gehirn zurückzuführen ist. Aber unterliegen nicht auch organische Krankheiten einer gewissen kulturellen Ausgestaltung? Sagen uns die vorherrschenden Krankheiten nicht etwas über den Charakter der jeweiligen Epoche? Kann es nicht sein, dass unser Wahrnehmungs- und Erkenntnisapparat unter dem Ansturm allzu vieler Wandlungen, Neuerungen und sogenannter Informationen die Segel streicht und kollabiert? „Wenn die Unübersichtlichkeit eskaliert, träumen die Wünsche von der Gartenlaube. Wie im Nähkörbchen der Großmutter liegt dort alles an Ort und Stelle“, hat Thomas Assheuer einmal geschrieben. Die synthetisierende und einheitsstiftende Fähigkeit des Ich bricht, wo sie sich überhaupt noch ausgebildet hat, unter dem Ansturm zeitgenössischer Hochgeschwindigkeitserfahrung und ihrer unverbundenen Rotation zusammen. Eindrücke, Informationen, Sensationen, Angebote und Imperative stürmen auf die Individuen ein und lassen ihnen immer weniger Gelegenheit, sie sich wirklich anzueignen, aus ihnen etwas Eigenes zu machen. Oskar Negt spricht in diesem Zusammenhang von der Abschaffung der „inneren Vorrats- und Lagerhaltung“, durch die der innengeleitete Mensch sich einen Fundus an Maßstäben und einen Sinnhorizont schuf, der ihn instand setzte, selbsttätig eine gewisse Einheit des Mannigfaltigen und Chaotischen herzustellen und im besten Fall seine Erfahrungen einer Prüfung an den Maßstäben kritischer Urteilskraft zu unterziehen. Alzheimer, so können wir vielleicht als Zwischenergebnis unserer Überlegungen festhalten, siedelt auf der Grenze zwischen Natur und Kultur. Es gibt außer den von der Medizin ins Feld geführten hirnorganischen Abbauprozessen auch soziale Faktoren, die einem großen Vergessen in die Hände arbeiten. Was Christoph Türcke in seinem Buch *Hyperaktiv. Kritik der Aufmerksamkeitsdefizitkultur* (München 2012) für ADHS aufgezeigt hat, gilt mutatis mutandis auch für die Demenz: „ADHS ist ja nicht einfach eine Krankheit in gesunder Umgebung: Nur wo schon eine Aufmerksamkeitsdefizitkultur besteht, gibt es ADHS.“ Die Medien- und Informationsgesellschaft mit dem Computer als Taktgeber und den schnellen Schnitten und Schauplatzwechseln ihrer Filme versetzt unsere Gehirne in einen Daueralarm und zermürbt unsere Aufmerksamkeit. Die Demenz gedeiht auf dem Nährboden einer Gesellschaft, die den Gedächtnisverlust treibhausmäßig züchtet, indem sie ihre soziale Integration über den Modus des Konsums regelt und die Erinnerung in Apparate auslagert. Ihr Motto lautet: „Speichere es ab und vergiss es!“

Edward Shorter hat in seiner *Moderne Leiden* betitelten großen Studie zur Geschichte psychosomatischer Krankheiten gezeigt, dass jede geschichtliche Entwicklungsstufe die ihr gemäßen Krankheitsbilder hervorbringt. Das gesellschaftlich-kulturelle Umfeld stellt uns *Inszenierungsschablonen* oder *Modelle des Krankseins* zur Verfügung, die zusammengenommen das bilden, was er einen *Symptompool* nennt. Aus diesem muss sich bedienen, wer sich nicht dem Verdacht aussetzen will, ein Schauspieler und Simulant zu sein. „Seit eh und je sind alle Menschen um eine irgendwie plausible Interpretation ihrer körperlichen Empfindungen bemüht. Sie bringen diese Empfindungen in eine Form nach dem Muster gut definierter medizinischer Symptome, wie sie ihnen in einer Art ‚Symptompool' zugänglich sind." Nur wer gesellschaftlich akzeptierte Symptome hervorbringt, verdient Anteilnahme, Verständnis und medizinische Hilfe. Zwischen 1890 und dem Ersten Weltkrieg war es die Neurasthenie, etwas später die Depression, heute ist es das Burnout-Syndrom, unter dem eine Unmenge von Leidenserfahrungen und Symptombildungen gefasst werden. Florian Illies hat in seinem Buch *1913 – Der Sommer des Jahrhunderts* prominente Fälle von Neurasthenie und deren Symptome geschildert und daran erinnert, dass Spötter damals sangen: „Raste nie und haste nie, sonst haste die Neurasthenie." Wer gegenwärtig nach einem Kristallisationspunkt seines diffusen Unbehagens sucht und unter vieldeutigen, unspezifischen Symptomen wie Erschöpfung, Angst, Schlaflosigkeit, Unruhe, Gereiztheit, Verdauungsstörungen, Schwächezuständen, Herzflattern und dergleichen leidet, tut gut daran, sich bei der Inszenierung seines Leidens am Burnout-Syndrom zu orientieren, das der Symptompool uns als *Krankheit der Saison* anbietet. Zur Diagnose Burnout kann man sich mit erschöpftem Stolz bekennen. Anlässlich des Rücktritts des Fußballtrainers Ralf Rangnick hieß es in der *Süddeutschen Zeitung*: „Burn-out zeigt außerdem an, dass man sich im Beruf ausgepowert hat. Das ist geradezu die Veteranenmedaille der Leistungsgesellschaft – ich habe alles gegeben." Depression klingt dagegen nur nach Versagen und Psychiatrie.

Der Hinweis von David Shenk auf den Zusammenhang zwischen dem epidemischen Auftreten von Alzheimer und der Generation der Babyboomer, der bei ihm zunächst einmal rein demographisch gemeint ist und sich auf deren große Zahl bezieht, hat mich an einen Artikel von Frank Schirrmacher in der *Frankfurter Allgemeinen Sonntagszeitung* vom 19.02.2012 erinnert, den er anlässlich des Rücktritts von Christian Wulff vom Amt des Bundespräsidenten geschrieben hat. Er wirft dort die Fragen nach der inhaltlichen Qualität dieser Generation und der politischen und gesellschaftlichen Idee auf, die diese Generation leitete und leitet und stellt fest, dass es historisch unverkennbar sei, dass unter der Dominanz der Babyboomer die Ideen zu Bruch gingen. Ihre Skepsis gegenüber Ideologien sei wohltuend gewesen, aber nur, solange man nicht bemerkte, dass dahinter die Abwesenheit von Ideen überhaupt stand. Ihr Fehler sei gewesen zu glauben, dass Märkte auch schon Ideen sind. Das bloße Funktionieren des Systems und das Vertrauen darauf, dass es die Konsumgüter liefert, befriedigten das Sinnbedürfnis dieser Generation.

Die einzige relevante politische Idee, die die Generation der Babyboomer laut Schirrmacher hervorgebracht habe, sei der Neoliberalismus. Dieser besitze für sie den Status einer Zivilreligion, deren Glaubensbekenntnis der freie Markt, der schrankenlose Wettbewerb und das ewige Wachstum sei. Was Schirrmacher der Generation der Babyboomer – den Mitgliedern der Geburtsjahrgänge von 1955 bis 1970 – attestiert, gilt ungebrochen erst für die Jahrgänge, die im konsumistischen Zeitalter und unter Bedingungen des entfesselten

Marktes aufgewachsen sind. In Nachkriegsdeutschland existierten in den Familien noch autoritäre und halbfeudale Residuen aus der Ära des Untertanen, die sich im Feld der Erziehung als Ungleichzeitigkeit geltend machten. Erst die antiautoritäre Revolte der Schüler und Studenten hat den Erziehungs- und Bildungssektor auf die Höhe der Zeit gebracht und so entgegen ihren eigentlichen Intentionen mit dafür gesorgt, dass seit den 1980er Jahren im engeren Sinne marktkonform sozialisiert wird. Seitdem ist nicht mehr in erster Linie der autoritäre Vater die prägende Instanz, sondern Konsum und soziale Kälte, die in die Familie vordringen und ihr Binnenklima bestimmen. Die *Generation Kohl* oder *Golf* wuchs in die Welt der Ware und des Geldes und damit der Indifferenz hinein, die sich in ihrem Inneren als Ideenvakuum und Vergleichgültigung reproduzieren. Ihre Mitglieder besitzen die Identität der nullenden Null, hinter dem Konsum lauern das Nichts und eine allumfassende Leere. Statt sich darüber Gedanken zu machen, wie und unter welchen Bedingungen die Gesellschaft die Kontrolle über die Wirtschaft zurückgewinnen kann, setzte diese Generation ihren ganzen Ehrgeiz darein, sich marktförmig und allseits anschlussfähig zu machen. Man darf sich heute nicht mit zuviel Identität belasten, sich nicht festlegen, sondern muss beweglich, offen und anpassungsfähig bleiben. Deshalb misstraut der flexible Mensch der Anziehungskraft von Ideen und Idealen. Die „Entstrukturierung des Über-Ich" (Jürgen Habermas) hat eine Art von moralischer Demenz zur Folge: *Werte* werden zu etwas, das an der Börse vorkommt. Da ist nichts, was die Existenz des flexiblen Menschen übersteigt und mit Sinn ausstattet.[1] Wir werden später noch sehen, dass die Tendenz, alles Wissen ins Internet auszulagern, der Unfähigkeit zur Erfahrungsbildung und einer strukturellen Halbdemenz in die Hände arbeitet. Was soll aus solchen Menschen werden, wenn der Markt sie nicht mehr benötigt? Das Hirn, ohnehin nicht großartig beansprucht und nur mit Anpassung befasst, wird vollends nutzlos und atrophiert wie ein Muskel, der nicht mehr gebraucht wird. „Der Mensch wird – in dieser Gesellschaft – überflüssig, vorher schwinden seine Fähigkeiten", schrieb Max Horkheimer bereits Mitte der 1950er Jahre.

Kant wusste, dass die zweckfreie Tätigkeit des Philosophierens eine Verjüngung und Verlängerung des Lebens bewirken kann, weil und insofern es dieses mit Sinn und Bedeutung ausstattet. Neuere Studien, die David Shenk erwähnt, stützen die Kant'sche Annahme: Wer auch im Alter sozialen und intellektuellen Interessen nachgeht und mit dem Ende der Berufstätigkeit nicht aufhört zu denken, dessen Risiko, an Demenz zu erkranken, sinkt deutlich.

1 Verallgemeinernde Aussagen, wie ich sie hier gerade über die Mitglieder einer bestimmten Generation getroffen habe, pflegte Peter Brückner gelegentlich mit dem Zusatz zu versehen: „Was für alle gilt, gilt dennoch nicht für jeden!" Es scheint mir wichtig, das in unserem Kontext anzumerken. Schließlich gehöre ich selbst auch der Generation den Babyboomer an.

Ethnologie des Inlands: Der Zivi

Ein junger Mann und ein alter Mann durchqueren gemeinsam den Johannespark. Sie nähern sich - vom Blumengeschäft kommend - der Fußgängerampel an der Südanlage. Der alte Mann stützt sich auf einen Rollator und kann sich nur mühsam fortbewegen. Der junge Mann, von dem ich vermute, dass er als Zivildienstleistender zur Betreuung des alten Mannes abgestellt ist (es könnte aber auch ein unwirscher Enkel sein), ist ein paar Schritte vorausgegangen. An der Ampel angelangt, wendet er sich zu ihm um und sagt: „Geht's einen Schritt schneller? Die Ampel wird nämlich gleich grün!"

Ich muss über diese Aufforderung lachen und bin gleichzeitig erschrocken über das mangelnde Einfühlungsvermögen des jungen Mannes. Der alte Mann kann dieser Aufforderung, wenn er sie denn überhaupt gehört und verstanden hat, schon rein physisch nicht Folge leisten. Der junge Mann müsste darüber hinaus aber auch lernen, dass alte Menschen in einer Zeitzone leben, in der Zeitspar-Appelle ihren Sinn eingebüßt haben. Die Zeit von Kindern und alten Menschen ist anders strukturiert als die berufstätiger Erwachsener. Das Kleinkind lebt – wie ein Guru – im ewigen Jetzt und muss im Laufe seines Heranwachsens erst lernen, sich der Zeitstruktur der Erwachsenen zu unterwerfen. Das Geschenk einer Armbanduhr transportiert immer auch die Aufforderung an das Kind, nun seine Ich-Zeit mit der Welt-Zeit zu synchronisieren. Nach dem Ausscheiden aus dem Erwerbsleben entfällt diese Nötigung, und der alternde Mensch kann sich den Luxus erlauben, zu seinem eigenen Zeitrhythmus zurückzukehren. Die Hinfälligkeit des menschlichen Organismus tut ein Übriges, den alternden Menschen der Welt-Zeit zu entfremden. Ein gedeihliches und vor allem friedliches Miteinander von Alt und Jung setzt voraus, dass man als jüngerer Mensch zu verstehen lernt, dass Altenbetreuung und –pflege zu den Tätigkeiten gehören, bei denen es darauf ankommt, Zeit zu verlieren, nicht Zeit zu gewinnen.

VII.

Das Zeitalter des Narzissmus

„Der Schöpfer des Spiegels hat die menschliche Seele vergiftet."
(Fernando Pessoa)

Ein zeitgenössischer Narziss

In der Stadt sehe ich einen großen, milchkaffeebraunen jungen Mann: dreiviertellange Cargo-shorts, ärmelloses weißes Shirt, rasierte Glatze, Sonnenbrille, Muskelpakete, Tätowierungen. Er trägt einen Stöpsel im Ohr und telefoniert lautstark über ein unsichtbares Handy. Er berichtet einem Kumpel vom Verlauf der letzten Nacht und schildert die körperlichen Vorzüge der Frau, die er „abgeschleppt" hat. Da geht er an einem Geschäft vorbei, in dessen Schaufenster sich ein großer Spiegel befindet. Er tritt näher heran und betrachtet sich eingehend. Er dreht und wendet sich vor den Augen der Passanten und nimmt Bodybuilder-Posen ein. Besondere Aufmerksamkeit verwendet er darauf, ob seine Oberarmmuskulatur „gut definiert" und der Sixpack sich unter dem hautengen Shirt abzeichnet. Zufrieden wendet er sich ab und geht weiter. Die Fußgängerzone ist sein Laufsteg, die Passanten sind sein Publikum, das seine makellose Schönheit und Grandiosität zu spiegeln und zu bewundern hat.

Was ist das eigentlich: Narzissmus?

Entgegen der landläufigen Annahme, „Narzissmus" sei etwas Negatives, gilt es zunächst einmal festzustellen: Narzissmus bedeutet Selbstwertgefühl und die Mechanismen seiner Regulation, weiter nichts. Peter Sloterdijk hat einmal flapsig formuliert, wir Menschen müssten das Kunststück fertig bringen, den Willkürakt unserer Eltern, es bei ihrem Beischlaf auf eine Zeugung ankommen zu lassen, nachträglich gutzuheißen. Das ist es, was einen „gesunden, positiven Narzissmus" ausmacht: Wir tun so, als hätten wir um unser Leben gebeten, nehmen es an und begreifen es als unser Leben. Gelingt uns das mit ausreichender Unterstützung unserer Erzeuger leidlich, erwerben wir ein Gefühl der leib-seelischen Kohärenz, des „Ich … ich selbst", das einigermaßen krisenfest und kränkungssicher ist. Die Dinge können kommen, wir werden sie meistern, so schnell wird uns nichts umhauen. Ein solches Selbst ist eine innere Kraftquelle, aus der Zuversicht, Mut, Selbstvertrauen, die Fähigkeit zu Hoffnung und Aktivität und auch ein Gefühl der Zufriedenheit erwachsen. Wem in der sensiblen Phase der frühen Kindheit von seinen Bezugspersonen nicht genügend Anerkennung und Einfühlungsvermögen entgegengebracht worden ist, wird hingegen zeitlebens von Selbstzweifeln und Gefühlen der Minderwertigkeit heimgesucht und geplagt werden. Sein Selbst und Selbstgefühl gehen auf tönernen Füßen und bedürfen der äußeren Stützung durch Selbstwertprothesen und ständiger narzisstischer Zufuhr. Das Selbst bedarf differenzierter psychischer Nahrung, um sich entwickeln und ausreifen zu können. Wie andere seelische Instanzen ist es in den frühen, sensiblen Jahren einer Fülle von Schädigungsmöglichkeiten ausgesetzt, die beinahe irreparable Traumata hinterlassen können.

Telefonierende Mütter – schreiende Babys

Neulich saß ich auf dem Balkon und genoss die Sonne. Von der Straße drang das Schreien eines Kleinkindes herauf. Eine junge Mutter schob ihr Kind in einem Designer-Kinderwagen vor sich her. Sie trug ihre Haare zu einem Pferdeschwanz zusammengebunden und eine großflächige Sonnenbrille. Sie telefonierte mit ihrem Handy. Das Schreien des Kindes wurde immer wütender und lauter. Die Mutter hielt an, beugte sich hinab und nestelte aus einem Einkaufsnetz eine Süßigkeit hervor, die sie dem Kind in den Mund stopfte. Gierig lutschte es die Süßigkeit in sich hinein. Die Frau schob den Wagen weiter und setzte ihr Telefonat fort. 150 Meter weiter begann das Schreien von neuem. Wieder folgte der Griff ins Einkaufsnetz, wieder bekam das Kind „das Maul gestopft". Lachend sagte die Mutter etwas in ihr Telefon und ging weiter.

Auf die Idee, dass das Kind weint, weil es sich einsam fühlt und das Telefonieren als Missachtung empfindet, kam diese Mutter offensichtlich nicht. Man muss ja nur für einen Moment die Perspektive wechseln und sich vorstellen, man ginge als Erwachsener mit jemandem spazieren, der unablässig in sein Handy hineinredet. Man würde es kein zweites Mal tun.[1] Kinder haben nicht die Wahl, und so sitzen sie ratlos und verstört in ihren Wagen, während Mutter oder Vater mit anderen Menschen sprechen. Nie sind sie wirklich bei ihrem Kind. Was sollen diese Kinder machen? Sie schreien sich die Seele aus dem Leib, weil die erfahrene Bindungslosigkeit sie in einen Zustand der Angst versetzt. Vorbei die Zeiten, da Mütter den Kinderwagen schoben und dabei mit ihrem Kind plapperten oder Kinderlieder sangen, zum Beispiel

1 Ich bin mir nicht sicher, ob die Sensibilität, an die ich hier appelliere, noch vorausgesetzt werden kann. Jedenfalls begegnen mir in letzter Zeit immer häufiger Paare, die nicht miteinander reden, sondern beide in ihre Handys hineinsprechen oder mit ihren Smartphones befasst sind. In Cafés, Restaurants oder Biergärten sieht man inzwischen Menschen, für die es selbstverständlich zu sein scheint, dass sich die Leute, mit denen man zusammen am Tisch sitzt, mit nicht Anwesenden unterhalten. Die Missachtung des anwesenden Anderen scheint Teil unserer Normalität zu werden und wird dann auch nicht länger als Form der Missachtung wahrgenommen.

„Nur wenn du den Blick hebst, kannst du die Sterne sehen. Nur wenn du den Blick hebst, kannst du nach vorne gehen." Die Sterne des Kindes sind - im Sinne Heinz Kohuts - die Augen der Mutter - und der Glanz des Glücks in ihnen, der auf das Kind zurückfällt und von ihm als Glücksversprechen und Gewissheit des eigenen Werts verinnerlicht wird. Die Mutter und die Welt sind anfangs eins, die Mutter gibt dem Kind im Rahmen dessen, was Margaret Mahler als die „psychische Geburt des Kindes" bezeichnet hat, also in einem Akt fortgesetzter Schöpfung, seine Realität. Der Säugling erfährt sich selber über das Gesicht der Mutter, das sein erster Spiegel ist. Die Mutter leiht ihm ihre Augen. Wenn das Kind seinen Blick um sich herum schweifen lässt, spiegeln ihm die Dinge den mütterlichen Blick wider. Der Augenkontakt der Mutter zu ihrem Baby stellt die intersubjektive Urform bereit, eine Art Matrix für alle späteren Beziehungen und Kommunikationen. Eine Mutter, die ihre Augen hinter einer Sonnenbrille verbirgt und ständig „anderswo ist", beraubt das Kind seines Realitätsbezugs und damit seiner Wahrheit.
Beim Betrachten alter Kinderbilder fiel mir auf, dass die Kinderwagen früher so konstruiert waren, dass die Blickrichtung des Kindes auf die Person wies, die den Wagen schob - also meist die Mutter, am Wochenende vielleicht auch mal den Vater. Von dort aus schweifte der Blick in die Welt, deren beruhigender Mittel- und Fluchtpunkt aber stets Mutter oder Vater waren. Kinder haben eine starke Neigung, den Erwachsenen, die für sie sorgen, ins Gesicht zu schauen und ab einem bestimmten Alter ihrem Blick zu folgen. Sie blicken dorthin, wohin die Erwachsenen blicken und entdecken auf diese Weise die Welt. Der Erwachsene deutet auf einen Gegenstand und benennt ihn. So wird das Kind beiläufig in ein spezifisch menschliches Kommunikationsverhalten eingeübt. Umgekehrt wird die Welt, die das Kind entdeckt, erst dadurch wirklich, dass die Eltern diese Entdeckung teilen und bestätigen. Das Chaos der Dinge fügt sich nur dann einer gewissen Ordnung, wenn die Erwachsenen ihnen einen Namen gegeben haben: Nur so wird aus einem Schiff ein Schiff, aus einem Baum ein Baum, aus einem Hund ein Hund. Auf sich gestellt, würde sich das Kind in der Welt der Erscheinungen verlieren und es bald nicht mehr wagen, seinen Wahrnehmungen zu trauen. Ängstlich würde es sich zurückziehen und vor der chaotischen Mannigfaltigkeit der Dinge kapitulieren. „Das geistige Leben ist in den Anfängen unendlich zart", heißt es in der *Dialektik der Aufklärung,* und bedarf des Schutzes vor allzu großen Reizen. „Den Körper lähmt die physische Verletzung, den Geist der Schrecken", heißt es bei Horkheimer und Adorno weiter. Wird ein Kind bei seinen visuellen Entdeckungsreisen allein gelassen, schädigt man seine intellektuelle Entwicklung und legt den Grundstein für Formen der Dummheit. „Dummheit ist ein Wundmal", das hervorgerufen wird, wenn die Dinge ungeschützt auf eine empfindliche Seele prallen. Dort bilden sich Vernarbungen und es entsteht so etwas wie eine seelische Hornhaut, die stumpf und unempfindlich macht gegen weitere Erfahrung und Belehrung.
Kinder zeigen in diesem Alter außerdem eine hohe Empfänglichkeit für die jeweilige Stimmung des Erwachsenen und lernen auf diesem Weg, Gesichtsausdrücke und andere nichtsprachliche Signale zu deuten. Die heute gängi-

gen Kinderwagenmodelle sind dreirädrige Sportwagen, die mit größeren Rädern, Sicherheitsgurten und einer Bremse ausgestattet sind. Manche sind regelrechte Kleinkind-SUVs. Sie sind auf die Bedürfnisse der Erwachsenen ausgerichtet, und sollen das eilige Gehen oder sogar Joggen mit Kinderwagen ermöglichen. Bei dieser Variante des Kinderwagens sitzt oder liegt das Kind in Fahrtrichtung und der Blick des Kindes kann nur unter extremen Verrenkungen den der Mutter finden. Wir sehen: Die Konstruktion der Gegenstände nimmt Einfluss auf unseren Welt- und Menschenbezug, auf die Art und Weise, wie Bindungen zustande kommen oder aber verhindert und erschwert werden. Das Zeitalter der Bindungslosigkeit findet das ihm entsprechende Design, das dann seinerseits die Bindungslosigkeit weiter vorantreibt. Oder in Abwandlung eines berühmten Diktums von Marx: das Design bestimmt das Bewusstsein.
Die Neuro- und Kognitionswissenschaftler drücken das anders aus, wie wir gleich sehen werden, aber ich wollte es so sagen, wie ich es gesagt habe.

Kleiner Exkurs zur „Joint attention" und der „Neunmonats-Revolution"

Mir selbst reicht für meine Theoriebildung der Bezug auf Beobachtungen, die allerdings, um zu Erfahrungen zu werden, durch Reflexions- und Bearbeitungsprozesse hindurchgegangen sein müssen. Begrifflich gezügelte Empathie ist eine wesentliche Quelle theoretischer Erkenntnis. Wissenschaft hingegen ruft nach Statistik, Methodik und Belegen. Neuerdings gelten die Neurowissenschaften als höchste Erkenntnisinstanz, und wer mit seinen Thesen Gehör finden will, muss sich auf Ergebnisse der Hirnforschung berufen können. Mathias Greffrath hat in einer *Und auf dem Monitor die Seele – die zwei Menschenbilder der Gehirnforschung* betitelten Sendung des Deutschlandfunks vom 19. Dezember 2008 die neueren Forschungsergebnisse in puncto *Joint attention* referiert. So nennen Kognitionswissenschaftler die Form der geteilten Aufmerksamkeit, von der gerade die Rede war. Sie wird zuerst in der sogenannten *Neunmonats-Revolution* von Kleinkindern beobachtet, wenn der Erwachsene - es muss ja nicht immer nur die Mutter sein - und das Kind anfangen, sich gemeinsam mit einer dritten Sache zu beschäftigen oder sich gegenseitig auf etwas hinzuweisen. Geteilte, oder besser: gemeinsame Aufmerksamkeit ist ein spezifisch menschliches Kommunikationsverhaltens. In diesen frühen Situationen des Zusammenwirkens entstehen soziale Gefühle, Motive zum Handeln, die Vorformen der Sprache und der Sinn für soziale Zusammenhänge: ein perspektivischer Blick auf sich und den anderen.
Auch Christoph Türcke geht in seinem schon mehrfach erwähntem Buch *Hyperaktiv!* auf die *Neunmonats-Revolution* und die Bedeutung des *triadischen Verhaltens* für die psychische Geburt des Kindes ein: Säuglinge fangen nun an, dorthin zu blicken, wohin die Erwachsenen blicken (Verfolgen des Blicks), mit ihnen während relativ langer Zeitspannen in Bezug auf einen Gegenstand sozial zu interagieren (gemeinsame Beschäftigung), Erwachsene als soziale Bezugspunkte anzusehen (soziale Referenzbildung) und mit

Gegenständen in derselben Weise wie die Erwachsenen umzugehen (Imitationslernen). Das Kind möchte nun die Aufmerksamkeit mit einem Erwachsenen teilen. Erst wo Aufmerksamkeit geteilt und gemeinsam auf eine Sache gerichtet wird, nimmt der Säugling spezifisch menschliches Verhalten an: „Spezifisch menschlich wird Gemeinschaft jedoch erst, wenn ein Drittes sie stiftet. Menschliche, nicht bloß physisch-emotionale Nähe zwischen Eltern und Kind erfordert, dass sie sich gemeinsam auf etwas richten, was sie gemeinsam fesselt. Deshalb ist das gemeinsame Anschauen von Bilderbüchern, das geduldige wiederholte Benennen von Gegenständen, das Vorsprechen oder Vorlesen von Texten für Kleinkinder so unschätzbar wichtig. Es handelt sich dabei um nichts Geringeres als Initiationsriten, die die Kinder in einer spezifischeren Weise in die menschliche Gemeinschaft aufnehmen als die Geburt." (S. 65) Man beginnt zu ahnen, welch eine Schlüsselphase die Neunmonatsrevolution darstellt – und welch ein Eingriff es ist, wenn sie umgeben von Bildmaschinen stattfindet. Statt dass lebendige Personen ihre Aufmerksamkeit für etwas teilen, teilt sich dann nämlich die Aufmerksamkeit zwischen lebendigen Personen und Bildmaschinen. Auch wenn das Kind selbst mit dem Geflimmer der Bildschirme, die es umgeben, noch nichts anfangen kann, erlebt es, wie der Bildschirm die Aufmerksamkeit seiner Bezugspersonen absorbiert, wie die elterliche Zuwendung unter den Aufmerksamkeitsansprüchen, die diese Kulisse permanent erhebt, flach und unwirklich wird. Sitzen Mutter und Kind gemeinsam vor dem Fernseher, dann tun sie dies im Wesentlichen sprachlos. Der Unruheherd entzieht sich dem Kind und entzieht ihm zugleich die Aufmerksamkeit der Mutter.
Soweit die Ausführungen von Christoph Türcke, die er im Kontext der Verursachung von ADHS als Ausdruck einer „Aufmerksamkeitsdefizitkultur" formuliert hat. Aus ihnen ergeben sich auch für unsere Ausgangsbeobachtung der telefonierenden Mutter und ihres schreienden Kindes wichtige Hinweise. *Geteilte Aufmerksamkeit* und *triadisches Verhalten* werden systematisch gestört oder kommen nicht zustande, wenn die Mutter mit ihrem Smartphone beschäftigt ist oder das Kind den Blick nicht gemeinsam mit der Mutter auf etwas Drittes richten kann, weil es ‚falsch herum' im Kinderwagen sitzt. Diese Praktiken fügen Kindern Schaden zu und schädigen ihre Entwicklung und Menschwerdung.

Inzwischen hat sich eine Initiative *„Schau mir in die Augen, Kleines!"* gegründet, die sich mit einem offenen Brief an die deutschen Hersteller von Kinderwagen und Buggys gewandt hat. Darin heißt es:
„Gut gemeint, aber nicht gut gemacht. Mit hochgerüsteten, modernen Buggys schieben immer mehr Eltern immer jüngere Babys „in die Welt hinaus". Sie wollen ihren Kindern etwas bieten, Erlebnis und Anregung, damit sie etwas lernen. Das aber ist bei den Kleinsten ein Missverständnis.
Darauf will die Aktion „Ich seh` Dich – und das macht mir Mut!" der *Stiftungsinitiative „für Kinder"* hinweisen. Babys brauchen in den ersten beiden Lebensjahren die „Rückversicherung" bei einer Vertrauensperson, wenn sie sich aufmachen, die Welt zu erkunden. Erst dieses sichere Vertrauen, das Ur-

vertrauen, befähigt sie, sich neugierig auf all die spannenden Eindrücke aus ihrer Umgebung einzulassen – alles ist ja noch neu und voller Überraschungen.
Dem Baby, das mit dem Gesicht nach vorn durch die Landschaft oder durch das Gewühl der Stadt geschoben wird, fehlt diese Rückversicherung, es zieht sich in sich zurück, blockt die gelegentlich beängstigenden neuen Eindrücke ab und lernt, der Welt da draußen zu misstrauen."
Auch die Verfasser des offenen Briefes glauben, ohne Erkenntnisse der Neurowissenschaften nicht auszukommen, und berufen sich auf Studien der britischen Entwicklungspsychologin Suzanne Zeedyk von der Universität Dundee, über die das Magazin *Focus* am 21.11.2008 berichtete:
„Im Kinderwagen sitzender Nachwuchs sollte nach Erkenntnissen von britischen Wissenschaftlern stets Blickkontakt zu den Eltern haben. Würden die Kinder mit dem Rücken zu ihren Eltern platziert, setze sie dies einem hohen Stress aus und sie drohten ‚emotional zu verkümmern', heißt es in einer am Freitag veröffentlichten Studie von Forschern der Dundee Universität in Schottland. Der Blickkontakt zu den Eltern gibt den Kleinkindern demnach Sicherheit und beruhigt sie.
‚Die Neurowissenschaft hat uns geholfen zu erkennen, wie wichtig soziale Interaktion in den ersten Lebensjahren für die Entwicklung des Gehirns ist', sagte die britische Psychologin Suzanne Zeedyk. Für viele falsch positionierte Babys und Kleinkinder werde die Fahrt im Kinderwagen jedoch zu purem Stress und einer einsamen Erfahrung. ‚Gestresste Babys werden zu ängstlichen Erwachsenen', fuhr Zeedyk fort.
Von den Eltern, die ihrem Kleinkind unterwegs ins Gesicht schauen, sprechen laut der Studie 25 Prozent regelmäßig mit ihm. Blickt das Kind hingegen von den Eltern weg, ist der Prozentsatz demnach nicht einmal halb so hoch. Auch die Herzfrequenz bei Kindern, die den Schieber ihres Wagens sehen, ist in der Regel niedriger und die Kinder schlafen schneller ein, wie die Untersuchung von knapp 3000 Eltern-Kind-Paaren ergab."

Nachdem man mich aufgefordert hatte, den offenen Brief zu unterschreiben, tat ich das, allerdings nicht ohne darauf hinzuweisen, dass die schönsten Kinderwagen und Buggys nichts nützen, wenn der oder die Schiebende mit seinem/ihrem Smartphone beschäftigt und nicht wirklich beim Kind ist. Hören wir zum Schluss dieses Exkurses noch einmal Christoph Türcke: „Die Mutter (oder ihr Vertreter) mag viel beim Kind sein, es ansprechen und auf alles Mögliche hinweisen, aber wenn daneben etwas flimmert und dudelt, was das gemeinsame Aufmerken auf Dinge und das Verweilen bei ihnen ständig durchkreuzt, weil der Blick der Mutter zwischen Kind und Bildschirm hin- und herwandert, ihre Worte von der Geräuschkulisse überlagert werden, dann werden die ersten zarten Fäden der qualitativ neuen Gemeinschaft, die das Kind spinnt, ständig wieder gekappt. Der Bildschirm tritt in doppelter Hinsicht zwischen Mutter und Kind. Zum einen unterbricht sein Flimmern fortwährend ihr gemeinsames Aufmerken und Verweilen, zum andern drängt er sich selbst als ihr gemeinsames Drittes auf."

„Unsichtbare Menschen“

Der neueste Trend scheint darin zu bestehen, den Kinderwagen bei Sonnenschein mit einem Tuch vollkommen abzudecken, damit die Kleinen nur ja keiner UV-Strahlung ausgesetzt werden. Dieser Tage sah ich eine junge Mutter, deren Kind im Wagen einer vollkommenen sensorischen Deprivation unterlag, während sie - mit einem Arm den Wagen schiebend - sich mit der freien Hand intensiv mit ihrem Smartphone beschäftigte. Mütter schieben ihre Kinder im Wagen vor sich her und pressen dabei ihr Handy mit der Schulter ans Ohr. Eines Tages werden sie einen Schiefhals davon bekommen. Wie kann man sich ein solches Verhalten von Müttern erklären? Ist es Gedankenlosigkeit, Indifferenz, Hilflosigkeit, Missachtung, Grausamkeit oder von alldem etwas? Ein junges Mädchen erzählte mir unlängst, dass sie sich, wenn sie auch nur stundenweise auf ihr Handy verzichten müsse, wie amputiert fühle. Stets sind die Mitglieder der ersten digitalen Generation auf der Suche nach elektronischen Belegen für die eigene Existenz. Wer sich aus dem Netz zurückzieht wird zum *unsichtbaren Menschen*, hat Eric Schmidt, der Aufsichtsratsvorsitzende von Google, gesagt, und hat damit zynisch eine existentielle Angst heutiger Jugendlicher und das Geheimnis der Anziehungskraft der sozialen Netzwerke benannt. Hat eine Weile das Handy nicht geklingelt oder ist längere Zeit keine Nachricht von ‚Freunden‘ eingegangen, fühlen sie sich vom sozialen Tod und Sturz aus der Welt bedroht. Beim Warten an der Ampel, auf dem Fahrrad, beim Einkaufen, beim Spazierengehen oder Joggen im Wald – immer und überall muss man *online sein.*

Nachts leuchten die Displays vom Bürgersteig zu meinem Balkon hinauf, die Glühwürmchen des digitalen Zeitalters. Die jungen Leute sitzen sich in Fastfood-Lokalen gegenüber mit vor Unruhe zuckenden und wippenden Beinen – unkonzentriert, nervös, flackernd – und fotografieren sich mit ihren Handys, als würde erst das Erscheinen auf dem Display die Authentizität der Situation und die Anwesenheit des Anderen verbürgen. Das Schimmern des Kameraauges scheint an die Stelle des Kohut’schen *Glanzes im Mutterauge* getreten zu sein. Aber was soll auch anderes entstehen, wenn Mütter beim Stillen oder Füttern fernsehen und telefonieren? Inzwischen scheint es Mode geworden zu sein, sich selbst zu fotografieren: Smartphone in die Hand, den Arm ausgestreckt und auf den Auslöser drücken. *Selfies* heißen die auf diese Weise entstandenen Fotos, die man, wenn sie einem gelungen zu sein scheinen, ins Netz stellt, um aller Welt zu demonstrieren, wie toll man aussieht und wie begehrenswert man ist. Das digitale Zeitalter eröffnet dem Narzissmus ungeahnte Spielfelder und erschließt ihm neue Äußerungsformen.
Die an der Schwelle zur Moderne von René Descartes formulierte Seinsvergewisserung: *Ich denke, also bin ich* scheint unter unseren Augen von einer zeitgenössischen Form abgelöst zu werden, die lautet: *Ich telefoniere - oder simse, chatte, maile -, also bin ich.* Oder, anders ausgedrückt: Hinter dem Smartphone lauert das Nichts.

Mütter und Väter sollten, wenn sie mit ihrem Kind zusammen sind, mit ihm in einem regen emotionalen Austauschprozess und nicht mit anderen Dingen beschäftigt sein. Die liebende Aufmerksamkeit der Eltern und die sichere Bindung an diese offenbaren dem Kind sein Leben als eine Bewegung auf ein Ziel hin: Das Kind ist, wie Jean-Paul Sartre im ersten Band seines Werkes „Der Idiot der Familie" schreibt, „der bewusste Pfeil, der mitten im Flug erwacht und zugleich den fernen Bogenschützen, das Ziel und den Rausch des Fliegens entdeckt. Wenn es wirklich die erste Pflege, die ihm durch das vielfältige Lächeln der Welt gewidmet wurde, in seiner ganzen Fülle empfangen, wenn es sich in der archaischen Zeit des Stillens absolut souverän gefühlt hat, dann werden die Dinge weitergehen."

Die Krux ist, Liebe und Zuwendung lassen sich nicht verordnen. „Vor allem aber", schrieb Adorno in seinem berühmten Aufsatz „Erziehung nach Auschwitz" aus dem Jahr 1966, „kann man Eltern, die selber Produkte dieser Gesellschaft sind und ihre Male tragen, zur Wärme nicht animieren. Die Aufforderung, den Kindern mehr Wärme zu geben, dreht die Wärme künstlich an und negiert sie dadurch."

Um noch einmal auf die Ausgangsgeschichte zurückzukommen: Vielleicht muss das Kind warten, bis es über ein eigenes Handy verfügt. Dann kann es vom Kinderwagen aus, wenn es nach Aufmerksamkeit und Zuwendung dürstet, mal bei seiner telefonierfreudigen Mutter *anklopfen.*

Bindungen im Zeitalter der Flexibilität

Man kann angesichts der beschriebenen Prozesse fast den Eindruck gewinnen, dass das Ganze Methode hat: Charakterliche Prägungen und halbwegs stabile Identitätsstrukturen sind nicht mehr erwünscht, weil sie Flexibilität und Fungibilität einschränken, die von Industrie und Märkten als neue Kardinaltugenden propagiert werden. Der heutige Mensch soll sich an nichts mehr emotional binden, weder an Menschen und Orte noch an Tätigkeiten, sondern sich den ständig drehenden Marktwinden überlassen. Arthur Rimbauds einst skandalöse Behauptung: „Ich ist ein anderer", mit der er seinen Ausbruch aus dem Gefängnis des bürgerlichen Ich vorbereitete, gehört heute zu den Verhaltensanforderungen des neoliberalen Zeitalters und zur psychischen Grundausstattung des *flexiblen Menschen* (Richard Sennett). Zur gegenwärtigen Gesellschaft gehört der Imperativ, flexibel zu sein, was letztlich nichts anderes heißt, als ohne Bindungen zu existieren, weil Bindungen hindern. *Bindungslosigkeit* droht zum allgemeinen Zustand zu werden. Die Wochenendbeilage der *Süddeutschen Zeitung* vom 29./30. Juni 2013 wurde von den Volontären der SZ gestaltet. Ronen Steinke schreibt auf dem Titelblatt der Beilage programmatisch: „Wer heute Ende zwanzig ist, hat mit hoher Wahrscheinlichkeit noch nicht geheiratet und noch keine Kinder bekommen, wohl aber einige Freunde, die er nicht aus den Augen verlieren möchte. Was heutzutage aber nicht viel heißen muss. Wofür gibt es schließlich Facebook und Skype? Ob wir echte, verbindliche Nähe wollen, für die wir notfalls auch auf eine interessante Erfahrung, einen vielversprechenden Job in einer anderen

Stadt verzichten würden – das wiederum ist eine der größten Fragen für unsere Generation. So groß und so schwierig, dass Ältere es gelegentlich befremdlich finden müssen. Ein permanenter Begleiter, der einem zur Seite steht und dem man umgekehrt verpflichtet ist – das ist eine Vorstellung, die etwas Beängstigendes hat. In einer Zeit, da die Lebenswege zickzackförmig verlaufen, die ökonomischen Zwänge und die Ambitionen uns quer durch Länder oder Kontinente führen, bedeutet eine feste Bindung an einen Menschen ein Risiko. Könnte einen ja behindern, sobald sich die Lebensplanung ändert. … Wer allein bleibt, bleibt ballastfrei; wer Freund- oder Liebschaften in aller Welt vor allem via Computer und Handy pflegt, bleibt wendig."

Voriges Jahr stieß ich in der *Süddeutschen Zeitung* auf einen Bericht mit der Überschrift *Deutschland, einig Single-Land.* Eine 27-jährige Projektmanagerin kommt darin mit den Sätzen zu Wort: „Ich war viereinhalb Jahre in einer Beziehung und habe mich erst vor ein paar Monaten getrennt. Jetzt bin ich sehr glücklich, meine Freiheiten zu haben und mich nicht ständig wegen irgendetwas rechtfertigen zu müssen. … Beziehung an sich halte ich für ein längst überholtes Konstrukt."

In der *Süddeutschen Zeitung* vom 12. Juli 2013 lesen wir: „76 Prozent der deutschen Haushalte, so hat das Statistische Bundesamt ermittelt, bestehen inzwischen nur noch aus ein oder zwei Personen. … Der Single-Haushalt ist mit 41 Prozent bundesweit das dominierende Modell, 1991 waren es noch 34 Prozent. In den Stadtstaaten handelt es sich sogar bei mindestens der Hälfte der Haushalte um Single-Wohnungen." Der schon von Marx beschriebene Trend zur Individualisierung schreitet voran und zerlegt die Menschheit scheinbar unaufhaltsam in individuierte und - realiter - kommunikationslose Atome, deren Gesellschaftlichkeit in Form einer virtuellen, digitalen Vernetzung hergestellt wird. (s.o.)

Man sieht, dass die Imperative des flexiblen Kapitalismus inzwischen auf die Sozialisation durchgeschlagen und in den Lebensentwürfen der heranwachsenden Generation angekommen und verankert sind. Wer *driftet*, das heißt sich von wechselnden Strömungen des Marktes treiben lässt, kann nirgends dauerhaft vor Anker gehen und stabile Bindungen eingehen. Bleibt die Frage: Wieviel Drift verträgt der Mensch? Sind Menschen als ziellos hin- und hergeworfenes Treibgut in den Finanz- und Marktströmen denkbar? Es scheint ein unhintergehbares Minimum an leibseelischer Kontinuität und Stabilität menschlicher Bindungen zu geben, jenseits dessen Menschen aufhören, als Menschen existieren zu können – ja auch als Ware Arbeitskraft zu funktionieren. Auch im Bereich der Flexibilisierung und Mobilisierung ist der Kapitalismus im Begriff Äste abzusägen, auf denen er selber sitzt.

Wenn Kälte und Indifferenz, die in der Grundstruktur der bürgerlichen Gesellschaft wurzeln, bis in die Poren des Alltagslebens und die intimen Binnenwelten der Menschen vordringen und sogar das Verhältnis der Eltern zu ihren

Kindern prägen, darf man sich nicht wundern, dass vermehrt psychisch frigide und moralisch verwilderte Menschen heranwachsen. Ein nur an privater Nutzenmaximierung interessierter und zur Einfühlung in andere unfähiger Menschentyp, der von der zeitgenössischen Psychiatrie als *Psychopath* diagnostiziert wird, droht zur sozialpsychologischen Signatur des globalen Zeitalters zu werden. Der australische Psychologe Mark Dadds hat inzwischen den Nachweis geliefert, dass fehlender Blickkontakt zwischen Eltern und Kind eine wesentliche Rolle in der Ätiologie der Psychopathie spielt. Dadds konnte zeigen, dass der Augenkontakt von *kühl-unemotionalen* Kindern, wie die Nachwuchs-Psychopathen vom Diagnosemanual DSM-V genannt werden (s.u.), mit ihren Eltern deutlich reduziert ist, und sich auf dieser Grundlage ein mangelhaftes Einfühlungsvermögen entwickelt, das als Kern der Psychopathie gilt. Dadds vermutet, dass spätere Psychopathen im Babyalter keinen Augenkontakt zu ihren Bezugspersonen herstellen konnten. Es scheint so zu sein, dass wichtige emotionale und moralische Botschaften über den Sehstrahl ins Innere der Kinder rutschen und sich dort festsetzen. Diese Gesellschaft tut alles, um die Psychopathen-Produktion anzukurbeln. Natürlich steckt dahinter kein ausgeklügelter Plan einer finsteren Zentralmacht, aber das Zusammenspiel vieler Tendenzen, die sich häufig hinter dem Rücken der Menschen und über ihre Köpfe hinweg durchsetzen und sich ihrer bemächtigen, sorgt dafür, dass die Gesellschaft den Menschentyp hervorbringt, der ihrer Funktionsweise entspricht und sie am Leben erhält. Wir werden später ausführlich auf dieses Thema zurückkommen.

Es mag sein, dass heutige Kinder weniger geschlagen und körperlich gezüchtigt werden, aber dafür haben sie unter neuartigen Entbehrungen und Formen der Missachtung zu leiden, die womöglich nicht minder grausam sind. Nietzsches Satz: „Welches Kind hätte nicht Grund, über seine Eltern zu weinen?“ hat offensichtlich nichts an Aktualität eingebüßt.

Ethnologie des Inlands: Digitale Autisten

Ein warmer Samstagabend im Juni. Ich sitze mit der Zeitung und einem Glas Wein auf dem Balkon, mir gegenüber liegt das Nachbarhaus. Im Sommer, wenn die Türen offen stehen und die Balkone und Terrassen bevölkert sind, liegt es offen vor mir wie ein Puppenhaus, in das man hineinschauen kann. Im Erdgeschoss sitzen zwei junge Paare um einen runden Tisch. Alle vier lassen ihre Finger über die Touchscreens ihrer Smartphones gleiten. Auf dem Tisch steht ein aufgeklappter Laptop, eine der jungen Frauen hält einen Tablet-PC auf ihrem Schoß, auf dem sie mit dem Zeigefinger der freien Hand herumwischt. Ab und zu machen sie sich auf irgendetwas auf einem der Displays aufmerksam und la-

chen. Dann versinkt jeder wieder in seine eigene Welt. Eine weitere Frau tritt in die offene Tür und telefoniert. Auch als sie etwas später den Grill anwerfen und sich zum Essen an einen größeren Tisch setzen, legen sie ihre Geräte nicht zur Seite und behalten sie stets im Auge.
Der erste Stock steht seit Langem leer. Im Stock darüber sitzt eine dickliche, vielleicht fünfzigjährige Frau auf dem Balkon. Sie raucht und telefoniert. Ich kenne sie nur rauchend und telefonierend. Wenn sie die Hände für etwas anderes benötigt, presst sie das Telefon mit der Schulter gegen ihr Ohr. Sie hört meist zu und sagt wenig. Sie wirkt ein wenig schwermütig und vom Leben enttäuscht. Irgendwann geht sie rein und telefoniert drinnen weiter.
In Höhe meiner Wohnung befindet sich ein rundherum gläsernes Penthaus. Es wird von einem Mann Mitte vierzig bewohnt, von dem ich vermute, dass er zum „Finanzgesindel" gehört, wie Frank-Markus Barwasser in seiner Rolle als Erwin Pelzig zu sagen beliebt. Er bewegt sich – von mir aus gesehen - im Penthaus wie in einem Terrarium. Deswegen und wegen seiner Existenzweise heißt er bei mir „der Axolotl".[1] *Morgens tritt er auf die Dachterrasse, rasiert sich und raucht währenddessen. Dann wirft er sich in sein Arbeitskostüm: einen schwarzen Anzug und ein gebügeltes weißes Hemd. Bevor er das Haus verlässt, geht er in Hemd und Hose mit wiegenden Schritten telefonierend auf und ab. Das Sakko hängt derweil in der Küche über einer Stuhllehne. Mit der freien Hand masturbiert er seinen Schlips. Im Minutentakt reckt er einen Arm nach oben, wie man es tut, wenn das Hemd zu stramm im Hosenbund steckt und die Bewegungsfreiheit einengt. Diese Bewegung ist zu einem Tic geworden und hat sich von ihrem Anlass losgerissen und verselbständigt. Er führt sie auch aus, wenn er ein schlabbriges T-Shirt trägt. Jedes zweite Wochenende verbringen seine Kinder bei ihm. So auch jetzt. Er lehnt mit zweien von ihnen am Geländer der Dachterrasse und zeigt ihnen etwas auf einem Tabletcomputer. Wegen der tiefstehenden Sonne beschattet er ihn mit der Hand und hält ihn schräg. Das jüngste Kind hüpft in der Wohnung auf einem Sofa herum, das vor dem riesigen Flachbildschirm steht, auf dem in rasendem Tempo die Schnitte zucken. Die Kinder sind unruhig und zappeln mit Armen und Beinen. Wahrscheinlich nehmen sie am Wochenende kein Ritalin.*

Der ganz normale digitale Wahnsinn an einem lauen Juniabend. Ein Puppenhaus, bevölkert von lauter digitalen Autisten. Der Ehrlichkeit halber sei angemerkt, dass im Haus daneben ein Mann auf den Balkon trat und Wäsche aufhängte – ganz ohne jedes Gerät, einfach so. Nach getaner Arbeit stellte der den Wäschekorb ab, stützte sich mit den Armen auf das Geländer, schaute gen Himmel, lauschte den Vögeln oder hing seinen Gedanken nach.

---

1 Bei Wikipedia erfahren wir: Der Axolotl ist eine Art Lurch, der in Mexico beheimatet ist und dessen Besonderheit darin besteht, dass er nie richtig erwachsen wird, sondern sein ganzes Leben in einem Zwischenzustand verbringt. Er erreicht die Geschlechtsreife, ohne seine Larvengestalt zu verändern. Axolotl verfügen über die Fähigkeit, verlorene Organe, Gliedmaßen und sogar Teile des Gehirns und Herzens wiederherzustellen. Ich werde weiter unten im Abschnitt über Erwachsenen-Kinder auf das Thema zurückkommen.

Übung in Demut

Als ich begann, mir Gedanken über das Thema *Narzissmus* zu machen, kamen mir bei einem Gang durch den Wald die Spieler des Gießener Basketball-Bundesligisten entgegen, der früher einmal *MTV 1846 Gießen* hieß und heute *LTi Gießen 46ers* heißt und englisch oder amerikanisch ausgesprochen wird. Sie absolvierten während der Vorbereitung auf die neue Saison morgendliche Waldläufe. Ihr lässiger und gleichzeitig flotter Laufstil erinnerte mich an eigene bessere Zeiten, als ich für diesen Verein Handball gespielt habe, und die Begegnung stimmte mich ein wenig wehmütig. Neben diesen langen Kerlen fühlte ich mich noch dazu zwergenhaft. Plötzlich dachte ich: Alle Menschen, vor allem aber *Narzissten*, die von Größenphantasien heimgesucht werden oder gar in ihnen schwelgen, sollten morgens an einer Basketballmannschaft vorübergehen, damit sie gleich zu Beginn des Tages die Erfahrung ihrer Zwergenhaftigkeit machen und sich in Demut üben können. Mein Freund Peter gab allerdings, als ich ihm von meinem Einfall berichtete, zu bedenken: „An wem können denn die Basketballer vorübergehen?"

Der bayrische Schauspieler Josef Bierbichler wird gefragt, ob man als Schauspieler eitel sein muss? Er antwortet: „Ich finde nicht. Wenn man es ist, und es ist sichtbar, ist es furchtbar. Aber es gibt welche, die sind hocheitel und es ist nicht sichtbar. Sie brauchen genau diese Eitelkeit, um so gut zu sein. Dann ist es in Ordnung. ... Der Spieltrieb ist ja auch eine Form der Eitelkeit. Der Spieltrieb muss aber eine geheime Antriebsfeder sein und die Kraft und das Material liefern, eine Rolle zu bedienen. Wenn der Spieltrieb sichtbar ist, ist es peinlich."

Narzissmus und Gewalt

Das, was am *Narzissten* ins Auge fällt und die verbreiteten negativen Konnotationen des Begriffs hervorruft, sind die oftmals grotesk wirkenden Kompensationsversuche eines schwach ausgebildeten Selbstwertgefühls. Das heißt: Hätte der oben geschilderte junge Mann ein intaktes und in sich ruhendes Gefühl seines Wertes, müsste er sich nicht so geckenhaft aufführen und seine Schwäche mit einer zur Schau gestellten Grandiosität überbauen. Wenn jemand sich weigert, ihm seine Grandiosität zu spiegeln und ihn zu bewundern, wird er die Rückseite seines Narzissmus kennenlernen: eine immense narzisstische Wut, die sich dicht unter der schönen und glatten Oberfläche aufhält und bei der kleinsten Kränkung durchbrechen kann. Unter einer dünnen Schicht aus selbstbewusstem Gehabe liegen Gefühle der Ohnmacht, der Angst und des Selbstzweifels. Eine abschätzige Bemerkung, ein falscher Blick genügen, und man wird Opfer einer aggressiven Attacke, die der Abwehr dieser unaushaltbaren Gefühle dient.

Der menschliche Narzissmus wird zu einer hochbrisanten, lebensgefährlichen Macht, wenn wir ihn ignorieren. Die normalen Mechanismen der Kränkungsverarbeitung versagen immer häufiger und kleinste Zurückweisungen und Demütigungen, die ein leidlich gesunder, selbstbewusster Mensch verkraftet und wegsteckt, können zu Auslösern eines narzisstischen Super-Gaus werden, dem nur noch mit extremer Gewalt begegnet werden kann.

Aus meiner Tätigkeit als Gefängnispsychologe ist mir ein Fall in Erinnerung, bei dem ein Lachen zum Auslöser eines Mordes wurde. Ein junger Türke schuldete einem spanischen Bekannten 3000 Mark, die dieser mehrfach vergeblich einzutreiben versucht hatte. Schon bei diesen Gelegenheiten hatte der Schuldner über die dabei ausgesprochenen Drohungen spöttisch gelacht. Am Tattag hatte der Spanier seinen Bekannten zu einem abgelegenen Treffpunkt bestellt, um erneut über die Begleichung der Schulden zu verhandeln. Um seinen Forderungen gegebenenfalls Nachdruck verleihen zu können, hatte er sich ein Messer eingesteckt. Auch dieses Mal quittierte der junge Türke die Drohgebärden des Spaniers mit einem Lachen und dieses „Lachen des Gülü", wie es im Urteil genannt wird, ließ den jungen Spanier ausrasten. Er stach in einem Anfall berserkerartiger Wut über 50 Mal auf sein Opfer ein und durchtrennte ihm dabei die Halsschlagader. Schließlich schnitt er ihm in einer archaischen Triumphgebärde ein Ohr ab, das Organ, durch das das Lachen in ihn, den Täter, eingedrungen war. Der vom Gericht bestellte psychiatrische Sachverständige erklärte den Täter für „körperlich wie auch geistig gesund" und diagnostizierte lediglich eine Persönlichkeitsstörung, in der er „eine Normvariante ohne jeden relevanten Wert" erblickte. Der Täter erzählte einem Freund kurz nach der Tat, dass das Opfer während der sich Minuten hinziehenden Tötungsprozedur unentwegt nur das eine Wort ausgestoßen habe: „Warum?" Auf diese Frage fanden auch das Gericht und der Gutachter keine Antwort. Der Täter wurde nach Jugendstrafrecht wegen Mordes zur Höchststrafe von 10 Jahren verurteilt und schließlich kurz vor Erreichen des Endstrafenzeitpunkts in sein Heimatland abgeschoben.

Die Wissenschaft hat inzwischen einen Begriff für Phänomene dieser Art hervorgebracht: *Gelotophobie.* Als Gelotophobiker werden Menschen bezeichnet, die ständig von der Furcht umgetrieben werden, ausgelacht, bloßgestellt und verspottet zu werden. Doch Begriffe und Diagnosen dieser Art erklären nichts, sie verfahren rein deskriptiv und katalogisieren bloß. Eine Form *abweichenden Verhaltens* wird dingfest gemacht, auf Begriffsflaschen gezogen, mit einem Etikett versehen und ins Diagnose-Regal einsortiert. Die Verdinglichung eines komplexen psycho-sozialen Prozesses zu einem Krankheitszustand ebnet den Weg für einen verhaltenstherapeutischen Symptombeschuss oder einen Medikamenteneinsatz gegen die Symptome, in denen die vermeintliche Krankheit oder Störung zu Tage tritt. Hinter der sogenannten Gelotophobie liegen in der Regel frühe Kränkungserfahrungen, die deswegen traumatisierend waren, weil sie zu einer Zeit erlitten wurden, da sich Mechanismen der Kränkungsbewältigung noch nicht hinreichend entwickelt hatten und die deswegen auf das sich gerade bildende Selbst voll durchschlugen. An dieser Stelle wird ein solcher Mensch zeitlebens enorm empfindlich und verwundbar bleiben.

Gerade fällt mir eine Art Gegen-Geschichte ein, eine Geschichte des Gelingens. Eine Frau besucht eine Tagung in einer südhessischen Kleinstadt. Sie hat auf diese Reise ihre Katze mitgenommen. Vor der Rückfahrt ins entfernte Berlin lässt sie diese noch einmal aus dem Auto, damit sie ihr Geschäft verrichten kann. Die Katze schlägt sich in die Büsche und entschwindet aus dem Blickfeld der Frau, die kurz darauf beginnt, nach ihr zu suchen. Auf dieser Suche begegnet ihr ein Mann, den sie fragt, ob er eine Katze gesehen habe. Der Mann behauptet, sie gesehen zu haben und bietet der Frau an, ihr bei der Suche behilflich zu sein. Als sie in unübersichtliches Gelände gelangen, sagt er plötzlich: „Jetzt wirst du mal richtig gefickt" und fällt über sie her. Sie wehrt ihn ab und sagt: „Warum duzen Sie mich?" Dieser eine Satz unterbricht den Handlungsablauf rabiat und katapultiert den Mann in eine andere Wirklichkeit zurück. Der Mann entschuldigt sich für seine Entgleisung und lässt ebenso unvermittelt von ihr ab, wie er kurz zuvor über sie hergefallen ist. Die Frau besteigt ihr Auto und bringt den Vorfall auf der nächsten Polizeistation zur Anzeige. Kurz darauf wird der Mann festgenommen, und man stellt fest, dass es sich bei ihm um einen wenige Tage zuvor aus einer forensischen Psychiatrie geflohenen Sexualmörder handelt.
Ein spöttisches Gelächter entfesselt einen raptusartigen Gewaltausbruch, der den Lachenden das Leben kostet, ein einziger distanzierender Satz unterbricht das perverse Handlungsritual eines Sexualmörders und rettet so das Leben eines prospektiven Opfers. Mit dem Duzen soll die Unterwerfung der Frau unter den Willen des Täters beginnen, es stellt die semantische Einleitung der geplanten Demütigung dar. Indem sie das Duzen empört zurückweist, durchkreuzt die Frau die Pläne des Täters und hält eine gewisse Distanz aufrecht. Sie verteidigt ihr Territorium des Selbst, in das der Täter nun nicht mehr so ohne weiteres einzudringen vermag. Sie macht sich die Opferrolle nicht zu eigen. Jetzt ist es wieder der Täter, der ängstlich ist und sich zurückzieht. Dabei handelt die Frau natürlich spontan und quasi-instinktiv, erst später begreift sie, was sie getan und welche Schutzreaktion sie gerettet hat.

Es ist häufig ein Gefühl der Vernichtung, der narzisstischen Katastrophe, das durch Aggression abgewehrt werden soll. Die Rückseite der zur Schau gestellten Grandiosität sind Verzweiflung und Depression. Im Vorfeld vieler Tötungsdelikte stößt man auf hin und her gehende, eskalierende Kränkungen, bis schließlich ein Satz fällt, der die narzisstische Achillesferse des Täters trifft und einen jetzt nur noch schwer zu stoppenden Mechanismus narzisstischer Wut entsperrt. Täter und Opfer spielen vor der Tat, wie Gerhard Mauz gesagt hat, „Federball mit Dynamit". Es kommt auch vor, dass jemand, ohne es zu beabsichtigen und ohne es zu ahnen, eine uralte Kränkung aktiviert und dadurch zum Double eines anderen wird, der einmal eine Schlüsselfigur in einer als traumatisch erlebten Szene gewesen ist. Gerade bei scheinbar motivlosen Taten stößt man bei näherem Hinsehen auf solche Energieverschiebungen und affektiven Fehlschlüsse, die zu Erregungen am falschen Ort und gegen versetzte Objekte führen. Wie ein Verstärker schließen sich uralte Kränkungserfahrungen und Traumatisierungen an aktuelle Unlust- und Kränkungserfahrungen an. Das Opfer steht mitunter symbolisch für die Summe der erlittenen Demütigungen und lebensgeschichtlich akkumulierten Enttäuschungen.

Streit zwischen Partnern wird häufig in der Wohnung, vor allem auch in der Küche ausgetragen. Kränkungen fliegen hin und her, Aggressionen werden entsperrt - und dort stehen Messerblöcke. Ich habe die Fälle nicht gezählt, aber bei zahlreichen Tötungsdelikten im häuslichen Bereich, mit denen ich mich im Laufe meiner Arbeit im Gefängnis beschäftigen musste, kamen Messer zum Einsatz, die die Täter auf dem Höhepunkt einer verbalen und körperlichen Eskalation spontan aus einem solchen Messerblock zogen und dem Opfer in den Leib rammten. Es wäre ein in seiner Wirksamkeit nicht zu unterschätzender präventiver Akt, diese Messerblöcke aus den Küchen zu entfernen. Sie bringen es nämlich mit sich, dass Messer jederzeit zuhanden sind. Ihre Griffe ragen ins Blickfeld der Streitenden und müssen nur herausgezogen werden. Müsste der Täter erst eine Schublade öffnen und in ihr nach einem geeigneten Messer suchen, würde der wie ein blinder Mechanismus sich abspulende Handlungsablauf unterbrochen. Jede noch so kurze Unterbrechung eines tödlichen Handlungsbogens kann dazu führen, dass der in narzisstischer Wut entflammte Täter zur Besinnung kommt und ihm die Vernunft hemmend in den Arm fällt. Die meisten Menschen, die einem anderen zum Opfer fallen, werden von Leuten getötet, die ihnen nahestehen. Es ist natürlich spekulativ, aber ich bin überzeugt, dass eine ganze Reihe dieser sogenannten *Intimizide* verhindert werden könnten, wenn in Küchen keine Messerblöcke stünden.

Ein junger Mann sitzt nachts in seiner großstädtischen Wohnung. Kurz zuvor hat seine Freundin ihn verlassen und die Beziehung zu ihm aufgekündigt. Er tut sich schwer mit seiner Einsamkeit, aus der eine Verlassenheitsdepression aufzusteigen beginnt. Er spürt, wie er langsam aber sicher in den Sog einer Regression gerät, deren Falltiefe ungewiss ist. Er greift zu Alkohol und Kokain in der vagen Hoffnung, dadurch seine psychische Selbstauflösung aufhalten zu können. Doch die Drogen beschleunigen eher noch seine innere Desintegration. Unheilvolle, beängstigende Gefühle füllen ihn aus, er friert und kämpft gegen den Anstieg des Angst- und Panikpegels. Seine Innenwelt verwandelt sich zusehends in ein Kaleidoskop durcheinanderwirbelnder Fragmente, die sich zu immer skurrileren und ängstigenderen Bildern zusammenfügen. So hält er es nicht länger aus, irgendetwas muss passieren. Gegen morgen verlässt er das Haus, nachdem er sich eine scharfe Waffe in den Hosenbund gesteckt hat, die er sich Wochen zuvor gekauft hat, weil er sich, wie er selbst sagt, von irgendwelchen Leuten bedroht fühlte. Wahrscheinlicher ist, dass unser junger Mann hoffte, sein durch die Trennungsabsichten der Freundin gekränkter männlicher Stolz würde sich mit Hilfe dieses Macht verleihenden Instruments wieder aufrichten. Er ist *unsicher im Gang* und fürchtet, dass gleich jemand aus den Büschen des nahegelegenen Parks hervorbricht und sich auf ihn stürzt. Ein paar Schritte von seiner Haustür entfernt kommt ihm ein Mann entgegen, den er nicht kennt, und der auch ihn nicht kennt. Der junge Mann erschrickt und denkt: „Jetzt ist es zu spät." Ob sie sich beim Passieren gegenseitig den Weg verlegen, wie es vorkommt, wenn jemand *unsicher im Gang* ist, ob ihre Blicke sich kreuzen, und ein wie immer flüchtiger emotionaler Austausch zwischen ihnen stattfindet, wissen wir nicht. Er verliert jedenfalls die Kontrolle über die Situation, zieht die Waffe aus dem Hosenbund und schießt zweimal aus nächster Nähe auf den Fremden, den er tödlich verletzt auf dem Gehweg zurücklässt.

Den Mechanismus, den wir hier ablaufen sehen, hat Melanie Klein *projektive Identifizierung* genannt. Der junge Mann deponiert seine eigene innere Hölle unvermittelt im erstbesten Mensch, der seinen Weg kreuzt. Um sich selbst vor einem Kollaps seines Selbstwertgefühls und einer drohenden psychotischen Entgrenzung zu retten, verletzt und tötet er einen anderen Menschen, dem auf dem Wege der Projektion die eigenen Absichten untergeschoben wurden. Der Täter glaubt, nachdem er den anderen zum Container seiner eigenen Gefühle und Intentionen gemacht hat, sich verteidigen zu müssen und in Notwehr zu handeln.

In einem Artikel für die *Frankfurter Allgemeine Zeitung* vom 29. Oktober 2009 liefert der Präsident der neu gegründeten *Internationalen Psychoanalytischen Universität* in Berlin, Jürgen Körner, einen Überblick über den Stand der Gewaltforschung. Er unterscheidet zwischen drei unterschiedlich aggressiven Tätertypen: dem *reaktiven Gewalttäter*, der sich schnell beleidigt fühlt und dann seine aufflammende Wut nicht beherrschen kann; dem *instrumentellen Gewalttäter*, der nur dann aggressiv wird und bedenkenlos zuschlägt, wenn er anders seine – oft dissozialen – Ziele nicht erreichen kann; und schließlich einem Gewalttäter, der scheinbar vollkommen *grundlos* zuschlägt. Zum Verständnis diesen letzten Tätertyps, der uns in jüngster Zeit so beschäftigt, greift Jürgen Körner ebenfalls auf den von Melanie Klein geprägten Begriff der *projektiven Identifizierung* zurück und erläutert diesen an folgendem Beispiel: „Ein Jugendlicher sagte im Gespräch, er habe nach ein paar Bier seine Wohnung in ‚großem Frust' verlassen, habe schon geahnt, ‚dass was passieren wird', und dann sei er einem Mann begegnet, der ‚schon so guckte'. ‚Ich dachte, der denkt, da kommt Dreck', fuhr er fort. Dann sei klar gewesen, dass er den niederschlagen werde. Wie lässt sich eine solche Gewalttat erklären? Der Jugendliche, der glaubte, der andere hielte ihn für ‚Dreck', war gequält von der Phantasie, er sei selbst nichts als Dreck, und er suchte einen x-Beliebigen, dem er dieses vernichtende Urteil zuschieben konnte. Im anderen also sieht er die Selbstentwertung, die ihn so kränkt, und er schlägt ihn nieder, um den vermeintlichen Aggressor und damit die Kränkung unschädlich zu machen."

Narzissmus und Komik

Es existieren unzählige Geschichten über den menschlichen Narzissmus, der ja auch seine komische Seite hat. Eine lautet so: Ein 90-jähriger Greis sucht einen Psychoanalytiker auf und erzählt ihm, seine 18-jährige Freundin sei schwanger von ihm. Der Analytiker sagt nach einer kleinen Pause der Besinnung: „Ich will Ihnen eine Geschichte erzählen. Ein Mann geht mit einem Regenschirm in den Wald. Er trifft auf einen kapitalen Hirsch und legt mit dem Regenschirm auf den Hirsch an. Dieser bricht tödlich getroffen zusammen." Der alte Mann sagt prompt: „Da muss ein anderer geschossen haben." „Sehen Sie, das war es, was ich Ihnen sagen wollte."

Eine Fabel

Ein Frosch sah einstmals einen Stier,
Des Wuchs ihm ungemein gefallen.
Kaum größer als ein Ei, war doch voll Neid das Tier;
Er reckt und bläht sich auf mit seinen Kräften allen,
Dem feisten Rind an Größe gleich zu sein.
Drauf spricht er: „Schau, mein Brüderlein,
Ist's nun genug? Bin ich so groß wie du?" - „O nein!" -
„Jetzt aber?" - „Nein!" - „Doch nun?" - „Wie du dich auch abmatt'st,
Du wirst mir nimmer gleich!" - Das arme kleine Vieh
Bläht sich und bläht sich, bis es - platzt.
Wie viele gibt's, die nur nach eitler Größe dürsten!
Der Bürgersmann tät's gern dem hohen Adel gleich,
Das kleine Fürstentum spielt Königreich,
Und jedes Gräflein spielt den Fürsten.

(Die Fabeln von Jean de La Fontaine 1621 – 1695)

Ein sogenannter Zellenkoller

Da er während der Einzelhaft in sogenannten *Schlichtzellen* untergebracht ist, zu deren karger Ausstattung kein Spiegel gehört, verliert der Gefangene A. im Laufe der Zeit das Gefühl für Körper und Selbst und ist in seiner Identität bedroht. Auf der Suche nach Spiegelung und Resonanz fragt er eines Tages einen Beamten: „Wie sehe ich eigentlich aus?" „Es ist egal, wie du aussiehst", antwortet der Beamte. Daraufhin rastet A. zum ersten und einzigen Mal während seiner Einzelhaft aus. Er tritt gegen die Tür und brüllt: „Ich bin doch kein Tier!" Er zerschlägt alles, was sich zerschlagen lässt, bis er irgendwann erschöpft zusammenbricht.

Namen als Schicksal

„Der Name eines Menschen ist der Schlag, der ihn benommen macht und von dem er sich nie erholt."
(Marshall McLuhan)

Vor dem Supermarkt sitzen dicke Frauen mit Kindern auf einer Mauer. Die Frauen tragen dünne Hemdchen und haben die Haare hochgesteckt. Sie rauchen, kauen Kaugummi und starren auf ihre Handys. Die Kinder reißen Blumen aus einem Kübel und werfen die Blüten auf den Boden. Die kleineren Kinder sitzen oder liegen in Kinderwagen und schreien. In den Einkaufswagen liegen Bierdosen, Fertiggerichte, Tüten mit Chips und Süßigkeiten. Ab und zu brüllt eine der Frauen den Namen eines ihrer Kinder. In der Mittelschicht nennt man seine Kinder Anne-Sophie und Leon-Bruno und drückt auf diese Weise aus, dass man sich etwas von ihnen erwartet: „Ihr seid etwas Besonderes, werdet nicht gewöhnlich." Was aber wünschen sich Eltern, die ihre Kinder Angelique, Jaqueline, Marco, Justin oder Kevin nennen?

„Gestern ist unser Töchterchen Carlotta Filippa Amelie mit 3150g und 51 cm zur Welt gekommen", gab Bundesgesundheitsminister Daniel Bahr am 27. Juni 2013 auf Facebook und Twitter bekannt. Ein Grund mehr, nicht FDP zu wählen.

Schon John Steinbeck hat darauf hingewiesen, dass es mit den Namen eine geheimnisvolle Bewandtnis hat: „Ich bin mir nie ganz klar darüber geworden, ob der Name sich nach dem Kinde formt, oder ob sich das Kind verändert, um zu dem Namen zu passen." Wenn Letzteres der Fall ist und Namen bereits elterliche Missionen und Lebensentwürfe einschließen, ist das Leben von Marvin, Justin, Kevin, Chantal oder Mandy, aber auch das von Carlotta Filippa Amelie auf eine traurige Weise vorgezeichnet. Sartre hat diese mit der Namensgebung verbundene merkwürdige Magie nicht auf die Kinder der Unterschichten beschränkt, sondern auf uns alle bezogen. Es gibt auch die Kindheit eines zukünftigen Chefs. Wenn Eltern Pläne für ihre Kinder haben, haben Kinder Schicksale. *Aus ihr oder ihm soll einmal dies und das werden*, sagen Eltern, lange bevor wir „Ich" sagen können. Wir alle sind, schreibt Sartre in seinem Vorwort zu André Gorz' Buch *Der Verräter*, in zartem Alter getötete Kinder, die als trostlose Gespenster in Gestalt von Erwachsenen fortleben, wenn man das denn Leben nennen kann. „Kaum aus einem Bauch heraus, wird jedes Menschenkind mit jemand anderem verwechselt; man stößt, man reißt es mit Gewalt in seine Persönlichkeit hinein wie die Kinder, die die comprachicos in porzellanene Vasen hineinpressten, damit sie nicht wachsen konnten." Überall warten Rollen auf ihre Träger. Aber, sagt Sartre im zweiten Schritt: Auch wenn wir gemacht, markiert und in Gips gegossen sind, sind wir frei und können, ja müssen etwas aus dem machen, was man mit und aus uns gemacht hat. Ohne meine Unterschrift kann sich das Schicksal meiner nicht bemächtigen, und auch, wenn ich mich füge und zu dem mache, der ich werden sollte und zu dem man mich gemacht hat, habe ich mich entschieden. Wir können aber die ursprünglichen, uns aufgenötigten Entwürfe auch korrigieren und die Vampire in die Flucht schlagen. „Wir müssen“, heißt es bei Sartre, „wieder zu Atem kommen, uns eine Zeitlang totstellen und dann aufstehen, die Leichenhalle verlassen, eine neue Hoffnung erfinden, zu leben versuchen.“

„Nach einer keltischen Sage wurde einer jungen Frau geweissagt, ihr Sohn werde ein ‚würdiger Druide‘, wenn sie ihn noch in der gleichen Nacht gebäre; wenn sie jedoch erst am nächsten Tag niederkäme, würde er ein großer König werden. Standhaft blieb sie während der ganzen Nacht auf einem Stein sitzen, so dass das Kind erst am folgenden Morgen auf die Welt kam; der Kopf des Knaben war abgeflacht, aber er wurde ein großer König.“
(Simone de Beauvoir: Soll man de Sade verbrennen?)

Ethnologie des Inlands: Pirschelbär

Neulich im Lebensmittelmarkt: Ein kleines Mädchen brüllt aus Leibeskräften. Die Familie ist vom Einkaufsfieber gepackt und kümmert sich nicht um die Kleine. Schließlich erbarmt sich die Oma: „Komm Milvia, die Omma nimmt disch emal.“ Auf dem Arm wird das Schreien leiser und verstummt, nachdem die Oma ihr einen Keks in den Mund geschoben hat. „Milvia“, dachte ich, „was für ein Name!?“ Ein paar Tage zuvor hatte mir eine Kollegin die Fotokopie einer Glosse aus einer Frauenzeitschrift ins Fach gelegt. Darin wird darüber berichtet, welche Schwierigkeiten die Mitarbeiterinnen eines großen Möbelhauses haben, die Eltern von Kindern ausfindig zu machen, die Yves heißen und die sie folgendermaßen ausrufen: „Der kleine Üffes möchte bitte vom Kinderparadies abgeholt werden.“

Der Trend zu exotischen Vornamen bereite, so heißt es in der Glosse weiter, aber nicht nur Mitarbeiterinnen von Möbelhäusern Probleme, sondern auch den Kindern selbst. So soll es vor kurzem in einer Kita beinahe zum Eklat gekommen sein, als der dreijährige Neuzugang von den Betreuerinnen nach seinem Namen gefragt wurde: „Na, wie heißen wir denn?“ „Pirschelbär“ antwortete er. „Neeeeiiiin, wie ist denn dein Naaaa-meeee???“ versuchten die Betreuerinnen es diesmal ganz deutlich, für den Fall, dass der Junge es an den Ohren hat. „Pirschelbär.“ Komm schon, jetzt sag uns mal die Wahrheit: Wie heißt du?“, setzten die Damen noch mal an, jetzt bereits etwas ungehalten, wie Gerhard Polt in der berühmten Nikolausi-Osterhasi-Geschichte. Mit Tränen in den Augen und der

Schnuffeldecke vorm Mund nuschelte der Kleine noch einmal: „Pirschelbär". Da reichte es den Kita-Mitarbeiterinnen und sie riefen Pirschelbärs Eltern an. „Wie heißt denn ihr Sohn nun, er will es uns nicht sagen?!?" „Pi-er Dschil-beer", entgegnete die Mutter und buchstabierte: „P-i-e-r-r-e G-i-l-b-e-r-t".

Was bedeutet es für das Verhältnis eines Kindes zu sich selbst und den anderen, also für seine Identitätsbildung, wenn es seinen eigenen Namen nicht aussprechen und verstehen kann?

Größenphantasie einer Kuh

„Ein Hase hoppelte sorglos und unachtsam über eine Weide. Er rannte gegen einen Zaunpfahl, stieß sich den Kopf und torkelte benommen durch die Gegend. Zufälligerweise stand auf dieser Weide auch noch eine Kuh. Der Hase stolperte zwischen ihre Beine und brach dort zusammen. ‚Sieh an', sagte die Kuh, ‚ich habe einen Hasen gefangen'."
(Janwillem van de Wetering)

Selbstwertgefühl

Als 2010 Loki Schmidt im Alter von 91 Jahren gestorben war, wurde ein Interview wiederholt, dass Giovanni di Lorenzo mit dem Ehepaar Schmidt geführt hat. Die beiden wären im Jahr 2012 70 Jahre verheiratet gewesen. Schmidt sagte, Lafontaine und Schröder könnten sich von dieser Konstanz „eine Stange abschneiden". Als Helmut Loki zum ersten Mal zu Hause besuchte, wohnte die fünfköpfige Familie in einer dunklen Hinterhofwohnung von 28 Quadratmetern. Der Vater war Elektriker, die Mutter Schneiderin, einfache Leute, die ihre Kinder dennoch mit großer Hingabe erzogen und ihnen Bildung und Ausbildung zuteilwerden ließen. Loki wurde Lehrerin und sie ließ *ihren Helmut,* als er den Krieg glücklich überstanden hatte, studieren, wie sie schmunzelnd sagte. Di Lorenzo fragt, ob Schmidts männliches Selbstwertgefühl wegen dieser Abhängigkeit von seiner Frau nicht gelitten habe. Schmidt schaut ihn erstaunt an, zögert und sagt dann nach ein paar Zügen an der unvermeidlichen Zigarette sinngemäß: „Aber, Herr di Lorenzo, das hat es doch damals noch gar nicht gegeben."

Im berühmten *Vokabular der Psychoanalyse* von Laplanche und Pontalis kommt der Begriff *Selbstwertgefühl* noch nicht vor. Größere Aufmerksamkeit erfuhr der Themenkomplex *Narzissmus* erst ab den 70er Jahren. Die narzisstische Persönlichkeitsstörung wurde 1980 zum ersten Mal in ein Diagnosemanual aufgenommen, und zwar in den *DSM-III.* Erst in der Folge der Rezeption von Heinz Kohuts Buch *Narzissmus* (Frankfurt/Main 1976) begann sich der Begriff langsam durchzusetzen. In den Praxen der Psychoanalytiker tauchten neue Krankheits- und Störungsbilder auf, die zu einer Weiterentwicklung der psychoanalytischen Theorie und Praxis nötigten: Die nun dominant werdenden psychischen Gleichgewichtsstörungen und Erkrankungen waren mit den klassischen Modellen und Theorien der psychoanalytischen Neurosenlehre nicht mehr zu erfassen. Das Strukturmodell der innerpsychischen Konflikte zwischen Es, Ich und Über-Ich ist an den Binnenkonflikten der patriarchalischen Traditionsfamilie der bürgerlichen Vergangenheit orientiert. Es ging Freud in der Anfangszeit um die Bewusstmachung der ins Unbewusste verdrängten Triebregungen und verpönter, um ödipale Wünsche kreisender Phantasien, die sich in Angst verkehrt hatten und in der chiffrierten Sprache neurotischer Symptome artikulierten. Das war, wenn man so will, die Psychoanalyse der Salongesellschaft des Wiener Bürgertums vor dem ersten Weltkrieg. Jetzt traten diese klassischen Störungsbilder zurück und man bekam es vermehrt mit Folgeschäden einer gestörten frühkindlichen Entwicklung, Störungen zentraler Subjektfunktionen, des kohäsiven Selbsterlebens und der Selbstwertregulation zu tun, wie sie insbesondere in erodierenden, von Auflösungserscheinungen gekennzeichneten Familien auftreten. Inzwischen ist der Begriff *Selbstwertgefühl* zu einer Allerwelts-Vokabel geworden: „Das Selbstwertgefühl der Schalker Spieler ist nach vier Niederlagen in Folge am Boden", sagt heute ein Sportreporter, und in jeder zweiten Stellungnahme von Sozialarbeitern und Lehrern ist vom *mangelhaften Selbstwertgefühl* eines Gefangenen oder Schülers die Rede. Seit dem Erscheinen von Christopher Laschs berühmt gewordenen Buch hat sich herumgesprochen, dass wir im *Zeitalter des Narzissmus* (München 1980) leben.

VIII.

Der Konsumismus

„Es ist klar, dass überflüssige Güter das Leben überflüssig machen."
(Pier Paolo Pasolini)

Ethnologie des Inlands: Der tobende Enkel

Eine Großmutter kauft in Begleitung ihres Enkels ein. Während sie den Einkaufswagen durch die Gänge schiebt und mit allerhand sogenannten Lebensmitteln belädt, verschwindet ihr vielleicht 5-jähriger Enkel in der Zeitschriften- und Video-Ecke. Als die Oma sich der Kasse nähert, ruft sie ihren Enkel herbei. Dieser bringt ein Comic-Heftchen mit und verlangt in rüdem Kommando-Ton, dass die Oma es ihm kaufen solle. Die Oma weigert sich und sagt: „Leg das wieder weg, das kaufen wir nicht!" Daraufhin beginnt der Enkel sich wie Rumpelstilzchen aufzuführen: Er tobt, springt herum, schreit wie am Spieß. Und obwohl er seine Großmutter in eine äußerst peinliche Lage bringt - die Augen aller Kunden sind auf die Szene gerichtet -, bleibt sie standhaft und macht den „Tanz ums goldene Kind" nicht mit. Dieses rast und tobt weiter, schmeißt das Heft zu Boden, stößt die Eingangstür auf und tobt draußen weiter. Er schlägt mit Fäusten gegen das Schaufenster, so dass man sowohl um die Scheibe als auch um seine Hände fürchten muss. Die Oma hebt das Heftchen auf, bringt es an seinen Platz zurück und bezahlt. Sie folgt ihrem Enkel nach draußen und packt den immer noch schreienden und tobenden Jungen bei der Hand. Dieser schlägt nach ihr und reißt sich los. Als ich ebenfalls den Laden verlassen habe und mein Rad besteige, sehe ich sie den Platz vor dem Geschäft überqueren und in einer Seitenstraße zwischen den Häusern verschwinden. Noch immer ist das Kind nicht zu bändigen, reißt am Arm der Oma und schreit, als ginge es um sein Leben.

Der Spiegel

„Der Mensch darf sein eigenes Gesicht nicht sehen können. Das ist das Allerschlimmste. Die Natur verlieh ihm die Gabe, sein Gesicht ebenso wie seine eigenen Augen nicht ansehen zu können. Nur im Wasser der Flüsse und Seen konnte er sein Antlitz erblicken. Und die Stellung, die er dabei einnehmen musste, war symbolisch. Er musste sich bücken, sich niederbeugen, um die Schmach zu begehen, sich anzuschauen. Der Schöpfer des Spiegels hat die menschliche Seele vergiftet", schrieb Fernando Pessoa in seinem Buch der Unruhe.

So beeindruckend und einleuchtend diese Passage auch ist, ist es dennoch nicht der Erfinder des Spiegels, den wir für die zeitgenössischen Folgen des *pathologischen Narzissmus* und die Exzesse menschlicher Eitelkeit verantwortlich machen können. Er konnte nicht ahnen, dass der Spiegel sich aus einem Medium der Selbstvergewisserung in ein Instrument der sozialen Kontrolle verwandeln würde. Wir sind seit einiger Zeit in eine gesellschaftliche Entwicklungsstufe eingetreten, die den Spiegel und die Spiegelung zwecks Förderung des Verkaufs von Waren und Dienstleistungen instrumentalisiert. Unablässig appelliert die Gesellschaft an narzisstische Sehnsüchte und Bedürfnisse. *Unterm Strich zähl' ich*, wirbt die Postbank, und eine Autofirma lässt in einem Werbespot einen Mann seelenruhig, beinahe wie in Trance, durch eine apokalyptische Gewitterszene schreiten. Um ihn herum schlagen Blitze ein, die Welt scheint unterzugehen. Dann erreicht der Mann seinen mit einer Klimaanlage ausgestatteten Wagen, er steigt ein und fährt fort. Er hat es gerade noch geschafft - ganz allein und dank eines bestimmten Produkts.

Nach mir die Sintflut, scheint zum Motto einer Gesellschaft zu werden, die Solidarität, Rücksichtnahme und gegenseitige Hilfe diskreditiert und ganz auf die Karte individueller Nutzenmaximierung setzt. Das Konsumdenken führt dazu, dass die Menschen sich untereinander als Produkte wahrnehmen und auch so behandeln. In Namen des Primats des Konsums bricht sich ein grenzenloser Individualismus Bahn, der nur noch das Recht des Dschungels kennt. Das Wirken des darwinistischen Prinzips in der entfesselten Konkurrenzgesellschaft kann folgende Geschichte illustrieren: Zwei Jungen begegnen irgendwo in den amerikanischen Wäldern einem aggressiven Grizzlybären. Während der eine in Panik gerät, setzt sich der andere seelenruhig hin und zieht sich seine Turnschuhe an. Da sagt der in Panik Geratene: „Bist du verrückt? Niemals werden wir schneller laufen können als der Grizzlybär." Und sein Freund entgegnet ihm: „Du hast Recht. Aber ich muss nur schneller laufen können als du."

Spaß zu haben wird zum kategorischen Imperativ, der *Tanz ums goldene Selbst* zum Lebensinhalt. Der von den zeitgenössischen Menschen befragte Spiegel antwortet mit Aufforderungen wie diesen: „Nimm dich nicht einfach so hin, mach etwas aus dir, verschönere dich! Du bist selbst verantwortlich für das, was du dort siehst. Benutze Kosmetikprodukte, lass dich operieren, geh ins Fitnessstudio!" Der Körper wird nicht mehr als etwas akzeptiert, mit dem die Natur uns ausgestattet hat und mit dem wir uns zu arrangieren haben, sondern gilt als eine Art Rohstoff, aus dem etwas zu formen ist, das sich im Einklang mit gesellschaftlichen Schönheitsidealen und Erwartungen befinden soll. Den entscheidenden Wert, der heute produziert wird, hat Gernot Böhme den *Inszenierungswert* genannt: Die Ware enthält zusätzlichen Wert durch den Beitrag, den sie zur Inszenierung und Steigerung dessen erbringt, was man – euphemistisch genug - Leben nennt. Nachdem die elementaren Bedürfnisse befriedigt sind, setzt der Kapitalismus auf Bedürfnisse, die durch ihre Befriedigung nicht zur Ruhe kommen, sondern vielmehr gesteigert werden. „Der Trick ist", sagt Zygmunt Bauman, „eine Sehnsucht zu wecken, die sich fortwährend nach neuen Sehnsüchten sehnt." Es sind dies Sehnsüchte und Bedürfnisse nach Ausstattung des Lebens, Sichtbarkeit, Sich-Unterscheiden, Sich-Spüren und Intensität. In gewissen großstädtischen Milieus ist die Sehnsucht nach Erleben und Erfahren größer als die nach Besitz, der bereits als Arretierung und Einschränkung der Bewegungsfreiheit erlebt wird. Besitz bindet und macht unflexibel. Dabei werden sich die Menschen in ihrem rastlosen Bemühen, sich zu unterscheiden, immer ähnlicher. Der Distinktionsgewinn, den mir der Kauf eines bestimmten Produkts verschafft, schwindet in dem Maß, wie dieses Produkt zur Massenware wird. Der Selbstwert wird von einem inneren Zustand und einer autonomen Leistung des Subjekts mehr und mehr zu einem Akt der Staffage. Gefühle der Leere, des Versagens und der Langeweile sollen durch immer neue synthetische Kicks und Einkäufe vertrieben werden. Zahlreiche Zeitgenossen erleben den Konsum als narzisstische Zufuhr und Steigerung ihres Wohlbefindens, das *Shopping* wird für sie zur Lebensform und zum Garant des inneren Gleichgewichts. Das *Sich-etwas-Gönnen* wird als Entschädigung für ungelebtes Leben und Prämie auf das reibungslose Funktionieren in Alltag und Beruf akzeptiert.

Konsum als Selbstwertprothese

Bei der Wahl der Selbstwertprothesen gibt es Unterschiede zwischen den Geschlechtern und den gesellschaftlichen Schichten und Klassen. Autos, Hunde, Goldketten, Uhren und Waffen sind das Viagra des männlichen Stolzes. Als Hülle eines fragilen männlichen Selbst dienen getunte Autos und ein antrainierter und mit hohem Aufwand in Form gehaltener Muskelpanzer.
Frauen benutzen zum Aufmöbeln ihres Selbstwertgefühls Friseurtermine, Besuche bei der Kosmetikerin, schönheitschirurgische Eingriffe und exzessives Shopping, wobei Parfüm, Klamotten, Schuhe, Handtaschen privilegierte Objekte des Begehrens sind.
In den höheren Einkommensstufen werden die Autos exklusiver, der demonstrative Konsum und die Wohnungseinrichtung aufwendiger und luxuriöser. Die psychische Funktion ist aber überall die gleiche: Ein schwaches Selbst geht an den Krücken eines identitätsstiftenden Konsums und um ihn kreisender Inszenierungen.
Der Konsum bildet in all seinen Facetten den libidinösen Kitt der Gesellschaft und das zentrale Medium der sozialen Integration. Eine Abstraktion wie „die Gesellschaft" kann nicht wirklich zum Gegenstand libidinöser Besetzung werden, sehr wohl aber die oben genannten Gegenstände und Apparate. Der späte Kapitalismus hat das Kunststück fertig gebracht, dass die Menschen die Funktionsimperative des Konsumismus als intimste ihrer Leidenschaften erleben. Diese Verzahnung von menschlichen Selbstkonzepten und Triebbedürf-

nissen mit den Erfordernissen und Funktionsweisen des herrschenden Systems ist die Lösung des Rätsels der heutigen Gestalt der „freiwilligen Knechtschaft“ (Étienne de La Boétie) und die Antwort auf die Frage, warum die Masse der Menschen die bestehenden Verhältnisse akzeptiert und tagtäglich mehr oder weniger engagiert an ihrer Reproduktion arbeitet.

Ethnologie des Inlands: Die Tyrannei des Service-Lächelns

Ob beim Bäcker, an der Tankstelle, am Bankschalter, in der Buchhandlung, sogar an der Kasse im Discounter: Man kann kein Geschäft verlassen, ohne dass einem „Schönen Tag noch“ nachgerufen wird. Als das vor einigen Jahren begann, hatte ich mir naiver Weise manchmal eingebildet, ich sei gemeint. Dann stellte ich ernüchtert fest, dass es sich um eine aus Berechnung unternommene Simulation von Freundlichkeit handelte, die flächendeckend und wahllos unter den Kunden verteilt wurde. Die Geschäftswelt hatte den „Kunden“ entdeckt. Seither menschelt es gnadenlos, und das umso mehr, je unmenschlicher es überall zugeht. Kassiererinnen, die drangsaliert und ausspioniert werden und denen ständig die Angst vor der Entlassung im Nacken sitzt, sollen ihren Kunden „einen schönen Tag“ wünschen.
Vor den Kunden liegen in der Regel ebenfalls Tage, an denen man sich morgens anzieht, um sich abends wieder auszuziehen. Man hat sich mühsam aus dem Bett heraus- und in einen Tag hineingequält, der ohne Ziel und Sinn ist und einen bloß älter werden lässt. Da ist es doch der blanke Hohn, wenn einem ständig „ein schöner Tag noch“ nachgerufen wird! Und der, der es einem nachruft, meint es gar nicht so, sondern sagt es nur so daher, weil man es ihm auf einer Schulung in Sachen „Kundenorientierung“ so beigebracht hat, und ihm ansonsten gekündigt wird. Zertifiziert nach ISO soundso. Und was heißt eigentlich „noch“? Als wäre der gerade getätigte Einkauf im Supermarkt oder der Besuch an der Tankstelle der kaum noch zu überbietende Höhepunkt des Tages, für dessen traurigen verbleibenden Rest man dem Kunden Glück wünschen muss. Dazu wird meist noch dieses entsetzliche Service-Lächeln aufgesetzt, eine Verspannung der unteren Gesichtsmuskulatur, bei der die Augenpartie ausgeschaltet bleibt, eine Art Zähneblecken mit kalten, unbeteiligten Augen. Früher ging man, wenn man das Geld für eine Domina sparen wollte und trotzdem mal richtig gedemütigt werden wollte, aufs Einwohnermeldeamt oder zur Passstelle. Heute trifft man dort auf lächelnde Mitarbeiter, die säuselnd fragen: „Was kann ich für Sie tun?“
Bin ich der Einzige, den die Pandemie des Service-Lächelns und der Dauerbeschuss mit guter Laune allmählich in die Verzweiflung treibt? Manchmal sehne

ich mich nach Zeiten zurück, da Kellner übellaunig und Kassiererinnen mürrisch waren. Das war irgendwie ehrlicher.

Konsum und Kontrolle

Der folgende Text von Leonhard Frank stammt aus seinem im Jahr 1952 erschienenen autobiographischen Roman *Links wo das Herz ist.* Im amerikanischen Exil begegnete sein Alter Ego Michael zeitig dem, was wir inzwischen *Konsumismus* nennen. Das Herzstück des *Konsumismus* ist die Werbung, die man damals noch Reklame nannte. Im Wirtschaftsteil der *New York Times* hatte er gelesen, dass amerikanische Unternehmer jährlich viele Milliarden Dollar für Reklame ausgeben. „Auch ihn hatten sie trotz seiner Skepsis schon oftmals verführt, Waren zu kaufen, die er von sich aus nie gekauft haben würde. Ein amerikanischer Professor der Nationalökonomie hatte zu Michael gesagt, das Reklameunwesen sei mit schuld daran, dass die amerikanischen Arbeiter trotz der hohen Löhne den Kampf um den Dollar ruhelos und verbissen lebenslang fortsetzen müssten. Das schwer verdiente Geld werde aus den durch Reklame hypnotisierten Massen herausgesaugt, zurück zu den Unternehmern, deren Umsätze und schwindelnd hohe Gewinne von Jahr zu Jahr größer würden. Das Resultat sei, dass der kleine Mann schließlich einen Eisschrank, eine Waschmaschine, einen Staubsauger, ein Radio, einen Fernsehapparat, ein halbes Dutzend Maschinen für die Küche, eine Unfall- und eine Lebensversicherung, eine Begräbnisstätte und das Recht auf einen Sarg habe – alles, nur kein Leben mehr. Denn der kleine Mann müsse diesen Maschinenpark ratenweise abbezahlen, für jedes Stück, je nach Wert, wöchentlich soundso viel Dollar, für alles zusammen mehr, als er allein abbezahlen könne, so dass auch die Frau gezwungen sei, auf Arbeit zu gehen, in den lebenslangen Kampf um den Dollar. Und abends säßen dann Mann und Frau in ihrer Maschinenausstellung wieder einander gegenüber, erschöpft von der Tagesarbeit, und rechneten aus, wieviel sie noch abbezahlen müssten, während die Stimme im Radio schon einen allerneuesten phantastisch verbesserten Fernsehapparat mit enorm vergrößerter Bildfläche, bequem abzubezahlen in Raten von nur ein paar Dollar wöchentlich, unwiderstehlich suggestiv anbiete. Der amerikanische Massenmensch, beständig durch Reklame hypnotisiert, bleibe zugunsten der Unternehmer bis zum Grab der gefesselte Sklave seines hohen Lebensstandards."

Ist diese Passage nicht von einer erstaunlichen Aktualität? Wer sein Leben lang Kredite abzahlt, muss parieren. Überhaupt dient das private Kleineigentum in erster Linie der Kontrolle des kleinen Mannes, nicht seinem Lebensglück. Es hängt ihm wie ein Mühlstein am Hals. Überfluss und Wohlstand sind in dem Maß repressiv, wie sie die Befriedigung von Bedürfnissen fördern, die es nötig machen, die Hetzjagd des Existenzkampfes und die aggressive Selbstbehauptung fortzusetzen. Jean-Jacques Rousseau fragte deshalb zu Recht: „ …welches Joch könnte man Menschen auferlegen, die nichts brauchen?" Auch ein anderer bürgerlicher Revolutionär - Saint-Just - war der Meinung, die Bedürfnisse brächten das arbeitende Volk in die Abhängigkeit seiner Feinde. Nur, wer nach nichts begehrt, worüber die Macht verfügt, kann sich ihrem Zugriff entziehen und bleibt unerreichbar.

Matthias Altenburg - alias Jan Seghers - notiert am Ostermontag, den 1. April 2013 in sein Tagebuch *Geisterbahn*:

„Samstagvormittag im tegut-Supermarkt. Wohlstandshölle. Das vermeintlich gehobene Kleinbürgertum zeigt, was es sich noch leisten kann und packt die Einkaufswagen für die Feiertage voll. Vor jedem Regal Gedränge, an den Kassen lange Schlangen. Der Ton gereizt; die Menge stößt sich. Ein paar Scheiben Schinken will ich kaufen, warte zehn Minuten und habe es fast geschafft. Nur noch ein Kunde vor mir, ein junger Vater mit seinem dreijährigen Sohn. Verkäuferin: "Darf's noch was sein?" – Vater: "Eine Scheibe Trüffelleberpastete, bitte." – Verkäuferin: "Diese hier?" – Vater: "Ja." – Die Verkäuferin legt die Pastete auf die Waage und tippt die Warennummer ein: "Sonst noch ein Wunsch?" – Vater: "Danke, das war's." Die Verkäuferin lässt den Betrag addieren und reißt den Zettel von der Waage. Jetzt meldet sich der Sohn zu Wort: "Die will ich nicht, ich will die andere." – Vater: "Welche willst du?" – Sohn: "Die da!" – Vater: "Da muss die Tante wohl mal drauf zeigen, damit wir wissen, welche Pastete du möchtest." – Verkäuferin: "Die hier?" – Sohn: "Nein!" – Verkäuferin: "Diese?" – Sohn: "Nein!" – Verkäuferin: "Meinst du vielleicht diese?" – Sohn: "Ja!" – Verkäuferin: "Aber das ist genau die Gleiche wie die, die ich abgewogen habe." – Vater: "Wenn er lieber dieses Stück möchte, dann geben Sie uns bitte dieses Stück." – Verkäuferin: "Dann muss ich allerdings ein Storno machen." – Vater: "Dann machen Sie eben ein Storno".
Und wieder was fürs Leben gelernt, gell, Junge?“

Ethnologie des Inlands: Wütende Kinder

In der Stadt sehe ich eine Großmutter mit ihren zwei Enkeln. Sie stöbert in einer Buchhandlung in den Kisten mit CDs, wobei sie das jüngere der beiden Kinder, ein vielleicht zweieinhalbjähriges blondes Mädchen, an der Hand hält. Das Kind schreit und brüllt, als ginge es um Leben und Tod. Ein Grund des Gebrülls ist nicht ersichtlich. Wahrscheinlich ist, dass die Großmutter es gewagt hat, einen vom Kind geäußerten Wunsch nicht prompt zu erfüllen. Das Geschrei ist aggressiv und seine Tonlage unangenehm schrill. Personal und Kunden schauen genervt zur Decke und hoffen, dass die Frau mit den Kindern den Laden bald verlässt. Aber sie hat die Ruhe weg und schlendert weiter an den Regalen vor-

bei, wobei sie das brüllende Kind an der Hand hinter sich herzieht. Das kleine Mädchen springt immer wieder mit beiden Beinen in die Höhe und schlägt sich gleichzeitig mit der freien Hand gegen den Kopf. Die Großmutter fordert das Kind zur Ruhe auf, indem sie Pscht, pscht, pscht zischt, aber das Kind ist wie von Sinnen und lässt sich nicht beruhigen. Sie sagt zu dem Kind Pscht, wie manche Hundebesitzer Pfui zu ihrem Hund sagen. Der ein Jahr ältere Bruder steht still daneben und beobachtet die Szene mit einem gewissen Befremden. Minuten später verlässt die Frau den Laden. Das Geschrei des Kindes ist noch eine Weile zu hören, bis es vom Straßenlärm verschluckt wird.

In John Lanchesters Roman „Kapital" findet sich eine Passage, in der das ungarische Kindermädchen eines Banker-Ehepaars ihre Erfahrungen aus der Kinderbetreuung in London resümiert, und die uns möglicherweise einem Verständnis solcher Szenen näherbringt. Matya Balatu hat den Eindruck gewonnen, „dass viele der Kinder, um die sie sich gekümmert hatte, gleichzeitig verwöhnt und vernachlässigt waren. Das war etwas, das sie aus Kecskemét (ihrem ungarischen Heimatort) nicht kannte, und deswegen dauerte es auch eine Weile, bis sie es begriffen hatte. Ein anderes Phänomen war, dass die Kinder zwar daran gewöhnt waren, ignoriert zu werden, und deshalb fast alles Menschenmögliche taten, um Aufmerksamkeit auf sich zu ziehen, aber es andererseits überhaupt nicht kannten, dass man Nein zu ihnen sagte, insbesondere dann nicht, wenn es vollkommen ernst gemeint war. Sie wurden wütend, um Aufmerksamkeit zu bekommen, und wütend, wenn man ihnen nicht ihren Willen ließ, und zusammen ergab das eine ziemlich große Menge an Wut."

Konsum und Vergessen

> *„Alle Verdinglichung ist ein Vergessen."*
> *(Horkheimer/Adorno)*

Im konsumistischen Zeitalter entscheidet die Teilhabe am Konsum über die Zugehörigkeit des einzelnen zur Gesellschaft und seinen Status in ihr. Nicht die Teilnahme an politischen Wahlen, die Kaufentscheidung ist der Akt, mit dem der einzelne sich sozial integriert. Der Konsum ist unser Mitgliedsbeitrag für die Zugehörigkeit zur Gesellschaft, und der Kampf um die Mitgliedschaft ist eine nicht enden wollende Aufgabe. Konsum ist schon zur Bürgerpflicht erklärt worden. Unmittelbar nach den Terroranschlägen vom 11. September 2001 forderte George W. Bush seine Landsleute auf: „Amerikaner, geht einkaufen!" Es war dies in erster Linie ein Appell zur Rückkehr zur Normalität, die durch die Anschläge jäh zerrissen worden war, aber es war auch eine Aufforderung zum Vergessen. Der Konsum wirkt wie ein Schaumteppich, der sich über Trümmer, Wunden und Brandherde legt. Der Schock der Anschläge hat die Kontinuität des Alltagslebens durchschlagen und eine momentane Zerrüttung hervorgerufen, der Konsum stellt sie wieder her, noch bevor sich aus dem Schmerz ein Gedächtnis bilden kann, aus dem Fragen nach dem Charakter der Normalität erwachsen könnten. Also: „Geht einkaufen, Leute, tut so, als wäre nichts gewesen!"

Der Konsum reduziert die Menschen auf ein dumpfes, formloses Präsens. „Die Konsumgesellschaft ist", wie der kürzlich verstorbene englische Historiker Eric Hobsbawm gesagt hat, „eine Gegenwartsgesellschaft". Ironie der Geschichte: Das von buddhistisch angehauchten Hippies in Zeiten, als Sparsamkeit und (Trieb-)Verzicht noch bürgerliche Tugenden waren, kämpferisch propagierte Leben im *Hier und Jetzt* verwirklicht sich in den Shopping-Paradiesen und Konsum-Tempeln der Gegenwart. Der neueste Werbeslogan von Coca-Cola lautet: „Alles jetzt, nichts später!" Das Streben nach Glück kam auf den entfesselten Konsumptionstrieb herunter. Der *homo consumens*, von dem bei Erich Fromm die Rede ist, ist ein unersättliches Wesen, ein ewiger Säugling, der immer mehr konsumieren möchte und dem die ganze Welt zum Konsum wird. Durch den Akt des Kaufens und Konsumierens kompensiert er seine innere Leere, vertreibt er Gefühle von Sinnlosigkeit und Angst. Es geht nur noch um das Heute, den gegenwärtigen Genuss, die Vergangenheit gehört nicht dazu. Wir sind in das Nirwana des Geldes und der Ware eingetreten. Der von Wirtschaft und Gesellschaft geforderte *flexible Mensch* darf nirgends Wurzeln schlagen, sich an nichts binden. Ständig muss er sich von etwas losreißen, kaum ist er irgendwo angekommen, wehen ihn die Marktwinde wieder fort. Er existiert gänzlich abstrakt, in der Form jener merkwürdigen Kugeln aus verheddertem Gestrüpp und Reisig, die der Wind durch Westernstädte weht. „In ein paar Jahren", schreibt Imre Kertész in seinem Buch *Ich – ein anderer*, „wird sich alles, alles ändern – die Menschen, die Häuser, die Straßen; die Erinnerungen werden eingemauert, die Wunden zugebaut sein, der moderne Mensch mit seiner berüchtigten Flexibilität wird alles vergessen haben, wird den trüben Bodensatz seiner Vergangenheit wegfiltern, als wär's Kaffeesatz." Erinnerung wird nachgerade zu einem Akt des Widerstands in der *eindimensionalen Gesellschaft* (Herbert Marcuse). Wer sich erinnert, weiß, dass es einmal anders war, und kann sich vorstellen, dass es eines Tages auch wieder anders werden kann. Gedächtnis und utopisches Vorstellungsvermögen bilden sich an Differenzerfahrungen. Adorno hat dies in seiner Vorlesung *Einleitung in die Soziologie* im Sommer 1968 so formuliert: „... Kritik heißt eigentlich soviel wie Erinnerung, nämlich in den Phänomenen mobilisieren, wodurch sie das wurden, was sie geworden sind, und dadurch der Möglichkeit innewerden, dass sie auch ein Anderes hätten werden und dadurch ein Anderes sein können." Die subjektive Schwäche des Gedächtnisses hängt Adorno zufolge mit der grassierenden Ich-Schwäche zusammen, die er als Signatur „der neuen sich heranbildenden, heraufziehenden Heteronomie" erkannte. Nur die Macht der Erinnerung an den *Sonnenaufgang der Vernunft* lässt das Künftige im Gegenwärtigen aufscheinen. Ohne sie bleibt nur wunschloses Unglück inmitten einer konturenlosen ewigen Gegenwart. *Consumo, ergo sum* hat Wolfgang Fritz Haug die Seinsgewissheit des konsumistischen Zeitalters ironisch auf den Begriff gebracht.

Viel handgreiflicher als noch zu Zeiten Adornos droht uns heute „das Schreckbild einer Menschheit ohne Erinnerung“, vom dem in seinem berühmten Vortrag *Was bedeutet: Aufarbeitung der Vergangenheit* aus dem Jahr 1959 die Rede ist. „Es ist kein bloßes Verfallsprodukt, keine Reaktionsform einer Menschheit, die, wie man so sagt, mit Reizen überflutet ist und mit ihnen nicht mehr fertig wird, sondern es ist mit der Fortschrittlichkeit des bürgerlichen Prinzips notwendig verknüpft. Die bürgerliche Gesellschaft steht universal unter dem Gesetz des Tauschs, des ‚Gleich um Gleich‘ von Rechnungen, die aufgehen, und bei denen eigentlich nichts zurückbleibt. Tausch ist dem eigenen Wesen nach etwas Zeitloses ...“ Die vollendete Herrschaftstotalität von Verdinglichung wäre Adorno zufolge identisch mit einem chronischen, allumfassenden Vergessen. Der Tausch ist seinem Wesen nach zeit- und qualitätslos, und in dem Maße, wie er alle gesellschaftlichen Bereiche bis in die letzten Poren durchdringt, werden Zeit, Erinnerung und Gedächtnis als irrationale Reste getilgt - wie die handwerklichen Spuren aus der industriellen Produktion. Die Verhältnisse präsentieren sich den Menschen in der Gestalt von fertigen Produkten, als eine „riesige Warensammlung“ (Marx), die ihren genetischen Aspekt, der begrifflich als Arbeit zu fassen wäre, kaum noch preisgibt. Die Dinge scheinen sich selbst hervorzubringen und es bedarf immer größeren Einsatzes kognitiver Energien, um den fetischistischen Schleier der Gegenständlichkeit noch zu durchdringen. „Das Geld kommt aus der Wand“, sagte die kleine Tochter eines Freundes, nachdem sie ihren Vater zu einem Geldautomaten begleitet hatte. Heutigen Kindern erschließt sich die Welt als ein Universum des Konsums und der Einverleibung, ihre Bedürfnisstruktur wird auf den Modus mühelosen Genusses und prompter, umwegloser Befriedigung eingestellt. Wo können sie noch Erfahrungen machen, dass die Dinge aus Arbeit stammen und in ihre Herstellung menschliche Anstrengung eingeflossen ist?

Dazu ein Beispiel, das aus Wilhelm Genazinos Roman *Die Ausschweifung* stammt: In seiner Familie ist Herr Fuchs der einzige, der seine Schuhe noch zu einem richtigen Schuster bringt, zu Herrn Schober in der Petterweilstraße. „Ruth und Anna ließen ihre Schuhe schon lange in einer Schnellwerkstätte in einem Kaufhaus in der Stadt reparieren. Wenn sie ihre Schuhe abgegeben hatten, gingen sie einen Stock höher in die Cafeteria des Kaufhauses; dort trank Ruth ein Kännchen Kaffee und Anna schleckte ein Eis, und wenn sie sich am Ende den Mund abwischten, hatten ihre Schuhe neue Sohlen und Absätze. Herr Schober in der Petterweilstraße brauchte dazu in der Regel eine Woche. Aber es eilte ja nicht! Besonders Anna fand es toll, dass ihre Schuhe repariert wurden, während sie ein Eis aufleckte. Schon jetzt war das Kind in die Schnelligkeit verliebt.“

Die in der waren- und marktförmigen Vergesellschaftung angelegte Tendenz zum kollektiven Gedächtnisverlust erhält seit einiger Zeit durch technische

Entwicklungen einen mächtigen Schub. Mit dem Computer hat der Fetischismus der Warenwelt zu sich selbst gefunden und dinglich-technische Gestalt angenommen: Er ist eine menschliche Hervorbringung, aber nun beten die Menschen ihn an und versuchen, in ihn hineinzukriechen und sich ihm anzuähneln. Mehr und mehr vergegenwärtigen sich junge Leute ihr Innen- und Gefühlsleben unter Rückgriff auf Computermetaphern. Unlängst telefonierte in meinem Büro ein junger Türke mit seiner Schwester. Als diese ihn fragte, wie es ihm gehe, antwortete er: „Ich bin auf Stand-by-Modus." Er hat mir, auf mein Bitten hin, eine ganze Liste solcher Computermetaphern erstellt, die von *Ich muss mal meine Festplatte ausmisten*, *Das hab ich auf'm Schirm* bis *Ich bin online* reichen. Eine Metapher hat er eigens für mich kreiert: „Wenn ich zu Ihnen zum Gespräch gehe, sag ich meinem Zellengenossen: Ich bin mal eben ‚meine Festplatte defragmentieren'." Angesichts dieser Entwicklungen fragte Cees Nootebooms in seinem 1999 erschienenen Roman *Allerseelen:* „Ich weiß nicht mal, wie man das ausdrücken soll. Wir haben Computer, oder wir sind Computer." Das menschliche Gehirn stellen sich viele Zeitgenossen inzwischen als einen etwas zu langsamen, defizitären Rechner oder eine unzureichende Suchmaschine vor. Günther Anders sprach bereits in den 50er Jahren von der *prometheischen Scham* des Menschen angesichts der von ihm hervorgebrachten kunstvollen Maschinen, gegen die seine fehlerhafte und hinfällige Kreatürlichkeit verblasst. Der Mensch als *Prometheus*, als Macher der Maschinenwelt, sei in die peinliche Lage geraten, sich dem Gemachten dauerhaft unterlegen zu fühlen – sich vor ihm zu schämen.

Die modernen Naturwissenschaften haben im Interesse der Naturbeherrschung die Welt auf eine Summe gesetzmäßiger Mechanismen reduziert, die auf mathematische Formeln gebracht werden können. Dieses Denken, heißt es in André Gorz' *Kritik der ökonomischen Vernunft*, bringt schließlich eine Maschine hervor, „die das Denken der Äußerlichkeit durch die Äußerlichkeit dieses Denkens selbst ersetzt und seitdem als Bezugspunkt für den menschlichen Geist dient: der Computer, gleichzeitig Rechenmaschine und ‚künstliche Intelligenz', Maschine zur Komposition von Musik, zum Schreiben von Gedichten, zur Krankheitsdiagnose, zur Übersetzung, zum Sprechen ... Die Fähigkeit zum Entwurf von Maschinen begreift sich schließlich selbst als Maschine; der Geist, der in der Lage ist, wie eine Maschine zu funktionieren, erkennt sich in der Maschine wieder, die in der Lage ist, wie er selbst zu funktionieren – ohne zu begreifen, dass in Wirklichkeit die Maschine nicht wie *der* Geist funktioniert, sondern nur wie *jener* Geist, der gelernt hat, wie eine Maschine zu funktionieren."

Ethnologie des Inlands: Bettler

Am Wochenende bin ich mit einer Bekannten, die ich auf dem Markt getroffen hatte, ein wenig durch die Stadt geschlendert. Am Kirchenplatz streckte uns eine junge Frau einen Pappbecher entgegen und sagte: „Haben Sie ein bisschen Kleingeld? Ich hab in letzter Zeit so stark abgenommen, dass ich mir alle Klamotten neu kaufen muss." Dabei zog sie mit dem Daumen den Hosenbund nach vorn, um zu demonstrieren, wie weit ihr diese Hose bereits geworden war. Auf beim Bettelmarkt herrscht große Konkurrenz, und wer zu etwas kommen will, muss sich etwas Originelles einfallen lassen. Vor allem muss man sich von jenen abheben, deren widerstandslose Verkommenheit selbst die Wohlmeinenden davon abhält, ihre Geldbörse zu öffnen. Unlängst sah ich ein paar Bettler, die sich Anzüge besorgt hatten und als Taubstumme auftraten. Mit stummen Gesten und entsprechender Mimik deuteten sie auf ein Klemmbrett, auf dem Spendenaufrufe für eine angeblich gemeinnützige Gehörlosen-Organisation eingespannt waren. Um potenziellen Spendern die Richtung zu weisen, waren dort bereits Beträge von fünf und zehn Euro vermerkt. Vermutlich handelte es sich um Osteuropäer, die auf diese Weise aus ihrer Not, kein Deutsch zu können, eine spendenfördernde Eigenschaft zu machen versuchten. Sie versuchten ihr Glück in einer großen Buchhandlung, weil sie annahmen, dort Menschen anzutreffen, bei denen ihr Trick verfangen würde. Eine Buchhändlerin, die ihr Treiben beobachtet hatte, forderte sie auf, den Laden zu verlassen. Jetzt plötzlich konnten sie hören und suchten das Weite.

Das Neuro-Orakel

In diesen Kontext passen meine - zugegebenermaßen spekulativen - Überlegungen zum Wandel des Seelenorgans. Andere Kulturen und Epochen haben sich die Seele anders vergegenwärtigt und sie anders lokalisiert – im Atem, im Zwerchfell, in der Zirbeldrüse, im Herz. Wir neigen dazu, die Seele im Gehirn anzusiedeln und mit ihm gleichzusetzen. Wie kommt es zu dieser Verlagerung? Es scheint mir eine Analogie zwischen dem Aufstieg der Neurowissenschaften zur neuen Leitwissenschaft und der Ausbildung einer computergestützten, informationellen, digitalen Produktionsweise zu bestehen. Man projiziert - pointiert gesagt - die Funktionsweisen des elektronischen Rechners auf die menschlichen Hirne. Es ist kein Zufall, dass dem Arzt und Ökonom Francoise Quesnay Mitte des 18. Jahrhunderts die Parallelität von Blutkreislauf und Wirtschaftskreislauf auffiel. In seinem berühmten *Tableau économique* wies er den Wirtschaftssubjekten, ähnlich den Organen des Menschen, gewisse Eigenschaften zu. Er dachte, auf diese Weise den Wirtschaftskreislauf verständlich machen zu können und verwandelte ihn gleichzeitig in einen quasi-natürlichen Vorgang, der sich jeder Kritik entzieht. In seinen *Theorien über den Mehrwert* bezeichnet Marx das *Tableau* als genialen Einfall, „unstreitig der genialste, dessen sich die politische Ökonomie bisher schuldig gemacht hat". Ich glaube mich zu erinnern, dass er im Fortgang seiner Würdigung dann aber darauf hingewiesen hat, dass die Kausalität anders verlief, als Quesnay es sich in einer für das bürgerliche Bewusstsein typischen Verkehrung dachte: Erst der sich herausbildende Geldkreislauf machte die Entdeckung des Blutkreislaufs möglich und nicht umgekehrt. Damit ist der wirtschaftliche Kreislauf entnaturalisiert und als historisch-spezifische Vergesellschaftungsform über Geld und Markt für Kritik und Veränderung zugänglich. Einen ähnlichen projektiven Mechanismus sah Marx bei den sogenannten *Robinsonaden* am Werk. Daniel Defoe hatte in seinem 1719 erschienenen Roman *Robinson Crusoe* einen englischen Seemann als Schiffsbrüchigen auf einer unbewohnten Insel stranden und dort eine scheinbar natürliche Ordnung errichten lassen. Marx merkt sinngemäß an: Robinson ist kein Naturbursche, sondern trägt ganz Groß-London und die Baupläne der im Entstehen begriffenen bürgerlichen Gesellschaft in seinem Kopf mit sich. Er verschanzt sich in einer Festung, führt Tagebuch und legt buchhalterisch Rechenschaft über die Verwendung seiner Zeit und seiner Vorräte ab. Er errichtet auf der Insel keineswegs eine natürliche Ordnung, sondern baut en miniature eine bürgerliche Gesellschaft auf. Das Bild des ersten Menschen wird in Wahrheit nach dem des letzten geformt.

So ist es sicher kein Zufall, dass man im sogenannten Informationszeitalter, in einer mehr und mehr computerisierten und vernetzten Welt, die *Verschaltungen* und *neuronalen Vernetzungen* im menschlichen Gehirn entdeckt oder zu entdecken glaubt und den Neurowissenschaften den Status der höchsten Erkenntnisinstanz zuweist. Es grassiert ein hirnzentriertes Verständnis vom Menschen. Den Neurowissenschaften und ihren bildgebenden Verfahren wird zugetraut, die alte Utopie von der Lesbarkeit des Menschen zu verwirklichen. Kaum eine Talkshow zu irgendeinem beliebigen Thema kommt ohne einen Hirnforscher aus, dem dann in der Runde die Rolle des *Orakels von Delphi* zugewiesen wird. Das menschliche Gehirn bringt einen Apparat hervor, der gewisse Denkfunktionen übernimmt und schließlich perfekter durchführt als das Gehirn selbst, und irgendwann vergegenwärtigt man sich die Funktionsweise des menschlichen Gehirns nach dem Muster des Computers. In den Entwicklungsschritten vom religiösen Begriff der *Seele*, über den schon technizistischen Begriff der *Psyche*, oder des *psychischen Apparats*, der die Seele als Feld menschlicher Bearbeitungs- und Beeinflussungsprozesse erschließt und zugänglich macht, hin zum heute hegemonialen Konzept des Gehirns, drückt sich der Siegeszug einer Vorstellung der Naturbeherrschung an und im Menschen aus, die auf Lesbarkeit und Machbarkeit des Menschen setzt. Lesen und entziffern kann sie indessen nur, was sie zuvor in ihn hineinprojiziert hat.

Prägungen und Drift

Manfred Osten hat in seinem Essay *Das geraubte Gedächtnis* gezeigt, dass das von Adorno einst beschworene Schreckgespenst einer „Menschheit ohne Erinnerung" im Zeitalter digitaler Systeme Wirklichkeit zu werden droht. Der

zeitgenössische Umgang mit dem, was man *Informationen* nennt, funktioniert nach dem Prinzip: *Speichere es und vergiss es gleich darauf!* Man speichert alles ab, fotografiert alles. In Aleksandar Hemons Roman *Lazarus* stieß ich auf folgende Bemerkung: „Ich habe den Eindruck, wenn Leute Bilder von etwas machen, vergessen sie das, was sie fotografiert haben, auf der Stelle." Eine Gegenstelle fand ich in Paul Austers neuem Roman *Sunset Park*. Der Vater eines der Hausbesetzer, von denen der Roman erzählt, ist Verleger und begegnet in der Stadt der Tochter eines seiner Schriftsteller. Sie bewegte sich im Kreis ihrer Freundinnen, trug ein rotes Kleid, war vergnügt, strahlte ob dieser zufälligen Begegnung übers ganze Gesicht. Sie „pflanzte ihm Begrüßungs- und Abschiedsküsse auf die Wangen, und seither trägt er dieses Bild von ihr als Inbegriff jugendlicher Ausgelassenheit und Verheißung in seinem Herzen, als einzigartiges Beispiel für *jugendlichen Überschwang*."
Ich trage einen großen Vorrat an solchen inneren Bildern in mir, die irgendwann belichtet wurden und die ich, wann immer mir danach ist, aus dem Entwickler ziehen und an die Wände meiner seelischen Innenräume projizieren kann. Aber immer bin ich es, der sie durch einen bewussten Akt der Erinnerung wach ruft. Heute hält man die Digitalkamera auf alles Mögliche und Unmögliche, speichert die Bilder auf der Festplatte ab und vergisst sie gleich darauf. Man muss nichts mehr bei sich und in sich bewahren, sich nichts mehr anverwandeln und einverleiben, aneignen und einprägen.
Apropos einprägen: Christoph Hein hat in einer 1994 anlässlich der Eröffnung der *Frankfurter Buchmesse* gehaltenen und *Prägungen* betitelten Rede ironisch vor dem Lesen gewarnt.[1] „Literatur ist identitätsfördernd, Lesen prägt das Individuum und ergibt (...) eine Initialisierung. Sie schafft im Individuum eine ursprüngliche Einteilung, deren Struktur alle späteren Erfahrungen, Haltungen, Kenntnisse ordnet und einordnet." Genau diese prägende Identität wird in unserer Zeit zu einer unerwünschten Belastung, da die erfolgte Prägung das Künftige nicht nur strukturiert, sondern auch über seine Akzeptanz entscheidet. „Das zu seiner Identität gelangte Individuum nimmt nur noch eingeschränkt auf, es filtert und prüft die eingehenden Informationen, es wählt aus, und es ist nicht mehr beliebig zu gebrauchen. Was einst als aufklärerische Leistung galt, wurde zum Handikap: Literatur stiftet Identität, die nicht mehr gefragt ist, die in einer effizienten Technokratie verhindert werden muss, da sie die Disponibilität des Menschen einschränkt." Ständiger Identitätswechsel ist heute gefragt, man darf sich nicht länger auf eine einzige Identität festlegen lassen. Das Individuum muss sich für mehrere Identitäten offenhalten, muss ständig verfügbar und flexibel sein. Der Umgang mit Literatur behindert genau diese Disponibilität. Die heute gewünschte Flexibilität wird eher durch passive mediale Beeinflussung hervorgerufen. Literatur und Lesen erweisen sich so gesehen als schädlich. „Disponibilität ist gefragt, Verfügbarkeit, Aufgeschlossenheit, Geschmeidigkeit, Assimilierung, Kompatibi-

1 Diese Rede erschien zunächst am 7. Oktober 1994 in der Wochenzeitung Freitag, dessen Mitherausgeber Christoph Hein zu jener Zeit noch war, und wurde dann noch einmal in den Essayband *Aber der Narr will nicht* (Frankfurt am Main 2004) aufgenommen.

lität und gewiss auch Opportunismus. Sich schnell und bedenkenlos der jeweiligen Situation anpassen, die Nützlichkeit erwägen und diesen Nutzen allem voranzustellen, das ist die Tugend der Effizienz." Wer seinem Gewissen gehorcht, ist eine Gefahr und wird sich gegebenenfalls Befehlen und neuen Trends widersetzen. Wessen Persönlichkeit Prägungen aufweist, der wird diesen weiter folgen, ja folgen müssen, auch dann, wenn die Anforderungen sich wandeln. Rückgrat und Charakter sind heute Hindernisse des Fortkommens.

Lange vor Christoph Hein hatte Adorno vor dem Hintergrund amerikanischer Erfahrungen die Schwächung des Ich als sozialpsychologische Signatur des späten Kapitalismus ausgemacht. "Gegenüber dem unbeschränkt anpassungsfähigen, dem subjektlosen Subjekt, ist freilich das Gegenteil, der Charakter, archaisch. ... amerikanisch heißt ‚he is quite a character' dasselbe wie komische Figur, Sonderling, armer Kerl." Charaktere stören nur den Ablauf des ganzen sinnlosen Getriebes. In einem Gespräch mit Eugen Kogon und Max Horkheimer aus dem Jahr 1950 über *Die verwaltete Welt oder: Die Krisis des Individuums* (Max Horkheimer, Gesammelte Schriften Bd. 13, Frankfurt/Main 1989, S. 130) führte Adorno aus: „Man könnte beinahe sagen: Die Menschen verlieren überhaupt das, was einmal Charakter war, die geprägte Eindeutigkeit ihres Ich, das sie von der Vergangenheit übernehmen und in die Zukunft hinein bewahren, weil ja dieses Ich gewissermaßen ein Ballast ist, der ihnen das Fortkommen innerhalb der gesellschaftlichen Riesenmaschine nur schwermachen könnte. Fast – man könnte sogar so weit gehen zu sagen – dass in diesem Prozess die Menschen, die sich all dem anpassen nur um ihrer Selbsterhaltung willen, eben in diesem Prozess der Anpassung genau dieses selbe Ich, dieses Selbst, verlieren, das sie eigentlich erhalten wollten, und darin liegt die satanische Dialektik dieses Prozesses beschlossen, soweit es um seine menschliche Seite sich handelt."

In Verlängerung dieses Adorno-Gedankens schreibt Heiner Keupp: „Das amöbenhafte Subjekt lässt sich vom Strömungsgeschehen der gesellschaftlichen Drifts mitziehen, bildet den einen oder anderen dekorativen Wirbel und geht bewusstlos unter, ohne den Versuch, Widerstand gegen eine falsche Richtung der Entwicklung zu leisten." (Auf der Suche nach der verlorenen Identität, in: Verunsicherungen. Das Subjekt im gesellschaftlichen Wandel, Göttingen 1989, S. 62)

Ethnologie des Inlands: Kinder-Apps

Neulich wartete vorn an der Ampel eine Mutter mit Kinderwagen. Die Mutter telefonierte und ich schaute, wie das Kind darauf reagierte. Und was sah ich? Das vielleicht zweieinhalb Jahre alte Kind hielt selbst ein Smartphone in der

Hand und patschte mit seinen Fingerchen darauf herum. Wahrscheinlich hat die Mutter ihr ausrangiertes Modell ans Kind weitergereicht, damit es sich langsam an den heute üblichen Modus der zwischenmenschlichen Kommunikation gewöhnt. Die Benutzung der Geräte ist buchstäblich kinderleicht geworden. Man klappt sie auf und schon geht's los. Die Finger wischen über das Display und im Handumdrehen beginnt ein Dreijähriger im Internet zu surfen. Schon werden spezielle Spiele-Apps für Kinder entwickelt. Jemand erzählte mir unlängst, er habe im Wartezimmer beim Zahnarzt ein Kind gesehen, das mit der charakteristischen schnippenden Bewegung von Daumen und Zeigefinger versucht habe, ein Foto in einer Illustrierten zu vergrößern.
Ein paar hundert Meter weiter ging ein älterer Mann laut schimpfend durch die Fußgängerzone. Was genau seinen Zorn entfesselt hatte und wer der Adressat seiner Beschimpfungen war, blieb mir verborgen. Wahrscheinlich handelte es sich um eine diffuse Weltbeschimpfung. Der Mann konnte den Abgrund, der ihn von der Welt und den Anderen trennte, nur noch brüllend und schimpfend überbrücken. Der konkrete Anlass war längst verblasst oder in Vergessenheit geraten, der Adressat abhanden gekommen. Schimpfen ist zu seinem Weltverhältnis geworden. Plötzlich brachte ich das Schimpfen des Mannes mit dem Telefonieren der anderen in Zusammenhang. Vielleicht wollte er durch sein Brüllen darauf aufmerksam machen, dass man nur noch auf diese Weise zu den anderen durchdringen kann, die in einen medialen Kokon eingeschlossen und nicht mehr erreichbar sind – trotz und gerade wegen ihrer ewigen Erreichbarkeit. Nachdem ich meine Beweggründe in den Mann projiziert hatte, waren meine Sympathien auf seiner Seite. Ich habe aber sowieso für jeden Verständnis, der brüllend durch die Fußgängerzone geht. Es scheint mir das eigentlich angemessene Verhältnis zum grassierenden Wahnsinn.

Der Virus der Leere

Wir leben in einer Gesellschaft, so hatte ich gesagt, die das Vergessen systematisch fördert. Eine Halbdemenz scheint ironischerweise das Prinzip der sogenannten *Wissensgesellschaft* zu sein. Die virtuelle Kommunikation mit dem Bildschirm schädigt das Gedächtnis und leistet damit der Ausbildung einer spezifischen Variante der Demenz Vorschub. Die Welt wird zur Benutzeroberfläche, es reichen ein paar Klicks und alles ist vorhanden, alles steht magisch wie auf Abruf bereit und zur Verfügung. Was sich unterhalb der bunten Oberfläche abspielt, entgeht dem Benutzer. Er kennt die Zeichenfolge der Befehle nicht, die durch das Klicken auf ein Bildsymbol aktiviert werden, und muss sie auch nicht kennen. Es ist wie im oben angeführten Beispiel: „Das Geld kommt aus der Wand." Die Vermittlungsschritte, die nötig sind, damit das Geld aus der Wand kommt, entziehen sich der Wahrnehmung.
Die Unmasse an Informationen, mit denen wir tagtäglich konfrontiert werden, bleibt an der Oberfläche und tritt nicht mehr den Durchgang durch komplexe Verarbeitungs- und Aneignungsprozesse an. Diese innere Vorrats- und Lagerhaltung, die im Bearbeiten und Einordnen von Informationen besteht und den Grundstock des Gedächtnisses bildet, wird gegenwärtig im

Zeichen einer Art von mentaler *lean production* als unzeitgemäß und unrentabel abgeschafft. Das menschliche Gedächtnis, bislang geübt im Umgang mit selbst hergestellten Assoziationen und Einsichten und fähig, das Wesentliche vom Unwesentlichen zu unterscheiden und das Wesentliche zu erinnern, dankt ab zugunsten von elektronischen Speicherkapazitäten und Suchmaschinen. Es geht in immer mehr gesellschaftlichen Feldern heute darum, über stets abrufbare *Informationen* zu verfügen, nicht über *Wissen.*[1] Mal ganz abgesehen von der enormen Störanfälligkeit und den raschen Alterungsprozessen digitaler Systeme: Was der computergestützte Gedächtnisverlust – der „Virus der Leere" (Henning Mankell) - für künftige Generationen, für ihren Selbst- und Weltbezug bedeutet, vermögen wir gegenwärtig noch nicht einmal zu erahnen. Der soziologische Beobachter und Flaneur kommt jedenfalls aus dem Staunen gar nicht mehr heraus. Telefone und Computer werden zu Bestandteilen der Identität, ja des Körpers und infolgedessen überall mitgeführt. Als die Nichte eines Gefangenen hörte, dass sie ihr Smartphone nicht mit in die Besucherräume des Gefängnisses nehmen dürfe, zog sie es vor, draußen zu bleiben und im Auto zu warten. Sie könne nicht eineinhalb Stunden lang auf ihr Handy verzichten, ließ sie dem enttäuschten Onkel ausrichten. Ein anderer Gefangener erzählte unlängst, dass seine dreijährigen Zwillinge bei einem der letzten Besuche gefragt hätten, ob sie nicht lieber im Auto bleiben könnten. Als er verwundert reagierte, erklärte ihm seine Frau, dass sie auf Empfehlung einer Kindergärtnerin in die Kopfstützen der Vordersitze Spielekonsolen habe einbauen lassen, damit die Kinder vom Rücksitz aus während der Fahrt Computerspiele spielen können. Auf diese Weise würden sie einigermaßen ruhig gestellt und sie könne sicherer fahren. Das Resultat: Schon nach kurzer Zeit erscheinen den Kindern die Abenteuer der virtuellen Welt aufregender als ein Besuch des leibhaftigen Vaters.

Vergessens-Training

Schüler und Studenten sitzen in Klassenzimmern und Seminarräumen und mailen und simsen. Vorbei sind die Zeiten, da Schüler und Studenten vor Klassenarbeiten und Klausuren Spickzettel anfertigten und im Federmäppchen, hinter der Armbanduhr oder in den Socken versteckten. Heute geht man mit dem Smartphone ins Netz und *googelt*, kaum hat der Lehrer oder Dozent gefragt, blitzschnell nach der Antwort. Schon in der Mittelstufe gehe es los mit der Schnellrecherche im Internet, sagt Heinz-Peter Meidinger, Vorsitzender des *Deutschen Philologenverbandes* und Leiter eines Gymnasiums. 80 Prozent der Schüler, so zitiert er eine aktuelle Umfrage, hätten ihr inter-

1 Max Horkheimer sprach auf dem Hintergrund amerikanischer Erfahrungen zeitig vom Auftauchen neuer Formen von „Dummheit", die sich inmitten der Wohlinformiertheit ausbreiten: „Bloße Informationen helfen nicht weiter beim Erkennen der Wahrheit." Sie bleiben an der Oberfläche, während Erfahrung das Resultat von Verarbeitungsprozessen und Brechung an inneren Maßstäben ist. Denken heißt: Zusammenhänge herzustellen, nicht einfach Informationen zu sammeln.

netfähiges Handy dauerhaft eingeschaltet, um während des Unterrichts mit ihren Freunden über *Facebook* zu kommunizieren.
Der digitale Mensch entwickelt die Neigung, sich nichts mehr zu merken, sondern nur den elektronischen Ort, an dem die betreffenden Informationen aufzufinden und jederzeit abrufbar sind. Diesen Vorgang kann man getrost als kulturelle Zäsur betrachten. Gedächtnisinhalte werden in Apparate ausgelagert, die uns die Mühen des Sich-Erinnerns abnehmen.
Wenn einem beim Spazierengehen der Gedanke kommt, man könnte diesen oder jenen mal wieder anrufen, tut man dies auf der Stelle und muss es nicht als Vorsatz mit sich herumtragen und für zu Hause vormerken. Man könnte sich dann eventuell doch für einen Brief entscheiden, dessen Abfassung viel mehr Sorgfalt, Mühe, Konzentration und Hinwendung zum anderen verlangt. Heute entscheidet man sich für eine SMS und setzt sich auf diese Weise nicht der Gefahr eines wirklichen Dialogs oder gar einer Gegenrede aus.
Die *Süddeutsche Zeitung* hat anlässlich der Affäre um den vormaligen Bundespräsidenten Wulff daran erinnert, dass diese ohne das ganze moderne technische Gerät nicht möglich gewesen wäre. Wulff hatte seine Nachricht an den Chefredakteur der *Bild-Zeitung* auf dessen Mailbox gesprochen und sich ihm damit auf Gedeih und Verderb ausgeliefert. Unterstellt, so hieß es in der *SZ*, „eine hochrangige Persönlichkeit wird für einen Moment vom Zorn übermannt, ruft beim Chefredakteur einer befreundeten Zeitung an und spricht, weil dieser nicht rangeht, finstere Drohungen auf den Audiorekorder. Kaum aber hat der Mann seinem Ärger Luft gemacht, meldet sich der Verstand zurück, und zwar mit der niederschmetternden Botschaft: Das war eine Dummheit. Aber diese Riesendummheit ist auf der Mailbox, und kein Machtwort holt sie wieder zurück." Früher diktierte oder schrieb man einen Brief, eine Kulturtechnik, die zwischen einen wütenden Impuls und seine Umsetzung eine Phase der Besinnung einlegte. Wie hilfreich der Brief als Mittel der Deeskalation ist, kann man bei Karl Valentin nachlesen. In einem seiner Dialoge diktiert er schwer beleidigt ein Schreiben an einen Freund, der unter anderem als „hundsgemeiner Sauhund" beschimpft wird. Nachdem er sechs Briefbögen wegen inhaltlicher und juristischer Bedenken zerrissen hat, findet er endlich die richtigen, in ihrer Schlichtheit und Kürze vorbildlichen Worte: „Geehrter Herr! Ich beschließe nun mein Schreiben und erachte die ganze Angelegenheit für entwichen." Zu dieser eleganten Formulierung wäre Valentin nie gelangt, wenn er seinen *hundsgemeinen Sauhund* direkt in die Mailbox gebrüllt oder als SMS verschickt hätte.
Im Amos Oz' Buch *Eine Geschichte von Liebe und Finsternis* kann man nachlesen, wie das Telefonieren noch vor wenigen Jahrzehnten vonstattenging. Da weder Amos Oz' Eltern noch die Familie in Tel Aviv ein eigenes Telefon besaßen, mussten Telefongespräche Wochen vorher verabredet werden. „Als erstes schrieben wir einen Brief an Tante Chaja und Onkel Zvi, um ihnen mitzuteilen: Am 19. des Monats, das ist ein Mittwoch, und mittwochs hat Zvi schon um drei Uhr Dienstschluss bei der Krankenkasse, rufen wir um fünf Uhr nachmittags von unserer Apotheke in eurer Apotheke an. Der Brief wurde lange im Voraus abgeschickt, und dann warteten wir auf Antwort. In

dem Antwortbrief versicherten uns Tante Chaja und Onkel Zvi, Mittwoch, der 19., sei ihnen sehr recht, und sie würden selbstverständlich kurz vor fünf Uhr in der Apotheke sein, aber wir sollten uns keinerlei Sorgen machen, falls es bei uns etwas nach fünf würde, sie liefen bestimmt nicht weg." Der Gang zur Apotheke war ein feierliches Unternehmen und man zog seine besten Kleider an. Schon am Sonntag davor sagte der Vater, dass alle daran denken sollten, dass man am Mittwoch in Tel Aviv anrufen werde. Schließlich in der Apotheke angelangt, musste man sich von einer Telefonistin verbinden lassen und nach einer längeren Wartezeit kam endlich die gewünschte Verbindung mit der Apotheke in Tel Aviv zustande. Das lang vorbereitete und heiß ersehnte Gespräch verlief dann relativ läppisch: „Wie geht es euch? Gut. Nu, dann werden wir bald wieder sprechen. Gut, euch zu hören. Auch gut, euch zu hören. Wir werden schreiben und den nächsten Termin vereinbaren. Wir werden sprechen. Ja, auf jeden Fall. Bald. Auf Wiedersehen. Und passt auf euch auf. Alles Gute. Euch auch." Amos Oz resümiert: „Dieses scheinbar leere Gespräch war keineswegs leer – es war nur karg."
Warum ich mir die Mühe gemacht habe, diese Passage zu zitieren und einen Exkurs in die nahe Vergangenheit zu machen? Um zu zeigen, mit wie viel planerischem Aufwand vor zwei Generationen ein schlichtes Telefonat verbunden war, wie viel Vorbereitung, Langsicht und Gedächtnisarbeit es erforderte. Noch in meiner Studienzeit riefen wir unsere Eltern zu vorher vereinbarten Zeiten von Telefonzellen aus an, vor denen sich Schlangen von Wartenden bildeten. Die Rücksicht auf die Wartenden und der chronische Geldmangel sorgten dafür, dass man sich in der Regel kurz fasste und auf das Nötigste beschränkte. Ansonsten gingen Briefe hin und her. Wie lang ist es her, dass ich den letzten richtigen Brief bekommen habe?[1]

Erwachsenen-Kinder

Zurück in die digitale Gegenwart. Einkäufe und Termine werden elektronisch gespeichert. Ich muss mir nichts mehr merken, kann alles jederzeit abrufen. Es wird vieles deswegen nicht mehr im Voraus geplant. Die Leute stehen vor dem Kühlregal und rufen erst nochmal jemanden an oder schauen im Internet nach irgendeinem Rezept.
„Du, ich komme eine Viertelstunde später, dann musst du auch nicht hetzen", ist der Handysatz, den ich in der Stadt am häufigsten mithöre. Man verabredet sich nicht verbindlich, sondern lässt bis wenige Minuten vor dem geplanten Treffen alles in der Schwebe. Man ruft sowieso nochmal an, muss sich also auch getroffene Verabredungen nicht mehr merken. Alle Verabre-

1 In der letzten Zeit habe ich zwei Bücher gelesen, die inhaltlich und sprachlich explizit gegen das Vergessen konzipiert sind und auf die Kraft der Erinnerungen setzen. Eugen Ruge beginnt beinahe jeden dritten Satz seines neuen Romans Cabo de Gata mit den Worten: „Ich erinnere mich …" und die Reiseerinnerungen in Christoph Ransmayrs Atlas eines ängstlichen Mannes beginnen allesamt mit „Ich sah …", und lassen dann mit einer sprachlichen Präzision und Detailgenauigkeit Bilder vor unserem inneren Auge entstehen, wie sie keine Kamera hervorrufen könnte.

dungen stehen unter Vorbehalt und können jederzeit abgesagt werden, wenn sich etwas Lukrativeres auftut.
All die geschilderten Verhaltensweisen fördern Mentalitäten, die wesentliche Qualitäten des von Norbert Elias beschriebenen Zivilisationsprozesses konterkarieren. Es grassiert statt langer Handlungsketten und planender Voraussicht ein punktiformes Erleben, das ganz auf den Augenblick ausgerichtet ist. Bis vor kurzem galt das als Krankheitszeichen und Symptom einer Persönlichkeitsstörung. Wir werden Zeugen einer kollektiven Infantilisierung, des Rückbaus zentraler Errungenschaften des zivilisatorischen Prozesses und der Erosion des mit ihm verknüpften Erwachsenen-Habitus': Dämpfung der Affekte, Aufschub von Befriedigung, Verinnerlichung von verhaltenssteuernden Normen, Unterordnung augenblicklicher Impulse unter fernliegende Zwecke, Planen von langen Handlungsketten und die Fähigkeit zum Perspektivenwechsel, was beinhaltet, die Wirkung der eigenen Handlungen oder die Wirkung der Handlung von anderen über eine ganze Reihe von Kettengliedern hinweg bedenken zu können. All das macht ein Gedächtnis erforderlich und fördert seine Ausbildung.
Flexibilisierung ist ein Schlüsselbegriff der entfalteten kapitalistischen Marktgesellschaft. Im Sinne der Marktideale wäre der ganz zeitgemäße Mensch derjenige, der imstande ist, sich psychisch ständig umzumontieren, der permanent zu Ablösungen bereit ist, der nach der Bindung an eine Religion auch seine persönlichen Bindungen zur Disposition stellt. Flexibel sein heißt, seine Lebensentwürfe vollkommen dem Marktgeschehen unterzuordnen. Die Differenzen zwischen Jugend und Erwachsen-Sein ebnen sich ein. Auch der heutige Erwachsene kennt noch Phasen, die traditionell nur bei Jugendlichen vorkamen: Neuorientierung, Lernen, Weiterbildung, prekäre Beschäftigung. Wir leben in einer permanenten Gegenwart, die Jung-Sein nicht nur zum höchsten Wert, sondern zur Verpflichtung für alle erhebt.
Die Folge ist eine fortschreitende *Infantilisierung* der Erwachsenen und die Geburt eines Wesens, das Neil Postman als das *adult-child*, das Erwachsenen-Kind, bezeichnet hat. Dieses bleibt offen für ständig wechselnde Anforderungen, definiert sich über das demonstrative Vorzeigen von Konsumgütern und vermag sich wechselnden Lebensstilen anzupassen. Wie aber soll man erwachsen werden in einer Gesellschaft, deren Erwachsene sich immer infantiler gebärden? In Kleidung, Unterhaltungsformen, Ernährung und Sprache nähern Erwachsene und Jugendliche sich an und werden tendenziell ununterscheidbar. Die Opas tragen dieselben albernen Kappen und Sonnenbrillen wie ihre Enkel. In der Stadt trifft man auf erwachsene Männer auf Tretrollern. Alle führen Flaschen mit sich, aus denen permanent genuckelt wird. Der Axolotl als neuer Sozialcharakter und Lebensform? Es existiert eine allgemeine Regression zu Wiege und Rassel. Zwischen dem Säugling, für den eine Lebensversicherung abgeschlossen wird, und dem Greis, der sie einlöst, bestehen nur noch graduelle Unterschiede. Die Konsumgesellschaft bringt einen gefräßigen, ungeduldigen, auf seinen Spaß bedachten ewigen Säugling hervor, der sich genüsslich die Flasche geben lässt und für den die kleinste Verzichtsleis-

tung zur Quelle eines tiefen Unbehagens oder einer immensen Wut werden kann.

Der ehemalige Lehrer Daniel Pennac erzählt in seinem Buch *Schulkummer* (Köln 2009) folgende Episode von einem Elternsprechtag:

„Dann ist da der verärgerte Vater, der mir kategorisch erklärt: „Meinem Sohn fehlt es an Reife." Dieser Vater ist ein junger Mann, der mir in den lotrechten Linien seines Anzugs mit durchgedrücktem Rücken korrekt gegenübersitzt. Seinem Sohn fehlt es an Reife. Gesagt ohne jede Einleitung. Und als Feststellung, die zu keiner Frage, keinem Kommentar auffordert. Eine Lösung will er, und basta. Trotzdem frage ich nach dem Alter des Sohnes.

Er: „Schon elf."

An diesem Tag bin ich nicht in Form. Vielleicht schlecht geschlafen. Ich stütze meine Stirn in beide Hände. Schließlich erkläre ich, unfehlbar wie Rasputin:

„Ich habe die Lösung."

Er zieht eine Braue hoch, sieht mich befriedigt an. Schön, zwei Spezialisten unter sich. Und, wie lautet die Lösung?

Ich sage sie ihm: „Warten Sie ab."

Damit ist unser Gespräch praktisch am Ende. Er ist nicht zufrieden.

„Der Junge kann doch nicht ewig spielen!"

Am darauffolgenden Tag begegne ich diesem Vater auf der Straße. Derselbe Anzug, dieselbe Straffheit, derselbe Aktenkoffer. Aber er bewegt sich auf einem Tretroller fort.

Ich schwöre, das ist Wahrheit..."

Lustpferde und menschliche Arbeitstiere

Die Süddeutsche Zeitung vom 20./21. Juli 2013 zitiert Peter Sloterdijk aus einem Interview, das er im Jahr 1999 gegeben hat: „Ist das nicht eine seltsame Beobachtung an der gegenwärtigen Gesellschaft: dass nur die Pferde die Emanzipation geschafft haben? Menschen sind Arbeitstiere wie eh und je, auch wenn sie unglückliche Arbeitslose sind, aber die Pferde, die heute auf deutschen Koppeln stehen, sind allesamt Lustpferde, posthistorische Pferde." Sie haben das „Reich der Freiheit" erreicht, als das Marx die Zukunft einer befreiten Menschheit beschrieben hat. In Negt/Kluges Buch *Geschichte und Ei-*

gensinn findet sich eine englische Karikatur aus dem 19. Jahrhundert, die *Wirkung des Eisenbahnbaus auf die rohe Schöpfung* betitelt ist und Kutscher und Pferde zeigt, die durch den Eisenbahnbau arbeitslos geworden sind und neuartige Eigenschaften entfalten. Die Pferde tanzen und musizieren, während die ehemaligen Kutscher träge herumliegen oder spazieren gehen. Doch Sloterdijk hat gegen diese Karikatur recht behalten: Seit der Erfindung der Eisenbahn und des Automobils sind die Pferde – in unseren Breiten bis auf wenige Ausnahmen - frei und genießen unbeschwert ihr Pferde-Dasein, während die Kutscher sich als Lohnarbeiter in den Fabriken verdingen mussten oder Fernfahrer wurden.

Wie viel Flexibilität verträgt der Mensch?

Für Nietzsche verkörperte der Schauspieler den Prototyp eines im Entstehen begriffenen Menschentyps, der, „den sogenannten Charakter beiseite schiebend", sich „auf neue Umstände immer neu einzurichten, immer wieder anders zu geben und zu stellen hat, befähigt allmählich, den Mantel nach *jedem* Wind zu hängen und dadurch fast zum Mantel werdend (...)" Unter dem Zwang äußerer Umstände entwickele sich dieser „Überschuss von Anpassungsfähigkeiten aller Art" auch „bei Familien des niederen Volks", die gezwungen seien, sich „geschmeidig nach ihrer Decke zu strecken" und „auf neue Umstände immer neu einzurichten".
Hat Nietzsche hier in seiner *Fröhlichen Wissenschaft* nicht eine ziemlich genaue Beschreibung des *flexiblen Menschen* von heute geliefert?
Er selbst sah sich zwischen zwei widerstrebenden Empfindungen eingeklemmt oder von zwei unabweisbaren, sich scheinbar widersprechenden Erfahrungen zerrissen. „Dagegen hasse ich die *dauernden* Gewohnheiten und meine, dass ein Tyrann in meine Nähe kommt und dass meine Lebensluft sich *verdickt*, wo die Ereignisse sich so gestalten, dass dauernde Gewohnheiten daraus mit Notwendigkeit zu wachsen scheinen: zum Beispiel durch ein Amt, durch ein beständiges Zusammensein mit denselben Menschen, durch einen festen Wohnsitz, durch eine einmalige Art Gesundheit. Ja, ich bin allem meinem Elend und Kranksein, und was nur immer unvollkommen an mir ist – im untersten Grund meiner Seele erkenntlich gesinnt, weil dergleichen mir hundert Hintertüren lässt, durch die ich den dauernden Gewohnheiten entrinnen kann. – Das Unerträglichste freilich, das eigentlich Fürchterliche, wäre mir ein Leben ganz ohne Gewohnheiten, ein Leben, das fortwährend die Improvisation verlangt – dies wäre meine Verbannung und mein Sibirien."
Statt sich zwischen zwei schlechten Möglichkeiten zu entscheiden, besteht die Lebenskunst gerade darin, Zwiespälte nicht nach einer Seite hin gewaltsam einzuebnen oder auf andere Weise künstlich zu planieren, sondern prüfend in der Schwebe zu belassen und die Widersprüche auszutragen. Ein *unglückliches Bewusstsein* ist freilich der Preis für einen solchen lebensgeschichtlichen Balance-Akt, der das Bewusstsein von einstweilen nicht zu lösenden Widersprüchen wach und offen zu halten versucht. Aus diesen sich verfilzenden Widersprüchen fand Nietzsche letztlich nie heraus und am Ende wurde

er von ihnen verschlungen. Wer Widersprüche nicht auszutragen vermag, sollte von der Philosophie, letztlich vom Denken, die Finger lassen, hat Adorno seinen Studenten immer wieder gesagt – wohl wissend, dass die Fähigkeit, Unsicherheit und Ungewissheit zu ertragen, unter ihnen nicht allzu verbreitet war und ist. Also wird bis auf den heutigen Tag nicht mehr gedacht. Jugend beschränkt sich gegenwärtig weitgehend darauf, sich innerhalb der herrschenden Verhältnisse amüsieren und *Spaß haben* zu wollen. *Big fun in good life* lautet das Lebensprogramm dieser Generation, aber der Spaß geht daneben, weil er von Ohnmacht und Unterwerfung unter einen zutiefst unversöhnten gesellschaftlichen Zustand zeugt und mit einem ungeahnten Ausmaß an weltweitem Elend einhergeht.

Ethnologie des Inlands: Coffee to go

Seit einiger Zeit trinkt, wer etwas auf sich hält, seinen Kaffee im Gehen. Coffee to go heißt ein aus den USA herübergeschwappter Trend. Mit der linken Hand das Handy ans Ohr pressen, während die rechte den Becher mit dem Kaffee umklammert: So signalisiert man, dass man hip und trendy ist und zu denen gehört, die gefragt sind und Stress haben.

Der Kaffee wurde in die abendländische Kultur eingespeist, als die beginnende Geldwirtschaft die Beschaulichkeit des mittelalterlichen Lebens beendete. Der Adlige schlürfte morgens zwischen Erwachen und Ankleiden eine Schokolade, der Bauer löffelte seine Biersuppe - der Bürger trinkt Kaffee, um seinen Kreislauf in Schwung und den Körper auf Betriebstemperatur zu bringen. Schluss mit dem Müßiggang und dem verschwenderischen Umgang mit der Zeit, denn Zeit ist Geld, und das Geld muss sich vermehren. Der Kaffee infiltriert den Körper und vollzieht chemisch-pharmakologisch, was Rationalismus und protestantische Ethik ideologisch-geistig bewirken. Dennoch setzte sich auch der Bürger zum Kaffeetrinken in den häuslichen Salon oder er betrat ein Kaffeehaus, las Zeitung, debattierte mit anderen über die Neuigkeiten aus aller Welt und trank dabei seinen Kaffee. Außerhalb geschlossener Räume etwas zu trinken oder zu essen galt als Ausdruck schlechter Manieren und blieb den Unterschichten vorbehalten.

Von solchen Traditionen reißt unsere Gegenwart sich los. „Keine Zeit" lautet das Motto des heutigen Menschen, der ein Leben auf der Überholspur führt und sich allerhand psychoaktive Substanzen einverleibt, um mit dem rasenden Tempo der Ökonomie mithalten zu können. Wer bremst, verliert und droht aus dem Rennen auszuscheiden. Angesichts des immer offenkundiger werdenden Wahnsinns der Beschleunigung wären uns allen etwas mehr heiße Schokolade, Müßiggang und Tugenden des Unterlassens zu wünschen.

Der Handy-Wahnsinn

Neulich begegnete mir in der Stadt eine Frau, die neben mir – so kam es mir jedenfalls vor - weit und breit der einzige Mensch war, der nicht im Gehen telefonierte. Einen Moment überlegte ich, ob ich sie ansprechen und fragen sollte, ob sie kein Mobiltelefon besitzt oder vielleicht irgendeiner Glaubensgemeinschaft angehört, die das Telefonieren in der Öffentlichkeit verbietet. Ich tat das dann natürlich nicht, aber fragte mich mal wieder, was in den letzten Jahren passiert sein muss, dass es plötzlich so viel zu sagen gibt. Und dass so vieles derart dringend ist, dass es unmittelbar gesagt werden muss und keinen Aufschub duldet. Wo man geht und steht, kommt einem jemand entgegen, der in ein Telefon spricht oder mit dem SMS-Daumen eine Nachricht eintippt. Ständig wird man genötigt, das Geplapper wildfremder Leute mitanzuhören. Man sitzt abends auf dem Balkon und möchte in Ruhe ein Buch lesen, aber unablässig dringen diese saudummen Handysätze von der Straße zu einem herauf: „Bin jetzt Goethestraße, gehe McDonald." Wie haben die Menschen es vor noch nicht allzu langer Zeit ausgehalten, allein und unüberwacht durch die Straßen zu gehen, die Umgebung mit ihren Sinnen wahrzunehmen oder still den Gedanken nachzuhängen, zu denen man durch das städtische Treiben angeregt wird? Können die Menschen die Erfahrung des Getrennt- und Alleinseins nicht mehr ertragen? Der Psychoanalytiker D. W. Winnicott hat in seinem Buch *Reifungsprozesse und fördernde Umwelt* (Frankfurt/Main 1984, S. 36 ff) die Bedingungen beschrieben, unter denen die *Fähigkeit zum Alleinsein* sich ausbilden kann. Die Fähigkeit, allein sein zu können, kann sich nur dann entwickeln, wenn ein Kind die verlässliche, leibliche Anwesenheit von Erwachsenen spürt, die im Stadium der Abhängigkeit und psychischen Desintegration als *Hilfs-Ich* fungieren und Schutz vor der ansonsten aufflackernden Angst gewähren. Später wird ein solches Kind fähig, auf die wirkliche Anwesenheit der Mutter oder Mutterfigur zu verzichten, weil es eine innere Umwelt errichtet hat, die die äußere Stützung tendenziell überflüssig macht. Schon diese wenigen Andeutungen vermitteln uns eine Ahnung, dass in der sogenannten Medien- und Informationsgesellschaft, in der Computer, Handys und flackernde Bildschirme schon die frühe Umwelt der Kinder bestimmen und den Takt vorgeben, die Bedingungen für die Ausbildung der *Fähigkeit zum Alleinsein* schwächer werden oder gar absterben. Für unsere Handyjunkies scheint es nichts Bedrohlicheres zu geben, als einmal für eine Stunde von ihm getrennt und allein zu sein. Aus dem Alleinsein steigen Ängste und Gefühle der Leere auf, die nur durch permanentes Online-Sein gebannt werden können.

Vor kurzem saßen im Theater Schüler neben mir. Sie brachten es nicht fertig, während der Vorstellung ihre Smartphones auszulassen und zu vergessen, sondern ließen zwischendurch ihre Zeigefinger immer wieder über die leuchtenden Bildschirme gleiten, um eventuell eingegangene Nachrichten nicht zu verpassen und umgehend zu beantworten. Das geht zwar stumm vonstatten, aber stört doch ungemein - mal ganz abgesehen davon, dass es eine Beleidigung der Schauspieler und der Kunst darstellt. In der Handy- und Laptopgesellschaft hat sich die Umgebung offenbar an dieses Verhalten gewöhnt, und auch die Akteure auf der Bühne scheinen sich damit abgefunden zu haben. Einer großen deutschen Tageszeitung entnehme ich, dass das für den Schweizer Schauspieler Robert Hunger-Bühler nicht zutrifft. Als dieser unlängst in Shakespeares Stück *Der Kaufmann von Venedig* in Zürich auf der Bühne stand und gerade zu Shylocks berühmten Monolog anheben wollte, fiel ihm auf, dass im Parkett lauter Handys flimmerten. Dem Schauspieler ist in diesem Moment vieles durch den Kopf geschossen, etwa die Frage, ob er überhaupt weiterspielen solle. Aber dann ist er, ohne groß zu überlegen, in den Zuschauerraum gestiegen und hat nach den Handyleuten gesucht. Ungefähr in der zehnten Reihe hat er „das Nest" ausgemacht und zwei von den Burschen auf die Bühne geholt. Dort sprach Hunger-Bühler den ganzen Monolog mit Shylocks bösen rhetorischen Fragen: „Wenn ihr uns stecht, bluten wir nicht? Wenn ihr uns kitzelt, lachen wir nicht? Wenn ihr uns vergiftet, sterben wir nicht?", noch einmal – den Jungen direkt ins Gesicht, als seien sie Quizshow-Kandidaten. Ganz still war es da plötzlich im Theater gewesen, stiller als sonst. Bevor er sie wieder entließ, trieb Hunger-Bühler das Spiel auf die Spitze und nahm das Handy eines der Jugendlichen – und machte ein Foto.

Der finnische Filmemacher Aki Kaurismäki antwortete auf die Frage, ob er ein Handy habe: „Ja, so ein Handy ist praktisch, wenn ich Bierflaschen öffnen will."

Ethnologie des Inlands: Neusprech

Ich stehe vom Schreibtisch auf und gehe eine Runde durch den Park. Auf der Wiese vor dem Theater sind eine Bühne und ein großes Zelt aufgebaut. Im Rahmen der „Hessischen Theatertage" wird an diesem Sonntagnachmittag ein Kultur- und Sportnachmittag durchgeführt. Ein junger Theatermitarbeiter moderiert die Veranstaltung und tritt dabei auch als Animateur in Erscheinung. Irgendwann muss er eine kleine Pause überbrücken und fragt die vor der Bühne auf dem Rasen hockenden und herumstehenden Zuschauer, ob sie Lust hätten, sich zu bewegen. Als niemand reagiert sagt er: „Ich sehe schon, Sie sind im Chill-Modus."

Als ich wieder vor dem Haus angelangt bin, gehen zwei junge Männer an mir vorüber. Der eine sagt gerade: „Das ist definitiv auch der Grund, warum Daniel so krass mit der Nummer gecrasht ist."
Was ist das für eine Sprache, die diese Leute sprechen?

Pasolinis Bäckerjunge

Pier Paolo Pasolini hat in seinen fast vergessenen *Freibeuterschriften* die Geschichte eines Bäckerjungen erzählt: „Früher war der Bäckerjunge einmal eine Gestalt, die immer und ewig fröhlich war: eine Fröhlichkeit, die ihm förmlich aus den Augen sprühte. Er machte pfeifend seine Runde durch die Straßen und ließ seine Sprüche los. Niemand konnte sich seiner Lebensfreude entziehen. Er war sehr viel ärmlicher gekleidet als heute: die Hosen voller Flicken, das Hemd oft nur noch ein Fetzen. Doch all das gehörte zu einem kulturellen Modell, das in seinem Milieu einen Wert, einen Sinn hatte. Und er war stolz darauf. Der Welt des Reichtums hatte er seine Welt, mit eigenen Werten, entgegenzusetzen. Er kam in die Häuser der Reichen mit einem *von Natur aus* anarchistischen Lachen, dessen Spott nichts ausließ; dennoch war er vielleicht voller Respekt. Doch war das eben der Respekt dessen, der aus einer anderen Welt kommt. Und überhaupt: entscheidend ist, dass dieser Mensch, dieser Junge fröhlich war." Das bäuerliche und proletarische Leben hatte trotz aller materiellen Armut seine eigenen Werte und seine Würde, und diese werden im Zuge der Ausbreitung dessen, was Pasolini den Lebensstil des *hedonistischen Konsumismus* genannt hat, zerstört. Mit der Armut hätten die Italiener auch ihre Würde verloren. In den Jahren vor Anbruch des Konsumismus und des Wirtschaftswunders hätten die Menschen nicht in einem goldenen Zeitalter gelebt, sondern in einem „bitteren Zeitalter des Brots": „Sie waren Konsumenten von unbedingt notwendigen Gütern. Das war es vielleicht, was ihr armes und prekäres Leben so notwendig machte. Es ist klar, dass überflüssige Güter das Leben überflüssig machen."

Pasolini scheut sich nicht, im Kontext dieser Kulturzerstörung von einem „Völkermord ohne Blutbäder und ohne Massenerschießungen" zu sprechen und wählte als Metapher für all diese Zerstörungen die des *Verschwindens der Glühwürmchen.* Das Land ist anders geworden: Die Glühwürmchen sind aus ihm verschwunden. Die alten Werte sind auf einmal nicht mehr wichtig, sie werden ersetzt durch die Werte eines neuen Gesellschaftsmodells. Der Konsumismus hat zynisch eine Welt vernichtet und sie in eine vollkommen irreale verwandelt, wo keine Wahl zwischen Gut und Böse mehr möglich ist. „Eine Entscheidung hat allerdings doch stattgefunden: die für die Versteinerung, für den Mangel an Mitleid. Es war das Fernsehen, das auf der praktischen Ebene das Zeitalter des Mitleids abgeschlossen und das hedonistische Zeitalter eingeleitet hat. Ein Zeitalter, in dem Jugendliche, die ebenso anmaßend wie frustriert sind aufgrund der Dummheit und gleichzeitigen Unerreichbarkeit der ihnen von der Schule und dem Fernsehen gebotenen Modelle, unaufhaltsam dazu neigen, entweder aggressiv bis zum Verbrechen oder passiv bis zum Unglücklichsein zu werden (was keine geringere Schuld ist)." Sie regredieren auf einen Zustand primitiver Stumpfheit und stoßen nur noch ab und zu obszöne Wortfetzen aus.

Der Konsumzwang erweist sich in den Augen Pasolinis als eine einzige anthropologische Katastrophe. Der Untergang der bäuerlichen und frühindustriellen Welt hat zu einer *anthropologischen Mutation* geführt: einer extremen

Vereinheitlichung unter dem Zwang zu konsumieren. „Es ist ein und derselbe Schoß, aus dem heute sämtliche Italiener kriechen." Die Kinder des Konsumismus gleichen Monstern: bleiche Gesichter, erloschene, stumpfe Augen. Die Jugendlichen sind Masken eines einzigen fortschreitenden, bewusstlosen Integrationsprozesses, der kein Erbarmen kennt: „Ihre Augen irren umher, nicht der geringste Lichtschimmer mehr in ihren Augen: ihre Gesichtszüge sind Robotern nachgebildet – nichts Persönliches, nichts Eigenes ist mehr darin." Der klassenübergreifende *konsumistische Hedonismus* zwingt die Jugendlichen, sich in ihrem ganzen Verhalten, ihrer Kleidung, ihren Schuhen, ihren Frisuren, ihrem Lächeln, ihren Bewegungen und ihren Gesten, ihrer Art sich zu küssen und zu umarmen, dem anzupassen, was ihnen die mediale Welt und besonders die Werbung vorgeben. (Freibeuterschriften, Berlin 1978) Haben wir gut dreißig Jahre später Veranlassung, Pasolinis pessimistischer Sicht zu widersprechen?

Ethnologie des Inlands: Ein heutiger Diogenes

Als ich dieser Tage einkaufen war, hörte ich plötzlich ein lautes Pfeifen. Sehr gekonnt pfiff jemand komplexe Melodien, während er durch die Regalreihen ging. Er pfiff nicht leise und selbstvergessen vor sich hin, sondern laut und durchdringend, so als würde er dafür bezahlt. Irgendwann sah ich dann auch den Erzeuger dieser Töne. Es war ein älterer Herr mit einer getönten Brille mit dicken Gläsern. Kleidung, Schuhe und Haar wirkten ein wenig vernachlässigt. Mitunter unterbrach er sein Konzert, um irgendetwas zu rufen oder vor sich hin zu brummeln. Er sprach mit sich und allen Kunden, die seinen Weg kreuzten. Lautstark begrüßte der die Kassiererin. Beide schienen sich zu kennen. Als sich hinter ihm in der Warteschlange eine Dame beschwerte, er halte mit seinem Gerede den Betrieb auf, wandte er sich zu ihr um und sagte freundlich zu ihr: „Zeit haben Sie bis zur Ewigkeit." In aller Ruhe zählte er das Geld ab, packte seine paar Sachen in eine Tüte und ging dann laut singend in Richtung Ausgang.
Eine Art zeitgenössischer Diogenes, dachte ich, der uns pfeifend und lachend den Spiegel vorhält und uns vor Augen führt, dass wir uns und das, was wir tun, zu wichtig nehmen. Der Frühling bringt auch all die Stadtstreicher und Stadtverrückten wieder zum Vorschein, die in irgendwelchen Einrichtungen überwintert haben. Ich bewundere an diesen Menschen den Gleichmut, der es ihnen erlaubt, inmitten des ordentlichen bürgerlichen Lebens ihr Scheitern und ihre Verwahrlosung nicht nur zu ertragen, sondern öffentlich aufzuführen. Sie haben es nicht mehr nötig, sich täglich zusammenzureißen und ihr Leben an den Erfordernissen beruflicher Leistungszwänge zu orientieren. Uns sogenannten Normalen, die wir uns in der Hamstertrommel des Alltags abstrampeln, kann die Existenz dieser zeitgenössischen Narren nur gut tun.

IX.

Der Glanz im Kamera-Auge – Die U-Bahn-Attacke als neues „Modell des Fehlverhaltens“

Von einer anderen Kategorie zeitgenössischer „narzisstischer“ Verbrechen war bisher noch nicht die Rede. Sie sollen hier nur kurz erwähnt werden, weil ich ihnen in meinem Buch *„... damit mich kein Mensch mehr vergisst! Warum Amok und Gewalt kein Zufall sind“* gründlich nachgegangen bin und ich mich nicht mehr als nötig wiederholen möchte. Diese Taten werden verübt, damit sie zu Bildern werden und der Täter gesehen wird. Ganz unverblümt hinterlassen jugendliche Amokläufer in ihren Internetbotschaften, dass sie ihre mörderische Tat begehen, damit man sie nicht mehr vergisst, sie wahrgenommen und berühmt werden. Anhand des neuen kriminellen Trends, wildfremde Leute in U-Bahn-Schächten vor laufenden Kameras zusammenzuschlagen und zusammenzutreten, habe ich zu zeigen versucht, dass die von den Überwachungskameras aufgenommenen Bilder, die abends durch die Nachrichtensendungen flimmern, Teil der Tatplanung und womöglich das eigentliche Ziel sind.
Hier ein Text, den ich 2011 geschrieben habe und der in der Wochenzeitung *Der Freitag* vom 19. Mai 2011 und im pädagogischen Online-Magazin *Auswege* erschienen ist.

Seit der durch ihre Sichtbarkeit und politische Indienstnahme durch den damaligen Hessischen Ministerpräsidenten Roland Koch berühmt gewordenen Münchner U-Bahn-Attacke aus dem Dezember 2007 kommt es in trauriger Regelmäßigkeit zu solchen Übergriffen junger Männer. Damals hatte ein 76-jähriger pensionierter Schuldirektor zwei junge Männer darauf hingewiesen, dass in der U-Bahn Rauchverbot herrscht, und dafür beinahe mit seinem Leben bezahlt. Die jungen Männer folgten ihm, als er ausstieg, holten ihn ein, brachten ihn zu Fall und schlugen und traten auf ihn ein. Dann rannten sie weg und ließen den Mann schwerverletzt liegen. Die beiden jungen Männer wiesen das auf, was man heute politisch korrekt und angeblich vorurteilshemmend einen „Migrationshintergrund“ nennt. Die Eltern des einen stammten aus der Türkei, der andere wuchs bis zum elften Lebensjahr in Griechenland auf. Beide waren bereits einschlägig vorbestraft und hatten am Tatabend wohl auch Drogen und Bier konsumiert. Der Mann sei selbst schuld, schließlich habe er sie „angemacht“, ließen die beiden in der Vernehmung verlauten.

Im Januar 2008 stiegen junge Männer in Frankfurt in einen U-Bahn-Zug Richtung Frankfurt-Innenstadt. Sie hatten zuvor übermäßig Whisky getrunken und es war ihnen nach Streit und Auseinandersetzung zumute. Sie begannen im Inneren des Zuges zu randalieren. Als der Fahrer des Zuges einschritt, stürzten sich die Jungs auf ihn und schlugen und traten auf ihn ein. Mit Prellungen und einer Gehirnerschütterung wurde er in eine Klinik gebracht und kann seither seinem Beruf nur noch eingeschränkt nachgehen. Die beiden 17-jährigen Täter waren bereits zuvor durch zahlreiche Delikte aufgefallen und gehörten zu einer Gruppe, die die Polizei als „Intensivtäter" einstuft.

Im September 2009 ereignete sich ebenfalls in München ein weiterer spektakulärer Fall. Der 50-jährige Dominik Brunner sprang in der S-Bahn Teenagern bei, von denen eine Gruppe junger Männer gewaltsam Geld erpressen wollte. Der Mann versuchte zu schlichten und bot den Schülern an, mit ihm gemeinsam auszusteigen und in seinem Schutz auf die Polizei zu warten, die er über sein Handy bereits verständigt hatte. Als Brunner und die Jugendlichen ausstiegen, folgten ihnen zwei der jungen Männer. Auf dem Bahnsteig griffen sie den Mann an und schlugen und traten mit ungeheurer Brutalität auf ihn ein. Wenig später starb Dominik Brunner an den Folgen der 22 schweren Verletzungen, die die 17 und 18 Jahre alten jungen Männer ihm zugefügt hatten. Sebastian L. und Markus Sch. wurden noch am Tatort von der Polizei festgenommen und sind unterdessen zu langjährigen Haftstrafen verurteilt worden. Der Haupttäter Markus Sch. erhielt 9 Jahre und 10 Monate, Sebastian L. 7 Jahre. Beide wurden nach Jugendstrafrecht verurteilt. Bei solchen Urteilen wird von der Strafjustiz gern auf deren generalpräventive Funktion hingewiesen: Die harten Strafen sollen andere potenzielle Täter abschrecken und von der Begehung vergleichbarer Taten abhalten. Die Abschreckung funktioniert in Wirklichkeit nicht, wie die nicht abreißende Kette von ähnlichen Gewalttaten belegt. Je schwerer die Straftat, umso mehr sind affektive und impulshaft-dynamische Faktoren am Werke, die den Gedanken an eine mögliche Bestrafung gar nicht aufkommen lassen. Als man einen gewissen Jörg aus generalpräventiven Erwägungen zu einer langen Haftstrafe verurteilt hatte, kommentierte Gerhard Mauz bissig: „Man sieht die jungen Leute vor sich, die fortan in vergleichbarer Situation vor einer Tötung, einem Kapitalverbrechen zurückschrecken, weil ihnen jählings Jörg einfällt."

Einer der letzten Zwischenfälle dieser Art ereignete sich in der Nacht zum Ostersamstag 2011 in Berlin. Dort hat ein 18-jähriger Gymnasiast im U-Bahnhof Friedrichstraße einen 29-jährigen Mann schwer verletzt. Er schlug diesem unvermittelt mit voller Wucht ins Gesicht und trat dann auf den am Boden Liegenden brutal ein. Ein beherzter junger Mann ging dazwischen und rettete dem Mann wahrscheinlich das Leben. Der Täter gab zu Protokoll, er habe aus reiner Streitlust gehandelt und sich sein Opfer zufällig ausgewählt. Die Polizei ließ den jungen Mann aus gutem Hause nach der Festnahme unter Auflagen wieder gehen.

Es scheint, als bilde sich unter unseren Augen ein neues *Modell des Fehlverhaltens* heraus: Wenn man Frust schiebt und sich unwohl fühlt in seiner Haut, wenn man irgendwie auf Krawall gebürstet ist, dann geht man in die Stadt zum nächsten U- oder S-Bahnhof und schlägt und tritt wie von Sinnen auf einen wildfremden Menschen ein. Man kann sicher sein, dass dort Kameras laufen, die Szene mitgeschnitten wird und über kurz oder lang ins Internet gelangt. Eine gewisse mediale Resonanz und traurige Berühmtheit ist einem sicher. Der französische Soziologe und Ethnologe Georges Devereux versteht unter *Modellen des Fehlverhaltens* Schablonen für Verhaltensweisen, die eine Kultur ihren Mitgliedern in Situationen großen Stresses als Entlastungsmechanismus zur Verfügung stellt. Es ist so, als würde die Gemeinschaft dem Individuum sagen: „Tu es nicht, aber wenn du es unbedingt tun mußt, dann muß es so und so gemacht werden." Als Devereux seine ethno-psychoanalytischen Überlegungen niederschrieb, konnte er noch nicht ahnen, welche Rolle eines Tages den modernen Medien bei der Durchsetzung neuer *Modelle des Fehlverhaltens* zukommen würde. Wie gewisse der medizinischen Vorsorge und gesundheitlichen Aufklärung verschriebene TV-Magazine und entsprechende Rubriken von Zeitschriften unterhalb der Ebene der manifesten Botschaft dafür sorgen, dass die jeweilige *Krankheit der Saison* in den gesellschaftlichen *Symptompool* (E. Shorter) eingespeist wird, aus dem sich der auf der Suche nach einer Konkretisierung seines diffusen körperlich-seelischen Leidens befindliche Zeitgenosse bedienen kann, so tragen angeblich der Aufklärung und Kriminalitäts-Prävention dienende Fernsehsendungen und die Berichterstattung über spektakuläre Straftaten dazu bei, neue *Modelle des Fehlverhaltens* zu etablieren. Bekannt und erforscht wurden die verheerenden Folgen des Fernsehspielfilms *Tod eines Schülers*, der das Publikum für die Identitätsnöte Pubertierender sensibilisieren wollte. In zeitlicher Nähe zur Ausstrahlung des mehrteiligen Films stieg die Rate der Eisenbahn-Suizide in der entsprechenden Altersgruppe drastisch an. Ein *Kollateralschaden* solcher Sendungen, wie auch der angeblich der Prävention verpflichteten Kriminal-Magazine der privaten Sender, besteht darin, dass sie ‚ansteckend' wirken, neue Codierungen für abweichendes Verhalten produzieren und bereits approbierte vermassen.

In Don deLillos Roman *Unterwelt* stoßen wir auf eine weitere Facette der Komplizenschaft zwischen Medien und Verbrechen. Der Texas-Highway-Killer, der aus dem fahrenden Auto wahllos in andere Autos feuert und auf diese Weise bereits mehrere Menschen getötet hat, telefoniert nachts *live* mit der Fernsehmoderatorin Sue Ann. „Sie gab ihm das Gefühl, als er selbst Gestalt anzunehmen, in die Gestalt hineinzukommen, die er immer hatte annehmen wollen, zu dem zu werden, was und wer er wirklich war. Er sprach zu ihr am Telefon und nahm Blickkontakt mit dem Fernseher auf. Da erwachte in ihm das Wissen, dass er existierte." Der Glanz im Auge der Moderatorin tritt an die Stelle des Kohut'schen *Glanzes im Mutterauge*, der dem vernachlässigten und mangelhaft gespiegelten Kind nicht zureichend zuteil wurde und an dem sich sein Selbstgefühl nicht erwärmen konnte.

Es ist, als würde die Gesellschaft ihren Außenseitern die latente Botschaft übermitteln: „Wenn du aus der Welt gefallen bist, wenn du dir überflüssig und wertlos vorkommst und das Gefühl hast, ausrasten zu müssen - wovon wir dir dringend abraten! -, dann kauf dir eine Knarre, geh auf die Straße oder in den nächsten Supermarkt und schieße blind um dich! Zeige der Welt, dass sie dich verkannt hat, und wozu du imstande bist. Lass dein geschundenes und verkanntes Selbst in einem gigantischen finalen Feuerwerk verglühen. Wenn du dir keine Waffen leisten kannst und deine Aktion keinen planenden Aufschub duldet, dann gehe an die nächste U-Bahn-Station und schlage den erstbesten Passanten zusammen. Beachte dabei, dass deine Tat nicht im toten Winkel der Überwachungskameras stattfindet. Tritt auf den Schädel deines Opfers ein, bis die Knochen krachen, und lass es liegen!"

Aber was reden wir über die Gewalt junger Männer, wo zur gleichen Zeit die ganze Welt die Ermordung eines Menschen feiert. Angela Merkel, die ja immerhin Bundeskanzlerin und Vorsitzende einer Partei ist, die sich gern auf ihre christlich-sozialen Traditionen und Werte beruft, sagte am 2. Mai 2011 in der *Tagesschau*: „Ich freue mich darüber, dass es gelungen ist, Bin Laden zu töten."

Bin Laden sei unbewaffnet gewesen, teilt der Sprecher des Weißen Hauses am Tag nach seiner Ermordung in einer Pressekonferenz auf Nachfrage eines Journalisten mit. Warum man keine Fotos vom toten Osama Bin Laden veröffentliche? Sie seien zu schrecklich und grausam. Wer hat das angerichtet? Wer war da grausam?

Inmitten des allgemeinen Freundengeschreis war in der Sendung *Kulturzeit* vom 3. Mai eine Stimme der Vernunft zu vernehmen. Der Rechtsphilosoph Reinhard Merkel wies darauf hin, dass eine derartige Hubschrauberaktion in einem fremden souveränen Staat gegen das Völkerrecht verstößt, dass ein solches Tötungskommando einer Demokratie unwürdig ist, und dass es den USA besser zu Gesicht gestanden hätte, Bin Laden festzunehmen und vor Gericht zu stellen. Warum fürchtet man von Seiten der USA einen Prozess derart? Welche peinlichen Verstrickungen könnten dort zur Sprache kommen?

Die USA haben, weil sie auch im zehnten Jahr nach dem Trauma des 11. September 2001 an einer Logik der Rache und Vergeltung festgehalten haben, eine epochale Chance vertan. Man hätte den demokratischen Gesellschaften angemessenen Weg der Festnahme und gerichtlichen Aufklärung und Verurteilung gehen sollen. Das wäre ein Signal für eine mögliche Versöhnung mit den muslimischen Ländern gewesen. So aber wird das amerikanische Vorgehen weltweit der Logik der Rache Auftrieb geben. Die im Triumph geballten Fäuste junger Männer, die nach der Tötung Bin Ladens in ihren Autos hupend durch New York fahren, lassen mich eher frösteln.

Die weltweit entflammten kriegerischen Auseinandersetzungen ziehen eine Verwilderung und Brutalisierung der Verkehrsformen auch dort nach sich, wo selbst keine kriegerischen Handlungen stattfinden. Mentalitäten des prompten Zuschlagens und Schusswaffengebrauchs, die Ausbreitung von

Formen ramboartiger Virilität werden ebenso gefördert wie die Akzeptanz von Gewalt als Modus der Lösung von Konflikten. Welche Chance hat die Einübung von zivilen Formen der Konfliktmoderation, wenn Jugendliche gleichzeitig erleben, dass der einzig verbliebenen Supermacht USA auch zehn Jahre nach *9/11* nichts anderes einfällt, als auf die damals erlittene massive Kränkung mit tödlicher Gewalt zu reagieren? Was vermag die Mühe von Sozialarbeitern, Lehrern, Sozialpädagogen dagegen auszurichten, dass Kinder und Jugendliche erleben, dass vom Kindergarten, über die Schule bis hin zum Arbeitsmarkt das Gesetz des Stärkeren und der rücksichtslosen, aggressiven Selbstbehauptung gilt? Müssen Therapeuten, Psychologen, Anti-Aggressions-Trainer nicht als glaubwürdige Anwälte eines Realitätsprinzips auftreten können, für das es sich lohnt, kriminelle und gewaltsame Modi der Konfliktlösung aufzugeben?
Noch immer gilt, was Georg Büchner in einem Brief vom 5. April 1833 seinen Eltern schrieb: „Man wirft den jungen Leuten den Gebrauch von Gewalt vor. Sind wir denn aber nicht in einem ewigen Gewaltzustand? Weil wir im Kerker geboren und großgezogen sind, merken wir nicht mehr, dass wir im Loch stecken mit angeschmiedeten Händen und Füßen und einem Knebel im Mund."

Maligner Narzissmus

Bei all diesen Gewaltphänomenen handelt es sich um pathologisch und delinquent entglittene Extremvarianten üblicher zeitgenössischer Identitätsbildungsprozesse und approbierter Selbst-Konzepte: Jugendliche sitzen sich im Café gegenüber – mit unruhig zuckenden Beinen - und nehmen sich mit ihren Handys wechselseitig auf. Sie stellen bereitwillig ihr Leben und ihr Innerstes, wenn man davon überhaupt noch reden kann, auf irgendwelchen Internet-Plattformen zur Schau. Sie streben danach, in Casting-Shows auftreten zu können. Exzessive Selbstdarstellung, Sichtbarkeit, betonte Körperlichkeit, Styling, Hypersexualisierung sind Bestandteile ihres Alltags geworden. All diese zeitgenössischen Kapriolen der jugendlichen Lebenswelt weisen darauf hin, dass der Narzissmus heute medial vermittelt ist oder sich der Medien zu seiner Entfaltung und Bewirtschaftung bedient.
Eine Gesellschaft, die im Interesse des Massenabsatzes von Waren und Dienstleistungen den *Narzissmus* ihrer Mitglieder unablässig stimuliert, darf sich nicht wundern, wenn auch dessen maligne, also bösartige, Varianten verstärkt in Erscheinung treten. Der Hass dringt in den zivilen Alltag ein - unter und hinter den wohlgeordneten und glitzernden Fassaden der Konsumgesellschaft grassieren Vandalismus und Gewalt. Mit demonstrativer und mitunter scheinbar motiv- und grundloser Gewalt holt sich „das Lumpenproletariat der Aufmerksamkeitsökonomie" (Georg Franck) die Aufmerksamkeit, an die es anders und auf gesellschaftlich lizenzierte Weise nie käme. Auch die Zukurzgekommenen und aus dem Markt Herausgefallenen wollen heraustreten aus dem Schatten der Nicht-Beachtung und verweigerten Anerkennung und sich im Glanz des Kamera-Auges spiegeln, der mehr und mehr an die Stelle

des Glanzes im Mutterauge tritt. Salopp gesagt: Wer bei *Deutschland sucht den Superstar* nicht landen kann, kann als Amokläufer oder U-Bahn-Schläger in die Hall of Fame der Übeltäter eingehen und für Schlagzeilen und Sendezeit sorgen. Negative Aufmerksamkeit ist besser als gar keine!

Die Welt meines Vaters

Mit Menschen wie meinem Vater wäre der Konsumismus nicht möglich gewesen. Er entstammte dem durch den Roman Ernst Glaesers berühmt gewordenen *Jahrgang 1902*. Er wuchs in einem protestantischen Pfarrhaus im wilhelminischen Deutschland auf. Sein Vater repäsentierte als Pastor diese Gesellschaft und den Kaiser. Die Arbeiter hingen, um ihn zu provozieren, am 1. Mai eine rote Fahne in die Linde vor dem Pfarrhaus, die er durch den Küster entfernen ließ. Da ein Mensch seine Prägung in Kindheit und Jugend erfährt und sich in seinen Erziehungspraktiken in der Regel von den damals verinnerlichten Prinzipien leiten lässt, fiel der lange Schatten des Wilhelminismus auch noch auf meine und meiner Geschwister Kindheit. Was bedeutet das?
Es wurde gespart, nicht aus ökonomischer Not, sondern aus Prinzip. Wehe es brannte ein überflüssiges Licht! Der Teller wird abgegessen, unter allen Umständen. Nichts wurde weggeworfen, nichts kam um. Essenreste wurden gesammelt und irgendwann zu einem Auflauf oder einem Eintopf verwendet. So etwas wie Verfallsdaten waren unbekannt, Ekelschranken wurden nicht akzeptiert: „Die Suppe hat einen kleinen Stich“, hieß es und sei durchaus noch genießbar. Man hatte so lange am Tisch sitzen zu bleiben, bis der Teller leer gegessen war. Keine Zwetsche, kein Apfel, keine Sauerkirsche blieb am Baum hängen. Das Fallobst wurde aufgesammelt und zu Kompott und Marmelade verarbeitet oder eingeweckt. Im Keller stand ein Steinguttopf mit selbst gehobeltem und eingelegtem Sauerkraut. In einem Kellerraum mit Lehmboden wurden Rettiche, Mohrrüben, Meerrettich und Schwarzwurzeln in einer Sandmiete eingelagert. Die Schuhe waren von einem der Kinder jeden Abend zu säubern und einzucremen. Sie wurden gelegentlich zum Schuster gebracht, der sie mit neuen Absätzen und Sohlen versah. Nägel wurden aus dem Holz gezogen und gerade geklopft. Was irgend noch repariert werden konnte, wurde repariert. Fast alle Geräte waren so gebaut, dass man sie auch reparieren konnte. Ins einmal pro Woche eingelassene Badewasser stieg nacheinander die ganze Familie und am Ende wurde das Wasser noch zum Gießen in den Garten getragen. Strümpfe wurden endlos gestopft, Hosen und Hemden geflickt. Selbstverständlich trugen die jüngeren Geschwister die Kleidungsstücke der älteren auf, wenn diese aus ihnen herausgewachsen waren. Über das äußerst spärlich bemessene Taschengeld musste penibel Buch geführt werden. Es durfte nicht für *nutzlose Dinge* ausgegeben werden. Einmal im Monat bekam man vom Vorstadtfriseur einen *Kochpottschnitt* verpasst. An Weihnachten wurde das Geschenkpapier glatt gestrichen, die Paketschnüre aufgerollt und fürs nächste Jahr aufbewahrt. Auf der Toilette hing in Stücke gerissenes und auf eine Schnur gefädeltes Altpapier. Nur wenn Besuch erwartet wurde, gab es richtiges Toilettenpapier. Butter gab es nur zum

Honigbrot, ein Ei nur am Sonntag. Zu ganz besonderen Anlässen stieg mein Vater in den Keller und holte eine Flasche Spätlese von der Mosel herauf. Das galt als kleine Ausschweifung.
Lassen wir es dabei bewenden. Die Liste der Praktiken und Rituale der Sparsamkeit wäre endlos verlängerbar. Würden sich Massen von Menschen heute noch an diesen Maximen orientieren, der konsumistisch verfasste und auf den Massenabsatz von Waren angewiesene Kapitalismus würde spätestens nach sechs Wochen zusammenbrechen. Wäre diese Lebens- und Existenzform nicht so extrem lustfeindlich, man könnte sie als antikapitalistische Strategie propagieren. Vielleicht zwingen uns die auf uns zukommenden Krisen noch früh genug zu einer partiellen Rückkehr.

„Schwarze Pädagogik"

Die pädagogische Paranoia, die man bis in die 50er und die erste Hälfte der 60er Jahre des 20. Jahrhunderts noch immer Erziehung nannte, ließ für die Äußerungen kindlicher Allmachtsgefühle – und seien sie noch so harmlos - kaum Spielräume. Sie galten als Anzeichen eines gefährlichen Eigensinns, der dem Kind bei Zeiten ausgetrieben werden musste. Nicht nur die Triebe wurden systematisch gestutzt, sondern auch die Äußerungen des kindlichen Größenselbst rabiat zurückgepfiffen. Alice Miller hat die katastrophalen Folgen autoritärer Erziehungspraktiken für das kindliche Selbstwertgefühl auf eine bis heute gültige Weise beschrieben und kritisiert. Statt des eigenen Selbst ließen diese Kinder notgedrungen die Erwachsenen in sich wachsen, deren Stimmen als Chor der Entwertungen und Selbstbezichtigungen in den seelischen Innenräumen widerhallten. Die narzisstischen Bedürfnisse der Kinder wurden systematisch negiert, ihre Wünsche nach Spiegelung und Anerkennung übergangen. Kinder haben ihren Eltern zu gehorchen – ohne Widerrede. Kaltes Wasser und frische Luft härten ab. Schläge haben noch nie jemandem geschadet. Die auf diese Weise im Kind erzeugte Wut wurde in der Watte verinnerlichter Hemmungen stumpf. Drill, Dressur und pure Härte sorgten dafür, dass sich Kinder und Jugendliche mit den elterlichen und pädagogischen Aggressoren identifizierten und sich am Ende selbst die Schuld gaben. Das Resultat solcher Erziehung waren ängstliche, selbstunsichere, autoritätsfixierte Erwachsene, die ihre Malaise auf Sündenböcke verschoben und an ihnen bekämpften. Das wäre auch mein und unser Schicksal gewesen, wenn mir und mit mir einer ganzen Generation die 68er Revolte nicht einen Ausweg gewiesen und eröffnet hätte. Die Jahre der antiautoritären Revolte boten uns eine zweite Chance, die wir zu unserer verspäteten Menschwerdung nutzen konnten. (Siehe Kapitel III: Eine große, frei flottierende Sehnsucht nach etwas Anderem)
Eine solche Erziehung hinterlässt dennoch Spuren in einem Lebenslauf. Sie schlägt Wunden und fügt Verletzungen zu, die schwer, manchmal gar nicht vernarben. Und auch wenn sie endlich vernarbt sind, bleiben als Folgen der autoritären Zurichtung und mangelhaften Anerkennung Wiederholungs-

zwänge, gelegentliche Selbstwertkrisen, Schüchternheitsanfälle und depressive Episoden zurück.
Wie wir an den in den Text eingestreuten Beobachtungen aus dem heutigen Alltag gesehen haben und noch sehen werden, fällt der Abschied von der alten autoritären Dressur keineswegs mit dem Ende kindlichen Leidens zusammen. Es gibt nicht nur *Mangelkrankheiten* des Selbst, sondern auch *Verwöhnkrankheiten.* Die heute verbreiteten Formen von Nicht-Erziehung und Indifferenz Kindern gegenüber bringen neuartige Leidenserfahrungen und Schädigungen des Selbstwertgefühls mit sich. Und, was besonders ins Gewicht fällt: Die durch unvermeidliche Kränkungen ausgelöste Wut wird immer weniger durch verinnerlichte Hemmungen gebremst und eingedämmt. Narzisstische Wut stammt aus der Fixierung an ein kindliches Größen-Selbst, das keine wirkliche Transformation erlebt hat und keiner realistischeren Selbsteinschätzung gewichen ist. Über weite Strecken der neueren Geschichte wurden die Folgen der Mangelkrankheiten des Selbst durch eine rigide Erziehung kompensiert, die die psychischen Strukturdefizite verdeckte. Drill und Dressur ließen charakterliche und körperliche Panzerungen entstehen, die als Deckelung archaischer Wut und Destruktivität fungierten und es erlaubten, eine wie immer prekäre und beschädigte Identität hervorzubringen und durchzuhalten.

Der Tanz ums goldene Kind

Am Strand beobachte ich ein junges Paar mit Kind. Das Kind, ein Mädchen von vielleicht drei oder vier Jahren, läuft in die Brandung, jauchzt und kreischt, wenn das Wasser an seinen Beinen hochspritzt, und macht kehrt. Auf dem Trockenen stehen beide Eltern und empfangen es. Der Vater filmt die Kleine, die Mutter fotografiert sie gleichzeitig. Das Kind setzt sich für die Eltern in Szene, genießt seine narzisstische Zurschaustellung. Es wächst auf in einer Atmosphäre, die ihm signalisiert: „Die ganze Welt dreht sich um mich, alle sollen sich einfühlen in meine augenblicklichen Wünsche." Was für eine Bestätigung der infantile Narzissmus erfährt, wenn Mutter und Vater sich herabbeugen, um das Kind zu filmen und zu fotografieren!
Hier haben wir – in einer Szene zusammengedrängt - das Drama des heutigen Kindes. Nachdem die desaströsen Folgen autoritärer Erziehung und der mit ihr verbundenen massiven Selbstwertvernichtung ins Bewusstsein getreten sind, herrscht nun in gewissen gesellschaftlichen Schichten die Tendenz vor, den Kindern möglichst jede Kränkung zu ersparen und ihrer Selbstwertentwicklung absolute Priorität einzuräumen. Sie werden nicht mit zumutbaren Versagungen konfrontiert, lernen nicht, mit Einschränkungen und Frustrationen umzugehen und können kein realistisches Selbstbild hervorbringen. Frühkindliche Fantasien narzisstischer Allmacht und Grandiosität halten sich unmodifiziert durch und erfahren keine Einschränkungen. Nun brechen sie unter kleinsten Belastungen zusammen oder rasten aus. Werden Wünsche in einem bis dahin von Verwöhnung geprägten Klima plötzlich versagt, droht für diese Kinder die Welt unterzugehen. Selbst kleinste Enttäuschungen wer-

den als Signal für eine drohende Totalversagung und Selbstwertvernichtung gedeutet, gegen die Widerstand mit allen Mitteln geboten ist.

Heute sind die Kinder einer rabiaten Kontaktverarmung unterworfen: Großeltern, ledige Verwandte und andere dem Familienverband assoziierte Mitglieder, die anstelle der Mutter für die Kinder mütterliche Funktionen übernehmen konnten, gehen zunehmend verloren. Schließlich verlieren die Kinder auch noch ihresgleichen, Brüder und Schwestern, weil die Familien immer kleiner werden, bis das Einzelkind in der Vorstellung lebt, als Prinz oder Prinzessin geboren und der Mittelpunkt der Welt zu sein. Diese Annahme wird von heutigen Eltern systematisch erzeugt und genährt. Für die sozial und emotional isolierten Erwachsenen ist das Kind schließlich ihr ein und alles: letzte Gegen-Einsamkeit, Sinnersatz und Antidepressivum. Die Bedeutung, die das Kind für seine Eltern besitzt, wird von diesem als Gefühl der Grandiosität verinnerlicht und lässt seine Größenphantasien ins Kraut schießen: „Ich bin einzigartig, etwas ganz Besonderes und Großartiges." Nun ist das Leben jenseits der Kleinfamilie natürlich nicht so. Es ist mitunter sperrig und setzt einem Widerstand entgegen. Schmerzhaft treffen die kleinen Narzissten auf eine ganz andere Wirklichkeit in Kindergarten und Schule. In orientalischen und russischen Familien werden vor allem die Jungen von klein auf verhätschelt. Wenn die kleinen Paschas dann in die Schule kommen, sind sie plötzlich nicht mehr die Kings, sondern entpuppen und erleben sich als völlig normale Durchschnittskinder oder gar als *Versager*. Es beginnt eine Leidensgeschichte der Mäßigung der Ansprüche, die mit vielen Kränkungen einhergeht und von Ausbrüchen archaischer Wut begleitet wird.

Auf dem Wochenmarkt sitzt mitten im Strom der Passanten ein kleines Mädchen auf dem Boden. Es ist vielleicht zweieinhalb Jahre alt und hat offensichtlich beschlossen, keinen Schritt mehr zu tun. Der Vater des Mädchens steht ein paar Meter weiter und wartet geduldig auf das Ende des kindlichen Sitzstreiks. Eine ältere Frau nähert sich, bleibt stehen und betrachtet amüsiert die Szene. „Das kenne ich von meinem Sohn", sagt sie in Richtung des Vaters, der prompt fragt. „Mich interessiert nur eins: Hat es irgendwann aufgehört?" Die Frau beruhigt den Vater: „Mein Sohn ist inzwischen 30 Jahre alt, ist ganz normal und lässt sich nicht mehr einfach zu Boden fallen, wenn ihm irgendetwas nicht passt."
Als ich mich fünf Minuten später der Stelle wieder nähere, hat der Vater offensichtlich die Geduld verloren. Er hat seine Tochter hochgezogen und bei der Hand genommen. Sie schreit wie am Spieß, kreischt und brüllt, als ginge es um Leben und Tod. Passanten bleiben stehen, der Vater fühlt sich argwöhnisch beobachtet und lässt die Hand der Tochter wieder los, die sich prompt erneut zu Boden fallen lässt. Der Vater bittet seine Tochter, ihre Forderungen vorzutragen, für die sie in Streik getreten ist. Aber das Kind hat keine, es will sich einfach nicht mehr fortbewegen, basta.
Der Mann ist den Launen seines Kindes hilflos ausgeliefert und sichtlich am Ende mit seinem erzieherischen Latein. Früher hätte man den *trotzigen Ei-*

gensinn des Kindes rabiat gebrochen und es dem Willen des Erwachsenen unterworfen. Das tun heutige Mittelschichtseltern aus guten Gründen so nicht mehr, aber an die Stelle der alten Regeln und Rezepte scheinen keine praktikablen neuen getreten zu sein. Es gibt gerade in den Mittelschichten eine Haltung, die man als *Feigheit vor dem Kind* bezeichnen kann. Eltern wollen mit dem Kind befreundet sein und von ihm geliebt werden. Sie scheuen jeden Konflikt, aus Angst, das Kind könnte ihnen etwas verübeln und sich zurückziehen. Eltern, die Freunde und Kumpel ihrer Kinder sein wollen, machen sie zu Waisen und verweigern ihnen damit sowohl das Kindsein als auch die Chance zum Erwachsenwerden. Nur, wer in bestimmten Phasen seiner Entwicklung sinnvolle Begrenzungen erfahren hat, kann diese später relativieren und sich sein eigenes, der Vernunft gehorchendes Regelwerk schaffen. Wer seinen Kindern keine angemessenen und zumutbaren Versagungen auferlegt und ihnen die leibhaftige Auseinandersetzung verweigert, darf sich nicht wundern, wenn sie in narzisstischer Ansprüchlichkeit und infantilen Größenphantasien verharren und auf ihrer verzweifelten Suche nach Begrenzungen und voller narzisstischer Wut auch zur Gewalt greifen. „Kinder, denen nichts zugemutet wurde und nichts zugemutet werden kann, sind eine Zumutung", heißt es in Dorothea Dieckmanns Buch *Kinder greifen zur Gewalt* (Berlin, 1994)

Identität und Ghetto-Lage

Wenn wir unter *Identität* eine Kategorie der Vermittlung verstehen, die eine Instanz im Subjekt bezeichnet, die die Balance zwischen Besonderem und Allgemeinem, Individuum und Gesellschaft herstellt und aufrechterhält, ist klar, dass die *Ghetto-Lage*, in die sich viele heutige Jugendliche gedrängt sehen, nur eine beschädigte und reduzierte Form von Identität hervorbringen kann. Identität im oben beschriebenen Sinn setzt soziale Zugehörigkeit und Teilhabe am gesellschaftlichen Ganzen voraus. Unter Bedingungen des Ausschlusses kann sich nur eine Negativ-Identität entwickeln, die ausdrückt: „Ich bin unerwünscht, gehöre nicht dazu, bin überzählig, überflüssig" bis hin zu: „Ich bin Abschaum, Dreck, Müll."

Die meisten der späteren Außenseiter waren bereits *Schulversager*, galten als *Problemkinder*, deren Hang zu motorischen Formen des Ausdrucks und deren Getriebenheit ihnen das Etikett *ADHS* und eine ‚Behandlung' mit *Ritalin* eintrugen. Sie wurden aus der Regelschule herausgenommen und in weiter randwärts gelegene Schulformen oder Heime abgeschoben, die sie irgendwann ohne Abschluss verließen. Integration geschieht in der Arbeitsgesellschaft in erster Linie über den Arbeitsmarkt, und der spuckt solche Menschen meist schnell wieder aus, wenn er sie sich denn je einverleibt hat. Ein Mensch, der unter dem oft lebenslangen Druck widriger äußerer Umstände eine *Negativ-Identität* entwickelt hat, bezieht seine narzisstische Zufuhr schließlich aus der Ablehnung, die ihm entgegenschlägt, und daraus, dass er zum Ärgernis wird. Eines Tages wird er sich die Fremdzuschreibungen und Etikettierungen der anderen zu eigen machen und sagen: „Ihr behandelt mich wie Abschaum: Hier habt ihr ihn!" Im gesellschaftlichen Abseits entwickeln sich systematisch antisoziale Haltungen und Mentalitäten: „Wenn ich nicht in dieser Gesellschaft leben kann, dann eben von ihr oder gar gegen sie!" Irgendwann bringt sich der Außenseiter selbst immer wieder in Situationen, in denen er seinen Erwartungen gemäß abgelehnt, zurückgewiesen, verfolgt und schließlich eingesperrt wird. Er fühlt sich erst dann in seiner Sicht der Welt bestätigt und validiert sein Lebensgrundgefühl, wenn alle gegen ihn sind. In unseren Gefängnissen trifft man viele solche Menschen an, für die das Gefängnis weniger Strafe als eine Lebensform und Zuflucht ist.

Auf der Basis der Erfahrung einer chronischen Ablehnung und als Schutz vor neuen Kränkungen und anderen narzisstischen Verletzungen hat der Außenseiter sich emotional anästhesiert. Ein Kind, dem nicht der *Glanz im Mutterauge* und liebende Fürsorge und Einfühlung vergönnt sind, das mit seinen Signalen nicht ankommt, das erleben muss, wie diese uminterpretiert werden je nach den Bedürfnissen und Ängsten der Erwachsenen, kann kein gutes Selbstwertgefühl aufbauen. Wem ein Leben lang die Worte der eigenen Mutter in den Ohren klingen: „Du Bastard, ich hätte dich wegmachen lassen sollen. Du taugst ebensowenig wie dein verkommener Erzeuger!", wird kaum zur Gelassenheit eines Urvertrauens finden können. So etwas hält ein Mensch nicht lange durch, da bildet sich eine Hornhaut auf der Oberfläche der Seele und am Ende stellt man sich psychisch tot.

Das Resultat dieser Entwicklung von erfahrener Zurückweisung und nachfolgender Aneignung der Außenseiter-Rolle nennt man dann *malignen Narzissmus*, *Dissozialität* oder neuerdings wieder *Psychopathie*. Die an Symptomen ansetzende und rein deskriptiv verfahrende psychiatrisch-psychologische Diagnostik verdinglicht das Endresultat einer langen lebensgeschichtlichen Entwicklung zu einer ontologischen Entität: „Dieser Mensch ist narzisstisch schwer gestört, dissozial, antisozial, psychopathisch." Ein komplizierter und vielschichtiger psycho-sozialer Prozess wird zur Krankheit oder Störung verdinglicht, aus Lebensgeschichten werden Krankheitsfälle gemacht. Von den augenfälligen Symptomen und aktenkundigen Auffälligkeiten wird auf ein verborgenes dissoziales oder psychopathisches Wesen geschlossen, aus dem dann im Sinne eines tautologischen Zirkelschlusses wieder die Symptomatik abgeleitet wird. Neuerdings sind Diagnosen wie Psychopathie mit der Konnotation verbunden: „Da ist therapeutisch nichts zu machen: Die kann man nicht heilen, nur kontrollieren und notfalls wegsperren." Das Diagnostizieren erweist sich als ein Instrument, mit dem die Gesellschaft Störungen und Gefährdungen ihres Zusammenlebens gerade nicht zu verstehen lernt, sondern abdeckt, abriegelt und administrativ in den Griff zu bekommen und unschädlich zu machen versucht. Diagnosen befriedigen das Ordnungs- und Kausalitätsbedürfnis der Wissenschaft und der professionellen Helfer sowie den Wunsch, in einem bisher undurchschaubaren, chaotischen, gefährlichen, vielleicht auch angstauslösenden Bereich Ordnung zu schaffen durch Einordnen und Klassifizieren: „Aha, das ist es also!" Diagnosen rücken den Patienten zurecht für den medizinisch-psychiatrischen Apparat und seine Normalisierungstechniken.

Das heute in Medizin und Psychiatrie vorherrschende Paradigma ist das der Symptombekämpfung durch Medikamente beziehungsweise behavioristische Therapien und modularisierte Trainingsprogramme. Den Symptomen wird eine Vielzahl von Experten zugeordnet, die sich am Patienten zu schaffen machen und sich in der Regel untereinander nicht kennen und in ihrem Vorgehen nicht abstimmen. „Wie aber“, fragen die französischen Psychoanalytiker Banasayag und Schmit in ihrem Buch *Die verweigerte Zukunft* (München 2007), „kann man jemandem helfen und ihn verstehen, wenn man ihn in erster Linie als eine Anhäufung von Problemen betrachtet?“ Ein Mensch ist aber sehr viel mehr als die Summe seiner Symptome. Er kann nur dann zum Vorschein kommen, wenn man von einem Nichtwissen ausgeht, und Therapeut und Patient sich gemeinsam auf eine Entdeckungsreise begeben. Das diagnostische Wissen steht nicht am Beginn der Therapie, sondern ergibt sich auf die eine oder andere Weise im Verlauf einer gemeinsamen Suchbewegung. Diagnostiker erweisen sich als Nachfahren des antiken Wüstlings Prokrustes: Was ins Diagnose-Bett nicht passt – und kein lebender Mensch passt da umstandslos hinein -, wird weggelassen, gedehnt, abgeschnitten, gestaucht oder ignoriert. Übersicht gewinnt, hat Sloterdijk einmal gesagt, wer vieles übersieht.

Man muss sich dem Trend des vorschnellen Rubrizierens, Evaluierens und Klassifizierens widersetzen, der letztlich eine Variante des aus dem ökonomischen Sektor stammenden Produktivitäts- und Effizienzprinzips ist. „Man kann auch mit dem Begreifen zu schnell sein“, notierte Max Horkheimer in seinem frühen Buch *Dämmerung*, ein Satz, den man heutigen Diagnose- und Klassifizierungs-Fanatikern ins Stammbuch schreiben sollte.

Ethnologie des Inlands: Früh übt sich, wer ein guter Konsument werden will

Auf dem holländischen Campingplatz hat sich in meiner Nachbarschaft eine junge Familie niedergelassen. Die Eltern sind Anfang/Mitte dreißig und ihre zwei Söhne zwischen drei und sechs Jahre alt. Der Vater ist seinem Habitus nach ein heutiger Geldverdiener-Mann. Der Kleinere der beiden Söhne heult und schreit unablässig. Es nimmt kaum noch jemand Notiz von seinem Geschrei, das sich offensichtlich verselbständigt hat und keinen besonderen Anlass benötigt. Die beiden Eltern haben eine klassische Rollenaufteilung: Sie macht eigentlich alles, während er in der Sonne sitzt und Zeitung liest oder sich mit seinem Laptop und den Börsenkursen beschäftigt. Die beiden Kinder bekommen nahezu jeden Tag irgendein neues Spielzeug gekauft, das sie am Abend auf dem Rasen vorführen. Dann verblasst das Interesse und die Dinge bleiben einfach so liegen oder werden durch übermütigen und unsachgemäßen Umgang zerstört.

Mal ist es ein Auto, mal ein Frosch mit einer Pumpe dran, die den Frosch zum Hüpfen bringt, mal irgendein Flugzeug. Die beiden werden regelrecht zugeschüttet mit Dingen, deren Wert sich ihnen natürlich überhaupt nicht erschließt. Die Dinge sind und bleiben beliebig, morgen wird es etwas Neues und Anderes geben. Wozu also Aufhebens von ihnen machen, wozu sie überhaupt abends einsammeln und vor Regen und Feuchtigkeit schützen? Für diese heutigen Kinder rufen Geschenke allenfalls eine flüchtige Begeisterung hervor, dann werden sie achtlos zur Seite geworfen und vergessen. Oft liegen Spielzeuge oder Teile von ihnen irgendwo im Gras und werden vom Rasenmäher zerfetzt. Die Kinder bemerken es nicht einmal.

Früh werden diese Kinder in die Praxis des Konsumismus eingeübt: Man hängt sein Herz an nichts, alles ist flüchtig, alles ist vorhanden, nichts muss mit Sorgfalt behandelt und gehütet werden. Ein gut trainierter Konsument - dazu gehören wir tendenziell alle und zwar mit zunehmend jüngerem Alter - soll die Welt als eine Art Behälter für Konsumprodukte betrachten. Das Muster der Beziehung zwischen Kunde und Produkt wird als Matrix für alle Beziehungen gesehen - auch für die zwischen Menschen. Ein Konsumprodukt soll Zufriedenheit verschaffen, und es gibt keinen Grund, einem Produkt gegenüber loyal zu sein, wenn es seinen Zweck nicht mehr erfüllt, und attraktivere Alternativen vorhanden sind. Da alle oder zumindest fast alle Mitglieder der gegenwärtigen Gesellschaft dieses Muster zu akzeptieren scheinen, ist es kein Wunder, dass sie sich auch untereinander nach diesem Muster behandeln und ihre Beziehungen als flüchtig, prinzipiell austauschbar und jederzeit kündbar betrachten. „Ohne Fixierung der Libido an Dinge", heißt es bei Adorno, „wäre Tradition, ja Humanität selber kaum möglich." Eine Gesellschaft, die alle Dinge wie leere Konservendosen wegwirft, springt kaum anders mit den Menschen um.

Kindheit eines Chefs - 2013

Vor ein paar Tagen traf ich eine Studentin in der Stadt, die einmal ein Praktikum im Theater absolviert hat und während dieser Zeit auch das Gefängnis besucht hat, in dem ich arbeite. Sie erzählte, dass sie, um ihr Studium zu finanzieren, inzwischen unter anderem als Kindermädchen arbeite. Sie betreue den dreijährigen Sohn eines Unternehmerehepaars, das keine Zeit für das Kind habe. Der Vater habe dem Kind vor einiger Zeit einen Tablet-Computer gekauft und ihm eine *Lego-App* installiert. Mit dieser App könnten Kinder überall dort mit *Lego* spielen, wo keine Steine zur Hand sind: z.B. im Wartezimmer beim Kinderarzt oder auf Reisen. Das Kind sei seither süchtig geworden nach diesem Spiel. Oft sitze das Kind, wenn sie eintreffe, mit einem Schnuller im Mund da und wische stumm nuckelnd ein *Lego*-Teil nach dem anderen an den richtigen Ort. Ihre und ihrer Mitstreiterinnen Aufgabe sei es, das Kind wenigstens vorübergehend vom Computer wegzulocken.

Eltern halten sich ihre Kinder vom Leib, indem sie ihnen Geräte in die Hand drücken und ihre Funktionsweise erklären, und dann, wenn diese sich mit der Ersatzbefriedigung angefreundet haben und süchtig nach ihr geworden sind, werden Leute angeheuert, die sie von der Sucht kurieren sollen. Selbst das machen die Eltern nicht selber, sondern delegieren es an Fremde, die sie dafür bezahlen. Das Kinderzimmer des kleinen Jungen, berichtet die junge Frau weiter, quelle über von Spielsachen. Waren träten an die Stelle von emotionaler Zuwendung. Meine Frage, wieso diese Leute überhaupt ein Kind gezeugt haben, konnte sie auch nicht beantworten. „Es gehört vielleicht einfach dazu, ein Kind zu haben", vermutet sie. Kinder seien in diesen Kreisen offenbar eine Lifestyle-Entscheidung und hätten sich in das Lebenskonzept der Eltern einzufügen.

In Sartres Erzählung *Die Kindheit eines Chefs* geht der Fabrikbesitzer Fleurier am Sonntag mit seinem Sohn Lucien spazieren. Unterwegs begegnen sie Arbeitern von Papa. Sie tragen Mützen und haben große Hände mit kurzen Fingernägeln. Wenn der Vater mit ihnen spricht, ziehen die Arbeiter respektvoll ihre Mütze und drehen sie scheu und ein wenig verlegen in den Händen. Zu Hause angekommen, nahm der Papa seinen Sohn auf den Schoß und erklärte ihm, was ein Chef war. Er macht ihm vor, wie er mit den Arbeitern spricht, wenn er in der Fabrik ist. „Werde ich auch ein Chef?" fragt Lucien, und der Papa antwortet: „Aber natürlich, mein Kerlchen, deshalb habe ich dich ja gemacht." Lucien will wissen, wie er die Söhne der heutigen Arbeiter dereinst dazu bringen kann, ihm zu gehorchen und ihn zu lieben, wie ihre Väter seinem Papa gehorcht und ihn geliebt haben. „Als erstes musst du alle bei ihrem Namen kennen", erklärt ihm sein Papa. Als wenig später der Sohn des Vorarbeiters Morel ins Haus kam, um zu melden, dass seinem Vater zwei Finger abgeschnitten worden sind, spricht Lucien ernst und sanft mit ihm, wobei er ihm gerade in die Augen sieht und ihn Morel nennt.

So wurde früher in leiblicher Anwesenheit der Staffelstab innerhalb der Bourgeoisie von einer Generation zur nächsten weitergegeben. Heute kauft der Bauunternehmer seinem Sohn einen Tablet-Computer und installiert ihm eine *Lego-App*, damit er lernt, mit Bauteilen umzugehen. Den Rest überlässt er bezahlten Dienstboten. Wenn der kleine Computer-Autist erwachsen geworden ist und sein BWL-Studium abgeschlossen hat, wird er die väterliche Firma übernehmen - und sie binnen Kurzem gegen die Wand fahren, weil er nicht gelernt hat, analog zu kommunizieren und seine Arbeiter bei ihren Namen zu nennen.

Früher erzog man Kinder zu Arbeitern und Soldaten (oder Arbeiterfrauen und Soldatenmüttern) – heute zu Konsumenten.

Der Süddeutschen Zeitung vom 2./3. November 2013 entnehme ich, dass Kinder heute im Schnitt 40 Werbespots am Tag sehen. Das ergibt ungefähr 15 000 Werbespots im Jahr. Sechs- bis 13-Jährige verfügen über beinahe

30 Euro im Monat, die ihnen die Industrie aus der Tasche ziehen will. Allein für Süßigkeiten, Essen, Getränke und Spielzeug legen elf Millionen Heranwachsende im Jahr rund 20 Milliarden Euro hin. Mit zehn Jahren kennt ein Kind heute 300 bis 400 Markenprodukte aus den verschiedensten Lebensbereichen.

In der Ausgabe vom November 2013 berichtet die Monatszeitung *Le Monde diplomatique* unter der Überschrift *Kinder zu Konsumenten* über einen neu eröffneten Themenpark für Kinder in der Nähe von Beirut. Das *Kidz-Mondo* ist in einem 1300 Quadratmeter großen Hangar untergebracht, einer riesigen klimatisierten Mall auf zwei Etagen. Der erste Gang führt zur Audi-Bank, dem größten Geldhaus des Libanon und Partner von *Kidz-Mondo*. Hier bekommen die Kids eine Kreditkarte ausgehändigt, schließlich sollen die Kleinen hier vor allem lernen, finanzielle Verantwortung zu übernehmen. Danach können die Kinder unter 80 Aktivitäten wählen, von denen 60 durch bekannte Marken gesponsert werden. Man kann zum Beispiel bei Pepsi Cola-Flaschen abfüllen, bei Colgate Zahnarzt spielen, im Burger-King-Restaurant servieren. Das Einzige, was es in diesem Mikrokosmos nicht gibt, sind politische Institutionen. So säumen den Hauptplatz ein Theater, ein *Burger King*, die *Audi-Bank* und eine Polizeistation, aber kein Rathaus. Der neoliberale Traum von der Abschaffung des Staates ist hier bereits Wirklichkeit geworden, und die Kinder bekommen eine Welt vorgeführt, in der lediglich Geld, Konsum und smarte Geschäftsleute existieren. Die große zivilisatorische Errungenschaft, dass die Gesellschaft mit einem ihrer Teile, der Sphäre des Politischen, auf sich als Ganzes gestalterisch - und idealiter im Interesse einer wohlverstandenen Allgemeinheit - einwirken kann, wird kassiert. Mit der ersten *Cola* saugen die Kinder beiläufig und spielerisch die Botschaft auf, dass es keiner staatlichen Institutionen bedarf und der Markt es viel besser regelt.

Konsum serialisiert

In einem Interview wird Zygmunt Bauman gefragt, ob man sich dem Konsumzwang entziehen könne. Seine Antwort: „Der Markt ist ein unerbittlicher Richter, der Entscheidungen zwischen dem Drinnen- und Draußensein fällt und keine Berufungsverfahren zulässt. Unwillige Konsumenten oder aber schwache Anbieter ihrer selbst sind wie ausgestoßen. In der liquiden Gesellschaft der Konsumenten ersetzen Schwärme zunehmend hierarchisch geprägte Gruppen. Schwärme sind keine Teams, sondern existieren lediglich durch eine mechanische Solidarität. Die dort mitmachen, fühlen sich sicher. Rebellen gibt es nicht, nur Verirrte. Aber es sind fragile Gebilde, die jederzeit wieder zerfallen können.“

Konsum serialisiert die Menschen, lässt im Unterschied zur Produktion keine Bindungen entstehen und ist darum eine einsame Angelegenheit - selbst wenn die Menschen ihn gemeinsam ausüben.

Auch die englischen Riots im August 2011 erscheinen vor dem Hintergrund der Bauman'schen Argumentation als eine Randale verhinderter, unbrauchbarer Konsumenten und entbehren jedweder Transzendenz. Es handelt sich um deviante Konformisten, die wollen, was alle wollen, aber nicht über die gesellschaftlich lizenzierten Mittel zur Erreichung dieser Ziele verfügen. Aber sie konsumieren und entpuppen sich noch in der Revolte als verirrte Kinder der Konsumgesellschaft. Im Unterschied zu Sokrates, der über den Markt geht und sagt: „Wie viele Dinge es doch gibt, die ich nicht brauche!

Mitten in der Überarbeitung dieses Textes erreicht mich die Nachricht, dass es in der Woche nach Pfingsten 2013 in Schweden zu massiven Krawallen von Jugendlichen gekommen ist. Ausgehend vom Stadtteil Husby, wo überwiegend Migranten leben, haben sich die Unruhen auf die ganze Peripherie der schwedischen Hauptstadt Stockholm ausgedehnt. Es sind dieselben Bilder wie 2011 in England oder 2005 in Frankreich: Vermummte junge Leute ziehen nachts randalierend durch die Straßen, stecken Autos und Mülltonnen in Brand und bewerfen die Polizei mit Steinen.

Deswegen schiebe ich an dieser Stelle einen Text ein, der am 2. September 2011 im kritischen Internet-Tagebuch *NachDenkSeiten* erschienen ist. Ich habe ihn für die Veröffentlichung in diesem Buch gründlich überarbeitet.

Die große Wut der ‚Überzähligen' – Notizen und Anmerkungen zu den Konsumkrawallen in England

„Ich war zwanzig. Niemand soll sagen, das sei die schönste Zeit des Lebens."
(Paul Nizan)

In London und anderen englischen Großstädten wie Birmingham, Liverpool und Manchester explodierte Anfang August 2011 der aus sozialer Verelendung und Verzweiflung erbrütete Zündstoff. Nachdem die Polizei einen farbigen Mann und Vater dreier Kinder erschossen hatte, brannten die Innenstädte. Geschäfte wurden geplündert, die Polizei war pausenlos im Einsatz und schien der Lage nicht mehr Herr zu werden. Man hatte alle Polizisten aus dem Urlaub zurückbeordert. Circa 1500 sogenannte Randalierer wurden festgenommen, fünf Menschen kamen zu Tode. Eine lang gestaute Wut entlud sich ungerichtet, blindwütig schlugen die jungen Leute auf die Fassade ein. Ganze Stadtteile versanken in Schutt und Asche, es sah aus wie im Krieg. Wir bekamen einen Vorgeschmack kommender Revolten. Der englische Premierminister Cameron brach seinen Toscana-Urlaub ab und kehrte nach England zurück, um martialische Reden zu schwingen und den Jugendlichen mit drakonischen Strafen zu drohen. Cameron möchte den Familien der Randalierer die Sozialhilfe entziehen. Schnellgerichte urteilen rund um die Uhr die jungen Leute ab und schicken sie nach einer zehnminütigen Gerichtsverhandlung wegen des Diebstahls von Wasserflaschen für ein halbes Jahr ins Gefängnis. Die Antwort auf die Folgen sozialer Desintegration ist pure Härte und Repression. Man könnte auch sagen: Staat und Gesellschaft lassen es sich etwas kosten, die Ursachen der Gewalt bestehen zu lassen und ihre Folgen repressiv zu bekämpfen. Die britische Politik profitiert davon, wie Heribert Prantl bemerkte, „dass die Unruhen so sprachlos gewalttätig, so destruktiv sinnlos und so niederträchtig waren. Die Blödheit der Randalierer hat es der Regierung erleichtert, in der eigenen Dummheit zu verharren."

Es gibt eine Revolte einer perspektivlosen Jugend fast überall in Europa, nur in Deutschland nicht. Die spontanen Emeuten bedürfen dringend der politisch-moralischen Orientierung und Kontrolle, sonst werden sie nicht nur zu nichts führen, sondern der Reaktion und dem Ausbau der staatlichen Gewaltapparate und der Militarisierung der inneren Sicherheit in die Hände arbeiten. Aber wo sind die Kräfte, die der Revolte eine Richtung und einen politischen Inhalt geben und sie der regulativen Idee der sozialen Emanzipation unterstellen könnten?

In keinem der vielen Kommentare, die ich in den letzten Tagen zu den Ereignissen in England gehört und gelesen habe, war vom Stolz die Rede. Oder besser: vom gekränkten Stolz der jungen Leute. Zornig werden Menschen, wenn man ihren Stolz mit Füßen tritt und ihre Anerkennungsbedürfnisse chronisch übergeht. So etwas brütet Rachsucht aus.

Hätten wir nicht auch jede Menge gute Gründe, *Tage des Zorns* abzuhalten? Den Unterschied zwischen den nordafrikanischen Ländern, in denen zur Zeit Aufstände stattfinden und dem Land, in dem wir leben, hat die aus Rumänien nach Deutschland emigrierte Herta Müller in ihrem Roman *Reisende auf einem Bein* beschrieben: „In dem anderen Land habe ich verstanden, was die Menschen so kaputtmacht. Die Gründe lagen auf der Hand. Es hat sehr wehgetan, täglich die Gründe zu sehen. ... Und hier, sagte Irene. Ich weiß, es gibt Gründe. Ich kann sie nicht sehen. Es tut weh, täglich die Gründe nicht zu sehen."

„Die Bösen sind wir los; das Böse ist geblieben", könnte man mit Peter Brückner einen Prozess charakterisieren, in dessen Verlauf unmittelbare Herrschaft und manifeste Gewalt sich zurückziehen, ohne indessen in einen gewalt- und herrschaftsfreien Zustand zu münden. Die „Peitsche des Aufsehers" wird vom „stummen Zwang der ökonomischen Verhältnisse" (Karl Marx) abgelöst und durch subtile und lautlose Mechanismen der Kontrolle ersetzt. Herrschaft hat sich entpersonalisiert und anonymisiert, sie tarnt sich immer perfekter als Technik und tritt den Menschen gegenüber als sogenannter Sachzwang auf. Gegen wen oder was soll die akkumulierte Wut sich wenden, wen können wir zur Verantwortung ziehen? Wer ist Schuld an unserem diffusen Unbehagen und unserer Misere? Wir werden von unsinnlichen Abstraktionen und um die Erde zirkulierenden Geldströmen beherrscht. Die Abstraktheit und Anonymität der Verhältnisse, unter denen viele Menschen leiden, ist auch der Grund, warum sich die Revolte so blindwütig artikuliert. IWF, WHO, Weltbank, Börsen und Finanzströme kann man nicht mit einer Baseballkeule und Steinwürfen treffen. Sie entziehen sich dem Zugriff, deswegen hält sich die Wut an Symbole im Nahbereich, die als Ersatzobjekte fungieren. Das meinte ich, als ich oben schrieb: Sie schlagen blind auf die Fassade ein.

In England wird bei den seltenen Versuchen, die Ursachen der Krawalle zu ergründen, dieser Tage gelegentlich gefragt: „Wer sind wir? Und was für eine Gesellschaft haben wir überhaupt geschaffen?“ Zentral in dieser Auseinandersetzung ist ein Beitrag des Kolumnisten Peter Oborne im *Daily Telegraph*, in dem der Autor unter anderem schreibt: „Die Kriminalität auf unseren Straßen kann nicht getrennt behandelt werden von der moralischen Desintegration auch in den höchsten Rängen der modernen britischen Gesellschaft, ob Banken oder Politik. In den vergangenen zwei Jahrzehnten haben wir einen erschreckenden Verfall der Normen unter Englands regierender Elite erlebt. Es wurde akzeptabel unter unsern Politikern, zu lügen und zu betrügen. Eine fast universale Kultur aus Selbstsucht und Gier hat sich bei uns breit gemacht.“

Wohl wahr. Wer immer sich ein Gewissen und einen halbwegs klaren Blick bewahrt hat, muss die Verwahrlosung und moralische Verwilderung der herrschenden Klassen und ihre Auswirkungen auf die Masse der Bevölkerung thematisieren und ihre Mitschuld beim Namen nennen. Eine Gesellschaft, deren einziger kategorischer Imperativ der der Bereicherung ist, darf sich nicht beklagen, wenn die wertzynische Motorik des Geldes und die Imperative der Flexibilisierung die moralischen Traditionsbestände und menschliche Eigenschaften wie die Fähigkeit zu Empathie und Mitleid erodieren lassen und zerstören. Dem Geld ist, salopp gesagt, alles egal. Es fließt dahin, wo die Chancen seiner Vermehrung am größten sind.

Eine Gesellschaft, welche die Entstehungsbedingungen des Menschlichen ihren ökonomischen Funktionsimperativen opfert und es zulässt, dass auf die Kindheit der Kälteschatten von Elend, Indifferenz und Bindungslosigkeit fällt, darf sich nicht wundern, wenn in ihrem unwirtlichen Schoß eine Generation heranwächst, die nur noch die psychischen Korrelatformen des Marktes entwickelt: kalte Schonungs- und Rücksichtslosigkeit, moralische Indifferenz und eine latente Feindseligkeit, die jederzeit in Hass umschlagen kann. Wir sind Zeugen einer *anthropologischen Mutation* und erleben mit, wie sich der wahrhaft kapitalistische und flexible Mensch herausbildet, der von keinerlei Hemmungen vor nichts mehr zurückgehalten wird.

Unter den Bedingungen fortdauernder Herrschaft wird die Zerstörung von Moral und Über-Ich grauenhafte Züge annehmen, solange nicht solidarische Bande und bewusste Reflexion an die Stelle reflexartigen Funktionierens treten, und die Menschen mit der äußeren Herrschaft auch deren Niederschlag in ihrem Inneren beseitigen. Unsere Lage ist aber dadurch gekennzeichnet, dass die industrielle Zivilisation ins Stadium ihrer Selbstzerstörung eingetre-

ten ist, ohne dass irgendwelche produktiven Gruppierungen schon bereit stehen oder auch nur erkennbar sind, die diesem Zerfallsprozess eine emanzipatorische Wendung geben könnten. Das sind gesellschaftliche Situationen, aus denen Barbarei erwächst. „Die alte Welt liegt im Sterben, die neue ist noch nicht geboren. Es ist die Zeit der Monster", sagte Antonio Gramsci und hatte dabei die Zeit nach dem Ersten Weltkrieg und des Aufstiegs des Faschismus vor Augen.
Gegenwärtig erleben wir ein Zugleich von nachlassender Integrationskraft der Arbeitsgesellschaft, die immer weniger in der Lage ist, die Gesamtheit der Menschen über den Modus der Lohnarbeit sozial zu integrieren und deshalb *Überschuss-Bevölkerung* produziert, einer Lockerung der Selbstzwänge zur Befolgung von Gesetzen und Normen, was sich unter anderem in einer Zunahme von Akten privater und politisch motivierter Aggression ausdrückt, und schließlich einer Militarisierung des Staates, der auf diese Desintegrationsphänomene mit dem Ausbau von Instrumenten des Fremdzwangs reagiert. Im Sinne Peter Brückners und unserer bisherigen Argumentation würden die Grundlagen der Regierbarkeit erschüttert, wenn die Verwandlung von Fremdzwang in inneren Selbstzwang nicht mehr in ausreichender Zuverlässigkeit stattfindet. Wo die *innere Polizei* nicht mehr in der Lage ist, für die Aufrechterhaltung der Ordnung zu sorgen, muss die *äußere Polizei* vermehrt in Erscheinung treten. Die Repräsentanz des Staates in den Individuen beginnt zu schwinden. Umso dringlicher wird es für ihn, als sichtbare, äußere Gewalt, als Polizei, wieder anwesend zu sein. Max Horkheimer hat unsere Zeit als eine „Zwischenperiode" beschrieben, in der das Gewissen die Menschen nicht mehr und staatliche Gewalt und/oder automatisierter Gehorsam sie noch nicht integriere und bei der Stange halte. Horkheimer war der Meinung, dass die Phase der Steuerung der Gesellschaft über die Innerlichkeit der Individuen, über Moral, Gewissen, Über-Ich lediglich ein Zwischenspiel darstellt auf dem Weg zur „total verwalteten Welt", wo die einzelnen automatisch auf „äußere Signale" reagieren. Die Menschen wären dann komplette Tauschmaschinen, reine Geldsubjekte, „schlaue, fortgeschrittene, zynische Vulgärpragmatisten", die nicht einmal von einem unglücklichen Bewusstsein mehr heimgesucht würden, sofern das System die Güter zu ihrer Befriedigung liefert.

Habermas hatte schon Ende der 1960er Jahre die Diagnose gestellt, der inzwischen wohl niemand mehr widersprechen mag: „Die sozialpsychologische Signatur des Zeitalters wird weniger durch die autoritäre Persönlichkeit als durch Entstrukturierung des Über-Ich charakterisiert." Die Entstehung des Über-Ichs, der Gewissensinstanz, ist an bestimmte Bedingungen gebunden, die immer weniger anzutreffen sind. Immer seltener werden deshalb Aggressionen von verinnerlichten Hemmungen und moralischen Einsprüchen des Gewissens an ihrem rohen Durchbruch gehindert. Lang vorbei sind die Zeiten, da – wie in Heinrichs Manns Roman *Der Untertan* - ein deutscher Junge Herzklopfen empfand, wenn ein Schutzmann am Horizont auftauchte. Das kann man unter gewissen Aspekten sicher auch begrüßen, aber wenn gar

nichts an die Stelle der reflexartigen Unterwerfungsbereitschaft und des blinden Gehorsams tritt, kann es eigentlich nur barbarisch werden. Wenn das staatliche Gewaltmonopol außer Kraft gesetzt wird, beginnt nicht das Reich der Freiheit, sondern herrscht das Dschungelrecht, das Recht des Stärkeren.
Peter Brückner zitiert in seinem autobiographischen Buch *Das Abseits als sicherer Ort* aus Doris Lessings Buch *Bericht über die bedrohte Stadt* folgende Passage: „Wir kommen zu einem vorläufigen Schluss. Und zwar: Eine Gesellschaft, die zu einer Katastrophe verurteilt ist und unfähig sich dagegen zu wappnen, kann nicht damit rechnen, zu überleben, ausgenommen die wenigen, die sich auf das Chaos und die Katastrophe eingestellt haben. Die Bürgerlichen, die Befehlsempfänger, die Angepassten, die Gutmütigen müssen damit rechnen, die ersten Opfer zu werden. Aber die Vagabunden, die Kriminellen, die Verrückten, die Allerärmsten werden die Mittel haben, um zu überleben. Wir kommen daher zu der Überzeugung, dass wenn sich das Erdbeben innerhalb der nächsten fünf Jahre ereignet, niemand übrigbleibt als jene Menschenklasse, die die gegenwärtigen Führer der Gesellschaft als nicht wünschenswert ansehen …"
Wenn man Habermas weiterdenkt, kann man zu folgenden Thesen gelangen: Die sozialpsychologische Situation der Gegenwart ist dadurch gekennzeichnet, dass immer mehr Menschen in eine anomische Position gedrängt werden, in eine objektive Kränkungs- und Entwertungssituation. Gleichzeitig wird die Fähigkeit, mit Kränkungen angemessen und reif umzugehen, immer weniger erworben. Genau daraus resultiert der immer häufiger zu beobachtende Ausbruch narzisstischer Wut und raptusartiger Gewalt. Die jungen Leute leben im Zustand einer permanenten Frustration: Sie werden tagein-tagaus mit Bildern des Luxus vollgestopft und gleichzeitig verwehrt man ihnen die Mittel, um die Gegenstände auf legalem Weg erwerben zu können. Gleichzeitig bildet sich das zurück, was man Frustrationstoleranz nennt. Zum Begreifen der Kriminalität, die sich in diese städtischen Revoltformen mischt, braucht man eigentlich nur Robert K. Mertons soziologische Kriminalitäts-Theorie: Die jungen Leute begehren, was alle begehren und was man besitzen muss, wenn man dazu gehören will - also Markenturnschuhe, Plasma-Bildschirme, gewisse Handy-Typen usw. -, aber sie verfügen nicht über die gesellschaftlich vorgegebenen Mittel, um an diese Dinge heranzukommen. Ihre Kriminalität ist, wenn man so will, devianter Konformismus. Sie plündern Vodafone-Filialen und Elektrogeschäfte, erbeuten Turnschuhe, Plasma-Bildschirme, Smartphones und Süßigkeiten. Wenn die Teilnahme am Konsum mehr und mehr über die Zugehörigkeit zur Gesellschaft entscheidet, gehört, wer bestimmte Dinge nicht vorzeigen kann, eben nicht dazu. Die Jugendlichen holen sich die Dinge nun auf ihre Weise. Der britische Historiker Owen Jones hat deshalb vorgeschlagen, von „Konsumkrawallen" zu sprechen. Die Krawalle erinnern ihn eher an einen massenhaften Ladendiebstahl, denn an politisch motivierte Widerstandshandlungen gegen den Staat.

An dieser Stelle ist eine Warnung vonnöten. Michel Foucault und Peter Brückner haben in ihren Büchern *Mikrophysik der Macht* (Berlin 1976) bzw.

Sozialpsychologie des Kapitalismus (zuletzt Gießen/Hamburg 2004) schon vor Jahrzehnten darauf hingewiesen, dass es problematisch ist, zwischen einem *guten* und einem *bösen* Aufstand zu unterscheiden und die Trennung in *anständige*, also gewerkschaftlich und politisch organisierte, Arbeiter und *liederliche Lumpenproletarier* mitzumachen. Die historische Durchsetzung dieser Trennung, die um 1900 herum in der von der Sozialdemokratie dominierten Arbeiterbewegung erfolgte, hat ihrem Radikalismus die Spitze gebrochen und ihrer Integration in die bürgerliche Gesellschaft in die Hände gearbeitet. Die an bürgerlich-kleinbürgerliche Standards assimilierten Arbeiter wurden peu à peu mit materiellen Gratifikationen versehen und ins System hineingenommen, die anderen wurden mit Billigung der „anständigen Arbeiter" Objekte des Ausschlusses und der Kriminalisierung. Das Schisma zwischen „ehrbaren, reputierlichen Arbeitern" und „Lumpenproletariern" hat sich als ein geschickter Schachzug der bürgerlichen Herrschaft erwiesen und mit dazu beigetragen, die Bourgeoisie einstweilen vor dem Umsturz zu bewahren. Ich habe mich in einem *Von der Plebs zur Arbeiterklasse* betitelten Beitrag, der als Einführung in den zweiten Band von Otto Rühles Werk *Illustrierte Kultur- und Sittengeschichte des Proletariats* konzipiert war und in meinem Buch *An den Rändern* (Gießen 1988) erschienen ist, ausführlich mit den Folgen dieser Spaltung beschäftigt und die Herrichtung der Arbeiter zu Verhandlungspartnern der Bourgeoisie und *Möchtegern-Bürgern* (Otto Rühle) ausführlich beschrieben.

Der Publizist und Filmkritiker Georg Seeßlen hat in einem Kommentar zu den verschiedenen Revolten des Jahres 2011, den die *Tageszeitung* am 17. August 2011 gedruckt hat, diese Warnung wieder aufgegriffen und die Trennung zwischen „gutem" und „bösem" Aufstand kritisiert, wie sie hierzulande auch und gerade von den kritisch-dissidenten Teilen des Bürgertums und den „sozialen Bewegungen" vorgenommen werde. „Ein guter Aufstand hat ein Ziel und einen Diskurs. Ein schlechter Aufstand bricht aus oder entzündet sich. Ein guter Aufstand benennt den Gegner und sucht nach Allianzen. Ein schlechter Aufstand kommt übers ‚Wir zeigen es denen' nicht hinaus. Ein guter Aufstand formt in seinem Protagonisten Selbstbewusstsein, ein schlechter Aufstand erzeugt Rausch und Katzenjammer. Ein guter Aufstand hat Adressaten, ein schlechter Aufstand hat Opfer. In einem guten Aufstand geht es um Ideen und um Ideale, in einem schlechten Aufstand geht es um Randale, Flachbildfernseher und Schnaps. So einfach ist das? Da ist der heroische, solidarische und kluge Aufstand der mittelständischen Jugend in der arabischen Welt und in Israel. Und da ist der feige, materialistische und dumpfe Aufstand der Verwahrlosten. Da ist der gerechte Kampf einer Jugend, der man die Zukunft verweigern will, und da ist die sinnlose Brutalität von Kids, die nichts zu verlieren und nichts zu gewinnen haben als den schnellen Kick."

„Die moralische Empörung des bürgerlichen Aufstandes und die Energie der sozialen Revolte" seien, so Seeßlen weiter, „erst gemeinsam wirklich gefährlich. Doch so weit entfernt voneinander wie derzeit waren sie wohl noch nie. Nicht zuletzt, weil sich ein Bild zu festigen beginnt: Die Unterschicht des Neoliberalismus ist monströs, und sie hat offenbar kaum ein anderes ‚Klassenbewusstsein' als den Genuss dieser Monstrosität. Für den konservativen europäischen Mainstream ist die neue Unterschicht unerträglich, weil es sich für sie nur um ein ‚Anspruchsdenken' ohne ‚Leistungsbereitschaft' handelt. … Der Unterschichtler scheint sich dem Ethos des Kapitalismus so radikal zu verweigern wie er sich seinen Versprechungen und Illusionen unterwirft. Ist aber seine Rücksichtslosigkeit beim Haben-Wollen vom Kuchenstück nicht die direkte Spiegelung der Rücksichtslosigkeit des Bankers?"

Georg Seeßlens Fazit: „Der schlechte Aufstand ändert die Verhältnisse nicht; er zeigt, wie sie sind. Wer will das schon sehen?"

Meine ‚*Vandalismus-Formel*' lautet also: Gesellschaftliche Desintegration (also Schrumpfen des Arbeitsmarktes, Mehrfach-Ausgrenzungen, *Ghetto-Lage*) plus psychische Entstrukturierung (also Über-Ich-Schwund, verbreitete Ich-Schwäche, Bindungslosigkeit, unintegrierte, archaische Wut) = Wahrscheinlichkeit, dass raptusartige Gewaltausbrüche zunehmen.

Ein paar sogenannte Fakten und Zahlen: In keinem anderen westeuropäischen Land, so konnte man dieser Tage in vielen Zeitungen lesen, ist die Kluft zwischen Arm und Reich so groß wie in Großbritannien. Großbritannien liegt auf dem letzten Platz der europäischen Staaten beim *Gini-Index*, einer statistischen Methode zur Darstellung von ungleicher Verteilung. Das heißt: nirgends klafft die Schere zwischen Arm und Reich weiter auseinander als in Großbritannien. Die oberen zehn Prozent der Gesellschaft verfügen über hundertmal so viel Geld wie die unteren zehn Prozent. Das Realeinkommen der ärmeren Schichten sinkt ständig weiter. England liegt bei der Jugendarbeitslosigkeit im europäischen Vergleich vor Spanien und Griechenland auf dem drittletzten Platz, sie beträgt rund zwanzig Prozent. Polizeiwillkür gegenüber schwarzen Jugendlichen ist an der Tagesordnung. Ihre Chance, von der Polizei angehalten und kontrolliert zu werden, ist rund 25 Mal so hoch wie bei Weißen. „England unter Cameron kann wie Frankreich unter Sarcozy nach wie vor als Klassengesellschaft bezeichnet werden. Man gehört vor allem dann nicht dazu", schreibt Joachim Kersten in der *Tageszeitung* vom 15. August 2011, „wenn man die falsche Hautfarbe oder den falschen Familiennamen hat, denn bei der Jobsuche oder der Polizeikontrolle nützt auch der richtige Pass nicht viel. Man ist Staatsbürger dritter Klasse. Junge Männer und Frauen finden keine Arbeit. Das ist das Antlitz des Rassismus, das Erbe der kolonialen Grandiosität, der Überlegenheit der weißen ‚Rasse', ihres Militärs und ihrer Polizei."

Was wäre denn, wenn solche Aktionen auch aus dem Grund begangen würden, ein einziges Mal Ursache von etwas zu sein? Menschen, die stets Mittel fremder Zwecke und Anhängsel von etwas Äußerem sind, von dem sie einfach nur mitgeschleift werden, wollen endlich einmal Ursache von etwas sein, und wenn es Straftaten sind. Wer immer nur Amboss ist, möchte endlich mal Hammer sein, wie man in der Sprache der Arbeiterbewegung sagen würde.

Die Jugendlichen genießen den flüchtigen Rausch der Machtausübung und dass sie es sind, die Angst und Schrecken verbreiten. Die Jugendlichen hocken nach ihren vandalischen Aktionen vor dem Fernseher, sehen die Bilder vom Tage und sagen sich: „Das waren *wir*! Die ganze Aufmerksamkeit gilt Taten, die *wir* begangen haben!" Wieder einmal scheint das Programm des *malignen Narzissmus* wirksam zu sein: Negative Aufmerksamkeit ist besser als gar keine.
Die wertabstrakte Militanz, die uns an den Krawallen so erschreckt, quittiert auch den Umstand, dass den jungen Leuten der Weg zur Produktion und damit zu traditionellen Formen des Klassenkampfes versperrt ist. Sie können nicht streiken und Fabriken besetzen, weil sie keine Arbeit haben. Sie sind die Überzähligen, die Herausgefallenen, das, was die Ökonomen in ihrem zynischen Jargon *Surplus-Bevölkerung* nennen. Wir erleben das Wiederauftauchen *gefährlicher Klassen*, die für die Zeit der Herausbildung der kapitalistischen Produktionsweise charakteristisch waren. Konnten damals entwurzelte, plebejische Massen und unterbürgerliche Schichten noch nicht über den Modus der Lohnarbeit integriert werden, so heute die aus dem Arbeitsmarkt Herausgefallenen und Überzähligen nicht mehr. Die neue *gefährliche Klasse*, gegen die man sich rüstet und von der ein Großteil der Gewalt verübt wird, die die Öffentlichkeit erschreckt, wird im Wesentlichen von jungen Männern zwischen Pubertät und Heiratsalter gebildet, für die keine verbindlichen oder wirksamen Regeln und Schranken des Verhaltens mehr bestehen und deren Verhalten kaum noch durch verinnerlichte Normen gesteuert wird. Sie werden nicht einmal mehr ausgebeutet; aber schlimmer noch als Ausbeutung scheint zu sein, komplett ignoriert und wie Fische auf dem Trockenen liegen gelassen zu werden. Arbeit zu haben bedeutet weit mehr, als über eine geregelte Einnahmequelle zu verfügen. Arbeit vermittelt Teilhabe und Anerkennung. Arbeit ist der Ort der Vergesellschaftung, an dem einem abends zugerufen wird: „Tschüs, und dann bis morgen!" Wenn Identität sich weitgehend über Leistung herstellt, heißt es im Umkehrschluss: Wo keine Leistung erbracht werden kann und darf, kann sich auch keine Identität ausbilden. Gerade für junge Leute besteht die Funktion von Arbeit auch darin, ihre wild wuchernden Vorstellungen von der eigenen Grandiosität zu *erden* und Legierungen mit gesellschaftlich realistischen Erwartungen eingehen zu lassen. Arbeit trägt dazu bei, die oft noch ungekonnten Äußerungsformen ihres Antriebslebens zu bändigen, Aggressionen der Kontrolle des Ichs zu unterstellen und gesellschaftlichen Zielen dienstbar zu machen. Fehlende Arbeit kann in einer Arbeitsgesellschaft zur Quelle von Depressionen werden und Persönlichkeitsstörungen aus der Latenz hervortreten lassen.
Kindheit und Jugend münden für viele heutige Jugendliche direkt ins Ghetto, und die *Ghetto-Lage* brütet Rachegefühle und Hass aus. Zu den drängenden Fragen der Gegenwart gehört: Wie soll man eine Identität in einer Gesellschaft ausbilden, die einem bedeutet, dass sie einen nicht benötigt? Wie sollen Menschen sich wehren, wenn sie nichts haben, das sie der Gesellschaft entziehen oder verweigern können? Es gibt für die Überflüssigen und Herausgefallenen nur die Wahl zwischen einem depressiven und einem aggressi-

ven Modus der Verweigerung: Selbstverbrennung, Hungerstreik, das stumme Nein des Körpers und der Selbstzerstörung durch Drogen oder die Randale, die Zerstörung, die gewaltsame Aneignung dessen, was man ihnen verweigert.
Jean Baudrillard hat gesagt: „Wenn die Gewalt aus der Unterdrückung aufsteigt, dann der Hass aus der Entleerung.“ Die Räume wie die Menschen sind arbeitslos. Man baut ganze Wohn- und Bürostädte, die ewig leer stehen werden, Auswüchse von Verbrechen und Spekulation. „Ghost towns – ghost people: die Menschen darin sind selbst endlos als Abfälle reproduzierbar oder als einfache Figurinen, die diese Junggesellenmaschine in Gang halten – Symbole des circulus vitiosus der Produktion, in welcher – im Gegensatz zu der historischen These – nicht mehr die Arbeit das Kapital reproduziert, sondern das Kapital selbst die Arbeit unbestimmt reproduzieren muss.“ „Die Menschen, die zum Abfall ihrer eigenen Abfälle werden – sie sind das Zeichen einer Gesellschaft, die ihren eigenen Werten gegenüber gleichgültig geworden ist und sie sich selbst in Gleichgültigkeit und Hass austreibt.“ Wären die jungen Leute noch Teil der Arbeiterklasse, bekämen sie, wenn sie über die Stränge schlügen, von ihren älteren Kollegen die Leviten gelesen. Gegen Ende des 19. Jahrhunderts kann man das an der deutschen Arbeiterbewegung studieren: Die jungen Heißsporne aus dem Osten werden von ihren gewerkschaftlich und in der SPD organisierten älteren Kollegen gebremst und zivilisiert und an die Einhaltung gewisser Formen gewöhnt. Man schlägt dem Chef keins in die Fresse, sondern geht solidarisch oder auch listig gegen ihn vor. „Immer langsam mit den jungen Pferden“, bekamen sie gesagt und lernten ihre Lektionen in politischen Kämpfen und Disziplin. Ihre Aggressivität wurde domestiziert und in eine aufklärerische Richtung gelenkt.

Eine weitere Krux heute: Es existieren keine gesellschaftlichen Kräfte, die diese Sozialisierung und Zivilisierung der jungen Wilden leisten und übernehmen könnten. Es gibt keine Arbeitermilieus mehr, kaum noch Gewerkschaften und schon gar keine revolutionär gestimmten Arbeiter. Es fehlt eine strategische Bündelung der verschiedenen Konfliktpotenziale und Unruheherde: Die Älteren stoßen sich an der Unübersichtlichkeit der Welt und dem rasanten Tempo des Fortschritts, das sie schwindeln macht und die Welt nicht mehr verstehen lässt; die jungen Leute sind arbeits- und perspektivlos; die Studierenden leiden unter der Verschulung ihrer Studiengänge und den fehlenden Aussichten auf einen angemessenen Job; die Arbeitenden werden prekär beschäftigt und erhalten Löhne, von denen sie häufig nicht einmal leben können; die Alten werden in abscheuliche Heime abgeschoben und vegetieren dort vor sich hin. Es käme darauf an, all diese verschiedenen Potenziale und Intentionen zu einem einzigen mächtigen Willensstrahl zu bündeln und sie strategisch zu codieren. Wo ist unsere Fähigkeit geblieben, den Menschen zu interpretieren, was mit ihnen los ist? Warum sind wir nicht in der Lage, das oft stumme Leiden der Menschen beredt werden zu lassen und kämpferisch gegen seine Verursacher zu wenden?

Ich erinnere mich gut, wie ich 2005, als es in den französischen Vorstädten zu brennen begann, morgens von der aufgeregten Stimme eines jungen Mannes, die aus dem Radio an mein Ohr drang, aus dem Schlaf gerissen wurde, der den saturierten Bürgern wütend seine Anklage entgegenschleuderte: „Wir werden nicht gebraucht und von euch wie Dreck behandelt. Und jetzt regt ihr euch auf, dass eure Autos brennen!" Die Unruhen in Frankreich waren ausgebrochen, nachdem zwei Jugendliche am 27. Oktober 2005 in Paris auf der Flucht vor der Polizei die Absperrung zu einem Transformatorenhäuschen überwunden hatten und dort von Stromschlägen tödlich getroffen worden waren. Sarkozy sprach angesichts der nachfolgenden Unruhen in den Banlieus von „kriminellem Gesindel", das mit Hilfe eines Hochdruckreinigers weggespült werden müsse. David Cameron nennt nun Teile der englischen Gesellschaft „krank". *Kranke Teile des Volkskörpers* müssen herausoperiert und entfernt werden. Die *anständigen Engländer* fordern den Einsatz scharfer Munition gegen den *enthemmten Pöbel.*

Auslöser – nicht Ursache – von Ghetto-Revolten ist meist die Wahrnehmung von Polizeibrutalität. Polizisten misshandeln oder töten Menschen aus sozial benachteiligten Schichten oder Angehörige von Minderheiten. So war es in Los Angeles, wo 1991 der Afroamerikaner Rodney King von weißen Polizisten verprügelt wurde, die vor Gericht freigesprochen wurden. So war es 2005 in Paris und so ist es nun im Mai 2013 in Stockholm, wo in der Woche vor Pfingsten ein mit einer Machete bewaffneter 69-jähriger Mann aus dem Migrantenghetto Husby von der Polizei erschossen wurde.

Was charakteristisch für die revoltierenden jungen Leute ist: Sie haben nichts, sie besitzen nichts. Es gibt nichts, was sie an diese Gesellschaft bindet: weder Arbeit, noch Eigentum, noch die Liebe, die dem schweifenden Trieb Dauer und Form verleiht, indem sie ihn an ein Objekt bindet. Sie sind abstrakt, ohne Wurzeln, ohne so etwas wie Heimat, ohne emotionale Bindungen. Libidinöse Beziehungen zu und emotionale Bindungen an Menschen und Dinge sind aber das einzig wirksame Antidot gegen die Gewalt. Das gilt für einzelne Menschen wie für Gruppen und Klassen. Wer zu nichts und niemand eine Beziehung unterhält, fühlt sich niemandem gegenüber zu nichts verpflichtet. „Nur wer sich selbst auch anerkannt fühlt, hat ein Interesse an der Stabilität gesellschaftlicher Normen und gewaltarmer sozialer Ordnung", schreibt Wilhelm Heitmeyer in der *Tageszeitung* vom 25. August 2011.

Und noch etwas: Die Bilder, die wir aus Frankreich in Erinnerung haben und die wir jetzt aus England übermittelt bekommen haben, führen uns vor Augen, was in vielen Teilen der Welt traurige tägliche Realität ist. Es herrscht Krieg und Bürgerkrieg. Autos und Häuser brennen, Menschen sind auf der Flucht und sterben.

Der afrokaribisch-französische Schriftsteller und Politiker Aimé Césaire hat in seinem 1955 erschienenen Buch *Über den Kolonialismus* bereits angesichts des Algerienkrieges davon gesprochen, dass die koloniale und imperiale Ge-

walt in die Mutterländer zurückschlage und dort zu einer „Rebarbarisierung" und „Verwilderung" des gesellschaftlichen Klimas führe, eine Erfahrung, die sich später in den USA im Kontext der Kriege in Vietnam, Afghanistan und im Irak bestätigte. Die Veteranen leben in einer Welt aus Scheidung, Alkohol, Drogen, Verbrechen, Polizei, Gefängnis und Depression. Noch fast dreißig Jahre nach der Rückkehr aus Vietnam kann Lester Farley, ein Vietnamveteran, dem wir in Philip Roth's Roman *Der menschliche Makel* begegnen, kaum eine Nacht richtig schlafen, ist unruhig, trinkt, neigt zu Gewalttätigkeiten und terrorisiert Frau, Kinder und seine ganze Umgebung. Er empfindet sich als ein Mann, der in Vietnam „gestorben ist" und seither als „Untoter" mit betäubten Gefühlen weiterlebt. Jede Soldateneinheit, die aus einem Kriegseinsatz zurückkehrt, kann man als lebendige Quelle von Gewalt begreifen. Immer wieder wird davon berichtet, dass amerikanische Kriegsheimkehrer nicht ins zivile Leben zurückfinden und ihre Familien und sich selbst umbringen. Laut *Frankfurter Allgemeine Zeitung* vom 12.11.2009 wird seit 2001 auf Militärstützpunkten ein Anstieg der häuslichen Gewalt um 75 Prozent verzeichnet. Während die Gewaltkriminalität in vergleichbaren Städten zurückgeht, stieg sie in Garnisonsstädten seit 2001 um 22 Prozent an. „Der Krieg ist darin schlimm, dass er mehr böse Menschen macht, als er davon wegnimmt", wusste bereits Kant.
Bei uns in Deutschland seien Gewaltausbrüche wie in England nicht zu befürchten, versichern Politiker und ihre wissenschaftlichen Wachhunde. Ein Narr, wer ihnen das abnimmt.

Reale Ohnmacht – virtuelle Allmacht

Im Schatten verbreiteter Ohnmachtserfahrungen und mangelnder Anerkennung bildet sich eine Vorliebe für Computerspiele aus, bei denen sich Jugendliche in einsamen Kämpfen gegen imaginäre Mächte und Gestalten zu Herrschern der Welt und über ganze Universen aufschwingen. Es ist die real erfahrene Ohnmacht, die die virtuelle Allmacht so anziehend und verlockend erscheinen lässt. Der Computer erweist sich in dieser Anwendungsform als narzisstisches Ladegerät für einen schwächelnden Selbstwert-Akku, an das er immer häufiger angeschlossen werden muss, bis er eines Tages kaum noch oder gar nicht mehr ohne existieren kann. Wolfgang Bergmann und Gerald Hüther haben die Suchttendenz dieses Mechanismus in ihrem gemeinsam verfassten Buch *Computersüchtig. Kinder im Sog der modernen Medien* (Düsseldorf 2007) zutreffend und präzise beschrieben.
Wo die Anerkennung versagt oder nicht verlässlich genug ist, da suchen Jugendliche nach Auswegen, und die finden sie immer häufiger im virtuellen Raum. Dort ist alles anders: Die Schwerkraft des Realen ist außer Kraft gesetzt, der Widrigkeitskoeffizienz der Dinge ausgeschaltet. Man zieht sich aus einer Welt voller Frustrationen und Demütigungen in die kränkungsgeschützte Parallelwelt der Computerspiele zurück. Dort feiert man virtuelle Triumphe und man erlebt sich als allmächtig und gottgleich.

In Form des Computers und seinen Anwendungsmöglichkeiten ist den in ihrem Selbstwertgefühl beschädigten und deswegen narzisstisch bedürftigen Menschen – und wer wäre das nicht? - eine ideale und beinahe für jeden erschwingliche und verfügbare Selbstwert-Prothese zugewachsen. Die Welt steht mir zur Verfügung und ich unterwerfe sie meinem Willen. Virilio hat den Vorgang, während dessen sich der Akteur aus der körperlichen Welt zurückzieht und sich zum Mittelpunkt der Welt aufschwingt, Egozentrierung genannt. Das Internet macht uns zum Mittelpunkt des Universums, die Dinge funktionieren so, wie wir es haben wollen: Narzissmus in Vollendung. Um an der Weltgesellschaft teilzuhaben, muss man sich nicht mehr körperlich in ihr bewegen. Man kann seine zwischenmenschlichen Kontakte, die Geschäfte, sogar berufliche Aufgaben via Mausklick von zu Hause aus erledigen. Ganz nach dem Motto: Komm ich nicht zur Welt, kommt die Welt zu mir. Somit ist der Prozess der Egozentrierung nahezu perfekt abgeschlossen.
Es sind überwiegend die *malignen*, also die bösartigen Formen des *Narzissmus* – der Selbstwert gründet sich hier darauf, anderen Schmerzen und Schaden zuzufügen, sie zu vernichten - und dissoziale Tendenzen, die durch die gängigen Spiele mit einem hohen Kill-Faktor stimuliert werden. Die Kluft zwischen der realen Welt, in der sich Niederlage an Niederlage reiht, und aus der man sich deswegen peu à peu verabschiedet hat, und der grandiosen virtuellen Welt wird immer größer. Schließlich droht es in der realen Welt wegen einer ständig verschobenen Lösung realer Konflikte zu Katastrophen zu kommen. Irgendwann schickt der Held der virtuellen Welt sich an, die Konflikte in der realen Welt, die aus Gründen mangelnder oder geschwächter Fähigkeiten der Konfliktverarbeitung nicht auf der Ebene einer wirklichen Problemlösung behoben werden konnten, nach dem Modus der virtuellen Welt der Spiele zu lösen. Eines Tages zieht ein stiller, unauffälliger, schüchterner Junge seinen schwarzen Kampfanzug an, streift sich eine Maske über, holt die Waffe seines Vaters oder die des Schützenvereins aus dem Schrank und rächt sich vor aller Öffentlichkeit für Einsamkeit, Demütigung und Zurückweisung. Er demonstriert sich und aller Welt, wer er ist: kein Schwächling und Milchgesicht, sondern ein richtiger, kaltblütiger Mann. Eine *Ninja-Figur* entsteigt dem Bildschirm und wendet sich bewaffnet dem Epizentrum der Kränkungen und Konflikte zu. Die Ereignisse am Erfurter *Gutenberg-Gymnasium* vor beinahe zehn Jahren sind und bleiben in dieser Hinsicht ein blutiges Menetekel. (siehe Kapitel V)
Es sind zehn Mal mehr Jungen als Mädchen, die computersüchtig werden. Immerhin 16 Prozent der Jungen und nur vier Prozent der Mädchen verbringen täglich mehr als 4,5 Stunden mit Computerspielen. Einen Grund für dieses Ungleichgewicht kann man darin erblicken, dass die gängigen Ego-Shooter eine letzte Domäne eines Männlichkeitskonzepts darstellen, dem in der Realität kaum noch etwas entspricht. Die Jungen geraten den Mädchen gegenüber in vielen Belangen immer mehr ins Hintertreffen, nur in der virtuellen Welt der Spiele ist „ihre Welt noch in Ordnung". Hier können sie Helden, Kämpfer, Krieger sein und eine Form von aggressiver Männlichkeit aus- und erleben, die in der Realität immer weniger gefragt ist und eher als pein-

lich empfunden wird. Auch in puncto Männlichkeitskonzepte stoßen wir auf jene oben beschriebene Kluft zwischen virtueller und realer Welt, die zu einer Quelle von Missverständnissen, Kränkungen und dann auch von Gewalt werden kann.

Blasser Durchschnitt

„Die Erkenntnis, nichts Besonderes zu sein, überfällt die meisten Menschen einmal in ihrem Leben, nicht selten gegen Ende der Schulzeit oder zu Beginn der Berufsausbildung, und die intelligenteren eher als die unintelligenten. Aber nicht alle leiden gleich stark darunter. Wer mit den Idealen des persönlichen Verdienstes, der Leistung, des Herausragens als Kind nicht ausreichend vertraut gemacht worden ist, wird das Bewusstsein blasser Durchschnittlichkeit vielleicht hinnehmen wie eine zu große Nase oder zu dünnes Haar. Andere wieder reagieren darauf mit den bekannten Fluchtbewegungen, die von exzentrischer Kleidung über exzentrisches Leben bis hin zur ehrgeizigen Suche nach einem Selbst reichen können, das im eigenen Innern vermutet wird wie ein prächtiger verborgener Schatz, welche die gnädige Psychoanalyse auch dem letzten Trottel zugesteht. Und die Sensiblen reagieren mit einer Depression."
(Wolfgang Herrndorf: Sand)

X.

Narziss geht, die Psychopathen kommen

> *„Hinter jedem großen Vermögen steckt ein Verbrechen."*
> *(Salvatore „Lucky" Luciano)*

> *„Herz verschließen gegen Mitleid. Brutales Vorgehen. … Seien Sie hart, seien Sie schonungslos. Handeln Sie schneller und brutaler als die anderen."*
> *(Adolf Hitler in einer Rede vor den Oberbefehlshabern der Wehrmacht am 22. August 1939)*

Abschied vom Narzissmus?

Unter der Überschrift *Das Buch des Wahnsinns* berichtet die *Süddeutsche Zeitung* vom 9./10. Juli 2011 über die neue Ausgabe des Diagnosemanuals DSM – eine gängige Abkürzung für *Diagnostic and Statistical Manual of Mental Disorders*. Dieses Diagnose-Handbuch existiert seit 1952 und wird von der *American Psychiatric Association* herausgegeben. Es will und soll weltweit die Kriterien dafür festlegen, wann ein Mensch im psychiatrischen Sinn für gestört zu erklären ist. 2013 soll die nächste, die fünfte Fassung erscheinen, und es wird schon im Vorfeld heftig über sie diskutiert. Das Diagnosemanual stellt den Versuch dar, einen gewissermaßen sachlichen, rein symptomorientierten Zugang zum psychischen Geschehen zu schaffen und ihn allgemein verbindlich durchzusetzen. Man möchte sicher gehen, dass man überall dasselbe meint, wenn man „Depression" oder „Schizophrenie" diagnostiziert. Die neue Version will unter den Persönlichkeitsstörungen aufräumen und „ausmisten", denn von den elf bislang aufgelisteten werden nur zwei regelmäßig diagnostiziert: die „Borderline"- und die „antisoziale Persönlichkeitsstörung". „Welche Kränkung für die Narzissten: Es gibt sie gar nicht, oder soll sie demnächst nicht mehr geben, jedenfalls nicht in ihrer Reinform!" schließt der Artikel aus der *Süddeutschen Zeitung*. Ich werde später unter der Überschrift *Psycho-Imperialismus* ausführlich auf die neue Version des *DSM* zurückkommen.

Dass geplant ist, die *narzisstische Persönlichkeitsstörung* aus dem Verkehr zu ziehen, könnte man auch so interpretieren, dass die ihr von den gängigen Di-

agnosemanualen zugeordneten Symptome Teil unserer Normalität geworden sind und deshalb nicht länger als Krankheitszeichen gelten sollen.
Es sind dies unter anderem: Die Überzeugung, grandios und wichtig zu sein; Träume von grenzenlosem Erfolg; der Glaube an die eigene Einzigartigkeit; Abhängigkeit von Bewunderung anderer; Funktionalisierung von zwischenmenschlichen Beziehungen für eigene Zwecke bzw. ein ausbeuterisches Verhältnis zu anderen; ein Mangel an Empathie; arrogante, hochmütige Verhaltensweisen; Neid auf andere; eine gesteigerte Empfindlichkeit gegenüber Kritik und taxierenden Blicken anderer.
Ist das nicht eine ziemlich präzise Beschreibung des in westlichen Gesellschaften heute vorherrschenden Menschentyps?
Es gibt eine kollektive Basisstörung, die innerhalb einer Gesellschaft keinen Krankheitswert besitzt, sondern den ihr gemäßen Sozialcharakter ausmacht. Jeder gesellschaftlichen Entwicklungsstufe entspricht ein dominanter Sozialcharakter. Auf seiner Basis ist die Identitätsstruktur der Menschen mit der Realitätsstruktur der sie umgebenden Gesellschaft leidlich synchronisiert. So passte der von Heinrich Mann beschriebene „Untertan" mit seiner reflexartigen Unterwerfungsbereitschaft, seinen zwanghaften und anal-retentiv gefärbten Eigenschaften und Haltungen des Sparens und Bewahrens bestens in eine geschichtliche Phase, da der Kapitalismus in Deutschland im Gehäuse eines noch halbfeudalen Obrigkeitsstaates seinen Aufschwung nahm. In gewissen randständigen Zonen und künstlerischen Subkulturen kündigt sich jeweils die nächste Entwicklungsstufe an, deren Merkmale zunächst stigmatisiert und als Zeichen von Degeneration oder Krankheit gewertet werden. So ging es den dadaistischen und surrealistischen Subkulturen und den Lebensformen der Dandys und Bohemiens, die gewisse narzisstische Züge kultivierten und in mancherlei Hinsicht den konsumistischen Hedonismus antizipierten. Der Bürger sah in den Bohemiens und Künstlern *eitle Gecken* und dekadenten *Abschaum*, den er am liebsten ausgemerzt hätte und dann auch ausgemerzt hat. In den berühmten zwanziger Jahren begann sich der psychohistorische Übergang ins Zeitalter des Narzissmus schon am Horizont abzuzeichnen. Der Faschismus leitete dann eine kollektive Regression zugunsten des herkömmlichen Sozialcharakters und seinen Vorstellungen von Ordnung und Reinheit ein und begrub fürs Erste alternative Entwicklungen unter sich. Es dauerte einige Jahrzehnte, bis die Tendenzen der 1920er Jahre als Reimport aus den USA sich wieder manifestierten.
Im Zuge des beschriebenen Übergangs zum konsumistischen Zeitalter lösen sich die Merkmale der Boheme aus ihrer subkulturellen Einkapselung und vermassen sich tendenziell. Ein Gutteil der Dynamik der 68er Revolte stammt aus der Reibung zwischen zwei verschiedenen Formen des Sozialcharakters oder *Psychoklassen*, wie es bei Lloyd deMause heißt, und die Revolte erschließt sich uns im Rückblick auch als Teil der Durchsetzungsgeschichte einer neuen Stufe der kapitalistischen Entwicklung. Hegelianisch könnte man sagen: Der Geist des Kapitalismus hat sich seiner Widersacher bedient, um zu sich selbst zu kommen und in seiner Erscheinungsweise seinem Begriff adäquat zu werden. Leute wie Rainer Langhans und Dieter Kun-

zelmann haben durch ihre provokanten Auftritte viel dazu beigetragen, die versteinerten bundesrepublikanischen Nachkriegsverhältnisse zum Tanzen zu bringen. Letztlich hat sich die hedonistische, wenn man so will: narzisstische Fraktion der Revolte, die sich immer schon mehr für ihre Orgasmusschwierigkeiten als den Krieg in Vietnam interessierte, als Faktor der Modernisierung erwiesen. So entbehrt es nicht einer gewissen Logik, dass man Langhans heute im Dschungelcamp von *RTL* begegnet. „Spaß haben zu wollen" und hippiemäßig auszusehen war nur solange rebellisch, wie die Umgebung der Bundesrepublik postfaschistisch, spießig und zwanghaft organisiert war und lange Haare einen Vernichtungsimpuls bei den Bürgern und Kleinbürgern hervorkitzelten. Leider hat Adorno mit seiner kritischen Haltung der antiautoritären Revolte gegenüber letztlich Recht behalten. In seinem Anfang der 1950er Jahre erschienenen Buch *Minima Moralia* hatte er bereits ein Erschrecken festgehalten, das nun auch uns betrifft: „Mit Schrecken muss man einsehen, dass man oft früher schon, wenn man den Eltern opponierte, weil sie die Welt vertraten, insgeheim das Sprachrohr der schlechteren Welt gegen die schlechte war."

Die psychische und kulturelle Entwicklung besitzt eine eigene Zeitstruktur und hinkt hinter den ökonomisch-technischen Veränderungen her. Mitunter bedarf es einer militanten Revolte, um anachronistisch verfasste gesellschaftliche Subsysteme zu reformieren und auf die Höhe der fortgeschrittenen Sektoren der Gesellschaft zu bringen.

Unter unseren Augen spielt sich die Zersetzung des *traditionellen, innengeleiteten Subjekts* und der Übergang zum *außengeleiteten, flexiblen Menschen* ab, der den gewandelten Imperativen einer neuen Phase der kapitalistischen Entwicklung entspricht. Die Teile von dessen Symptomatik, die auch mit der gewandelten Normalität nicht kompatibel sind, wandern in andere Störungsbilder ab: Der *Narzissmus* ist salonfähig geworden, aber bitte nicht in seinen *malignen* Formen oder auf *Borderline*-Niveau!

Die *narzisstische Persönlichkeitsstörung* hat es nun doch noch in die neue Fassung des *DSM* geschafft, die im Mai 2013 erscheint. Ihre Streichung wäre auch etwas voreilig gewesen, denn noch leben wir in einer Übergangszeit. Die uns umgebende Gesellschaft zerfällt in verschiedene Sektoren, die von unterschiedlichen Normen und Werten bestimmt sind und jeweils andere Begriffe von Normalität hervorbringen. Der späte Kapitalismus stimuliert hedonistische Haltungen im Konsumbereich, der zunehmend unter eine andere Anweisungsstruktur gerät als der Produktionsbereich. Der amerikanische Soziologe Daniel Bell hat bereits in den 1970er Jahren in seinem Buch *Die nachindustrielle Gesellschaft* auf die „Disjunktion von Ökonomie, Kultur und Freizeit" aufmerksam gemacht, welche die über lange Strecken der neueren Geschichte waltende relative Harmonie zwischen diesen gesellschaftlichen Teilbereichen zerstört und sie jeweils anderen Logiken unterstellt: „Denn während das System im Hinblick auf die Organisation von Produktion und Arbeit nach wie vor Vorsorge, Fleiß und Selbstdisziplin, Hingabe an die Karriere und Erfolg verlangt, fördert es im Konsumbereich die Haltung des *carpe diem*, d.h. Verschwendung, Angeberei und die zwanghafte Jagd nach Amüsement." An dieser Beobachtung Daniel Bells hat sich bis heute grundlegend nichts geändert: Nach wie vor herrschen in Teilen der Produktion traditionelle Normen wie Arbeitsamkeit, Pflichterfüllung, Pünktlichkeit und Disziplin, während die Sphären der Freizeit und des Konsums längst unter die Herrschaft anderer und divergierender Orientierungen und Haltungen getreten sind, die man dem Hedonismus und Narzissmus zurechnen kann. Die divergierenden sozialen Felder und ihre Anforderungsstrukturen bilden sich im Bereich der Sozialcharaktere und *Psychoklassen* (Lloyd deMause) ab, in dem spezifische Formen von *Ungleichzeitigkeit* existieren. Ernst Bloch hat in seinem Buch *Erbschaft dieser Zeit* gezeigt, dass eine gegebene Bevölkerung - in diesem Fall die deutsche der Weimarer Republik - unter der Hand in ungleichzeitige Teilvölker zerfällt. Man kann die von Bloch sozio-ökonomisch gefassten Kategorien ins sozialpsychologische Gelände übertragen. Dann können wir die „ungleichzeitigen" arbeitsamen, sparsamen, pünktlichen Menschen, die „gleichzeitigen" Menschen, die ein leidenschaftliches Verhältnis zum Geldausgeben und zum Konsumieren haben, und die „übergleichzeitigen" flexiblen, driftenden Menschen unterscheiden, mit deren Innenleben wir uns nun beschäftigen wollen, und denen die Zukunft gehören wird, wenn sich nichts Gravierendes ändert.

Ethnologie des Inlands: Möchtest du einen Unfall im Tunnel sehen?

Auf dem Seltersweg stehen zwei Frauen beieinander und unterhalten sich. Die vielleicht zwölf- oder dreizehnjährige Tochter der einen steht gelangweilt daneben. Sie hat ihr Handy in der Hand und betrachtet auf dem Display einen Film. „Möchtest du einen Unfall im Tunnel sehen?", fragt sie unvermittelt ihre Mutter. „Nein, ich möchte keinen Unfall im Tunnel sehen", erwidert die genervt und redet weiter mit ihrer Bekannten.
Mich hat diese Szene seltsam berührt, weil ich selbst vor einigen Jahren auf dem Weg nach Italien in einem Schweizer Tunnel einen Unfall erlitten habe. Ich war in dem über elf Kilometer langen Tunnel eingeschlafen und hatte Glück, einigermaßen ungeschoren davongekommen zu sein und keine anderen Menschen verletzt zu haben. Später führten mir Polizisten auf dem Revier die Aufnahmen der Überwachungskameras vor. Ich weiß bis heute nicht, was schlimmer war: Der eigentliche Unfall oder nachträglich die Bilder davon vorgeführt zu bekommen.

Offenbar gelangen solche Aufnahmen inzwischen via Internet auf die Handys von Jugendlichen. Wahrscheinlich kann man in den nächsten Tagen in der Stadt die Frage hören: „Möchtest du die U-Bahn-Attacke von Berlin-Lichtenberg sehen?" Die von Überwachungskameras aufgenommenen Bilder, wie vier Jugendliche einen Mann verfolgen und brutal zusammenschlagen und –treten, kann man tatsächlich im Internet sehen und herunterladen. Es steht zu fürchten, dass sie nicht nur Aufklärungszwecken dienen, sondern den Tätern zu einer traurigen Berühmtheit verhelfen und in gewissen Kreisen Kultstatus erlangen werden.

Soziale Kälte

Am psycho-historischen Horizont der Gegenwart zeichnen sich neue Verschiebungen ab. Die hinter uns liegenden, von der Praxis des Neoliberalismus geprägten eisigen Jahre haben die Menschen selbst eisig werden lassen und ihre Innenwelt in eine Gletscherlandschaft eingefrorener Gefühle verwandelt. Sie sind *abgehärtet* im physischen und im psychologischen Sinn. Ihre Kälte ist eines ihrer hervorstechenden Merkmale - kalt fremdem Leiden gegenüber, aber auch sich selbst gegenüber. Kälte zehrt von einer auf Gleichgültigkeit, Konkurrenz und Mitleidslosigkeit gegründeten Subjektausstattung. Und deren Träger können gar nicht anders, als diese Kälte an ihre Umgebung weiterzugeben. Es macht einen nicht zu unterschätzenden Unterschied, ob man in einer Gesellschaft aufwächst und lebt, in der schwachen und nicht oder weniger leistungsfähigen Mitmenschen solidarisch beigesprungen und unter die Arme gegriffen wird, oder in einer, in der sie der Verelendung preisgegeben und als sogenannte *Loser* zu Objekten von Hohn und Spott werden. Friedrich Hebbel war Zeuge großer gesellschaftlicher Umbrüche, erlebte als Zeitgenosse die Transformation einer traditionalen Gemeinschaft in eine kapitalistische Gesellschaft und die Durchsetzung von Geld- und Tauschverhältnissen. Er hat den Schrecken darüber, dass sich ein kalter Hauch der Entfremdung auf Menschen und Dinge legte, in seinen Dramen und Tagebüchern festgehalten. Deswegen konnte er 1844 einen Satz in sein Tagebuch eintragen, der genauso gut von heute stammen könnte: „Die negative Tugend: der Gefrierpunkt des Ich."

Dass „du Opfer" und „Hey, du Spast" zu den gängigen Beleidigungen zählen, mit denen heutige Jugendliche sich untereinander belegen, wirft ein schlagendes Licht auf die Perversion im Menschenbild, die in den letzten Jahren im Zeichen eines Kults des *Winners* um sich gegriffen hat, wie ihn zum Beispiel Sportler betreiben, die nach gewonnenen Spielen oder Meisterschaften vor laufenden Kameras lauthals singen: „So seh'n Sieger aus - schalalalala". Die Torhüterin der amerikanischen Frauenfußball-Nationalmannschaft, Hope Solo, die auch, weil sie aussieht wie ein Daily-Soap-Klon, diesen Winner-Kult verkörpert, sagte in einem Interview vor dem Endspiel der letzten Weltmeisterschaft: „Wir wissen, dass wir gewinnen werden. Das ist unsere Mentalität." Dass sie sich getäuscht hat, ist ein kleiner Trost.

Am Mittwoch, den 13. Juni 2012, also während der Fußballeuropameisterschaft, hat Matthias Altenburg alias Jan Seghers in sein Internet-Tagebuch *Geisterbahn* eingetragen:

"'Die Lust aufs Gewinnen ist das, um was es geht, das weckt die Gier in dir, das macht dich aus, das lässt dich leicht laufen, das lässt dich leicht über deine eigentlichen Möglichkeiten hinauswachsen. Das macht dich besonders stark. Und diese Lust aufs Gewinnen, die tobt in mir. Bin ich eigentlich der Einzige, den das kalte Grausen anspringt, wenn ein zähnebleckender Jürgen Klopp allabendlich vor, zwischen und nach den Spielen sein imperiales Mantra wiederholt?
Könnte man doch austreten aus einem Volk, in dem so etwas als Werbung für eine Genossenschaftsbank taugt.
‚Erfolg beruht darauf, dass ihn nicht jeder haben kann.' (Ernst Alexander Rauter)"

Die vom Markt propagierten und für ein erfolgreiches Agieren auf dem ökonomischen Parkett erforderlichen Eigenschaften und Haltungen sind inzwischen bis in die Poren des Alltagslebens vorgedrungen und haben seine Verrohung vorangetrieben.
Eine blinde Frau durchquert den Park vor meiner Haustür. Ihr Blindenhund geht, nicht angeleint, neben ihr. Ein paar Halbwüchsige, die auf Bänken sitzen, rauchen und Bier trinken, locken den Hund zu sich und halten ihn fest. Die blinde Frau vermisst irgendwann ihren Hund und beginnt nach ihm zu rufen. Sie bleibt stehen und ruft immer lauter nach ihm. Schließlich gerät sie in Panik und schreit den Namen des Hundes. Jetzt erst lassen die Jugendlichen den Hund laufen und zu seiner Besitzerin zurückkehren. Sie weiden sich an der Hilflosigkeit und Angst der Frau und lachen sich halbtot über ihre niederträchtige Aktion.
Im selben Park sitzen ein paar Tage später Teenie-Mädchen auf einer Bank. Eine berichtet, sie habe ihre Oma besucht und 15 Euro von ihr bekommen. „Dafür musste ich mir eine Stunde ihr Geflenne anhören!", sagte sie empört, so als sei das kein angemessener Stundenlohn für den Besuch einer Enkelin bei ihrer Großmutter.
In der Stadt werde ich Zeuge eines Dialogs zwischen 12/13-jährigen Jungen: „Ey Oli, deine Mutter ist in Preungesheim!" In diesem Frankfurter Stadtteil befindet sich das Hessische Frauengefängnis. Der Beleidigte brüllt zurück: „Halt die Fresse, du Arschloch, sonst fick ich deine Mutter."

Eine allumfassende Rücksichtslosigkeit, ein zur Egomanie gesteigerter Individualismus, Zynismus, Gleichgültigkeit und Feindseligkeit prägen den zwischenmenschlichen Umgang. So geht das *Zeitalter des Narzissmus* bereits mit der nächsten psycho-historischen Entwicklungsstufe schwanger. Das Innenleben des allseits kompatiblen und fungiblen Menschen, den Markt, Wirtschaft und Pädagogik propagieren, weist eine große Ähnlichkeit mit dem eines Menschentypus' auf, den wir heute noch als *Psychopathen* stigmatisieren und den Gefängnissen und forensischen Psychiatrien überantworten. Wenn hier vom *Psychopath* die Rede ist, ist nicht die umgangssprachliche Bedeutung gemeint, die darunter einen „durchgeknallten, unberechenbar-brutalen Typ" versteht, sondern eine psychiatrische Diagnose, die in jüngerer Zeit von den amerikanisch-kanadischen Psychiatern Cleckley und Hare formuliert wurde und infolgedessen englisch ausgesprochen wird. Sie beschreiben den *Psychopath* als zur Einfühlung in andere unfähig, oberflächlich charmant, anpassungsfähig, zynisch-kalt, bindungs- und skrupellos und ausschließlich an privater Nutzenmaximierung interessiert. Das sind genau die Eigenschaften, die die Hasardeure und Gurus der New Economy und der Finanzwelt aufweisen, die uns an den Rand des Abgrunds manövriert haben und weiter manövrieren.

Vor einigen Jahren haben Paul Babiak und Robert Hare unter dem Titel *Menschenschinder oder Manager* (München 2007) ein Buch herausgebracht, in dem sie die Unternehmen und die Finanzwelt vor dem Eindringen von *Psychopathen* in Führungspositionen warnten, weil ihre Skrupellosigkeit und grenzenlose Risikofreude ihnen langfristig großen Schaden zufügen würden. Eine Psychologie, die ihre Erkenntnisse ans Business verschachern will, muss die Systemfehler beim einzelnen Mitarbeiter suchen und nicht bei den Strukturvorgaben einer kapitalistischen Wirtschaft. Die akademische Psychologie ist auf dem gesellschaftlichen Auge blind und versucht deshalb, wie Peter Brückner bemerkte, „den Stand der Gestirne bei bereichsweise bedecktem Himmel zu bestimmen". Sie kann nicht erkennen, dass die beklagten Phänomene eine Begleiterscheinung des neuen kapitalistischen Zeitalters darstellen, das sich im Abschied von der traditionellen *stakeholder value*- zugunsten der *shareholder value*-Orientierung Ende der 90er Jahre ankündigte. Der Realkapitalismus wird zu einem Anhängsel der von der Finanzindustrie aufgeblasenen Spekulationsblasen. Die Vermehrung des Geldes funktioniert ohne den Umweg über die Produktion von realen Gegenständen oder Dienstleistungen. Das Geld selbst wird zur einzigen Ware, die die Finanzindustrie mittels immer waghalsiger und immer weniger beherrschbarer Operationen auf dem Finanzmarkt erzeugt.

Jede Entwicklungsstufe des Kapitalismus bringt die ihr gemäßen *Charaktermasken* hervor, die ihre Funktionsimperative verkörpern und durch deren Mund sich das Kapital artikuliert. Mit dem Triumph der Shareholder Value-Mentalität löst sich die kapitalistische Produktionsweise endgültig vom Typus des bürgerlichen Unternehmers ab und schießt in die vollkommen inhaltslose Abstraktion, die das Kapital seinem Marx'schen Begriff nach immer schon war: *sich selbst verwertender Wert*, *Geld heckendes Geld*, ein *automatischer Fetisch*. Die menschlichen Träger der neuen Entwicklungsstufe der Durchsetzungsgeschichte der kapitalistischen Produktionsweise haben nichts mehr mit dem klassischen Kapitalist und Bürger gemeinsam, der mit seinesgleichen konkurrierte, *seine* Arbeiter ausbeutete, sich *seinen* Teil des Mehrwerts aneignete und ihn reinvestierte, um auf erweiterter Stufenleiter produzieren und Konkurrenten vom Markt drängen zu können. Den Sittenkodex des akkumulierenden Bürgers hat Max Weber mit dem Begriff der *innerweltlichen Askese* beschrieben, einer Haltung, die in erster Linie seinen Geschäftsinteressen diente: Bildung produktiver Rücklagen, eingeschränktes Konsumverhalten, harte Arbeit, selbstauferlegter Verzicht und Triebunterdrückung, ein strenger, aber von Resten feudal-paternalistischer Verpflichtungen durch-

setzter Umgangsstil mit *seinen* Arbeitern und Untergebenen. Diese einst so gepriesenen und literarisch gefeierten bürgerlichen Tugenden sind genauso verschwunden wie das ehemals typische Interieur des bürgerlichen Heims. Die heute um den Globus zirkulierenden Finanzströme artikulieren sich durch den Mund wendiger, skrupel- und charakterloser Geldsubjekte, für die diese Form *bürgerlicher Moralität* ein Fremdwort ist. Die entfesselt und hemmungslos, also, wenn man so will, *psychopathisch* gewordene Geldwelt zieht wie ein Magnet *psychopathische* Menschen an und produziert sie.
Die *Finanzpsychopathen* und *Bankster* überschwemmen den Markt mit toxischen Produkten; sie spekulieren mit Grundnahrungsmitteln und agrarischen Rohstoffen und tragen so dazu bei, dass in der Dritten Welt die Lebensmittelpreise steigen und Menschen hungers sterben; sie verwandeln Banken in Spielcasinos und schließen, vom Geruch des Blutes angezogen, Wetten ab auf den Niedergang ganzer Volkswirtschaften und den Bankrott von Staaten; sie verkaufen ihrem Nachbarn eine Brandschutzversicherung, und wetten gleichzeitig darauf, dass es in Bälde bei ihm brennen wird - und schicken schließlich Leute, die es anzünden. Am Ende muss die Allgemeinheit jenes Geld aufbringen, dass die Bankster verzockt haben: *Too big to fail!,* heißt es dann. Die *Deutsche Bank* hatte eine Weile einen Lebensversicherungsfonds namens *Kompass Life 3* im Angebot, der mit der Lebenserwartung von Menschen spekulierte. Man konnte Wetten auf den Tod anderer Menschen abschließen und damit Geld verdienen. Bei *Goldman-Sachs* hat man faule Immobilienkredite mit anderen Papieren zu einem Finanzpaket verschnürt, sich von willfährigen Ratingagenturen ein Triple A für dieses hochtoxische Produkt beschafft, sie sodann an Banken in aller Welt verkauft und gleichzeitig Wetten auf den Niedergang dieses Produkts abgeschlossen.

Ein Beispiel für zeitgenössischen *Herrenzynismus*: Auf einem Foto, das um die Welt ging, sieht man junge *Goldman Sachs*-Banker, die am Fenster ihres New Yorker Hauptquartiers stehen und feixend auf die *Occupy Wall Street*-Demonstranten hinabsehen. Man kann nur hoffen, dass ihnen ihr Zynismus eines Tages auf die eigenen Füße fällt und ihr Lachen ihnen im Halse stecken bleibt.

Wo wir gerade dabei sind: Es gibt ja eine schöne alte Bedeutung von *Zynismus*, wo dieses Wort nicht Gefühlskälte und Gleichgültigkeit gegenüber dem Leiden und den Bedürfnissen anderer Menschen bedeutet, sondern vielmehr, dass man bedürfnislos lebt, dass man ein *Hundeleben* lebt, nach dem griechischen *kyon*, das heißt Hund. Ein Zyniker im spätantiken Sinn ist also ein Hundephilosoph, der die Welt aus der Perspektive eines Hundes, also von unten betrachtet.

Der Markt als Orakel

Jeden Morgen beim Frühstück bekommen wir im Radio Meldungen wie diese zu hören: „Das ist es, was die Märkte herbeisehnen", „Die Märkte gehen derzeit nicht davon aus, dass in den nordafrikanischen Ländern eine islamistische Entwicklung droht"; in der *Tagesschau* warnt Finanzminister Schäuble, man dürfe „keine neue Beunruhigung der Finanzmärkte" schaffen. Die Märkte sind skeptisch, manchmal verstimmt, sie erwarten etwas und sind auf jeden Fall äußerst sensibel und man darf sie nicht verschrecken. Der griechische Ministerpräsident wird mit den Worten zitiert: „Wir sehen, dass die Märkte trotz unserer Bemühungen skeptisch geblieben sind." Diese Lektion hat er bereits gelernt: Was im alten Griechenland das Orakel von Delphi war, ist heute der Markt. Ein von Menschen geschaffenes ökonomisches Beziehungsgeflecht verselbständigt sich und verwandelt sie in seine Anhängsel, die bloß noch dazu da sind, die Märkte bei Laune zu halten und ihren Erwartungen zu entsprechen. Dieser Fetischismus beherrscht das zeitgenössische ökonomische Denken und Handeln. *Der Markt* bringt, wenn man ihn nur agieren lässt, ein allgemeines Gleichgewicht und damit die beste aller Welten hervor. Die Politik solle sich tunlichst heraushalten und die Steuerung ökonomischer Prozesse den Märkten überlassen. Unter dem vorgeblichen Handlungsdruck der Märkte hat sich die Politik in die ohnmächtige Position eines Handlangers drängen lassen. Schlank soll er sein, der Staat, den uns die „neoliberalen Propaganda-Abteilungen wie die *Bertelsmann Stiftung* oder die *Initiative Neue Soziale Marktwirtschaft* als neues Schönheitsideal seit Jahren mit Erfolg unterjubeln", wie Ingo Schulze sagt. Sie kaufen sich gegen eine ordentliche Summe mit vorgegebenen Dialogen in Vorabendserien wie *Marienhof* ein, wo dann beim Flirt am Tresen der *schlanke Staat* und die Segnungen des *freien, deregulierten Marktes* gepriesen werden. Der Abbau des Sozialstaats, die Plünderung des Gemeinwesens und der massive Abbau von Arbeitsplätzen werden so auf eine perfide Weise mit den herrschenden Idealvorstellungen eines schlanken, durchtrainierten Körpers verschmolzen und zu etwas Positivem umgedeutet. Fühlen und Denken einer ganzen Generation werden mit diesem marktreligiösen Dogmatismus durchtränkt, so dass Alternativen gar nicht mehr gedacht und ausgesprochen werden können.

Schon in seinem Buch *Der eindimensionale Mensch* bemerkte Herbert Marcuse, dass sich eine „funktionalisierte, abgekürzte und vereinheitlichte Sprache" herausbildet, die er als „Sprache des eindimensionalen Denkens" beschrieb: „Das Substantiv regiert den Satz in einer autoritären und totalitären Art, und der Satz wird eine zu akzeptierende Erklärung – er sträubt sich gegen einen Beweis, gegen die Einschränkung und Negation seines kodifizierten und erklärten Sinnes." Mit dem Konjunktiv wird die Möglichkeitsform aus der Sprache getilgt, so dass das Bestehende kaum noch mit seinen besseren Möglichkeiten konfrontiert und an ihnen gemessen werden kann. Werden Fußballer nach dem Spiel nach ihrer Sicht des Spielverlaufs gefragt, sagen sie Sätze wie diese: „Machen wir in dieser Situation das 2:0, gewinnen wir das Spiel." Eigentlich hätten sie sagen müssen: „Wenn wir in dieser Situation das

2:0 erzielt hätten, hätten wir das Spiel gewinnen können." Durch E-Mails und SMS erhalten Eindimensionalisierung und Verarmung der Sprache noch einmal einen mächtigen Schub.
Eine am 19. Juni 2012 in der taz erschienene Kolumne mit dem Titel: *Märkte verschieben Untergang*, sammelt Zeitungs-Überschriften aus zweieinhalb Jahren: „Schuldenkrise verunsichert Märkte. Schuldenkrise belastet Märkte. Schuldenkrise hält Märkte fest im Griff. Schuldenkrise hält Märkte in Schach. Schuldenkrise hält Märkte in Atem. Schuldenkrise drückt Märkte. Schuldenkrise schüttelt Märkte. Schuldenkrise zieht Märkte runter. Schuld waren nicht die Märkte. Märkte misstrauen Athen. Märkte hetzen Italien. Märkte zählen Spanien an. Märkte kennen kein Pardon. Märkte schlucken Irland-Bonds. Märkte wetten gegen Portugiesen. Märkte rütteln Belgien wach. Märkte bangen um Paris. Märkte trauen Argentinien nicht. Märkte lassen London keine Wahl. Märkte zweifeln am Euro-Schirm. Märkte lieben Franken. Märkte zittern vor Linksruck. Märkte laden zum Bummeln ein."

Das Nachleben des Nationalsozialismus in der Demokratie – Notiz zum 80. Jahrestag der sogenannten Machtergreifung

Vor 80 Jahren kam die *Kanalratte* an die Macht, von der Alfred Andersch in seinem autobiographischen Bericht *Kirschen der Freiheit* spricht. Er erinnert sich an einen 9. November Mitte der 1930er Jahre in München. Hitler fuhr, vom Haus seines Blutordens kommend, in einer Wagenkolonne in Richtung Odeonsplatz. „Die Mauer aus Menschen stand entlang seinem Wege, die Rufe pflanzten sich fort, und als ich sein weißliches, schwammiges Gesicht sah, mit dem schwarzen Haarstriemen in der Stirne, mit dem feigen, lächelnden Betrüger-Ausdruck, das Gesicht einer bleichen, abgewetzten Kanalratte, da öffnete auch ich meinen Mund und schrie: ‚Heil!'. Und als die Menge sich zerstreute und ich wieder ins Freie trat, in freien Raum um mich, da dachte ich damals, wie ich es heute denke: Du hast einer Kanalratte zugejubelt."

Bei aller Pflicht zur historisch genauen Erinnerung an die Bedingungen der Möglichkeit der sogenannten Machtergreifung und zur Beantwortung der Frage: *Wie war das eigentlich*? (Max von der Grün) darf man sich doch nicht den Blick auf Gefahren der Gegenwart verstellen. Adorno hat auf die ideologischen Tendenzen bei der berühmten *Aufarbeitung der Vergangenheit* bereits früh hingewiesen, indem er eingangs seines gleichnamigen Vortrags aus dem Jahre 1959 sagte: „Ich betrachte das Nachleben des Nationalsozialismus *in* der Demokratie als potentiell bedrohlicher denn das Nachleben faschistischer Tendenzen *gegen* die Demokratie."

Trotz der unabweisbaren Notwendigkeit der Auseinandersetzung mit und des Kampfes gegen die Neonazis dürfen wir nicht übersehen, dass Demokratie und Rechtsstaat gegenwärtig von anderen Kräften und Tendenzen bedroht werden. Peter Brückner und Johannes Agnoli haben Adornos Hinweis im Kontext der Diskussion um die Verabschiedung der Notstandsgesetze in ihrem Buch *Die Transformation der Demokratie* (Frankfurt am Main 1968) aufgegriffen und vorgeschlagen, von einer „Involution der Demokratie“ zu sprechen. Involution bildet den Gegenbegriff zu Evolution und bezeichnet in der politischen Sprache den komplexen politischen, gesellschaftlichen und ideologischen Prozess der Rückbildung demokratischer Staaten in vor- oder antidemokratische Formen der Herrschaftsausübung. In den parlamentarisch regierten Ländern wird die Involution dadurch gekennzeichnet, dass sie sich nicht gegen die geltenden Verfassungsnormen und –formen durchsetzen will, sondern sich ihrer zu bedienen sucht. Um die Demokratie zu transformieren, wird die Funktion der traditionellen Institute verändert und werden die Gewichte innerhalb der traditionellen Strukturen verlagert. Die Gewaltenteilung wird sukzessive untergraben. Wenn jemand die Zauberworte „Effizienz“ und „Prävention“ murmelt, scheint fast alles erlaubt. Grundrechte werden auf dem Altar der inneren Sicherheit und im Namen angeblicher Terrorbekämpfung geopfert. Im Prozess des Umbaus des Rechtsstaats in einen Präventionsstaat werden seine Bürger, angeblich um Sicherheitsrisiken zu minimieren, massiven Misstrauens- und Überwachungsmaßnahmen aussetzt, die auf keinem konkreten Verdacht beruhen. Das Verbrechensbekämpfungsgesetz von 1994 erlaubte das Abhören von Telefongesprächen, wenn in ihnen irgendwelche verdächtigen Begriffe fallen. Schon im Jahr 2002, als Heribert Prantls Buch *Verdächtig. Der starke Staat und die Politik der inneren Unsicherheit* erschien, wurden 1,5 Millionen Menschen abgehört, mit etwa 18 Millionen Telefongesprächen pro Jahr. Und diese Praxis wird sich nach dem 11. September 2001 eher noch ausgeweitet haben.

Das von Anfang an spannungsvolle und konfliktträchtige Verhältnis zwischen Kapitalismus und Demokratie wird dadurch zu entspannen versucht, dass man die Substanz der Demokratie aushöhlt und den wirtschaftlichen Imperativen opfert. Die Idee, dass eine demokratisch verfasste Gesellschaft mit einem ihrer Teile reflexiv auf sich als ganze einwirken kann, ist bisher nur im Gehäuse des Nationalstaats zum Zuge gekommen. Diese Konstellation wird inzwischen durch Entwicklungen in Frage gestellt, die unter dem Namen Globalisierung verhandelt werden. Die lähmende Aussicht, dass sich die nationale Politik in Zukunft auf das mehr oder weniger intelligente Management einer erzwungenen Anpassung an Imperative der „Standortsicherung“ und der „Märkte“ reduziert, entzieht den politischen Auseinandersetzungen den Rest an Substanz. Nationale Politik droht, wie Oskar Negt gesagt hat, in die „Ohnmacht einer Institution zu geraten, die über das Wetter herrscht.“ Das ist eine Facette der „Involution der Demokratie“ und der Herausbildung einer nachdemokratischen Herrschaftsmethode: Politik verkommt zur diskussions- und scheinbar alternativlosen Anpassung an vermeintlich unausweichliche systemische Imperative der Finanzmärkte.

Das abgesprungene Rad wieder an den Wagen montieren - Über die Aufgabe der Psychologie im flexiblen Kapitalismus

„Das Andere wird nur noch als Abweichung registriert, ein Fall für den Arzt oder die Polizei.“
(Peter Brückner)

In der *Frankfurter Allgemeinen Sonntagszeitung* vom 13. Januar 2013 stieß ich auf einen Artikel, der unter der Überschrift *Der Notarzt* von einem psychologischen Beratungsdienst für Unternehmen berichtet. Die Mitarbeiter der Firmen, die mit diesem Beratungsdienst namens *Insite Interventions* zusammenarbeiten, können dort anrufen, wenn ihnen die Arbeit über den Kopf wächst, das Privatleben aus den Fugen gerät, sie sich elend fühlen – erschöpft, ausgebrannt, arbeitsmüde. Wenn jemand mitten in der Nacht anruft, „muss man sofort einen Hoffnungsschimmer wecken“, erklärt Hansjörg Becker, der als Psychiater Ende der 90er Jahre die Arbeitswelt als Marktlücke entdeckte. *Employee Assistance Programm* heißt der Service, den Becker und seine Kollegen den Unternehmen anbieten. Beckers Team ist inzwischen auf zwölf feste und siebzig freie Mitarbeiter angewachsen. Zu seinen Kunden gehören Firmen wie *Continental*, *Procter & Gamble* oder *Henkel*. Die Firmen zahlen Becker eine Art Pauschale - je 1000 Mitarbeiter zwischen 20 000 und 30 000 Euro im Jahr. „Die Belastungen im Job nehmen in unserer Leistungsgesellschaft seit den 90er Jahren unentwegt zu“, sagt Becker. Die Auswirkungen bekämen die Unternehmen zu spüren, denn „immer mehr Mitarbeiter fallen wegen geistiger und körperlicher Erschöpfung aus“. Jeder fünfte Deutsche klagt über Stress. Stress wiederum ist Hauptauslöser für zahlreiche psychische Erkrankungen. Und die nehmen von Jahr zu Jahr zu – die Zahl der Fälle hat sich seit der Jahrtausendwende verdoppelt. Mittlerweile sind sie die viertgrößte Ursache für Fehlzeiten. In Kanada hat die Regierung *Burnout* bereits als *Epidemie* eingestuft. „Die Arbeitgeber heuern deshalb Burnout-Experten wie Becker an. Lieber Psychologen bezahlen als Fehlzeiten finanzieren. Hoher Krankenstand heißt hohe Kosten. Die gilt es zu reduzieren“, resümiert die FAS.[1]

1 Jean-Paul Sartre stieß Ende der vierziger Jahre in Warschau auf Plakate, auf denen stand: „Die Tuberkulose hemmt die Produktion“. Nach dem Ende des Ostblocks und der sozialistischen Staaten trifft man auch im Westen auf Argumente, die man sich früher verkniffen hätte, weil man sie mit dem Systemkonkurrenten identifizierte. Heute stößt man auf Sätze wie: „Psychische Belastungen kosten mittlerweile etwa sieben Milliarden Euro pro Jahr, 59,2 Millionen Arbeitstage gingen 2011 dadurch verloren, fast zwanzig Millionen mehr als drei Jahre zuvor.“ Workflow-Optimierer treiben die Arbeitsverdichtung voran und animieren die Mitarbeiter, das Äußerste an Leistung aus sich herauszuholen. In der Folge steigen die Krankheitsstage: Im vorigen Jahr fehlte ein Arbeitsnehmer im Schnitt 16,4 Tage, vier Tage mehr als 2006. Ab zum *power lunch yoga,* damit es danach mit voller Kraft weitergehen kann. (Süddeutsche Zeitung vom 24./25. August 2013)

Der Bericht ist ein Lehrstück über die Aufgabe, die der Psychologie im System des *flexiblen Kapitalismus* (Richard Sennett) zugewachsen ist. Menschen, die bloß noch als Mittel fremder Zwecke fungieren und sich dabei psychisch und körperlich derart verausgaben, dass sie zu zerbrechen drohen, sollen bei der Stange gehalten werden. Statt in ihrem drohenden Kollaps ein stummes Nein des Körpers gegen unzumutbare Arbeits- und Lebensverhältnisse zu sehen und den Menschen dabei zu helfen, ihre unbewusst-psychosomatische Revolte auf den politischen Begriff zu bringen und in bewussten Widerstand zu transformieren, wird das Rad, das abgesprungen ist, wieder an den Wagen montiert. Dessen Fahrtrichtung und Tempo werden nicht in Zweifel gezogen, die Zumutungen der im Namen des Shareholder Value deregulierten und zur Kostensenkung verschlankten Arbeitswelt werden nicht hinterfragt.
Thema der Psychologie ist das drohende Scheitern des einzelnen und dessen mangelhafte *Resilienz. Resilienz* ist ein relativ neuer Begriff und meint – etwas salopp gesagt – die Fähigkeit eines Menschen, mit allen Widrigkeiten und Schlägen, die ihm das Leben zufügt, umgehen und alles aushalten zu können. Es ist ein Durchhalte-Begriff, der dem einzelnen als Versagen anrechnet, was doch einem kompakt falschen gesellschaftlichen Ganzen geschuldet ist. „Unsere moderne Leistungsgesellschaft" ist nun einmal so, sagt Herr Becker und tut so, als sei sie das Resultat eines unabwendbaren Naturprozesses und nicht das Produkt gerissener Geschäftemacher. Eine Kette von Spezialisten umspannt die Gesellschaft, deren Aufgabe es ist, Konflikten vorzubeugen, Unruhe abzuwenden, Dissens zu entschärfen und die an den Verhältnissen verzweifelnden Menschen ins System zurückzubetrügen. Den gestressten Mitarbeitern werden von den Firmen Power-Sleeping, Yoga am Arbeitsplatz und jede Menge Teamfindungs-Mätzchen verordnet. Die Mitarbeiter sollen sich am multifunktionalen Coffeepoint begegnen, um dort ihre Kreativität zu entfalten und ihre Selbstoptimierung voranzutreiben.
Einer Psychologie, die Symptome wie Freudlosigkeit, Angst, Sorge, Trauer, Rückzugsverhalten, depressive Verstimmung und Gefühle der Bedrängnis als Ausdruck einer *Anpassungsstörung* deutet, gerät gar nicht ins Blickfeld, dass es gesellschaftliche Zustände gegeben hat – sie liegen in Deutschland circa 75 Jahre zurück - und wieder geben kann, unter denen gerade aufrechterhaltene Funktionstüchtigkeit und Anpassung erklärungsbedürftige Phänomene und Krankheitszeichen darstellen. Der markt- und kapitalkonform zugerichtete, angepasste Mensch der Gegenwart bringt das Kunststück fertig, sich mit der objektiven Unmöglichkeit des Lebens unter Bedingungen kapitalistischer Leistungskonkurrenz zu arrangieren. Als *reif* gilt, wer sich mit allen Scheußlichkeiten des Lebens abgefunden hat und sich in einer Welt der Entfremdung, Feindseligkeit, Indifferenz und Kälte heimisch fühlt.
Flankenschutz erhält das psycho-soziale Helfer- und Kontrollsystem durch die Pharmaindustrie, die sich an der pharmakologischen Moderation menschlicher Gefühle und der Bekämpfung von Dysfunktionen bereichert und den Menschen durch Bereitstellung von psychoaktiven Substanzen die Anpassung an die Imperative der Flexibilität, Konkurrenz und Mobilität erleichtert. Die Medizinisierung sozialer Konflikte schreitet scheinbar unaufhaltsam

voran und erweist sich als ein profitables Geschäft. *ADHS*, *Burnout*, *Depression*, *Stress* sind im Kern soziale Leidenserfahrungen, die zu individualpsychologischen oder medizinischen Problemen umetikettiert werden. Als solche erscheinen sie ungefährlich und handhabbar. (siehe in Kapitel X meine Bemerkungen zum *Psycho-Imperialismus*)
Wovon sprechen wir eigentlich, wenn wir über *Stress* klagen? Unter der befriedeten Oberfläche unseres Alltagslebens vollzieht sich ein Krieg, der umso beschwerlicher ist, als er sich nicht genau bestimmen lässt. In Form von Nervosität, Ärger und Gereiztheit werden wir vom Alltag pausenlos mobilisiert, aber für eine unsichtbare Schlacht und gegen einen Feind, der sich schwer ausmachen lässt. Herrschaft und Ausbeutung verstecken sich als Technik, Marktgesetze und Sachzwänge. Wir haben es nicht mit einem einzelnen Gegner zu tun, sondern mit tausend undeutlichen Widrigkeiten, auf die unser Körper ganz von allein reagiert, ohne dass wir uns dessen bewusst sind. Unser Leben ist zugleich unruhig und monoton, wir sind erschöpft, und gleichzeitig stößt uns nichts zu. Der *Stress* ist ein sprachloser Schmerz, der keine Geschichten macht und keine Ideen schenkt. Wunsch-, traum- und sprachloses Unglück ist die seelische Signatur der Gegenwart.
Der italienische Psychiater Franco Basaglia hat von *Befriedungsverbrechen* gesprochen, wenn Pfleger und Ärzte sich dazu hergeben, psychisch kranke Menschen all ihrer bürgerlichen Rechte zu berauben, sie zu fesseln und ‚abzuspritzen', bis sie sich vollständig unterwerfen, weil ihre Widerstandskräfte gelähmt sind. Die Kritik Basaglias, die sich in den 1960er und 70er Jahren auf die Zustände in italienischen *Irrenhäusern* bezog, können und müssen wir heute auf die Gesamtgesellschaft und das Spinnennetz des psycho-sozialen Helfer- und Spezialistentums ausweiten, das seine subtiler gewordenen *Befriedungsverbrechen* an all jenen begeht, die von einer gnadenlosen sozialdarwinistischen Leistungskonkurrenz als untauglich ausgespuckt werden.

„Marktkonforme Demokratie"

Unter Verweis auf die von den Märkten ausgehenden Sachzwänge wird von gewissen Leuten die Demokratie mehr und mehr als dysfunktional empfunden. Sie liebäugeln mit einer nachdemokratischen Methode der Herrschaft, in der dem Staat mit neuen Aufgaben auch neue Befugnisse zuwachsen. So erwog man in Berlin, in ökonomischen Notsituationen das Parlament auf neun Leute schrumpfen zu lassen. Milliardenschwere Notprogramme sollten von nur neun Hanseln abgesegnet werden dürfen! Das finanzpolitische Krisenmanagement verlange schlanke und effiziente Entscheidungsstrukturen, und das demokratische Procedere sei einfach zu schwerfällig und langwierig. Angela Merkel ließ als Begründung für das neunköpfige „Notparlament" verlauten: „Wir leben ja in einer Demokratie, und das ist eine parlamentarische Demokratie und deshalb ist das Budgetrecht ein Kernrecht des Parlaments, und insofern werden wir Wege finden, wie die parlamentarische Mitbestimmung so gestaltet wird, dass sie trotzdem auch marktkonform ist." Statt den Markt demokratisch einzuhegen und zu begrenzen, soll die Demokratie marktkonform beschnitten werden.

Wenn zwischen Markt und demokratischen Prinzipien ein Widerspruch existiert, sollte er zur Seite der Demokratie hin und zu Lasten des Marktes gelöst werden. Angesichts der sich ständig weiter öffnenden Schere zwischen arm und reich und der fortschreitenden Verelendung der unteren Einkommensschichten, muss die Frage gestellt werden, ob die kapitalistische Marktwirtschaft noch mit einer demokratischen Gesellschaftsordnung in Einklang zu bringen ist und ob diese nicht nach einer anderen Produktionsweise und anderen Formen der Vergesellschaftung verlangt. Über lange Strecken der Durchsetzungsgeschichte der bürgerlichen Gesellschaft war die Demokratie die dem Geldverdienen günstigste Staatsform. Nun, da das Geld gewissermaßen tobsüchtig geworden ist, und die entfesselten Finanzströme um den Erdball jagen, soll die Demokratie den Funktionsimperativen der Finanzmärkte geopfert werden. „Wollen wir ökonomisch, sozial, ökologisch und ethisch überleben, brauchen wir demokratiekonforme Märkte", widerspricht Ingo Schulze in seiner Streitschrift *Unsere schönen neuen Kleider* . (München 2012)

Herbert Marcuse pflegte, wenn man ihm mit sogenannten Tatsachen kam, die seinen Theorien widersprächen, auf Hegel Bezug zu nehmen, der in ähnlicher Lage gesagt hat: „Umso schlimmer für die Tatsachen!" Dieser rebellische Gestus stünde uns angesichts der Übermacht angeblich alternativloser Sachzwänge gut zu Gesicht. „Der Logik spotten, wenn sie gegen die Menschheit ist", schrieben Horkheimer und Adorno in der *Dialektik der Aufklärung*. Angeblich geht es nicht anders in der Krise: Politik muss sich von lästigen Beschränkungen, zeitraubenden Entscheidungsprozessen und Mitspracherechten der Bürger emanzipieren. Im Finanzkapitalismus fallen Entscheidungen im Sekunden-, ja im Millisekundentakt, während demokratische Entscheidungsprozesse und zivilgesellschaftliche Abstimmungen Zeit benötigen. Im antiken Athen hatte man ein klares Bewusstsein davon, dass Demokratie nur bis zu einer bestimmten Größe des Gemeinwesens funktionieren kann. Wuchs eine Stadt über dieses Maß hinaus, gründete man woanders Kolonien. Man opferte nicht die demokratischen Prinzipien und Verfahrensweisen, sondern schuf ihnen einen neuen Raum, in dem sie sich entfalten konnten und der weder zu klein noch zu groß sein durfte. Und man wusste, dass man nicht denken kann, wenn man es eilig hat. Auch wenn dieses Bewusstsein auf der Basis einer privilegierten, aristokratischen Position entstand, steht fest, dass es einen engen Zusammenhang zwischen Denken und Zeit gibt und dass Zeitdruck ein Feind des Denkens ist. So hätten wir heute den Wahnsinn der rasenden Ökonomie und der losgelassenen Märkte zurückzupfeifen und ihnen eine Zeitstruktur zu geben, die mit demokratischen Entscheidungs- und politischen Willensbildungsprozessen vereinbar ist. Das Bundesverfassungsgericht ließ sich Zeit, um über die Rechtmäßigkeit des Euro-Rettungsschirms *ESM* zu entscheiden. Das ist, sagt Peter Sloterdijk, „die Rückeroberung der Denkzeit gegenüber der organisierten Besinnungslosigkeit der Politik", die

uns zur Eile antreiben und mit Quasi-Notverordnungen und neuen Ermächtigungsgesetzen regieren will.
Hören wir zu den dafür verantwortlichen angeblichen Sachzwängen Heribert Prantl in einem Kommentar in der *Süddeutschen Zeitung* vom 20. Juni 2012: „Es muss einfach durchregiert werden; die Märkte warten nicht; es muss alles schnell gehen; die Exekutive muss effektiv handeln; Entschlossenheit ist Trumpf. Das erste Gebot der EU-Krisenpolitik heißt daher: Keine Zeit, keine Zeit. Das zweite: Noch schneller noch mehr Milliarden ausgeben. Das dritte: Keine Rücksicht nehmen auf die Parlamente. Das vierte: Erst kommt der Markt, dann kommt der Mensch. Das fünfte: Die alten demokratischen Regeln sind untauglich für das neue Europa. Die Krise sei nun einmal, so heißt es zur Begründung, die Stunde der Exekutive."
Es gibt offenbar nicht nur eine Politikverdrossenheit der Bürger, sondern auch eine Volksverdrossenheit der herrschenden Klassen. Die deutsche Industrie führte anlässlich der Auseinandersetzungen um den Stuttgarter Bahnhof Klage über die Bürger, die sich mehr und mehr als Modernisierungshindernis erweisen. Man könne, sagte Hans-Peter Keitel, der Präsident der *Bundesvereinigung der Deutschen Industrie*, der *Frankfurter Rundschau*, wegen der stark ausgeprägten Beteiligungsrechte der Bürger in Deutschland kaum noch investieren. Diese Beteiligung von Bürgern und Verbänden sei „zu viel und zu langwierig" und schade letztlich mehr als sie nütze. Unverhohlen liebäugelt unsere herrschende Klasse mit chinesischen Verhältnissen, wo eine marktradikale Industriegesellschaft im Gehäuse einer Diktatur heranwächst und gedeiht. Weltweit zieht der losgelassene Markt zivilisatorische und demokratische Errungenschaften ein, die einstmals mit seiner Durchsetzung einhergingen. In China wird kein Brückenbau durch den Schutz einer seltenen Fledermausart behindert, und wenn man in einem Tal einen Staudamm bauen möchte, befiehlt man den dort wohnenden Menschen: „Schleicht euch!" und erspart sich demokratische Mätzchen.
Wenn man sich dem von *den Märkten* ausgehenden Zeitdruck beugt und die relativ autonome Logik des politischen Feldes den vermeintlichen ökonomischen Sachzwängen opfert, kann man die Verpflichtung der Politik, für das Gemeinwohl zu sorgen und für das Ganze der Gesellschaft verantwortlich zu sein, getrost aus dem Grundgesetz streichen und die Regierungsgeschäfte einem Gremium übertragen, das aus Goldman-Sachs-Mitarbeitern, Industriebossen und Public-Relations-Spezialisten besteht.
Dass das weitgehend bereits der Fall ist, hat der Kabarettist Pelzig, der im wirklichen Leben Frank-Markus Barwasser heißt, im November 2012 in der Sendung *Neues aus der Anstalt* demonstriert, in der er ein Goldman-Sachs-Tafelbild entwickelt hat, das die Zuschauer über Verflechtungen von Mitarbeitern oder ehemaligen Mitarbeitern dieser Bank mit europäischen Regierungen und Institutionen aufklärte. Erschreckend zu sehen, welchen Einfluss eine solche Bank ausübt und dass viele Regierungen, Kommissionen und Ministerien eigentlich längst Bankfilialen sind. Zum Beispiel war Mario Draghi, seit dem 1. November 2011 Präsident der Europäischen Zentralbank und damit oberster europäischer Bankenaufseher, früher Vizepräsident von Goldman

Sachs International. Man kann sich den Auftritt von Pelzig im Internet jederzeit anschauen. Es ist Aufklärung im besten Sinn des Wortes, und man fragt sich, warum man einen solchen Beitrag in einer Kabarett-Sendung und nicht in einer Nachrichtensendung zu sehen bekommt?

Digitale Psychopathie

Die Qualifikationen für eine Psychopathen-Karriere erwirbt man im Schoß von Familien, die einen Zweckverbund von Warencharakteren und Geldsubjekten darstellen, und in der virtuellen Welt der Computerspiele. Exzessives Spielen - von im Kern dissozialen Computerspielen – trägt dazu bei, *funktionale Psychopathen* zu erzeugen und qualifiziert den Nachwuchs für ein Leben in der kapitalistischen Welt von heute und morgen. Unter unseren Augen bildet sich ein neues Kindheitsmuster aus, das man als *Geräte-Sozialisation* bezeichnen kann. In einer Form von *postmoderner Kindsaussetzung* werden die Kinder zeitig vor elektronische Apparate und technische Geräte gesetzt, die ihre Sozialisierung übernehmen. Bildschirme und Displays treten zwischen Eltern und Kinder und verzerren ihre Beziehung. Heutige Familien sind längst keine Orte der Ruhe mehr, an dem Kinder vom Lärm und der Hektik der Welt abgeschirmt werden. Sie werden Belastungen und Erregungen ausgesetzt, die zu groß und stark für sie sind und ihre noch unfertigen Wahrnehmungs- und Verarbeitungsfähigkeiten überfordern. Die Folge ist ein irisierendes, flackerndes Bewusstsein, dessen Kern die zeitgenössische Unruhe selbst ist. Die rasend gewordene Weltzeit und die Rhythmen der entfesselten Ökonomie dringen in die Kinderzimmer vor und überlagern und zerstören die Zeitmaße, in denen ein Kind heranwachsen und seine „psychische Geburt" vollenden kann. Ärzte verzeichnen bei Heranwachsenden immer häufiger Gedächtnis-, Aufmerksamkeits- und Konzentrationsstörungen sowie eine emotionale Verflachung und allgemeine Abstumpfung. Sie nennen das einstweilen *digitale Demenz*, ich fürchte, man wird bald auch von *digitaler Psychopathie* sprechen müssen.

In diesen Kontext passt die Beobachtung eines Freundes, der als Trainer in einem Turnverein tätig ist. Er stellt immer wieder erstaunt fest, dass viele Kinder kein Sensorium für Gefahren und Risiken besitzen und sich selbst und andere dadurch mitunter in Gefahr bringen und nicht unerheblich verletzen. In der Welt der Computerspiele bleibt alle Gewalt folgen- und schmerzlos, und die Kinder erfahren auf ihre symbolischen Aggressionsäußerungen keine spürbare Resonanz. Ihr aggressives Antriebsleben wird auf diese Weise nicht mitsozialisiert, erfährt keine Korrektur durch die Reaktion des Anderen und bleibt unter einem dünnen Firnis angepasster Verhaltensweisen in einem rohen, semi-autistischen Zustand. Sie können auf diese Weise kein Verhältnis finden zu ihrer Aggressivität und ihren Folgen. Dazu kommt noch etwas anderes: Wenn alle Stöße und Schläge, die das Kind beim Versuch erhält, den Weg von der Mama weg in die objektive Ordnung der Welt einzuschlagen, immer wieder abgefedert werden, dann bleiben diese Kinder seltsam erfahrungslos. Der Widerstand der Dingwelt wird in die Watte der Verwöhnung und Überbehütung gepackt, womit man den Kindern die Möglichkeit nimmt, sich an den Ecken und Kanten der Welt zu stoßen und sich in dieser Reibung am Widrigkeitskoeffizient der Dinge zu entwickeln. Eltern sind die Chauffeure ihrer Kinder, fahren sie von Termin zu Termin. Sie bringen sie in die Schule und holen sie dort wieder ab. Sie tragen ihnen die Schultasche bis zum Eingang. Bei etwaigen Konflikten der Kinder untereinander oder mit dem Lehrpersonal treten sofort die Eltern auf den Plan und stürzen sich für ihre Kinder in den Kampf, statt sie selbst nach einer Lösung suchen zu lassen. Nicht einmal auf dem Schulweg haben Kinder Gelegenheit, sich der ubiquitären Kontrolle und Fürsorge zu entziehen und untereinander ihre Erfahrungen zu machen. Kein Wunder, dass sie keine Balance und kein Körpergefühl haben. Wenn alle Ecken mit Schaumstoff abgepuffert sind, kann sich die Fähigkeit zu dem, was man neuerdings *Resilienz* nennt, nicht entfalten. Der Begriff *resilience* bezeichnet ursprünglich so etwas wie Schlagfestigkeit und lässt an etwas Festes denken, das gleichzeitig nachgiebig ist, eine flexible Masse, die, obwohl einmal durch äußeren Druck aus ihrer Form gebracht, doch wieder in sie zurückkehrt, sobald der Druck nachlässt. Wer über die Fähigkeit der *Resilienz* verfügt, lernt mit unvermeidlichen Stößen und Schlägen umzugehen, die einem das Leben versetzt, und kann auch die Folgen von Stößen und Schlägen einschätzen, die er anderen versetzt. Schmerzunempfindlichkeit, mangelnde Empathie und blinde Risikofreude qualifizieren diese Kinder für Führungspositionen in der Finanzwelt von morgen. Was uns heute noch als Symptom einer pathologischen Entwicklung erscheint, sind die Vorzeichen eines neuen Kindheitsmusters, das den Sozialcharakter der Zukunft, den *funktionalen Psychopathen*, hervorbringt.

Funktionale Psychopathen

> *„Die Besten sind des Zweifels voll, die Ärgsten sind von der Kraft der Leidenschaft erfüllt."*
> *(William Butler Yeats: Das zweite Kommen)*

Apropos: Der *Spiegel* hat sich unter der reißerischen Überschrift *Raubtiere ohne Kette* in der Ausgabe 16/2013, S. 111 ff zum Thema *funktionale Psychopathen* geäußert. Es geht in dem Artikel um Psychopathen, die Karriere machen und beruflich erfolgreich sind. Damit ist das Thema nun endgültig salonfähig geworden. Was lesen wir dort? Ich fasse das Wichtigste stichwortartig zusammen.

Der Spiegel nimmt Bezug auf ein Buch von Kevin Dutton, der Professor in Oxford ist. Sein Titel: *Psychopathen. Was man von Heiligen, Anwälten und Serienmördern lernen kann.* Dutton ließ im Selbstversuch sein Hirn einem elektromagnetischen Feld aussetzen und er betrachtete die Welt für einen Moment mit ähnlicher Gewissenlosigkeit wie jene Gestörten, deren seelische Abgründe er ansonsten erforscht: Psychopathen. Robert Hare hat um 1980 herum seine Psychopathie-Checkliste entwickelt, die noch heute als aussagekräftiges und zuverlässiges Prognoseinstrument in Gefährlichkeitsgutachten gilt. Sie ist auf kriminelle Gewalttäter zugeschnitten, aber psychopathische Serientäter sind nur die Extremvariante eines verbreiteten Phänomens. Die weitaus größere Zahl von Psychopathen läuft frei herum und zeichnet sich teilweise sogar durch besonderen Erfolg im Beruf aus. Sie haben gelernt, aus ihrer Störung - Gefühlskälte und völlige Furchtlosigkeit - einen Vorteil zu machen. Sie zerstückeln niemanden – jedenfalls nicht körperlich -, sondern machen Karriere. Sie besitzen genau die Persönlichkeitsmerkmale, die man benötigt, um seinen Weg nach oben zu machen. Sie besitzen ein durch nichts zu erschütterndes Selbstbewusstsein, sie werden nicht von Selbstzweifeln und schlechtem Gewissen geplagt. Dutton ist von diesen Zügen begeistert und meint, der Durchschnittsmensch könnte durchaus etwas von ihnen lernen. Es sei aber wie mit der Sonneneinstrahlung: Man dürfe nicht zu viel davon abbekommen. Man findet Psychopathen in Spitzenpositionen von Gesellschaft, Industrie und Banken. „Gerade moderne Unternehmen mit ihren sich rasch wandelnden Strukturen stellen den idealen Nährboden für psychopathische Aufsteiger dar.“ Dutton beschreibt das am Beispiel von Steve Jobs: Der Apple-Gründer habe das nötige Triumvirat an Eigenschaften besessen, nämlich oberflächlicher Charme, Fokussiertheit und Skrupellosigkeit – drei der offensichtlichsten Merkmale des Psychopathen. Die meisten Psychopathen fand Dutton unter Firmenchefs und Anwälten. Auf Platz vier landeten die Chirurgen. Die meisten dieser Tätigkeiten könnte man gar nicht ausüben, wenn es anders wäre. Dutton: „Ein normaler Mensch würde sich in der Toilette einschließen und kotzen, wenn er gerade eine Milliarde versemmelt hat. Der Psychopath geht unverdrossen nach Hause und denkt nicht mehr daran.“ Dutton hat in diesem Kontext den einstigen Börsenmakler Bernard Madoff und den letzten Chef der 2008 untergegangenen amerikanischen Investmentbank Lehman Brothers, Richard Fuld, vor Augen. Fuld, der den Spitznamen *Gorilla* trägt, hatte seine Laufbahn als Pilot der US-Luftwaffe begonnen. Nachdem er einen Vorgesetzten mit Fäusten traktiert hatte, schied er aus der Army aus. 1994 übernahm er die Leitung des Bankhauses und fiel durch Omnipotenzgehabe und Aggressivität auf.
Die Psychologinnen Board und Fritzon verglichen Manager mit Insassen einer englischen Hochsicherheitspsychiatrie. Verblüfft notierten die beiden, dass die Manager die Patienten der Klinik in jenen Eigenschaften übertrafen, die dem psychopathischen Spektrum zugeschrieben werden: Unaufrichtigkeit, manipulatives Verhalten, Egozentrik, Mangel an Empathie, Sturköpfigkeit und herrisches Auftreten.

Schon fragen sich manche Wissenschaftler, ob diese Persönlichkeitsmerkmale überhaupt noch als Symptome einer Störung zu betrachten seien oder ob es sich nicht eher um eine übersteigerte Variante normalen Verhaltens handelt. Das deckt sich mit meinen Befürchtungen: Dass „Psychopath" nur ein anderer Name für den zeitgenössischen flexiblen Menschen darstellt und der angemessene Sozialcharakter des neoliberalen Zeitalters ist. Auch Kevin Dutton ist davon überzeugt, dass die Übergänge fließend sind und der Psychopath in der Mitte der Gesellschaft angekommen ist: „Mit der Psychopathie verhält es sich wie bei den Tarifzonen auf einer U-Bahn-Karte. Wir haben es mit einem Spektrum zu tun, auf dem fast jeder von uns seinen Platz hat. Nur eine kleine Minderheit bevölkert die Innenstadt."

Dann stellt Dutton eine Überlegung an, die mir völlig fremd ist und auf die nur sogenannte Wissenschaftler kommen können. Wie kann der verstörende Seelenzustand der Psychopathie überhaupt entstehen, fragt er, und mutmaßt, es könne sich „um eine heimtückische, evolutionäre Huckepackvariante dessen handeln, was früher in der Menschheitsgeschichte einmal sinnvoll war". Sind die Psychopathen die Nachfahren jener Krieger, die in den archaischen Gesellschaften das Überleben ihres Stammes sicherten, fragt Dutton. Was für ein Blödsinn: *Heute* ist dieses Verhalten von Vorteil, deshalb gewinnt es an Boden und frisst sich von den Rändern ins Innere der Gesellschaft hinein.

Wieso gelingt es manchen *Psychopathen*, aus ihrer Störung Kapital zu schlagen, während andere ihr Leben durch schlimmste Gewalttaten ruinieren? Die *funktionellen Psychopathen* besitzen die Fähigkeit, ihre Impulse zu kontrollieren, Befriedigung aufzuschieben und sich zu fokussieren, das heißt ihre Aufmerksamkeit auf eine vor ihnen liegende Aufgabe zu konzentrieren und dabei alles Ablenkende auszublenden. Das alles könnten sie weit besser als andere Menschen mit einer normalen psychischen Struktur. Wo gewöhnlichen Zeitgenossen die Nerven versagen, schlägt die Stunde der *Psychopathen*, die da Besonderes leisten.

Die Karriere, die der Begriff *auf etwas fokussiert sein* in den letzten Jahren durchlaufen hat, und der Stellenwert, der dem *Fokussiert-Sein* zugewachsen ist, sind auffällig. Kaum ein Fußballtrainer, der nicht im Interview darauf hinweist, man sei vollkommen auf den nächsten Gegner oder die nächsten Aufgaben *fokussiert*. Und selbstverständlich *fokussieren* sich die Parteien ab dem Sommer 2013 auf die Bundestagswahl. Wenn *Fokussiertheit* zu den Leitsymptomen des Psychopathen gehört, wäre das Eindringen des Begriffs und des von ihm bezeichneten Verhaltens in den Alltag und sein Aufstieg zur neuen Kardinaltugend in der *schönen, neuen Arbeitswelt* ein weiterer Beleg für die Nähe von Psychopathie und gesellschaftlicher Normalität. Die Aufmerksamkeit scharf stellen und auf einen Punkt bündeln, alle Kräfte und Fähigkeiten im Interesse der Firma zu einem einzigen energischen Willensstrahl zusammenfassen: Das alles können die sogenannten Psychopathen womöglich besser, weil sie in der Lage sind, alles Gefühlshaft-Störende oder Moralisch-Irritierende auszublenden, was bei sogenannten normalen Menschen als Handlungsbremse wirksam wird. Also keinesfalls während der Arbeit an das kranke Kind zu Hause, an die Finanzierungsprobleme des Eigenheims, den alzheimerkranken Schwiegervater oder gar an die Folgen meines Handelns für andere denken! Das Lebewesen, das ein Mensch ja immer auch ist und bleibt, soll ganz im Arbeitswesen aufgehen. Rund zweihundert Jahre, nachdem sich die Arbeit aus vorbürgerlichen Lebenszusammenhängen herausgelöst und als reine, abstrakte, kapitalverwertende Arbeit verselbständigt hat, kommt die „Entbettung“ zu sich selbst: Nichts Lebensweltliches, Sentimentales oder Moralisches darf die Fokussierung auf die Aufgabe stören. Mit lebenden Menschen ist so etwas eigentlich nicht zu machen. Der lebende Roboter, der es vermag, ist der Psychopath. Sein Ideal: bei lebendigem Leib so tot wie möglich sein! „Im Jahre 1937 starb John D. Rockefeller, der König des Erdöls, Gründer der *Standard Oil Company.* Fast ein Jahrhundert lang hatte er gelebt. Bei seiner Autopsie fand man keinen einzigen Skrupel“, heißt es in Eduardo Galeanos Buch *Kinder der Tage.*

Gewöhnlich werde *Psychopathen* ein Mangel an Empathie attestiert, eine Vorstellung, von der man sich laut Dutton verabschieden muss. Die meisten Betroffenen verfügten über eine besonders ausgeprägte Fähigkeit, die Empfindungen ihrer Mitmenschen zu entschlüsseln. Nur nutzten sie ihr Wissen dann lediglich zu ihrem eigenen Vorteil. Psychopathen können im Gesicht ihres Gegenübers sogenannte Mikroausdrücke wahrnehmen – winzige und unwillkürliche Bewegungen der Gesichtsmuskulatur, die in Sekundenbruchteilen ablaufen und die wahre Verfassung eines Menschen offenbaren. Aufgrund dieser enormen Fähigkeit sind Psychopathen talentiert darin, anderen etwas vorzumachen und sie betrügerisch über den Tisch zu ziehen.
Wie heißt es bei Brecht in den *Geschichten vom Herrn Keuner*? „Menschenkenntnis ist nur nötig, wo Ausbeutung im Spiel ist.“ Im Dokumentarfilm *Work Hard – Play Hard* der Regisseurin Carmen Losmann sagt ein Bewerber für eine Managerposition in der Feedback-Runde am Ende eines Assessmentcenters: „Ich weiß, dass ich mich im Empathiefeld weiter verbessern muss.“ Provokant könnte man sagen: Menschenkenntnis und Empathie braucht, wer vorhat, Menschen zu betrügen und zu beherrschen. Im Kontext neuer Managementkonzepte heißt *Empathie* nicht Sich-Einfühlen in andere als Voraussetzung von Mitgefühl mit den Ängsten und Nöten anderer, sondern das Erspüren von Stärken und Schwächen von Untergebenen im Interesse der Steigerung des Unternehmensgewinns. *Empathie* wird aus einer menschlichen Fähigkeit, die die Basis eines demokratischen Gemeinwesens und menschlichen Zusammenlebens bildet, zu einer kalten Energie im Interesse individueller Nutzenmaximierung. *Resilienz* und *Empathie* werden zu Produktivkräften des Kapitals, über die offenbar die sogenannten *Psychopathen* in besonderem Maße verfügen.

Von Psychopathen lernen, heißt siegen lernen!

Am 3. Juni wurde vom TV-Sender *3sat* in der Sendung *Kulturzeit* ein Interview mit Kevin Dutton gezeigt, in dem er ausführlich auf die Vorbildfunktion der Psychopathen einging. Diese seien durchsetzungsfähig, könnten sich auf das Wesentliche konzentrierten und handelten sehr überlegt. Von diesen Charaktereigenschaften könnten wir alle im Alltag profitieren. Für Psychopathen sei wegen ihrer weitgehenden Angstfreiheit „alles möglich" und sie besäßen eine „unbekümmerte Rücksichtslosigkeit". Ein „bisschen Psychopathie" käme uns allen zu Gute, Psychopathie wirke als „Karriere-Turbo". Das gelte allerdings nur für eine gewisse Kategorie unter den Psychopathen, die „funktionierenden Psychopathen". Wenn man unintelligent, aggressiv und psychopathisch und in der Unterschicht aufgewachsen sei, werde man Schutzgeldeintreiber oder Schläger und lande über kurz oder lang im Gefängnis. „Wenn Sie psychopathisch, intelligent und brutal sind und in guten Verhältnissen aufgewachsen sind, dann stehen Ihnen alle noch so exotischen Berufe offen." Noch einmal wies Dutton darauf hin, dass man bei der von ihm durchgeführten *Großen Britischen Psychopathenstudie* herausgefunden habe, dass die meisten Psychopathen unter den Firmenbossen zu finden seien, gefolgt von Anwälten, Journalisten und Chirurgen. Die Gesellschaft profitiere von erfolgreichen Psychopathen. „Ich glaube, dass unsere heutige Gesellschaft zunehmend psychopathischer wird", sagt Dutton. „Es gibt mehrere Studien, die das belegen: Vor kurzem wurde in den Vereinigten Staaten eine entsprechende Umfrage unter Collegestudenten durchgeführt. Dabei kam heraus, dass sich die Werte für Empathie und Mitgefühl seit 30 Jahren im freien Fall befinden. Der stärkste Rückgang fand innerhalb der letzten zehn Jahre statt. Gleichzeitig gingen unter denselben Studenten die Werte für Narzissmus förmlich durch die Decke."

All das trägt dieser Kevin Dutton so unbeteiligt vor, als ginge es um eine Studie über die Freizeit- und Essgewohnheiten englischer Hausfrauen. Er interpretiert und hinterfragt die angesprochenen Befunde und Entwicklungen nicht, sondern schildert sie wie Naturprozesse. Es fehlt jede kritische Reflexion und ironische Brechung. Als ich im Jahr 2009 für mein Buch *… damit mich kein Mensch mehr vergisst!* das Kapitel *Das moralische Ozonloch oder: Die Psychopathen kommen* schrieb, wurde mir beim Nachdenken und Schreiben ganz blümerant. Nicht ohne Schaudern ging mir auf, dass die vom Kapitalismus auf seiner gegenwärtigen Entwicklungsstufe vorangetriebenen Flexibilisierungs- und Mobilisierungsprozesse auf der Innenseite einen Schwund all der Eigenschaften mit sich bringen, die wir bis dato für die eigentlich menschlichen angesehen haben. Alles, was ihnen das Fortkommen unter den Bedingungen des flexiblen Kapitalismus erschwert, wird von den um ihre Anpassung bemühten Menschen wie Ballast abgeworfen. Zurück bleibt jene „unbekümmerte Rücksichtslosigkeit", von der Kevin Dutton bewundernd spricht. Sie scheint zur Kardinaltugend des flexiblen Menschen zu werden. Was Adorno bereits in den vierziger Jahren des vergangenen Jahrhunderts über die „Radiogeneration" sagte, gilt umso mehr für die Smartphone- und

Ego-Shooter-Generation von heute: Sie wollen „sich einpassen, das können, was alle können, das noch einmal tun, was alle tun. Sie sind illusionslos. Sie sehen die Welt endlich, wie sie ist, aber um den Preis, dass sie nicht mehr sehen, wie sie sein könnte. Darum fehlt es ihnen auch an Leid. Sie sind ‚abgehärtet' im physischen und im psychologischen Sinn. Ihre Kälte ist eines ihrer hervortretendsten Merkmale, kalt fremdem Leiden gegenüber, aber auch sich selbst gegenüber. Ihr eigenes Leiden hat so wenig Macht über sie, weil sie sich kaum daran zu erinnern vermögen: es vergeht so, wie der nach der Narkose erwachte Patient von den Schmerzen der Operation nichts mehr weiß . Dieser Kälte entspricht eine geheime Komplizität mit den Dingen, denen man selber ähnlich zu sein strebt."

Auch der in martialisch-aufdringlichem Ton aus dem Off dringende *3sat*-Kommentar enthielt sich jeder Kritik, und stellte lediglich fest, die Thesen von Kevin Dutton seien vielleicht gewagt, aber nicht von der Hand zu weisen. Womöglich seien die Psychopathen die „geistig Gesunden von morgen". Vielleicht seien sie „besser gerüstet für den alltäglichen, den ganz normalen Wahnsinn".

In Abwandlung eines alten SED-Slogans können wir Heutigen ausrufen: „Von Psychopathen lernen, heißt siegen lernen!" Die Moderatorin Andrea Meier wies im Anschluss an den Beitrag zu allem Überfluss noch darauf hin, dass man eine von Robert Hare entwickelte *Psychopathie-Checkliste* ins Netz gestellt habe. Es ist damit zu rechnen, dass sich der dort nun zugängliche Psychopathen-Test in nächster Zeit zum Partyspaß und Gesellschaftsspiel entwickeln wird. Jede Menge auf private Standortvorteile bedachte Leute können sich dort vergewissern, ob sie über genug psychopathische Anteile für eine steile Karriere verfügen oder noch an ihrer Enthemmung arbeiten müssen. Ein intelligenter, funktionaler Psychopath zu sein, wird *cool* und erstrebenswert erscheinen. Irgendwann wird es soweit kommen, dass man seinen Bewerbungsunterlagen einen Psychopathie-Check beifügen muss, und wer ein *Highscorer* ist, hat beste Chancen, im sozialdarwinistischen Rattenrennen ganz vorn zu landen. Wer das für eine Übertreibung hält, nehme das Buch von Robert Hare und Paul Babiak *Menschenschinder oder Manager* zur Hand. Dort haben die Autoren bereits darauf hingewiesen, dass gewisse Merkmale von Psychopathen bei Bewerbungen auf Personalverantwortliche attraktiv wirken und sie bewegen, jene einzustellen. Sie sind charmant, verfügen über ein gewisses Charisma, können Sachen in die Hand nehmen, schnelle Entscheidungen treffen und andere dazu bringen, das zu tun, was man will.

Erschrocken bin ich darüber, dass eine Sendung wie *Kulturzeit* sich umstandslos zum Sprachrohr solcher Aussagen macht. Als bedürfte die zeitgemäße Skrupellosigkeit noch der Ermunterung! Längst haben die Menschen zu wenig Hemmungen und nicht zu viele. Aufklärung, der diese Sendung eigentlich verpflichtet ist, sähe anders aus. Sie würde die Ausbreitung psychopathischer Tendenzen innerhalb und außerhalb der Menschen nicht unkritisch abfeiern, sondern als Zeichen herrschaftskonformer Zurichtung der Menschen und fortschreitender Entfremdung darstellen. Die *Kulturzeit-Red-*

akteure wären an einen Satz des jungen Max Horkheimer zu erinnern: „Dass etwas auf der Welt Macht gewinnt, ist kein Grund, es zu verehren.“ Nicht alles, was ökonomischen Erfolg verspricht, ist deswegen auch schon zu begrüßen und zu fördern.

Bindungslosigkeit als Signatur des Zeitalters

Als ich den *Spiegel*-Artikel über das Buch von Kevin Dutton mit einer Gruppe von Gefangenen diskutierte, kamen diese schnell auf den wunden Punkt dieses Berichts: Er verdinglicht den *Psychopathen* und er beteiligt sich in seiner reißerischen Machart und forschen Sprache an der Schaffung eines Phantasmas, das dazu dient, die Öffentlichkeit zu hysterisieren und die sogenannten anständigen Menschen bei der Stange zu halten. Gefangene hatten mich auf diesen Spiegelartikel aufmerksam gemacht und mich gebeten, ihn für unsere Diskussion zu fotokopieren. Einige in der Gruppe sind selbst von Gutachtern mit dem Etikett *Psychopath* beklebt worden, wissen also, wovon die Rede ist. Der *Psychopath* ist, wie Tilmann Moser bereits Anfang der 1970er Jahre feststellte, „ein Dachstuhlträger der Abschreckungsfunktion des Strafrechts“. Er verkörpere in seiner Rücksichtslosigkeit, Labilität und Ungehemmtheit das Negativbild des konformen, wohlangepassten Menschen. Mit der impliziten Zuschreibung zeitlosen Anders-Seins werden Entwicklungsprozesse und Veränderungsmöglichkeiten negiert, der Prozess-Charakter des menschlichen Lebens ignoriert. Einmal Psychopath, immer Psychopath! Im Grunde ist der Psychopath auch in seiner englisch-amerikanischen Aussprache der Wiedergänger des *geborenen Verbrechers*, den Cesare Lombroso im 19. Jahrhundert glaubte entdeckt zu haben. Den Begriff *Psychopath* prägte der deutsche Psychiater J.L.A. Koch 1891 in seinem Buch mit dem richtungsweisenden Titel *Die psychopathischen Minderwertigkeiten*.
Das psychiatrische Konstrukt des „Psychopathen“ dient seither dazu, eine bestimmte Sorte Mensch aus dem sozialen Feld herauszunehmen. Sie sind nicht durch angebbare Bedingungen und Sozialisationsfaktoren so geworden, sondern sie sind *physei*, also von Natur aus, böse, skrupel- und gewissenlos. Schon die Rede von *dem Psychopathen* charakterisiert einen Mensch als Ganzes, während man ansonsten von bestimmten *Tendenzen* oder *Zügen* spricht, die ein Mensch aufweist. „Dieser da ist ein Psychopath“ – das bricht den Stab über einen Menschen, der ja immer aus verschiedenen Teilpersonen zusammengesetzt ist. Das Etikett *Psychopath* legt diesen Menschen einzig auf diese Eigenschaften fest. „Wenn jeder Mensch der ganze Mensch ist, muss dieser Abweichler entweder nur ein Kieselstein oder *ich* sein“, hat Sartre in seiner Genet-Biographie geschrieben, und wir haben uns offenbar entschieden, den Psychopathen für einen Kieselstein zu halten. Meilenweit haben wir uns von Goethes Satz entfernt, der die Basis eines humanen Umgangs mit Abweichlern aller Art bildet: „Wenn ich von den Verbrechen lese, so habe ich die Empfindung, dass ich fähig wäre, ein jegliches davon selbst zu begehen.“ Die Diagnostik erweist sich als eine klinische Variante der Moral. Psychiater geben vor, nicht zu urteilen, aber ihre Diagnose-Sprache ist normativ und

setzt rigorose Richtlinien für Gesundheit und Krankheit und das, was wir für normal und unnormal halten. Bei den Psychiatern gerät der *Mangel an Gemüt und Gewissen* zu einer ontologischen Struktur, zu einem quasi angeborenen Defekt, aus dem sich alle anderen unangenehmen Eigenschaften des Kriminellen herleiten.

Wenn es denn *Psychopathen* überhaupt gibt, wie wird man zu einem? Welche frühen Verletzungen sind dafür verantwortlich, dass derart reduzierte und verkrüppelte menschliche Wesen entstehen? Und wie kann man sich die Psychogenese jener spezifischen Form von Einfühlungsvermögen erklären, die Dutton zumindest dem *funktionalen Psychopathen* zugeschrieben hat? Ich gehe mit der Psychoanalyse von der Annahme aus, dass frühe Bindungs- und Beziehungserfahrungen die Struktur unserer Psyche und unseres Selbst prägen. Das Kind ist zu Beginn seiner Entwicklung lebensnotwendig auf die Beziehung zu anderen Menschen angewiesen. Es hat ein Kontaktbedürfnis um jeden Preis, und die Art und Weise, wie dieses Bedürfnis beantwortet und befriedigt wird, prägt seine psychische Struktur. Die Angewiesenheit des Kindes auf seine Erwachsenen ist zu Anfang seiner Entwicklung beinahe absolut. Die Angst des Kindes vor dem Entzug der mütterlich-elterlichen Zuwendung lässt das Kind auf alle Bedingungen eingehen, die die Mutter/Eltern mit der Zuwendung verknüpfen. Dabei wird die primäre Liebe dem Kind im Idealfall bedingungslos gegeben, befreit von jedem, auch nur scheinbaren Zusammenhang mit irgendwelchen Forderungen. Mutter und Vater sollten ein gefühlshafter Spiegel des Kindes sein. Es geht um unbedingte, nicht an Bedingungen geknüpfte Liebe, um nicht-instrumentalisierte, zweckfreie Liebe. Liebe, die an Bedingungen geknüpft wird, die also ihr *Um ... zu* besitzt, wird auf Seiten des Kindes eine affektive Attrappe, die Errichtung einer Gefühls-Fassade zur Folge haben. Im Extremfall wächst ein Mensch heran, der eigentlich ein Automat ist, der eine menschlich fühlende Persönlichkeit nur nachahmt. Harvey Cleckley und Arno Gruen beschreiben den *Psychopathen* folgerichtig als einen Mensch, der sich anderen Menschen gegenüber wie ein Schauspieler verhält, der Affekte und Gefühlslagen nur erahnen und nachahmen kann. Nach außen sieht das wie Gesundheit aus, in Wirklichkeit ist es lediglich, so der Titel von Cleckleys Buch, *The Mask of Sanity,* eine Maske emotionaler Gesundheit und eine gespielte Normalität.

Ein Kind, das mit seinen Signalen nicht ankommt, das erleben muss, wie diese uminterpretiert werden je nach den Launen, Bedürfnissen und Ängsten der Erwachsenen, kann kein gutes Selbstwertgefühl aufbauen. Es lernt nicht, seinen Reaktionen und Gefühlen zu trauen. Es wird alle möglichen Anstrengungen unternehmen, um die elterliche Zuwendung auf sich zu ziehen. Es gefällt, biedert sich an, spielt Rollen, gibt den Clown, entwickelt das, was Winnicott als *falsches Selbst* beschrieben hat. Als-ob-Affekte auf Seiten der Eltern rufen Als-ob-Antworten des Kindes hervor. Das Kind wird verfälscht, entwickelt eine Als-ob-Persönlichkeit. Das Kind reagiert mit übermäßiger selbstverleugnender Anpassung an die Um- und Mitwelt. Eine Extremform

ist der Tod des wahren Selbst, eine völlige Selbstentfremdung, ein leeres Ich. Das *wahre Selbst*, würde Winnicott mit der ihm eigenen Zurückhaltung und Vorsicht sagen, entfaltet sich unter hinreichend guten, reifungsfördernden Mitweltbedingungen. Im Regelfall werden wir Mischungen aus wahren und falschen Selbst-Anteilen antreffen. In guten Bindungen zwischen Mutter und Kind existiert ein hin und her gehender emotionaler Austauschprozess, der zunächst in vorsprachlichen Weisen der Kommunikation durch Hautkontakt, Berührung, Ton der Stimme, Geruch etc. besteht. Es gelingt der Mutter, die Bedürfnisse ihres Kindes zu erspüren und entsprechend zu beantworten. Das Kind sendet dann seinerseits Signale, die der Mutter sagen: „Du bist in Ordnung, du machst es im Grunde ganz gut, ich weiß und merke, dass du dich bemühst, mich kennenzulernen und auf mich einzugehen. Wenn du meinen Zustand erkennst, ist alles in Ordnung, dann werden dir auch die richtigen Maßnahmen einfallen.“ So hat es Tilmann Moser formuliert, der etwas von vorsprachlicher Kommunikation versteht. Das Kind fühlt sich unter diesen Bedingungen richtig und willkommen und wird die ihm zuteilwerdende Zuwendung und Pflege als sicheres Gefühl seines Wertes verinnerlichen. Im erfahrenen lebendigen Austauschprozess zwischen Eltern und Kind liegen die Wurzeln gelingender Kommunikation und des Gefühls für Menschenwürde.
Die Einsamkeit und Verzweiflung des nicht hinreichend geliebten Kindes versetzen es in einen Zustand kaum gemilderter Vernichtungs- und Todesangst, und es wird in seiner Verzweiflung durch jeden brennenden Reifen springen, den man ihm hinhält. Störungen im primären Mutter-Kind-Dialog schädigen die kindliche Entwicklung und nötigen das Kind zu frühen Notwehr- und Reparaturmanövern. Das Kind ist darauf angewiesen, die Stimmungen der Erwachsenen zu erahnen und zu erfühlen, um für sich das Beste rauszuholen und sein psychisches Überleben sicher zu stellen. Der *Psychopath,* der unter solchen Bedingungen entstehen kann, ist also tatsächlich nicht ohne jede Empathie, aber sein Einfühlungsvermögen hat von vornherein ein *Um … zu*, einen strategisch-taktischen Aspekt. Es dient von Anfang an der Manipulation. Wer kalte, zur Einfühlung unfähige, indifferente Eltern hat, ist genötigt, sich in die Eltern hineinzudenken, um sie zu bestimmten, für das Kind günstigen Handlungen zu bewegen. Die Fähigkeit des Kindes, die Affekte der Mutter zu verstehen, hat die amerikanische Kinder-Psychoanalytikerin Dorothy Burlingham mit der Fähigkeit zum Gedankenlesen verglichen. Diese Fähigkeit taucht bei Dutton als nachahmenswerte Qualität des Psychopathen wieder auf, die ihm im Konkurrenzkampf gewisse Standortvorteile verschafft.
Man wird im Kontext der *Psychopathenfrage* unterscheiden müssen zwischen den Kategorien Mitleid, Mitgefühl und Empathie. Nur, mit wem in der Phase der Abhängigkeit mitgefühlt worden ist, wird zu wirklichem Mitgefühl imstande sein. Nur, wenn man sich in mich eingefühlt hat und andere mein Leiden zu ihrem eigenen gemacht haben, werde ich zu wirklicher Einfühlung und zum Mitleiden fähig. Nur, wenn die Erwachsenen die kindliche Aufmerksamkeit teilen und sie gemeinsam auf etwas Drittes richten, bilden sich die Grundlagen eines spezifisch menschlichen Kommunikationsverhaltens und die Fähigkeit, die Dinge mit den Augen und aus der Perspektive eines an-

deren zu sehen. Auf der Basis einer von Entbehrungen, Verlusterfahrungen, Traumatisierungen und Gewalt geprägten kindlichen Entwicklung bildet sich eine spezifische Form der Empathie aus, die dem Kind ein reduziertes Überleben sichert. Sie ist, wie wir gesehen haben, aus der Not des Kindes geboren und färbt das Einfühlungsvermögen des Kindes schon in der Wolle mit Manipulation und Betrug ein. Eine *funktionelle Einfühlung* bringt *funktionelle Psychopathen* und gerissene Betrüger hervor.

„Sie hätte dich damals abtreiben sollen!" - Oskar Roehlers Roman Herkunft

Durch Zufall ist mir gerade Oskar Roehlers Roman *Herkunft* (Berlin 2013) in die Hände gefallen, der mir im Kontext meiner Überlegungen zur Psychogenese der Psychopathie wie gerufen kam, weil er sehr konkret eine Kindheit voller Traumatisierungen und Verletzungen schildert, von der eben relativ abstrakt und in Termini einer psychoanalytischen Entwicklungspsychologie die Rede war .

Die Geschichte beginnt Ende der 1940er Jahre mit der Heimkehr des Großvaters Erich aus der Kriegsgefangenschaft. Der findet eine gänzlich veränderte Situation zu Hause vor. Seine Frau hat er an eine andere Frau verloren. Der Sohn Rolf verliebt sich in die schöne, aber äußerst kapriziöse Nora und beginnt mit ihr eine komplizierte Beziehung. Die beiden entwickeln sich zu Schriftstellern und geraten in die Wirren der 68er Bewegung. Nora wird schwanger und lehnt sich gleichzeitig gegen diese Schwangerschaft heftig auf. Sie hat das Gefühl, dass mit der Geburt eines Kindes die Falle zuschnappt. Sie trägt sich mit dem Gedanken abzutreiben und unternimmt verschiedene Versuche, das Kind in ihrem Leib loszuwerden. Sie geht in einen See, dessen Wassertemperatur knapp über null Grad liegt. Rolf findet sie, zerrt sie heraus und verfrachtet sie in eine Badewanne mit warmem Wasser. Sie trinkt und raucht maßlos. Sie versucht, sich ein Messer in den Leib zu rammen. Mit Mühe kann Rolf das Schlimmste verhüten. Irgendwann setzen die Wehen ein und Robert „ploppte, der Legende nach, ‚wie ein Sektkorken' aus ihrem Bauch. Sie soll nur weggeguckt haben, als mich die Hebamme ihr zeigte, und gesagt haben: ‚Schaffen Sie dieses Bündel fort, ich will damit nichts zu tun haben.'"

Wird eine Abtreibung versäumt, verwandelt sich die Kindheit mitunter in eine ‚nachholende Abtreibung'. Die Mutter kümmerte sich nicht um das Kind. Sie saß in ihrem verriegelten Zimmer und hackte auf ihre Schreibmaschine ein. Durch den Türschlitz drang der Zigarettenqualm. „Es war der Hunger, der mich zur Tür meiner Mutter trieb. Ich wollte diesen runden Saugnapf, aus dem Milch kam und den man mir ins Maul rammte, wenn ich laut genug schrie. Sie nannten es Flasche und schrien sich deshalb immer wieder an, wer sie mir geben sollte, wer Zeit hatte, sie mir zu geben, wer nichts Besseres zu tun hatte." Wenn das Hämmern der Schreibmaschine einmal verstummte, begann das Kind zu schreien. Sie reagierte nicht darauf. Sie lehnte es ab, das Kind zu stillen und zu windeln. Die Haut des Kindes war rissig und mit rötlichen Pusteln übersät. Es schrie den ganzen Tag und in der Nacht – in der Hoffnung, dass jemand käme und sich seiner annähme. Doch da war nur eine große, berührungslose Leere. Wegen des permanenten Geschreis hämmerten irgendwann die Nachbarn an die Tür, forderten Ruhe und stießen Morddrohungen aus. „Wenn sie die Nachbarn abgewimmelt hatte, setzte sie mich manchmal zur Strafe auf den Schrank." Das Kind rutscht in die Spalte zwischen Schrank und Wand. Dass er dort feststeckte, gefiel ihm. Er empfand es als eine Art von Halt und Geborgenheit. Dann und wann nahm ihn sein Vater auf den Arm und kümmerte sich um das Gröbste: „Ich schmiege mich an. Mein Kopf passt perfekt in seine Halsbeuge hinein, wie gemacht füreinander, Vater und Sohn." Robert floh zu Nachbarn und suchte dort eine Art von Asyl und das Fluidum einer „richtigen Familie". Das sporadische Eintauchen in diese Familien und deren Verständnis für diesen merkwürdigen neuzeitlichen Kaspar Hauser rettete ihm das Leben und verhinderte, dass aus ihm etwas Furchtbares wurde. In diesen Familien dämmerte ihm, dass es auf der Welt Orte gab jenseits von Grauen, Vernachlässigung und Einsamkeit, Orte, die einfach in Ordnung waren. Der Überlebenskampf eines Kindes ist erstaunlich robust. Hat es keine Mutter, setzt es sich aus Menschen in seiner Umgebung eine zusammen oder erschafft sich ein Phantasieobjekt, das die Mutter fingiert. Robert überlebt, aber beschädigt und reduziert. Die Angst vor Trennung und Verlust war nicht mehr heilbar. Er war Menschen gegenüber misstrauisch und verließ sich auf nichts und niemanden. Er spielte die Erwachsenen gegeneinander aus und brachte es zu einer gewissen Meisterschaft, sie zu seinen Gunsten zu manipulieren. Er erahnte ihre Stimmungen und wechselseitigen Abneigungen und schlug Kapital aus diesem Wissen. Er tanzte den Erwachsenen auf der Nase herum und gab zu ihrem Vergnügen den Clown. Er konnte sehr schnell vergessen. Er musste das bereits in frühen Jahren lernen. Grundiert war das alles von dem Gefühl der Einsamkeit und Angst. War er allein, saß er da und wippte mit dem Oberkörper. Robert entwickelt sich zu dem, was man ein *schwieriges Kind* nennt. Der englische Psychoanalytiker Winnicott sprach von einer „antisozialen Tendenz", die sich auf der Basis von frühen Deprivationserfahrungen entwickelt, und die eine Überlebensstrategie und eine Art Hilferuf des Kindes darstellt. Was als aktenkundige Auffälligkeiten - heute würde man sagen: *Störung des Sozialverhaltens* – zu Tage tritt, sind die nach außen sichtbaren Notwehrmaßnahmen eines Kindes, das sich nicht „hinreichend gut gehalten" fühlt und sich in seiner Lage nicht anders verhalten kann.

Die Mutter verschwindet, und Robert bleibt in der Obhut des Vaters. Während eines Italienurlaubs trifft dieser am Strand eine junge Frau und verschwindet mit ihr im Hotel. Der kleine Robert wird am Strand vergessen. Er zieht sich einen katastrophalen Sonnenbrand zu und wird von den Großeltern mütterlicherseits abgeholt, die den Jungen nun zu sich nehmen. Mit dem Eintritt ins Schulalter treten dessen Schwierigkeiten und Verhaltensauffälligkeiten immer deutlicher in Erscheinung. Die Großeltern sind zu alt, um mit dem wilden Jungen fertig werden und sein wüstes Agieren ausbremsen zu können. Er wird zum Vater zurückgeschickt, der in Berlin lebt, um seine Anerkennung als Schriftsteller kämpft und sich im Milieu der rebellierenden Studenten herumtreibt. Schlagartig waren die glorreichen Jahre der Unbeschwertheit und die großen Sommer auf dem Lande vorbei, deren Schilderung zum Schönsten in Roehlers Roman gehört(S. 230 ff). Die Sommer waren seine Heimat gewesen, in ihnen blühte sein Körper auf, und sie erfüllten ihn mit Freude und Begeisterung. Das „Grundrauschen der Zikaden", das diese Sommer angefüllt hatte, war in Berlin nicht mehr zu hören. So richtig passt der Junge nicht in den Lebensentwurf des Vaters. Robert rebellierte gegen seine Verschickung, er schloss sich mit anderen kindlichen Außenseitern zusammen, die schon rauchten, mit sieben/acht Jahren schon richtige Kleinkriminelle waren und alten Frauen die Handtaschen wegrissen. Mehrfach riss der Junge aus und versuchte, zu seinen Großeltern und einem Nachbarmädchen, mit dem er sich angefreundet hatte, zurückzukehren. Eines Tages sagte der Vater zu ihm: „Deine Mutter hatte recht! Sie hätte dich damals abtreiben sollen!"

Robert unternimmt zahllose Versuche zu leben. „Meine Chancen waren gleich null. Es gab dunkle Kräfte, die mich davon abhielten und gegen die ich immer wieder prallte. ... Die kalte Angst, der Wesenszug meiner Kindheit, blieb offenbar."

Soweit der Beginn des Romans.

Wer eine sogenannte glückliche Kindheit hatte, hat große Chancen, ein Dummkopf zu werden. Ein solcher Mensch hat wenig Anlass, sich über irgendetwas Gedanken zu machen und seine Lage zu überschreiten. Auf der Basis einer von ständigen Trennungen und Verlusterfahrungen, Gewalt und Lieblosigkeit gekennzeichneten Kindheit entstehen für gewöhnlich kriminelle oder auf andere Weise von der Norm abweichende Lebensläufe. Seelische Bindungslosigkeit verhindert die Bildung von Gemüt und Gewissen. Unter diesen Voraussetzungen kein Verbrecher, Drogenabhängiger oder Psychiatrie-Patient zu werden, grenzt an ein Wunder und ist das eigentlich erklärungsbedürftige Phänomen. Ein solches Wunder kann eintreten, wenn es einem Menschen gelingt, die biographischen Verletzungen und Beschädigungen zur Quelle künstlerischer Kreativität zu machen. Wenn der Roman, wie behauptet wird, weitgehend autobiographisch ist, scheint Oskar Roehler ein solches Wunder gelungen zu sein. Er gilt als einer der profiliertesten Filmemacher des Landes und hat nun einen wunderbaren Roman geschrieben. Es ist ihm, wie Sartre gesagt hat, gelungen, „etwas aus dem zu machen, was man mit ihm gemacht hat". Es gibt keinen lückenlosen Determinismus, der sich wie ein unabweisbares Schicksal auf einen Lebenslauf legt und nur eine Entwicklungsrichtung zulässt. Es bleibt immer eine Marge für eigene Entscheidungen. „Ein Leben“, heißt es im ersten Band von Sartres *Idiot der Familie*, „ist bekanntlich eine zu allem möglichen verwendete Kindheit.“

Dazu fällt mir eine dialektische Gegengeschichte ein, die mir gerade im Gefängnis begegnet ist, und die ich *Der freie Wille* genannt habe. Namen und Orte wurden verändert.

Der freie Wille oder: Haben Menschen wie Herr A. wirklich die Wahl?

„Es liegt in niemands Gewalt, kein Dummkopf oder kein Verbrecher zu werden.“
(Georg Büchner)

Herr A. ist 23 Jahre alt und verbüßt eine Freiheitsstrafe von viereinhalb Jahren wegen schweren Raubes. Zusammen mit einem ebenfalls drogenabhängigen Mittäter hatte Herr A. einen bewaffneten Überfall auf eine Spielothek verübt. Auf den ersten Seiten des Urteils lesen wir: „A. ist das älteste Kind seiner Eltern, hat noch zwei Schwestern und einen Bruder. In seiner Familie kam es bereits früh zu Auffälligkeiten in Bezug auf Gewalttätigkeiten. Der Großvater väterlicherseits starb an den Folgen einer Schlägerei; der Großvater mütterlicherseits erschoss seine Frau in einem Eifersuchtsdrama und brachte sich anschließend selbst um. Der Angeklagte selbst wurde von seinen Eltern weder geschlagen noch vernachlässigt. Er war allerdings bereits in Russland verhaltensauffällig. So war er schon im Alter von acht/neun Jahren zwei- bis dreimal etwa zwei bis drei Wochen von zu Hause abgängig und lebte in Omsk als Straßenkind. Im Jahr 2000 siedelten der Angeklagte, seine Eltern und seine Geschwister in die Bundesrepublik Deutschland über. (...) Die Familie lebte nach ihrer Ankunft zunächst zweieinhalb Jahre lang in einer Asylbewerberunterkunft in G. Bereits zu dieser Zeit wurde sie aufgrund verschiedenster Problemlagen vom Jugendamt im Rahmen einer sozialpädagogischen Hilfe betreut. Im Sommer 2003 zog die Familie ins hessische K. Auch hier entwich der Angeklagte gelegentlich aus dem familiären Haushalt. Sein Vater hielt sich oft fünf bis sechs Tage auswärts auf, um alkoholische Getränke zu sich zu nehmen. Wegen eines im alkoholisierten Zustand begangenen Gewaltdelikts (versuchter Totschlag) verbüßte sein Vater Strafhaft und zog nach einer in diesem Zusammenhang durchgeführten Alkoholentwöhnungstherapie nach F. Die Eltern leben seither getrennt. Im Jahr 2004 lebte der Angeklagte mehrere Monate lang bei einem älteren Mann, der ihm freie Kost und Logis sowie ein Taschengeld gewährte. Es konnte nicht geklärt werden, ob und gegebenenfalls welche Gegenleistung der Angeklagte dafür zu erbringen hatte.

(…) Bereits im Alter von 12/13 Jahren kam der Angeklagte mit Alkohol und Haschisch in Kontakt. Ab einem Alter von 15 Jahren konsumierte er täglich zwei bis drei Gramm Haschisch. Daneben nahm er zunächst gelegentlich LSD und nach seiner zweiten Haftentlassung regelmäßig Amphetamine und etwa ein- bis zweimal pro Woche Kokain. Nach seiner letzten Haftentlassung trank der Angeklagte täglich etwa eineinhalb bis zwei Flaschen Wodka. Außerdem rauchte er täglich zwei bis drei Gramm Haschisch und nahm eineinhalb bis zwei Gramm Speed.“

In den Jahren 2006 und 2008 wurde er vom Jugendschöffengericht jeweils wegen räuberischer Erpressung zu Jugendstrafen von einem Jahr und sechs Monaten beziehungsweise zwei Jahren verurteilt. Beide Strafen verbüßte er in einem Jugendgefängnis bis zum letzten Tag. Eine in der Haft begonnene Berufsausbildung konnte er draußen „wegen fehlender Fähigkeiten nicht abschließen“. Soweit die Kurzfassung seiner Biographie in der dürren und steifen Prosa eines deutschen Gerichts.

Es bleiben lauter offene Fragen, um deren Klärung das Gericht sich nicht bemüht hat. Sie bleiben als *nicht zur Sache gehörend* unberücksichtigt, die ja - wie meist, wenn Juristen von einer Sache sprechen - ein Mensch ist: Welche Spuren hinterlassen die monströsen Gewalttaten, die in der Familiengeschichte gehäuft anzutreffen sind, in den Biographien der Nachfahren? „Alle glücklichen Familien sind einander ähnlich, aber jede unglückliche Familie ist auf ihre besondere Art unglücklich“, heißt es bei Leo Tolstoi, aber diese hier hat es besonders hart getroffen. Der Verfasser des Urteilstextes hat das wohl auch gespürt und zwischendrin, wie zur Zerstreuung seines aufsteigenden Zweifels an der Schuldfähigkeit des jungen Mannes, die Bemerkung eingebaut, dass das Kind „weder geschlagen noch vernachlässigt“ wurde. Woher nimmt er diese Gewissheit?

Warum riss der Junge im Alter von acht/neun Jahren zwei- bis dreimal für längere Zeit von zu Hause aus, wo er ja angeblich weder geschlagen noch vernachlässigt wurde? Hat der Vater nicht möglicherweise auch bereits in Russland „alkoholische Getränke zu sich genommen“ und Frau und Kinder misshandelt? Lebt ein kleiner Junge freiwillig auf den Straßen von Omsk? Was lernt man, wenn man in Gegenden lebt, in denen andere leben, die kriminell sind, Pattex schnüffeln und Drogen konsumieren? So etwas wie *Zuwendung* finden solche verlorenen Kinder nur in der Brüderlichkeit der Gang, die ihnen zum Familienersatz wird. Natürlich gilt es in der Parallelwelt der Gang andere Prüfungen zu bestehen als im bürgerlichen Leben, natürlich wird dort auch gerangelt und gekämpft, aber es ist eine geschlossene und verschworene Gemeinschaft, die Kindern und Jugendlichen, die sich von Anfang an abgelehnt, überflüssig und unerwünscht gefühlt haben, Respekt und Anerkennung vermittelt.

In der Bundesrepublik wurde das Kind zunächst in die Grundschule eingeschult. In der Hauptschule kam es dann zu erheblichen Verhaltensauffälligkeiten und man schickte ihn auf eine Schule für Erziehungshilfe. Der Schulbesuch wurde dann bald ganz eingestellt, nachdem ein Busfahrer sich weigerte, den Jungen noch länger als Fahrgast zu transportieren.

Warum und mit welcher Diagnose wurde A. im Alter von 13 und 15 Jahren zwei Mal in die Kinder- und Jugendpsychiatrie eingewiesen, aus der er zwei Mal durch einen Sprung aus dem Fenster entfloh? Welche „Gegenleistung" wird der 15-Jährige seinem älteren Gastgeber und Gönner, bei dem er nach der zweiten Flucht wohnte, wohl erbracht haben - und wie nennt man das? Es ist nicht sehr wahrscheinlich, wenn auch nicht ganz ausgeschlossen, dass es sich um einen uneigennützigen Philanthropen handelte. Welche Anstrengungen hat man unternommen, das zu klären? Und schließlich: An wem und was hätte dieser Junge sich im neuen Land orientieren sollen?

Das Gericht sah seine Schuld- und Steuerungsfähigkeit durch die Sucht eingeschränkt und wies ihn in eine Entziehungsanstalt ein. Nachdem die Unterbringung im Maßregelvollzug wegen mangelnder Mitarbeitsbereitschaft beendet worden war, landete Herr A. im Erwachsenenstrafvollzug und gilt nun von seinem Status her als schuldfähig. Das Drogenproblem, das das erkennende Gericht gesehen und als mildernden Umstand gewürdigt hat, ist bloß das Symptom einer Krankheit, nicht diese selbst. Drogen sind der kürzeste Weg aus einem Leben, das ohne sie nicht aushaltbar ist. Das eigentliche Problem ist diese Unmöglichkeit zu leben, und nicht oder erst in zweiter Linie der Versuch einer Selbstmedikation durch Einverleibung von Suchtmitteln. Sucht ist ein verdunkelter und sprachloser Versuch der Reparatur oder Kompensation beschädigten, verkrüppelten Lebens, das sich selbst und die Gründe seines Misslingens nicht kennt. Der Fall des Herrn A. führt uns an den Rand dessen, was Recht zu leisten vermag. Und dennoch haben wir einstweilen nichts anderes als „das vergängliche Gebilde zur Erhaltung eines verworrenen Gefüges" (Gerhard Mauz), das man pathetisch Rechtsordnung nennt und das den Versuch darstellt, ein leidliches Zusammenleben zu ermöglichen. Gleichsinnig lässt Dieter Wellershoff in seinem Roman *Der Liebeswunsch* den Richter Leonhard über eine Beunruhigung nachdenken, „dass nämlich die richterliche Wahrheitsfindung, trotz Indizien, Beweisen und Geständnissen, immer Züge eines Konstruktes hatte, das der Rechtsgemeinschaft Schutz gegen die unendliche Auslegbarkeit des menschlichen Lebens bot." Er sieht in der Rechtsprechung den Versuch, eine halbwegs lebbare Ordnung durch einen Auswahlprozess herzustellen, „der Inseln von Sinn aus dem Rauschen der Totalität hervorhob". Manchmal fallen diese Inseln allerdings derart kümmerlich aus, dass kaum Sinn auf ihnen Platz hat, wie uns der Fall des Herrn A. gezeigt hat.

Die Verfechter der Willensfreiheit, die das, was Menschen zustößt, den einzelnen als Schuld und Versagen anrechnen, werden es schwer haben angesichts eines solchen Lebenslaufs. Haben Menschen wie A. wirklich die Wahl? Kann man sagen, dass er sich – an einer Weggabelung stehend - für *das Böse* entschieden hat, wie es in einer klassischen juristischen Formulierung heißt? Könnte er, wenn er *sich zusammennähme* und *am Riemen risse*, ein an gesellschaftlichen Normen orientiertes, straffreies Leben führen? Natürlich ist es sehr praktisch, die Prämissen der freien Marktwirtschaft ins Psychologische zu übertragen und der Selbstbestimmung alles aufzuladen, weil dann die Gesellschaft und diejenigen, nach deren Gusto und zu deren Nutzen diese Gesellschaft funktioniert, fein heraus und entlastet sind. Gerhard Mauz hat anlässlich des Prozesses gegen den Dutschke-Attentäter Josef Bachmann etwas geschrieben, das auch auf Herrn A. zutrifft: „Man weiß, dass traumatische Erlebnisse in der Kindheit, ja schon im vorgeburtlichen Zustand Einfluss auf die Entwicklung eines Kindes haben. Doch man ist nicht bereit, Konsequenzen aus diesem Wissen zu ziehen. Man sagt: 'Das arme Kind. Was wird aus ihm werden?' Doch wenn aus ihm geworden ist, was zu erwarten war – dann macht man aller Erkenntnis zum Trotz das Kind für sein Fehlverhalten verantwortlich."

Wie steht es also um die Willensfreiheit? Gibt es sie oder gibt es sie nicht? Ist unser Handeln frei oder ist es immer determiniert, und Willensfreiheit beruht lediglich darauf, dass wir die Gründe unseres Handelns nicht kennen? Beides stimmt, der Widerspruch ist ein dialektischer, also einer, der in der Sache selbst liegt und nicht nach einer Seite hin ein für alle Mal aufgelöst werden kann. „Jede drastische These ist falsch", heißt es in Adornos *Negativer Dialektik*. Zur Dialektik der Willensfreiheit lesen wir dort: „Belastet die These von der Willensfreiheit die abhängigen Individuen mit dem gesellschaftlichen Unrecht, über das sie nichts vermögen, und demütigt sie unablässig mit Desideraten, vor denen sie versagen müssen, so verlängert demgegenüber die These von der Unfreiheit die Vormacht des Gegebenen metaphysisch, erklärt sie als unveränderlich und animiert den Einzelnen, wofern er nicht ohnehin bereit ist, zu kuschen, da ihm ja doch nichts anderes übrigbleibe. Determinismus verhält sich, als wäre Entmenschlichung, der zur Totalität entfaltete Warencharakter von Arbeitskraft, das menschliche Wesen schlechthin, ungedenk dessen, dass der Warencharakter an der Arbeitskraft seine Grenze findet, die nicht bloß Tauschwert sondern Gebrauchswert hat. Wird Willensfreiheit schlechterdings geleugnet, so werden die Menschen ohne Vorbehalt auf die Normalform des Warencharakters ihrer Arbeit im entfalteten Kapitalismus gebracht. Nicht minder verkehrt ist der aprioristische Determinismus als die Lehre von der Willensfreiheit, die inmitten der Warengesellschaft von dieser abstrahiert. Das Individuum selber bildet ein Moment von ihr; ihm wird die reine Spontaneität zugesprochen, welche die Gesellschaft enteignet. Das Subjekt braucht nur die ihm unausweichliche Alternative von Freiheit oder Unfreiheit des Willens zu stellen und ist schon verloren. Jede drastische These ist falsch." (Frankfurt am Main 1970, S. 258/59)

Ethnologie des Inlands: Warum werden aus liebenswerten Kindern später scheußliche Erwachsene?

Vor ein paar Tagen begegnete mir auf einem vormittäglichen Spaziergang eine Gruppe von Kindergartenkindern mit ihren zwei Betreuerinnen. Sie hatten im Wald gespielt und waren nun auf dem Rückweg in den Kindergarten. Im Nu war ich umringt von sechs oder sieben kleinen Mädchen, die mir atemlos berichteten, was sie den Vormittag über gemacht hatten. Unter anderem waren sie einem großen Hund begegnet, der aber Angst vor ihnen gehabt habe. Sie nannten mir ihre Namen, die ihrer Eltern und Geschwister und erzählten mir, was sie am Nachmittag vorhatten. „Ich gehe mit Nina und Sophia ins Schwimmbad", sagte eine. Und ihre Freundin berichtete, dass sie heute bei Hilal schlafen dürfe. „Jedenfalls vielleicht", relativierte diese, denn erst müsse sie ihre Mama fragen. Ein vielleicht vierjähriges Mädchen wies mich auf ihr neues Sommerkleidchen hin und drehte sich einmal um die eigene Achse. Sie wollten alle auf einmal auf mich einreden und hüpften um mich herum. Vor lauter Bemühen, möglichst schnell möglichst viel zu sagen, verhaspelten sie sich dauernd. Sie ließen sich kaum Zeit zum Luftholen. Unterdessen waren die zwei Jungen, die zur Gruppe gehörten, ein paar hundert Meter vorgelaufen. Ich hörte die Erzieherinnen beraten, dass und wie sie die Jungen deswegen maßregeln würden. Ich versuchte, ein gutes Wort für die Jungs einzulegen und sagte in Richtung der Erzieherinnen, spätestens unter der Autobahnbrücke würden die Jungs schon warten. Als die Gruppe die beiden Ausreißer eingeholt hatte, beugten sich die Erzieherinnen zu den Jungen hinab, packten sie bei den Schultern und wiesen sie ziemlich rüde zurecht: Ob sie es ihnen nicht schon tausend Mal gesagt hätten, dass sie gefälligst nicht wegrennen sollten und bei der Gruppe zu bleiben hätten! Sie sollten sich ein Beispiel an den Mädchen nehmen. Ich hatte Mitgefühl mit den Jungen und bekam eine Ahnung davon, wie sie unter der Hegemonie der Frauen im pädagogischen Feld zu leiden haben. Diese bringen wenig Verständnis für ihren Hang zu motorischen Formen des Ausdrucks auf und neigen dazu, ihre Lebensäußerungen pauschal als aggressiv und gewaltsam zu stigmatisieren. Mutti, Kindergärtnerinnen und Lehrerinnen sagen: „Es geht auch ohne Gewalt, seid nicht so grob!" Jungen müssen sich aber erproben und ihre Körper riskieren. Es ist wichtig, das innerhalb gewisser Grenzen zuzulassen und an der Zähmung der Aggression zu arbeiten. Das kann man nur, wenn man sie nicht grundsätzlich leugnet, wie Bruno Bettelheim in seinem Aufsatz „Gewalt – eine gern verleugnete Verhaltensweise" dargetan hat. Gewalt darf nicht geleugnet und tabuisiert werden, sondern muss in Power und sportliche Disziplin umgewandelt werden. Sonst bleibt sie hinter einer Fassade angepasster Verhaltensweisen in einem unsozialisierten Zustand und droht bei der ersten Gelegenheit roh und brutal durchzubrechen.

Hinter der Brücke trennten sich unsere Wege. Die Mädchen riefen „tschüs" und winkten mir noch eine Weile zu. Ich war bezaubert von ihrer Lebendigkeit und

Offenheit. Mit bedingungslosem Vertrauen und völlig ohne Falsch wenden Kinder sich Menschen und Dingen zu. Wieder einmal stellte ich mir die alte Goethe'sche Frage: Warum werden aus derart liebenswerten Kinder später häufig unausstehliche Erwachsene? Ihr Vertrauen wird bald enttäuscht werden und die sensibel der Welt entgegengestreckten Fühlhörner werden ins Gehäuse zurückgezogen. Wahrscheinlich werden die Kindergärtnerinnen den Mädchen umgehend eine Standpauke halten und sie eindringlich davor warnen, sich allzu vertrauensselig fremden Männern zuzuwenden. In ein oder zwei Jahren werden sie in die Schule gehen müssen. Die Kinder sitzen dann „morgens ein paar Stunden lang da, und zu vieles geht kaputt: der Spaß, die Neugierde, die Freude am Erfolg. Das Hauptfach, in dem sie unterrichtet werden, steht nicht im Stundenplan, die Anwesenheit. Sie müssen lernen, dass sie ihr Leben lang morgens irgendwohin müssen, wohin sie nicht wollen", schreibt Wilhelm Genazino in seinem Roman „Die Obdachlosigkeit der Fische". Auf ihre kindlichen Entwicklungsprozesse fällt der Kälteschatten von Konkurrenz und Feindseligkeit, und sie werden lernen, sich zu panzern und gegen die anderen zu wappnen. Nach wie vor muss, wer in dieser Kultur erwachsen werden will, das Kind in sich zum Verschwinden bringen. Erwachsenwerden ist eben nicht nur ein Prozess der Reifung, sondern auch der Wunschvernichtung, Ich-Einschränkung und Verinnerlichung von Repression. „Von allen Seiten wurde mein Bewusstsein eingezäunt, in Besitz genommen: ich wurde erzogen. Mit guten Worten und mit strengen Ermahnungen brachte man mich zur Reife, um mich auszurotten", schreibt Imre Kertèsz in seinem „Galeerentagebuch". Erst in einer solidarischen, egalitären Gesellschaft mit Freundlichkeit als vorherrschendem Kommunikationsstil werden wir mehr aus der Kindheit ins Erwachsenenleben hinüberretten können. Solange wir in einem Konkurrenz-Universum leben müssen, bleibt „die Zufügung von Narben die Form, in der die Gesellschaft sich im Individuum durchsetzt". (Theodor W. Adorno)

Psychopathen-Produktion

In der Stadt begegne ich einer ehemaligen Nachbarin. F. ist Anwältin, ihr Mann hat BWL studiert und arbeitet bei einer Bank. Da beide davon überzeugt sind, dass ein Kind zur Komplettierung eines gewissen Lebensstils unbedingt dazu gehöre, haben sie vor etwas über einem Jahr ein Kind bekommen. Sie sind daraufhin in eine andere Gegend gezogen und wir haben uns länger nicht gesehen. F. berichtet, dass sie schon drei Monate nach der Geburt der Tochter wieder zu arbeiten begonnen hat. Würde sie längere Zeit zu Hause bleiben, sei sie „weg vom Fenster" und könne ihre Karriere „knicken". Da sie beide berufstätig sind, wächst das Kind in einer Kinderkrippe und bei der Großmutter auf. „Nachdem Amelie die ganze Woche über bespaßt und animiert worden ist, langweilt sie sich beinahe ein bisschen, wenn sie das Wochenende im vergleichsweise reizarmen Klima der Familie verbringt", sagt F. mit unüberhörbarem Stolz in der Stimme. Sie deutet die Langeweile des Kindes als Hinweis auf eine *Hochbegabung* und beteuert, dass sie keine Kosten scheuen würden, um es schon jetzt in jeder nur denkbaren Form zu fördern.

Man wisse aus der Hirnforschung, dass die ersten Lebensjahre die wichtigsten für die Synapsenbildung seien und sich das Zeitfenster für den Erwerb wichtiger Fähigkeiten zeitig wieder schließe. Sie habe Amelie bereits für einen *bilingualen Kindergarten* und ein Tanzprojekt angemeldet, einmal pro Woche trainiere sie schon jetzt unter Anleitung einer Sozialpädagogin ihre *emotionale Intelligenz.* Frühe Selbstwertförderung sei das Stichwort, von dem sie sich bei der Erziehung von Amelie leiten lasse. Ihr werde es dann später sicher nicht so schwer fallen, sich in der Berufswelt zu behaupten wie ihr. Sie habe sich für den Sommer zu einem Arroganztraining für weibliche Führungskräfte angemeldet, denn sie neige dazu, in Konkurrenzsituationen mit Männern zurückzustecken und müsse erst noch mühsam lernen, die Spielregeln der Männerwelt zu beherrschen und ihr Revier zu verteidigen. Das sei für Amelie auf der Basis einer systematischen Entwicklung ihres Selbstwertgefühls sicher später gar kein Thema mehr. Demnächst habe Amelie Geburtstag. Noch sei das ja unproblematisch, aber für später müsse man sich einiges einfallen lassen. Mit Topfschlagen und einem von der Oma gebackenen Kuchen sei es längst nicht mehr getan. Kinder seien heute so wenig selbstverständlich, dass deren Geburtsgedenken nicht strahlend genug in Szene gesetzt werden könne. Die Bemühungen um die Gestaltung dieses Tages beförderten einen Konkurrenzkampf, der im Grunde zu sofortigen Abrüstungsgesprächen unter den beteiligten Eltern führen müsste. Stattdessen werde ständig an der Überbietungsschraube weitergedreht: Der nächste Kindergeburtstag wird alles bisher Dagewesene in den Schatten stellen und neue Maßstäbe setzen! Es sei schon vorgekommen, dass die beteiligten Kinder mit einer Stretch-Limousine vom Hort abgeholt wurden. Minimum sei ein gemieteter Clown, besser allerdings eine Fahrt mit dem Heißluftballon oder Delfine-Streicheln. Schon gebe es Firmen, die die Gestaltung des Kindergeburtstags übernähmen. Rund 600 Euro müsse man anlegen, damit zwei sozialpädagogisch versierte Animateure die Kleinen drei Stunden lang bei Laune hielten. Im Grunde sei es ziemlich stressig, so ein Kind, schloss F. „Na, dann passt mal auf, dass ihr und euer Kind nicht noch vor dem Schuleintritt mit einem Burnout zusammenbrecht", sagte ich und wandte mich zum Gehen.
Nicht nur in den sogenannten bildungsfernen Unterschichten, sondern auch und womöglich gerade in der Mittel- und Oberschicht läuft die gesellschaftliche Produktion von *Psychopathen* auf Hochtouren.

Don deLillo schildert in seinem Roman *Unterwelt* in einem breiten Panorama die Unter- und Nachtseite eines zu jener Zeit prosperierenden Kapitalismus, die aus bewaffneten Dealern, Junkies, Obdachlosen, die in Kühlschrankkartons unter der Autobahn schlafen, Aids-Kranken, verwahrlosten Kindern, herumvagabundierenden Graffiti-Sprühern und durchgeknallten Serienkillern, grassierender Anomie und Paranoia besteht.
Marvin, eine Nebenfigur in Don deLillos Roman, fährt, nachdem er sich Latexhandschuhe übergestreift hat, eine Vorsichtsmaßnahme, die er bei jedem Besuch in der Stadt ergreift, zur Lower East Side. Die vorbeikommenden Menschen sehen „reizbar und ungeliebt" aus. Er stellt sein Auto in der Hoffnung ab, dass es

nicht geknackt oder geklaut werden möge. Wenig später betrachtet er die Auslagen eines Textilgeschäftes. „Ein junger Mann stand neben ihm, schmalgliedrig und tätowiert, mit halbfertigem Schnurrbart, und glotzte ihn an. Er spürte das, den stechenden Blick, der sich direkt in die Seite seines Kopfes bohrte.
Marvin spähte hinüber.
„Was? Ich gucke mir das Schaufenster an", sagte er.
„Wenn ich gucke, musst du auch gucken?"
„Darf ich nicht gucken? Was? Ist doch ein Schaufenster."
„Hast gesehen, wie ich gucke. Musste auch gleich gucken?"
„Was? Ich darf also nicht gucken?"
„Ich gucke hier."
„Das ist ein öffentliches Schaufenster", sagte Marvin.
„Du willst ein Fenster? Ich fenster dir gleich eine."
„Was soll das jetzt, auf einmal?"
„Du denkst, du willst gucken? Wirst dich gleich umgucken."
Marvin ging weg, was sollte er sonst tun, und krümmte die Finger in den Latexhandschuhen. Unmöglich zu leben. Du kannst ja nicht mal die Straße entlanggehen, einen Fuß vor den anderen setzen. Denn was passiert? Die bringen dich um. Die kommen irgendwo raus und stechen dich ab, weil du sie anguckst. Das ist das Allerneueste in puncto Tod und Bedrohung. Du guckst sie an, sie bringen dich um. Nur ein Blick, der sich mit ihrem Blick trifft, und sie haben das Recht, dein Leben zu beenden." (Köln 1998, S. 221)

Erich Fromm konnte als Kind eine Welt nicht begreifen, in der Geld zu verdienen die Hauptbeschäftigung der Menschen war oder sein sollte. Er erzählte von seinem Urgroßvater, der in der Nähe von Würzburg einen kleinen Laden betrieb und Kunden mit der Bemerkung in die Flucht schlug: „Gibt es hier gar keinen anderen Laden wie den meinen? Sie sehen doch, ich bin beschäftigt." Er studierte den Talmud und war nicht bereit, die Lektüre des schnöden Mammons wegen zu unterbrechen. Das war im 19. Jahrhundert und kommt uns Heutigen, die wir ins *Nirwana des Geldes* (Robert Kurz) eingetreten sind, doch vor wie ein Bericht aus einer längst versunkenen Welt.
Zur heutigen Welt passt eine Meldung der *Frankfurter Rundschau* von Anfang Juni 2011: Zwei 14-jährige Jungen aus Oberursel haben das Haus einer alten, geistig verwirrten Dame angezündet. Es sei bei Jugendlichen des Viertels gängige Praxis gewesen, im Haus der Frau nach Geld zu suchen. Die Tür zum Haus der alten Frau sei immer offen gewesen und so habe man sich vom herumliegenden Geld bedient. Da die beiden Jungen bei ihrem Besuch kein Geld fanden und die alte Frau sich nicht zeigte, hätten sie im Wohnzimmer Papier und Taschentücher entzündet. Dann hätten sie das Haus verlassen und vor der Tür in aller Ruhe eine Zigarette geraucht. Als die Fenster barsten und Rauch und Flammen aus dem Haus drangen, seien sie weggelaufen. Die alte Dame konnte von der Feuerwehr nur noch tot geborgen werden.

Als Mario Monti, neoliberaler Wirtschaftswissenschaftler und früherer EU-Wettbewerbskommissar, und Lucas Papademos, ehemaliger Vizepräsident der Europäischen Zentralbank, Italien und Griechenland retten und aus der Krise führen sollten, erinnerte ich mich an eine Parabel, die Alfred Kantorowicz eingangs seines *Deutschen Tagebuches* erzählt und die auf alle Euro-Rettungsaktionen zutrifft. Die Geschichte spielt irgendwann und irgendwo in China und geht abgekürzt so: Ein Bauer reitet aus seinem abgelegenen Dorf in die nächste Stadt, um etwas einzukaufen. Auf dem Rückweg sieht er zu seinem Entsetzen einen riesigen feuerspeienden Drachen, der ihn verschlingen will. Der Bauer reitet um sein Leben, und tatsächlich gelingt es ihm, zu entkommen. Nicht mehr weit von seinem Dorf entfernt, begegnet er dem Kind eines Nachbarn, das auf dem Weg zur Großmutter in der Stadt ist. Der Bauer warnt das Kind vor dem Drachen, der auf dem Weg zur Stadt lauere, und lässt es hinter sich aufsitzen, um ins Dorf zurückzureiten. Das Kind hinter ihm beginnt ihn neugierig nach dem Drachen auszufragen, ob er Feuer gespien, ob er riesige Drachenzähne und furchtbare Klauen gehabt habe? Als der Bauer alle Fragen beantwortet hatte, schwieg das Kind einen Moment. Dann sagte es mit süßer, einschmeichelnder Stimme: „Sieh dich doch mal um, sah er vielleicht so aus?“ Als der Bauer sich umwandte, da saß hinter ihm der Drache auf dem Pferd und drehte ihm mit seinen fürchterlichen Klauen den Hals um.

Psychopathen in Nadelstreifen

Wenn ich hier etwas pointiert sage: „Die Psychopathen kommen“, sind eben gerade nicht jene *kriminellen Monster* gemeint, auf die die *Frankfurter Allgemeine Sonntagszeitung* in einem reißerischen Artikel vom 10. Juli 2011 Bezug nimmt. Fast alle monströsen Verbrecher des 20. Jahrhunderts von Heinrich Pommerenke, über Jürgen Bartsch, Erwin Hagedorn, Ronny Riecken, Rolf Diesterweg bis Frank Gust werden aufgeboten, um ein Bild vom *Psychopathen* zu zeichnen, das nicht aufklärt, sondern Angst und Schrecken verbreiten soll. Die hier genannten Täter sind eben gerade keine *Psychopathen* sensu Hare und Cleckley, sondern *sexuelle Sadisten*, die in der Realität glücklicherweise selten auftreten. Die „Tierzähmung des Menschen“ (Nietzsche) ist ein äußerst kompliziertes und störanfälliges Unternehmen, das gelegentlich scheitert und dann unter anderem solche Perversionen und andere Triebanomalien hervorbringen kann. Was die *FAS* und andere Medien betreiben, ist ein großes Ablenkungsmanöver, das dem Handwerk der Zauberer entlehnt ist. Dessen Grundprinzip besteht darin, die Aufmerksamkeit auf etwas anderes zu lenken als auf das, was sie gerade tun. Das soll in unserem Fall heißen: Man lenkt die Aufmerksamkeit auf *Hannibal Lecter*-artige Verbrecher, in deren Aufmerksamkeits-Schatten die *Psychopathen in Nadelstreifen* und Schlipsen in Ruhe ihrem sozial absolut schädlichen Treiben nachgehen können. Es wird mehr oder weniger bewusst eine soziale Dunkelangst und Verbrechensfurcht erzeugt, die von viel verbreiteteren sozialen Ängsten und Nöten und größeren Verbrechen ablenkt. Wer bilanziert eigentlich das Leiden, das Banker und Spekulanten über die Menschheit bringen? In welcher Statistik tauchen die Selbstmorde, psychosomatischen Krankheiten und die Verzweiflung auf, die die Finanz-Psychopathen zu verantworten haben?

Die von mannigfachen Erfahrungs-, Kompetenz- und Kontrollverlusten bedrohten Menschen rufen unter dem Einfluss medialer Dauermanipulation „Haltet den Dieb!", und lassen den eigentlichen Dieb entkommen. Ihre Rache- und Vergeltungsbedürfnisse konzentrieren sich auf den Verbrecher, in dessen Verfolgung, Festnahme und Bestrafung der Staat eine Handlungsfähigkeit demonstriert, die ihm ansonsten in immer mehr politischen und ökonomischen Feldern entgleitet.

Die Nachricht über den Sexualmord an einem Mädchen und die medial groß in Szene gesetzte Fahndung nach dem Täter eint die ganze Nation auf einer affektiven Ebene wie sonst nichts mehr. Individuen und Gesellschaft verschmelzen im fieberhaften Empfinden einer Bedrohung zu einem einzigen großen Fahndungskollektiv, zur Hetzmeute. Neuerdings sammeln sich solche Hetz- und Lynch-Meuten vor den Häusern entlassener Sexualstraftäter und ehemaliger Sicherungsverwahrter, die aufgrund eines Urteils des *Europäischen Gerichtshofs für Menschenrechte* freigelassen werden mussten. Der kathartischen Funktion traditioneller Opferrituale, die einst die aggressiven Impulse austrieben und die Eintracht und das Gleichgewicht der Gemeinschaft wiederherstellten, muss man die angsterzeugende Funktion unserer heutigen Fahndungsrituale entgegenstellen, die den Status quo dramatisch aufladen und das Leben der Menschen in die erregende Nähe eines Kataklysmus (damit Sie sich das Googeln ersparen: einer riesigen, alles zerstörenden Katastrophe) rücken. Irgendwo „da draußen" liegt ein Monster auf der Lauer, alle Beteiligten spielen in einem schlechten Film mit, der zugleich Krimi, Western und Horrorschinken ist. Nach zu satanischen Ungeheuern stilisierten Kriminellen wie Zurwehme, Schmökel und anderen wird nicht mit einem derartigen Aufwand an Menschen, Geld und Medienpräsenz gefahndet, weil sie eine tatsächliche Bedrohung unserer Ordnung darstellen. Vielmehr stilisiert eine von Desintegration und dem Schwund von Solidarität heimgesuchte Gesellschaft sie erst zu Rittern der Apokalypse, um den leeren Raum zu füllen, den der Verlust des Feindes – der früher stabil und verlässlich vom Ostblock und dem sogenannten Kommunismus gestellt wurde - hinterlassen hat, und in ihrer Bekämpfung und Dingfestmachung ein trügerisches Gefühl von Sicherheit und Homogenität zu erzeugen. „Nur hochgradig aufgeheizte, hysteroide und paniknahe Spannungszustände", schreibt Peter Sloterdijk, „vermögen einen zerspaltenen, verängstigten und vielfältig differenzierten Volkskörper in ein in gemeinsamen Themen und Sorgen vibrierendes Schein-Ganzes zu verwandeln."

Psycho-Imperialismus - Der DSM-V als Meilenstein in der Psychiatrisierung der Welt

> *„Man wird sich seinen gesunden Menschenverstand nicht dadurch beweisen können, dass man seinen Nachbarn einsperrt.“*
> *(Dostojewskij: Tagebuch eines Schriftstellers)*

> *„Der psychiatrische Arzt ist der inkompetenteste und immer dem Lustmörder näher als seiner Wissenschaft. Mein ganzes Leben habe ich vor nichts mehr Angst gehabt, als in die Hände von psychiatrischen Ärzten zu fallen, (...)“*
> *(Thomas Bernhard: Wittgensteins Neffe)*

> *„Gott bewahre uns alle davor, dass wir durchschaut werden!“*
> *(Knut Hamsun)*

Die Ausgabe Nr. 4/2013 des Nachrichtenmagazins *Der Spiegel* widmet sich dem Thema: *Wahnsinn wird normal.* Jörg Blech, bekannt als *Spiegel*-Autor und Verfasser von Büchern wie *Die Krankheitserfinder* und *Gene sind kein Schicksal*, blickt voraus auf die demnächst erscheinende neue und damit fünfte Version des *DSM* - eine gängige Abkürzung für Diagnostic and Statistical Manual of Mental Disorders. Dieses Diagnose-Handbuch existiert seit 1952 und wird von der *American Psychiatric Association* herausgegeben. Es will und soll die Kriterien dafür festlegen, wann ein Mensch im psychiatrischen Sinn für gestört zu erklären ist. Der DSM gilt zunächst vor allem für den amerikanischen Raum, wird sich aber voraussichtlich mit der Veröffentlichung des ICD-11 (geplant für 2015) auf den Rest der Welt ausweiten. Der ICD ist das Diagnoseklassifikationssystem der *Weltgesundheitsorganisation* (*WHO*).
Der *DSM* ist so etwas wie diagnostisches Weltgeld. Was der Dollar für die Weltwirtschaft ist – oder sollte man heute besser sagen: war? – ist der DSM für die Psychiatrie. Er versucht, weltweit die Deutungshoheit der amerikanisch-westlichen Psychiatrie über die menschlichen *Abweichungen* und *psychischen Störungen* zu etablieren und verbindlich zu definieren, was als gesund und normal und was als krank und anormal zu gelten hat. Es soll überall auf der Welt dasselbe gemeint sein, wenn zum Beispiel von einer Depression gesprochen wird. Der bürgerlich-kapitalistischen Gesellschaft wohnt von Anbeginn eine Tendenz zur Homogenisierung inne: Im Interesse eines beschleunigten und möglichst reibungslosen Waren- und Geldverkehrs werden Münzen, Maße und Gewichte, Raum und Zeit, Sprachen und Identitäten vereinheitlicht, regionale oder lokale Unterschiede eingeebnet. Die seit der Aufklärung im Interesse der Naturbeherrschung betriebene Vermessung und

Mathematisierung der äußeren Welt wird in der Spätphase der bürgerlichen Entwicklung auch auf die innere Welt ausgedehnt, dringt bis in die intimen Binnenwelten vor und presst noch die Affekt- und Gefühlslagen der Menschen in amerikanisch-westliche Schablonen. „Die bürgerliche Gesellschaft", heißt es in der *Dialektik der Aufklärung* von Horkheimer und Adorno, „ist beherrscht vom Äquivalent. Sie macht Ungleichnamiges komparabel, indem sie es auf abstrakte Größen reduziert. Der Aufklärung wird zum Schein, was in Zahlen, zuletzt in der Eins, nicht aufgeht." Der *DSM* betreibt das Geschäft der Vereinheitlichung auf dem Weltmarkt der Psychiatrie. Er begräbt andere kulturelle Deutungsmuster menschlichen Verhaltens und Leidens unter sich, diskreditiert psychodynamische, verstehende Zugänge zu seelischen Prozessen als unwissenschaftlich und zielt darauf ab, eine an der Symptombekämpfung orientierte Behandlung durchzusetzen. Eine solche Behandlung führt fast zwangsläufig zum Einsatz entsprechender Medikamente gegen das jeweilige Symptom und fördert damit vor allem einen therapeutischen Ansatz, wie ihn die Pharmaindustrie favorisiert. Man isoliert das Symptom als einen Fremdkörper und attackiert es mit dem Ziel, den Patienten von ihm zu befreien. Freud war dagegen davon überzeugt, dass Symptome exotisch verschlüsselte Indikatoren verdrängter Lebenskrisen sind. An die Stelle der verdrängten Erinnerung tritt ein Symptom, das das Verdrängte zugleich symbolisiert und verdeckt. Das Verdrängte scheint in der Bewegung durch, durch die der Patient es zu verbergen sucht. Es soll im therapeutischen Prozess aufgedeckt und bearbeitet werden, damit es seine Macht über den Patienten verliert. Was das neurotische Symptom zum Erlöschen bringt, ist die Aufdeckung seines bis dato verborgenen *Sinnes*, das heißt die Rekonstruktion jener infantilen Szenenfolge, deren Erinnerung es hintanhält und deren Lust und Leid in ihm gebunden sind. Freud war bemüht, die Wahrheit vom Patienten zu erfahren und sie ihm nicht zu diktieren. Er gestand dem Symptom die Funktion einer intrapsychischen Mitteilung zu, die sich mitunter des Körpers bedient, um zu sprechen. Symptome stellen eine chiffrierte Form der Kommunikation dar, die ihre ganz besondere Grammatik aufweist, die der Therapeut zu entziffern hat. Ein umständliches, langwieriges und mäanderndes Verfahren, das von der zeitgenössischen Psychiatrie begradigt und durch einen pharmakologischen Eingriff ersetzt und beschleunigt werden soll. Hätte man auf der Ebene der Freud'schen Theorie noch gesagt: Am Grund jeder Neurose liegen abgewehrte sexuelle Triebwünsche, deren nicht abgeführte Erregung in Angst verkehrt und in Symptomen, Charakterzügen oder Zwangshandlungen gebunden wurde, spaltet die biologisch-psychiatrische Betrachtungsweise die Angstneurose in Panikstörung und Angststörung auf, denen jeweils medikamentös beizukommen ist. Die seelisch-dynamische Funktion der Angstzustände wird ebenso ausgeblendet wie deren mögliche existentiell-anthropologische Dimension - als Vorlauf zum Tod. In der Ersetzung des Begriffs der *seelischen Krankheit* durch den Begriff der *Störung* hat sich dieser Vorgang semantisch schon länger angekündigt. Analog zu den körperlichen Störungen wird das seelische Leid katalogisiert und für den standardisierten medikamentösen Zugriff zurechtgerückt. Damit soll die

Therapie ebenso unabhängig werden von der Person des Therapeuten wie vom therapeutischen Prozess, was nur um den Preis seiner Zerstörung möglich ist. Behandelt wird weniger der kranke Mensch in all seiner Not und Bedürftigkeit, sondern die mit wissenschaftlichem Scharfsinn objektivierte Krankheit, die Abweichung.

Jörg Blech weist in seinem Artikel darauf hin, dass 70 Prozent der aktuellen *DSM*-Autoren als Berater für Pharmafirmen arbeiten. Sieben der elf verantwortlichen *DSM*-Redakteure sind finanziell mit pharmazeutischen Firmen verbunden. Der *DSM* betreibe „Seelsorge für die Industrie", in dem er gesellschaftlich nicht erwünschte, störende Verhaltensweisen pathologisiere und damit einer medikamentösen Behandlung zugänglich mache. Fest steht für die biologische Psychiatrie: Ein Mensch mit psychischen Problemen leidet unter einem chemischen Ungleichgewicht im Gehirn, das mit Medikamenten behandelt werden kann und muss.

Im Vorfeld der Neuausgabe habe es einen teilweise grotesken Wettstreit um die Aufnahme neuer Störungsbilder und psychischer Krankheiten in das Diagnosemanual gegeben. So habe der in Teltow tätige deutsche Psychiater Michael Linden eine *posttraumatische Verbitterungsstörung* (PTED) erfunden und im Manual unterzubringen versucht. Vor allem an ehemaligen DDR-Bürgern sei ihm aufgefallen, dass sie nach einem negativen Lebensereignis einen „ausgeprägten und lang anhaltenden Verbitterungsaffekt" entwickelt hätten, der in den bisherigen Krankheitsbildern nicht unterzubringen sei und ihn zur Entwicklung der *PTED* geführt habe. Etwa zwei Prozent der Bevölkerung seien betroffen, was gute Marktchancen und neue Einnahmequellen für Ärzte und Pharmaindustrie eröffnet. Dennoch habe man Linden einstweilen abblitzen lassen. In Zukunft könnte man die Gewährung von staatlichen Transferleistungen mit der verbindlichen Einnahme eines Präparats verknüpfen, das der Ausbildung einer Verbitterungsstörung bei den Arbeitslosen und Überflüssigen entgegenwirkt und sie in eine euphorische Stimmung versetzt.

Statt *PTED* habe man etliche andere Unwohlseinszustände und Fährnisse des Lebens zu Krankheiten erklärt und die Schwelle für die Diagnose bereits etablierter Störungsbilder weiter abgesenkt. Die Schusseligkeit soll zur *leichten kognitiven Störung* werden, der Jähzorn zur *disruptiven Launenfehlregulationsstörung*, die Völlerei zur *Fressgelage-Störung* usw. Der Depressionsbegriff ist derart ausgeweitet worden, dass die Pharmaindustrie stolz bilanzieren kann: Seit dem Jahr 2000 hat sich die Zahl der Antidepressiva-Verordnungen bei Erwerbstätigen beinahe verdreifacht. 400 000 Deutsche nehmen derzeit Antidepressiva ein und geben dafür jährlich 700 Millionen Euro aus.

Die *Süddeutsche Zeitung* hat in ihrer Ausgabe vom 16./17. Februar 2013 unter dem Titel *Die Pille zum Glück* einen Artikel veröffentlicht, der die Geschichte der Zulassung des Antidepressivums *Fluctin*, bekannter unter dem Namen *Prozac*, schildert. Zunächst hatte das Bundesgesundheitsamt die Zulassung nicht erlaubt und in seiner Begründung darauf hingewiesen, das Präparat sei wegen seiner Nebenwirkungen „zur Behandlung von Depressionen völlig ungeeignet". Eine Versuchsreihe hatte ergeben, dass die Suizidgefahr während und nach der Behandlung mit Antidepressiva in einem nicht vertretbaren Ausmaß ansteigt: Von 1427 Probanden hatten 16 versucht sich das Leben zu nehmen, zwei von ihnen mit Erfolg. Für den Pharmakonzern *Eli Lilly* ging es um Milliarden und so weigerte man sich, die Entscheidung zu akzeptieren. Wenn es zu Selbstmorden gekommen sei, sei das eine Folge der Depression des jeweiligen Patienten und keinesfalls auf die Einnahme des Medikaments zurückzuführen. Man sprach von Seiten des Konzerns Gutachter an, die in der Folge dem Medikament eine segensreiche Wirkung bei nur geringen Nebenwirkungen bescheinigten. Auch Zahlungen sollen in diesem Kontext geflossen sein, so dass die 1989 dann doch erfolgte Zulassung insgesamt als eine Geschichte von Lügen, Manipulation und Lobbyismus in die Medizingeschichte eingehe.

In der Schweizer *Wochenzeitung* (*WOZ*) hat Torsten Engelbrecht unter der Überschrift *Wenn der Schalter kippt* bereits im Jahr 2009 darüber berichtet, dass Psychopharmaka die neuronalen Netze verändern und dadurch ungeahnte Nebenwirkungen wie Panikattacken, Suizidgedanken und aggressives Verhalten zur Folge haben können. So werde aus den USA berichtet, dass viele Amokläufer der letzten Jahre unter dem Einfluss von *Prozac*, *Zoloft* oder *Paxil* standen oder unter entsprechenden Entzugserscheinungen litten. Das ist ein bisher vielleicht zu wenig beachteter Faktor bei der Entstehung solcher Taten, man sollte sich aber hüten, eine fixe Idee daraus zu machen und zu glauben, nun endlich sei das Geheimnis Amok gelüftet. Es gibt in diesem Feld, wie in vielen anderen auch, keine monokausalen Erklärung.

Kindern mit „psychopathischen Merkmalen" kann mit Erscheinen des *DSM-V* ein *kalt-unemotionales Erscheinungsbild*, Jugendlichen eine *Temperament-Fehlregulationsstörung* attestiert werden. Das Nachrichtenmagazin *Der Spiegel* hat sich in Nr. 48/2012 unter der Überschrift *Kindheit ohne Gewissen* mit diesem Störungsbild beschäftigt. Es ist wieder wie im späten 19. Jahrhundert, als deutsche Psychiater das *Psychopathie*-Konstrukt erfanden: Nach Auffassung der heute vorherrschenden Wissenschaft kommt man mit der Anlage zur *Psychopathie* auf die Welt. Ein grausames Schicksal hat anständigen Menschen ein Monster in die Wiege gelegt. Die betroffenen Kinder sind früh auffällig, quälen Tiere, sind gewalttätig, schwänzen die Schule, empfinden kaum Angst, Ermahnungen und Drohungen fruchten nichts, zu Empfindungen für andere sind sie nicht in der Lage. Wenn sie Gefühle zeigen, dann sind sie gespielt. Die Störung gilt als schwer oder gar nicht therapierbar. Mitten in diese Hoffnungslosigkeit platzt nun laut *Spiegel* eine Arbeit von Mark Dadds aus Sydney, von der sich Experten einen Durchbruch und die Eröffnung eines therapeutischen Zugangs erhoffen. Der australische Psychologe forderte Mütter und Väter der Kinder mit *kalt-unemotionalem Erscheinungsbild* auf, diesen in regelmäßigen zehnminütigen Sitzungen gezielt in die Augen zu blicken und mit warmer Stimme zu sagen: „Ich habe dich lieb!" Wichtig dabei war, dass die Kinder den Blick der Eltern erwiderten. Nach sechs Monaten waren die Kinder erstmals in der Lage, Emotionen im Gesicht ihres Gegenübers zu erkennen. Dadds liefert den Beweis, dass der Augenkontakt von *kühl-unemotionalen* Kindern mit ihren Eltern deutlich reduziert ist, und sich auf dieser Grundlage ein mangelhaftes Einfühlungsvermögen entwickelt, dass als Kern der *Psychopathie* gilt. Dadds vermutet, dass spätere Psychopathen im Babyalter keinen Augenkontakt zu ihren Bezugspersonen herstellen konnten. Wichtige emotionale Botschaften, die über Blicke und Mimik vermittelt werden, gehen an den Kleinen vorbei. Mitgefühl und Gewissen bleiben unentwickelt. Vor allem die Väter dieser Kinder waren unfähig zu Blickkontakt. Soweit der Bericht im *Spiegel*.

Diese These ist einleuchtend und für mit der Psychoanalyse vertraute Menschen auch keineswegs neu. Unsere Fähigkeit, uns in andere einzufühlen, mit ihnen mitzufühlen und unser Verhältnis zu ihnen in richtiger Perspektive zu sehen, ist zwar in uns angelegt, aber sie bildet und formt sich in frühen Erfahrungen - besser oder schlechter und im schlimmsten Fall auch gar nicht. Die frühe Mutter-Kind/Eltern-Kind-Beziehung bildet die Basis dieser menschlichen Vermögen oder Unvermögen. Ich bin diesen Zusammenhängen im Kontext meiner Beschäftigung mit dem Thema *Amok* schon vor Jahren nachgegangen und habe mich zuletzt in meinem Buch ... *damit mich kein Mensch mehr vergisst! Warum Amok und Gewalt kein Zufall sind* (München 2010) mit der Bedeutung des Blickkontakts für die Menschwerdung des Menschen befasst. Dort heißt es im Kapitel *„Hey, was guckst du?" Vom Riskantwerden der Blickverhältnisse in den Städten* (S. 173 ff): „Das fremde Auge kann in der verzerrten Wahrnehmung des ‚Borderliners' zum verschlingenden Organ werden, das auf seine Einverleibung und Zerstörung abzielt. ‚Bloß keinen Blickkontakt! Blickkontakt war schon immer mein Unglück', lässt Joyce Carol Oates die schwer gestörte Hauptperson ihres Romans ‚Zombie' immer wieder ausrufen, die Jeffrey Dahmer nachgebildet ist, einem amerikanischen Serienmörder, der zwischen 1978 und 1991 mindestens 17 Männer und Jugendliche getötet hat. Psychogenetisch verweist diese Tatsache auf allerfrüheste Kindheitserfahrungen und die enge Verbindung zwischen Nahrungsaufnahme und ersten visuellen Erfahrungen zurück: Die Sehschärfe des Neugeborenen ist zunächst auf jene 20 cm eingestellt, die den an der Brust trinkenden Säugling von den Augen der Mutter trennen. Der Blick der Mutter in dieser elementaren Situation ist der erste Spiegel, in dem das Kind sich erblickt. Je nachdem, welche affektive Tönung dieser Blick aufweist, ob er Liebe und Wärme ausdrückt oder von Gleichgültigkeit und Kälte zeugt, erfährt sich das Kind in der Morgenstunde seines Lebens als ‚richtig' und erwünscht oder als ‚falsch' und unerwünscht. Der berühmte ‚Glanz im Auge der Mutter', vom dem der Psychoanalytiker Kohut sprach, bildet eine der grundlegenden guten frühen Erfahrungen, aus denen Ur-Vertrauen sich zusammensetzt."

Sehen und Gesehenwerden bahnen uns den Weg in die Welt, sozialisieren uns, konstituieren unseren Platz in der Gesellschaft, definieren unsere Identität und unser Selbstwertgefühl. Das Auge ist nicht nur rezeptiv, sondern verfügt mit dem Blick über ein offensives Vermögen: den *Sehstrahl*. Dieser schlägt Brücken zwischen uns und der Mitwelt, die die Abgründe und Distanzen überspringen, die die Menschen unter den Bedingungen ihrer Vereinzelung und gegenseitigen Vergleichgültigung voneinander trennen. Er signalisiert den sich untereinander Fremden, dass sie sich in wohlwollender Distanziertheit wahrnehmen, sich nichts tun werden und sich getrost den Rü-

cken zukehren können. Diese Haltung bildet die verschwiegene Grundlage städtischen Verkehrs. Unter Bedingungen einer verbreiteten Ich-Schwäche und Regressionsneigung kann offensichtlich bereits ein harmloser Blick, der einen Augenblick zu lang den eines Anderen trifft, dessen brüchigen Reizschutz durchschlagen und eine archaische Wut entfesseln. Der Blick ist dann nicht mehr der Brückenschlag zwischen fremden, sondern ein vergifteter Pfeil, der die narzisstische Achillesverse eines sich seiner selbst nicht sicheren, leicht kränkbaren anderen Menschen trifft.
Das Gefängnis hat mich über den Wahrheitsgehalt des von Sartres in *Das Sein und das Nichts* (Reinbek 1991) formulierten Satzes belehrt: „Der Andere ist der Feind, weil sein Blick meine Welt auflöst." Junge Männer antworten auf die Frage, warum sie einen anderen halb tot geprügelt haben: „Der hat komisch geguckt!" Immer wieder mal gibt es in Gruppen Konflikte, weil einer vom anderen behauptet, er habe seinen schweifenden Blick *gefangen* und dann versucht, ihn mit den Augen *niederzuringen.* Ein Kampf der Blicke: Wer hält länger stand, ohne den Blick zu senken oder unruhig zu zwinkern. Ein merkwürdiges Mannbarkeitsritual, wie Armedrücken oder Fingerhakeln. Paul Auster berichtet über ähnliche Verhaltensweisen bei den Passanten in New York: „Wenn die New Yorker durch die Straßen gehen, legt sich ein eigenartiger Schleier über ihre Augen, eine natürliche und vielleicht auch notwendige Form der Gleichgültigkeit den anderen gegenüber. Zum Beispiel ist es ganz gleich, wie man aussieht. Ausgefallene Kostüme, bizarre Frisuren, T-Shirts mit obszönen Aufdrucken – auf so etwas achtet kein Mensch. Andererseits ist es von äußerster Wichtigkeit, wie man sich in seinen Kleidern verhält. Irgendwelche seltsamen Gebärden werden automatisch als bedrohlich empfunden. Laut mit sich selber reden, sich kratzen, jemandem direkt in die Augen sehen: Solche Abweichungen von der Norm können bei den Mitmenschen feindliche und manchmal gewalttätige Reaktionen auslösen." Aus diesem Grund warnen New York-Reiseführer Besucher: „Meiden Sie Blickkontakt mit Fremden." Wird ein Blick vom anderen als zu direkt empfunden, kann man nur noch versuchen, ihn durch einen Gruß, ein Kopfnicken oder ein höfliches Lächeln zu entschärfen. Es ist noch nicht lange her, da grüßten sich alle, die im Wald spazieren gingen oder Sport trieben. Man sah sich kurz an, hob die Hand zum Gruß, nickte oder rief sich etwas zu. Das Mindeste war ein flüchtiges Lächeln oder eine Art stummes Nicken mit den Augen. Heute meiden die meisten, die mir begegnen, jeden noch so flüchtigen Kontakt, senken den Blick, schauen ostentativ in eine andere Richtung, verbergen ihre Augen hinter Sonnenbrillen oder spinnen sich unter Kopfhörern oder Ohrstöpseln in einen Klang-Kokon ein. Lauter berührungslose Monaden, die einen Gruß beinahe schon als Belästigung empfinden.
Zurück zum DSM-V: ADHS wird dort verbindlich als „Entwicklungsstörung des Nervensystems" geführt und damit vollends biologisiert. Durch den Wegfall der Altersbegrenzung kann die Krankheit nun obendrein in allen Altersgruppen diagnostiziert werden und dem Wirkstoff Methylphenidat neue Märkte erschließen. Dabei ist der Absatz dieses Medikaments in den letzten

Jahren ohnehin explodiert: Wurden in Apotheken im Jahr 1993 34 Kilogramm umgesetzt, waren es im Jahr 2011 bereits 1791 Kilogramm.
Schreitet die Psychiatrisierung und Pathologisierung weiter voran, wird es bald keine Gesunden mehr geben, nur noch Menschen, denen noch keine Diagnose gestellt wurde. Einer Studie zufolge erfüllen bereits 46 Prozent der US-amerikanischen Bevölkerung die Kriterien einer psychischen Störung. Auf der Basis des neugefassten Manuals gelten 38 Prozent der Einwohner der EU als psychisch gestört. Der Psychiater Manfred Lütz hat in einem Beitrag für die *Frankfurter Allgemeine Sonntagszeitung* vom 20. Januar 2013 darauf hingewiesen, dass, wenn der Hype mit dem *Burnout-Syndrom* so weiter geht, bald jeder zweite Bundesbürger vermuten wird, dass er unter einem *Burnout* leide. Eine wahnwitzige Medienkampagne spüle geschäftstüchtigen selbsternannten *Burnout-Experten* gesunde Menschen mit allfälligen Befindlichkeitsstörungen in neu gebaute Burnout-Kliniken. Die Medien erwecken den Anschein, dass es *Burnou*t wirklich gebe. Die Menschen fühlen sich durch die Diagnose entlastet, weil sie endlich eine plausibel klingende Erklärung für ihr Unwohlsein bekommen: „Aha, das ist es also! Ich leide unter einem Burnout. Ich bilde mir nichts ein, ich bin krank."
Schon vor Jahren hat der kanadische Historiker Edward Shorter auf die Rolle hingewiesen, die den Medien bei der Durchsetzung neuer Krankheitsbilder zukommt. Jede Gesellschaft verfüge über einen *Symptompool*, aus dem der auf der Suche nach einer Konkretisierung seines oft diffusen Leidens befindliche Mensch sich das für ihn passende und gesellschaftlich lizenzierte Störungsbild herausfischen könne. In seinem Buch *Moderne Leiden* (Reinbek 1994) zeigt Shorter an Hand einer Geschichte psychosomatischer Krankheiten, dass jede Stufe der gesellschaftlichen Entwicklung ihre eigenen Inszenierungsschablonen des Krankseins hervorbringt. Auf das Unbewusste wirkt ein starker Druck, sich jeweils legitimer Symptome zu bedienen, weil man sonst Gefahr läuft, als jemand zu gelten, der simuliert und keine Anteilnahme verdient. Die Gestaltung der Symptome ist weitgehend *iatrogen*, d.h. von Ärzten beeinflusst und geprägt. Shorter demonstriert das am Beispiel des Arztes Battey, der der Meinung war, dass *weibliche Geisteskrankheiten*, speziell die *Hysterie* ihren Ursprung im Unterleib hätten. Zwischen 1850 und 1900 wurden Heerscharen von Frauen die Eierstöcke entfernt. „Man hätte ihnen ebenso gut die Ohren abschneiden können", kommentiert Shorter. In seiner *Geschichte der Psychiatrie* erinnert Shorter an eine andere Episode: Eine Zeit lang galt das Auftreten von Blutblasen im Ohr als typisches Merkmal von Irresein. Tatsächlich waren die Blasen das Ergebnis von Schlägen, die den Patienten von Pflegern verabreicht wurden. Neuerdings sorgen die Medien für die Verbreitung neuer Krankheiten, indem sie gewissermaßen Werbung für die *Krankheit der Saison* betreiben.

Blech führt ein anderes Beispiel für die voranschreitende Psychiatrisierung allgemeiner Lebenskrisen an: Ab wann darf Trauer über den Tod eines nahen Menschen Depression genannt und entsprechend behandelt werden? In einem solchen Fall darf die Diagnose erst gestellt werden, wenn die Symptome wie Gefühle der Leere, Freudlosigkeit, allgemeine Müdigkeit bei gleichzeitiger Unruhe und Getriebenheit länger als zwei Monate anhalten. So stand und steht es im *DSM-IV*. In der dritten Version des gleichen Diagnosemanuals hielt man noch eine Trauerfrist von einem Jahr für angemessen. Die neue Version *DSM-V* billigt den Trauernden gerade mal noch zwei Wochen zu. Wer entsprechende Symptome länger zeigt, muss zum Arzt gehen und sich wegen *Depression* behandeln lassen. Trauern wir schneller als vorangegangene Generationen oder hat sich die Toleranz gegenüber Trauergefühlen dramatisch verringert? Wollen wir Trauerklöße in unserer Spaß- und Konsumgesellschaft nicht länger dulden? In Wahrheit scheint es so zu sein, dass eine unappetitliche Koalition aus biologischer Psychiatrie und Pharmakonzernen natürliche Lebenskrisen pathologisieren und medikalisieren will. Es wäre der Traum der Antidepressiva-Hersteller, wenn alle Trauernden nach einer kurzen Turbo-Trauer – am besten unter der Kontrolle von Trauer-Experten - von ihrem Hausarzt entsprechende Medikamente verschrieben bekämen. Die *Süddeutsche Zeitung* greift auf den Titel eines Romans von Heinrich Böll zurück und spricht von einer „fürsorglichen Belagerung" der Hinterbliebenen durch Ärzte und Therapeuten. Wir sind auf dem Weg in eine Welt, die den Schmerz als Vorboten des Todes zum Verschwinden bringen möchte. Alle Gefühle werden pharmakologisch gemodelt, Extremlagen des Gemüts an der affektiven Nulllinie eingeebnet. Depressiv wird, hat Peter Sloterdijk einmal geschrieben, „wer Gewichte trägt, ohne zu wissen wozu". Depressiv sein wäre unter Bedingungen von Ausbeutung und Entfremdung und nicht ausgetragenen, stillgestellten Klassenkämpfen also eigentlich der angemessene Gemütszustand.

Der Artikel von Jörg Blech lässt vor uns das Bild einer Gesellschaft entstehen, die sich bei der Frage, wie menschliches Verhalten systemkonform geregelt werden kann, immer weniger auf Gewissen, Moral und verinnerlichte Selbstzwänge verlässt, sondern stattdessen auf elektronische und pharmakologische Mechanismen der Steuerung und Kontrolle setzt. Da die Familie im Sinne Erich Fromms den *libidinösen Kitt der Gesellschaft* nicht mehr mit der nötigen Zuverlässigkeit produziert, müssen neue Produktionsweisen des zuverlässigen und angepassten Menschen entwickelt werden. Die Medizin wird wieder, was sie in den Anfängen der bürgerlichen Gesellschaft war, als man die menschliche Arbeitskraft als Quelle von Wert und Mehrwert entdeckte und zum Zweck ihrer Ausbeutung disziplinierte Menschen benötigte: Teil der *Polizey-Wissenschaft.* Dieser kam die Aufgabe zu, Ordnung ins chaotische Gewimmel der Abweichungen und Subversionen zu bringen, sie staatlich-institutioneller Kontrolle zu unterwerfen und die augenblickhafte und diskontinuierliche Energie der Menschen in kontinuierliche und fortlaufend auf dem Markt angebotene Arbeitskraft zu transformieren. Disziplin und Kontrolle wandern gegenwärtig aus den Subjekten aus. Aus Selbstzwängen werden erneut Fremdzwänge. Moral und damit die Frage, was das Richtige ist, das zu tun, und was das Falsche ist, das zu unterlassen ist, werden zu einer Frage der *Einstellung* – auf das richtige Medikament und die richtige Dosis – oder zur

Funktion von technischen Geräten, die den Menschen die Regelung ihres Verhaltens verbindlich vorschreiben. Jenseits dieses Verhaltens beginnt das Strafrecht oder kommen der Arzt und die Zwangseinweisung. Von der zur Hegemonie gelangten behavioristischen Psychologie wird der Mensch als ein Apparat begriffen, als Teil einer Maschine, mit der er perfekt verzahnt sein sollte. Bei Verzahnungsmängeln wird er für gestört und reparaturbedürftig erklärt.[1]

Zurück zur neuen Version des *DSM*. Der Zusammenhang zwischen sich wandelnden gesellschaftlichen Imperativen und neuen Krankheitsbildern lässt sich an der nun in den *DSM* aufgenommenen *Hoarding disorder*, besser bekannt unter dem Namen *Messie-Syndrom*, illustrieren. Sie kann bei jenen diagnostiziert werden, die unfähig sind, sich von Dingen zu trennen. „Simplify your life!" schallt es uns seit Jahren aus Illustrierten und Ratgebern entgegen. Das Versprechen lautet: „Dein Wohlbefinden wird sich deutlich steigern, wenn du dich von all den Dingen trennst, die du im Laufe des letzten Jahres nicht benutzt hast. Wirf Ballast ab, und schon wird es dir physisch und psychisch besser gehen!" Schon kann man Experten anheuern, sogenannte *Space-Clearing-Berater*, professionelle Entrümpler, die einem dabei helfen, die Wohnung übersichtlich zu gestalten und Platz für Neues zu schaffen. Wir sollen *Downsizing* betreiben, wie es im betriebswirtschaftlichen Jargon heißt, weil die Industrie in einer Klemme steckt: Wir haben bereits alles und man möchte uns dennoch ständig etwas Neues verkaufen. Also müssen wir uns von liebgewordenen Dingen trennen, entrümpeln und uns ständig mal *etwas gönnen* und mit dem Kauf irgendeiner Neuigkeit *belohnen*. Es ist interessant, wie sich innerhalb relativ kurzer Zeit die Vorstellungen vom richtigen Leben verändert haben. Noch mein Vater gehörte einer Generation an, zu deren Überlebenstechniken das Sammeln und Bewahren der Dinge und die Pflege des einmal Erworbenen gehörte. Jeder gebrauchte Nagel wurde geradegeklopft, das Weihnachtspapier und die Paketschnüre in Kartons fürs nächste Jahr aufbewahrt, Strümpfe gestopft und Schuhe geputzt. Ganze Jahrgänge

1 Wer sich mit diesem Thema weiter beschäftigen möchte, dem seien die Bücher von Michel Foucault: *Mikrophysik der Macht. Über Strafjustiz, Psychiatrie und Medizin,* Edward Shorter: *Geschichte der Psychiatrie* und *Moderne Leiden,* von Klaus Dörner: *Bürger und Irre* und *Tödliches Mitleid* und zum Thema Depression ein Buch von Alain Ehrenberg: *Das erschöpfte Selbst. Depression und Gesellschaft in der Gegenwart* und Lothar Baiers Buch *Keine Zeit!* zur Lektüre empfohlen. Gerade angesichts des Falls Mollath scheint es angezeigt, die antipsychiatrische Literatur der 1970er Jahre aus den Antiquariaten zu befreien, in die sie voreilige Zeitgenossen verbannt haben. Ich habe dort gerade das 1979 erschienene Suhrkamp-Bändchen *Der eingekreiste Wahnsinn* entdeckt, das eine Rede von David Cooper enthält, die er unter dem Titel *Psychiatrische Repression* 1976 auf einem Kongress in Mailand gehalten hat. Er klagt dort die „psychiatrische Behandlung politischer Dissidenten" in Ost und West an und erinnert uns daran: „Normalität wird stets im Interesse der Herrschanden definiert – sie ist ein Ausschließungs- und ein Einschließungs-Begriff." In seinem Buch *Die Sprache der Verrücktheit,* das 1978 im Rotbuch-Verlag erschienen ist, schreibt Cooper zum Begriff der Normalität: „Ich kann keinen besonderen Wert in einer statistischen Normalität sehen, die so etwas wie Tod-im-Leben ist: die Sklerose der Existenz, in der die Menschen gänzlich mit den Stereotypen ihrer sozialen Rollen verschmelzen."

der örtlichen Tageszeitung wurden auf dem Dachboden aufbewahrt – man kann ja nie wissen, ob man sie nicht eines Tages zum Feueranmachen brauchen kann! Kaum zwei Generationen später wird, wer diesen Normen die Treue bewahrt und sich den neuen Imperativen verweigert, zur komischen Figur, zum Kauz und *Messie* erklärt. Der *asketische, produzierende Knecht* (Marx) mit seiner zwanghaften, anal-retentiven Struktur war der erwünschte Sozialcharakter des 19. und der ersten Hälfte des 20. Jahrhunderts, nun soll er dem *süchtigen Konsumenten* und *flexiblen Menschen* weichen, der sein Herz an nichts mehr hängt und sich an nichts und niemanden dauerhaft bindet. Mit sorgfältigen Verbrauchern, die einen schonenden Umgang mit den Dingen pflegen, wäre die heutige Konsumgüterindustrie nicht zu betreiben. Was um 1900 und bis in die 1950er Jahre als angepasstes und sozial erwünschtes Verhalten galt, wird im Zeitalter des *Konsumismus* zunehmend pathologisiert. Vance Packards Buch *Die geheimen Verführer* aus dem Jahr 1957 beschreibt den Kampf der amerikanischen Nachkriegsindustrie gegen den Puritanismus. In dessen Schuldgefühlskultur erblickten die Motivanalytiker und Absatzstrategen das Haupthindernis für den expandierenden Konsumgütermarkt. Das Wegwerfen von noch funktionstüchtigen Gebrauchsgegenständen und Impulskäufe waren von Puritanern nicht zu erwarten. Nach dem *DSM-V* gelten das Sich-nicht-von-Dingen-Trennen-Können und ihr ungebührliches Aufbewahren nun gar als Geisteskrankheit. „Die Beziehungslosigkeit betrifft die Objekte ebenso wie die Subjekte. Kaufgier und Wegwerfen sind Äquivalente", schrieb Adorno aus amerikanischer Perspektive bereits in den vierziger Jahren des vorigen Jahrhunderts.

Der Spiegel ist das Zentralorgan der „realitätsgerechten Empörung", von der in der *Dialektik der Aufklärung* die Rede ist und die Horkheimer und Adorno zur Warenmarke dessen erklären, „der dem Betrieb eine neue Idee zuzuführen hat". Bei allem aufklärerischen Bemühen und Detail-Reichtum des Artikels drückt sich Jörg Blech doch um die Benennung dessen, worum es im Kern geht: Die *Medizinisierung der sozialen Frage* (Klaus Dörner) und die Bestimmung der Funktion der zeitgenössischen Psychiatrie als *Polizey-Wissenschaft* und Instanz der sozialen Integration und Kontrolle. Dies ist keine Zweckentfremdung der Psychiatrie, sondern von Anfang ihre Funktion und ihr grundlegendes Interesse. Hören wir dazu Michel Foucault: „Die Gesellschaft trifft überall – auf der Straße, in den Berufen, in der Familie usw. – auf eine Vielzahl von Problemen, und die Psychiater sind die Funktionäre der sozialen Ordnung. An ihnen ist es, diese Störungen zu beheben. Sie sind die Funktionäre der öffentlichen Hygiene. Das ist die eigentliche Bestimmung der Psychiatrie, ihr Milieu und ihr Entstehungshorizont."

Ganz am Ende des Artikels von Jörg Blech klingt das Thema der *Medizinisierung der sozialen Frage* vage an. Eine Patientin, bei der der Psychiater Michael Linden eine *posttraumatische Verbitterungsstörung* diagnostiziert hatte, sagt: „Die beste Therapie wäre doch, ich würde eine Arbeit finden."

Vernünftig und im Sinne einer *Ökonomie des ganzen Hauses* letztlich auch rentabler wäre es, das aberwitzige Tempo des Alltagslebens zu drosseln, allen

Menschen anständige, menschenförmige Arbeitsbedingungen zu bieten und ihnen nicht länger zuzumuten, ihr Leben in einem Universum permanenter Verteidigung und Aggression fristen zu müssen. Dann bräuchte es den ganzen psychologisch-medizinischen Reparatur- und Kompensationsaufwand nicht.

Die Logik, nach der diese Gesellschaft im Umgang mit den in eine abseitige Position gedrängten Menschen verfährt, erinnert an eine Geschichte, die während der Blütezeit der *Anti-Psychiatrie* im Umlauf war: Ein Mann besucht einen Angehörigen in einem psychiatrischen Krankenhaus. Er schaut aus dem Fenster und sieht Männer, die mit Motorsägen Bäume fällen. „Warum werden diese wunderbaren alten Ulmen gefällt", fragt er einen Arzt, der ihm auf dem Gang begegnet. „Wir müssen Platz schaffen für einen Erweiterungsbau", erwidert dieser. „Warum müssen Sie erweitern?", fragt der Besucher weiter. „Es werden heutzutage viele Menschen verrückt", erläutert der Arzt. „Warum werden sie verrückt", fragt der Besucher weiter und der Arzt antwortet. „Weil Ulmen gefällt werden."

Die Verräumung missliebiger Menschen: Exkurs zum Fall Mollath

Beinahe unwillkürlich fallen einem angesichts des nun zu schildernden Falles die ersten Sätze aus Kafkas Roman *Der Prozess* ein: „Jemand musste Josef K. verleumdet haben, denn ohne dass er etwas Böses getan hätte, wurde er eines morgens verhaftet." Was man aus dem ehemaligen Ostblock kannte: unbequeme, unangepasste Menschen und Oppositionelle wegen *wahnhafter Reformideen* oder *Parasitismus* in die Psychiatrie einzuweisen, scheint nun auch hierzulande möglich.

Seit Februar 2006 saß der 56-jährige Gustl Mollath gegen seinen Willen in bayrischen psychiatrischen Kliniken, ab 2009 in der geschlossenen forensischen Abteilung des Bezirkskrankenhauses Bayreuth. Er soll an einem *paranoiden Wahn* leiden und eine Gefahr für die Allgemeinheit darstellen. Das Landgericht Nürnberg hatte Mollath einweisen lassen.

Der frühere Geschäftsmann wurde 2003 angeklagt, weil er seine Ehefrau geschlagen und verletzt haben soll. Später soll er die Reifen von den Autos etlicher Personen zerstochen haben, die seine Frau im Scheidungsverfahren unterstützten. Und er hatte immer wieder behauptet, seine Frau und ihre Kollegen der *Hypo Vereinsbank Nürnberg* (HVB) seien in Schwarzgeldschiebereien in die Schweiz verwickelt. Nicht zuletzt diese immer wieder vorgebrachten Anschuldigungen trugen dazu bei, dass das Gericht ihn für paranoid und damit schuldunfähig erklärte und zwangseinweisen ließ. Das Gutachten des hinzugezogenen psychiatrischen Sachverständigen Dr. Leipziger wird im Urteil wie folgt zitiert: "Beim Angeklagten liege eine gravierende psychische Erkrankung, vermutlich eine Psychose vor. Die Prognose sei auch ungünstig, da keinerlei Krankheitseinsicht vorläge".

Die *HVB* selbst bestätigte bereits 2003 in einem Prüfbericht, dass Molllaths Angaben zum großen Teil richtig waren. Die Bank hielt das Ergebnis einer internen Ermittlung unter Verschluss. Nachgefragt haben bei ihr bis vor kurzem weder Fahnder noch Gerichte, sondern nur Journalisten. Sie haben gemeldet, dass Mollaths Frau schon 2002 einem Freund gesagt haben soll, sie werde ihren Mann einweisen lassen. Sie hatte seit dieser Zeit einen Liebhaber. Mollath ‚störte' also gleich mehrfach.

Am 3. Juni 2013 strahlte die *ARD* unter dem Titel *Der Fall Mollath* eine gründlich recherchierte Dokumentation aus, in der schlüssig der Nachweis geführt wird, dass Gustl Mollath seit nunmehr sieben Jahren zu Unrecht in der Psychiatrie festgehalten wird. Das Zusammenspiel zwischen Richter, Staatsanwaltschaft, Politik und Psychiatrie lässt einen frösteln. So hat, als Herr Mollath bei der Staatsanwaltschaft Nürnberg/Fürth Anzeige wegen Steuerhinterziehung, Schwarzgeldschiebereien und Insidergeschäften im Umfeld der *HVB* und der Tätigkeit seiner Frau erstattet und diese Anzeige mit detaillierten Angaben über die Vorgänge und einer langen Liste der Beteiligten unterfüttert hatte, der Richter selbst bei der Staatsanwaltschaft angerufen und Herrn Mollath für verrückt erklärt. Daraufhin hat die Staatsanwaltschaft die Ermittlungen eingestellt, was dann im nächsten Schritt dazu führte, dass der Richter in der Verhandlung sagen konnte, die Schwarzgeldvorwürfe des Herrn Mollath gegenüber seiner Frau und der *HVB* seien samt und sonders im Sande verlaufen. Wann immer Gustl Mollath während der Verhandlung auf diese Zusammenhänge eingehen wollte, wurde ihm vom Richter rabiat das Wort entzogen. Das gehöre nicht zur Sache, es gehe einzig und allein um den Vorwurf der Körperverletzung zum Nachteil seiner Frau.

Keine 24 Stunden nach dem souveränen Auftritt von Mollath vor dem bayerischen Landtag am 11. Juni 2013 erklärt die Strafvollstreckungskammer Bayreuth: Mollath bleibt weggesperrt. Noch verstörender ist die Begründung. Der Psychiater, der für das letzte Gutachten verantwortlich zeichnet, aufgrund dessen Mollath in der Psychiatrie bleiben muss, fühle sich "extrem beeinträchtigt" von den negativen Reaktionen auf seine Arbeit. Das Gericht hatte ihn im Lichte der neuen Erkenntnisse mit einer ergänzenden Stellungnahme beauftragt, diese verweigert der Gutachter nun offenbar. Heribert Prantl kommentiert in der *Süddeutschen Zeitung* vom 14. Juni 2013: „Die Justiz hat Mollath in die Psychiatrie verbracht. Die Justiz hat dabei offensichtlich eine Reihe schwerer Fehler gemacht. Daraus folgt die Pflicht, die Fehler zu korrigieren und alles dafür zu tun, dass diese Korrektur gründlich und opferschonend, also schnell geschieht und nicht erst am Sankt-Nimmerleins-Tag. Für die Wiederaufnahme genügt ein einziger triftiger Wiederaufnahmegrund; es liegen etliche solcher Gründe auf dem Tisch." Die Unterbringung in der Psychiatrie sei in die Rechtswidrigkeit gerutscht; was mit Mollath geschehe, erfülle den Tatbestand der Freiheitsberaubung.

In der Wochenendausgabe der SZ vom 13./14. Juli 2013 findet sich unter der Überschrift *Menschen, die nichts zählen* ein weiterer Artikel von Heribert Prantl über den *Maßregelvollzug*. Ein Insasse hat einen Brief an die *SZ* geschrieben, in dem es heißt, dass er den Maßregelvollzug wahrscheinlich erst „mit den Füßen voran" verlassen werde. Es gibt für die Unterbringung gemäß Paragraph 63 StGB keine zeitliche Begrenzung. Sie kann ewig dauern und die Länge dieser Ewigkeit bestimmen Ärzte und Psychiater. Der Schreiber ist einer wie Gustl Mollath, also einer von 6750 Menschen, die per Strafurteil nach einer oft nur kleinen Straftat in der Psychiatrie untergebracht wurden. Diese Zahl stammt aus dem Jahr 2012 und erfasst nur die alten Bundesländer. Eine gesamtdeutsche Zahl gibt es nur für 2010: Damals waren es insgesamt 7752 Menschen. Die Verweildauer der Insassen steigt stetig. Forensische Psychiatrien sind laut Prantl die „Dunkelkammern des Rechts", ihre Bewohner leben in einem rechtlich weitgehend ungeregelten und deswegen von Willkür bestimmten Zustand. Während für Straftäter im normalen Strafvollzug alles haarklein geregelt sei, gebe es für den Vollzug der Maßregel solche Gesetze nicht. Noch nicht einmal der Einkauf von Tabak, Kosmetika, Zeitschriften vom eigenen Geld des Insassen würde in vielen psychiatrischen Krankenhäusern gewährt. Der Fall Mollath habe jetzt immerhin bewirkt, dass das Bundesjustizministerium eine Reform der Unterbringung erwäge, die eine häufigere und genauere Prüfung der Notwendigkeit der Unterbringung vorsehe.

Am 6. August 2013 hat das Oberlandesgericht Nürnberg endlich entschieden: Das Strafverfahren gegen Gustl Mollath muss vor einer anderen Kammer des Landgerichts wieder aufgenommen werden. Nach sieben Jahren Haft wurde Gustl Mollath umgehend auf freien Fuß gesetzt. „Ich bin draußen, aber ich bin nicht frei", sagte er im Interview mit der Zeitschrift *stern*. Die endgültige Entscheidung wird das Wiederaufnahmeverfahren bringen, auf das er sich nun vorbereitet.

Am 24. August 2013 nahm Gustl Mollath an einer Tagung in Gießen zum Thema *Die Richter und ihre Denker* teil. Ich habe an dieser Veranstaltung teilgenommen und unter dem Titel *Macht braucht Kontrolle* für die *Nachdenkseiten* (erschienen am 26. August 2013) darüber berichtet. Er forderte vehement demokratisch-öffentliche Kontrollen für die vergessene Provinz *forensische Psychiatrie* und andere Dunkelzonen des Sozialsystems: Es dürfe nicht länger hingenommen werden, dass unbequeme oder unliebsame Menschen einfach so „schwuppdiwupp verräumt" werden könnten. Mir scheint, Gustl Mollath ist in Deutschland inzwischen zu einer Symbolfigur für alle *Verräumten* oder von *Verräumung* bedrohten Menschen geworden. Sie erkennen sich in seinem Schicksal wieder und bewundern ihn wegen seiner Unbeugsamkeit und seines hartnäckigen Widerstands gegen scheinbar übermächtige Gegner. Auf einen Brief an eine Gruppe Butzbacher Gefangener, die mich gebeten hatten, ihm ihre solidarischen Grüße zu übermitteln, schrieb er hinten ein Zitat von Walter Kempowski drauf: „Der Kluge gibt so lange nach, bis er der Dumme ist."

„Die objektive Welt nähert sich dem Bild, das der Verfolgungswahn von ihr entwirft“, heißt es bei Adorno oder, anders ausgedrückt: Das Leben nimmt kafkaeske Züge an, und die Psychiatrie spielt in diesem Prozess die angestammte Rolle des willfährigen Handlungsgehilfen. Ein weiteres Beispiel für die unappetitliche Verfilzung von Macht und Psychiatrie liefert der Fall jener hessischen Steuerfahnder, die einigen kapitalkräftigen und einflussreichen Amigos der hessischen CDU wegen deren Steuerbetrügereien auf die Schliche gekommen waren. Sie wurden zuerst von oben gemobbt, dann reihenweise von immer demselben psychiatrischen Gutachter für paranoid erklärt und daraufhin zwangsweise vorzeitig in den Ruhestand geschickt. Der Gutachter Thomas H. wurde im Jahr 2009 wegen vorsätzlicher Falschbegutachtung zu einer Geldstrafe von 12.000 Euro verurteilt. Inzwischen wurden die Steuerfahnder von einer politischen Bürgerinitiative mit einem Preis für Zivilcourage ausgezeichnet. Eine offizielle und öffentliche Aufarbeitung oder gar Entschuldigung von Seiten der Verantwortlichen gab es meines Wissens bisher nicht. Macht ist nach wie vor, wie Canetti und Kafka es beschrieben haben, eine *aufgeschobene Todesdrohung*, die jederzeit vollstreckt werden kann – auch wenn diese in unserem Alltag meist nur als unendlich vermittelte Drohung existiert.

Psychopathen ohne Hitlerbart – Die Finanzkrise in der Literatur

„In ruhigen Zeiten erforschen wir sie, in unruhigen Zeiten herrschen die Psychopathen über uns."
(Der Psychiater Ernst Kretschmer)

Inzwischen ist die Finanzkrise, die uns seit Jahren fest im Griff hat, bis in die Welt der Romane und Krimis vorgedrungen. Wer nicht nur Unterhaltung und Spannung sucht, sondern auch wissen möchte, was ein Hedgefonds ist und wie die Finanzpsychopathen ticken, wird in ihnen fündig und kann so das Studium der ökonomischen Fachliteratur umgehen, deren Lektüre Adorno zufolge den Leser der Gefahr aussetzt, „selber so gemein zu werden wie das, womit er sich abgibt, denn die Ökonomie duldet keinen Spaß, und wer sie auch nur verstehen will, muss ‚ökonomisch denken'."
Ich überblicke die Finanzkrisen-Literatur natürlich nicht zur Gänze und erwähne nur die Bücher, die ich in den letzten Monaten gelesen habe.[1] Beginnen wir mit Kristof Magnussons Roman *Das war ich nicht.* Eine der drei Figuren, von denen Magnusson erzählt, ist der junge Jasper Lüdemann aus Bochum, den es nach dem Mathematikstudium in den Händlersaal einer renommierten Investmentbank in Chicago verschlägt. Zunächst läuft alles zu seinen Gunsten und er lernt die Grundvoraussetzung des Investment-Bankings: „Mitleid kann man sich hier eigentlich nicht leisten." Die Handlungsanweisungen für einen erfolgreichen Banker erinnern fatal an jene, die Adolf Hitler den Oberbefehlshabern der Wehrmacht am 22. August 1939 erteilte, mit denen er sie mental auf den bevorstehenden Überfall auf Polen einstimmen wollte: „Herz verschließen gegen Mitleid. Brutales Vorgehen. … Seien Sie hart, seien Sie schonungslos. Handeln Sie schneller und brutaler als die anderen."

Jasper beherzigt das Regelwerk, steigt auf und kann im ganz großen Geschäft mitmischen. Während er sich in einem Lokal mit der ebenfalls aus Deutsch-

1 Auf folgende Bücher werde ich eingehen oder hinweisen: Theodor W. Adorno: *Hänschen klein.* In: *Minima Moralia,* Frankfurt/Main 1979; F.C. Delius: *Dankrede auf Büchner,* in: *Als die Bücher noch geholfen haben,* Berlin 2012; Dave Eggers: *Ein Hologramm für den König,* Köln 2013; Erhard Eppler: *Auslaufmodell Staat?,* Frankfurt/Main 2005; Cornelia Fuchs: *Nackt im Dax. Investment-Banker Kweku Adoboli hat 2,3 Milliarden Dollar verspielt,* in: Stern 39/2011; Rainald Goetz: Johann Holtrop. *Abriss der Gesellschaft,* Berlin 2012; Robert Harris: *Angst,* München 2011; John Lanchester: *Kapital,* München 2012; Kristof Magnusson: *Das war ich nicht,* München 2010; Petros Markaris: *Faule Kredite,* Zürich 2011; Ian McEwan: *Solar,* Zürich 2010; Robert Menasse: *Europa Countdown,* in: Süddeutsche Zeitung vom 6. September 2012; Robert Menasse: *Der europäische Landbote. Die Wut der Bürger und der Friede Europas,* Wien 2012; Fernando Pessoa: *Ein anarchistischer Bankier,* Berlin 2006; Heribert Prantl: *Der Zorn Gottes,* Süddeutsche Zeitung vom 24./25./26. Dezember 2008; John Steinbeck: *Früchte des Zorns,* München 1985; Loic Wacquant: *Elend hinter Gittern,* Konstanz 2000.

land stammenden Meike trifft, verdient er 200.000 Dollar. Berauscht von seiner vermeintlichen Omnipotenz, gerät er beim Versuch, unerlaubte Gewinne zu waschen, in einen ungeheuerlichen Strudel, der zu einem Minus von sechs Milliarden Dollar und natürlich zum vorläufigen Ende seiner hoffnungsvollen Karriere führt. Schon beim Lesen über seine waghalsigen und abenteuerlichen Finanztransaktionen und Manöver wird einem schwindlig. „Ich stieß alle Verkaufsoptionen ab. *Equinox* registrierte den Verlust. 650.000 Dollar. Dann kam der Trick: Ich buchte eine Transaktion mit *HomeStar*-Kaufoptionen in identischer Höhe ein. Tat so, als hätte ich nicht nur auf das Fallen von *HomeStar* gewettet, sondern gleichzeitig darauf, dass die Aktie stieg. Nun sah es so aus, als hätte ich eines dieser komplexen Long-Straddle-Geschäfte gemacht, eine Grätsche. Meinem Verlust schien nun ein ähnlich großer Gewinn gegenüber zu stehen. Nur dass es den Verlust wirklich gab. Den Gewinn nicht."

Dazu passt aus der realen Welt die Geschichte des Investment-Bankers Kweku Adoboli, über die der *Stern* 39/2011 berichtet hat. Adoboli, Sohn eines ghanaischen UN-Diplomaten, lebte in London ein Bilderbuch-Dasein als Spekulant in Diensten der Schweizer Bank *UBS*. Am Ende hatte er sich bei irgendwelchen windigen Wetten auf den *Deutschen Aktienindex* verzockt, auf Absicherungsgeschäfte hatte er verzichtet. Eine Weile versuchte er, die Verluste durch Bilanzfälschungen zu verbergen, dann lösten die immer unüberschaubarer werdenden Zahlenkolonnen seiner Verluste Alarm aus. Aufgeflogen ist er, weil seine wilden Transaktionen schief gegangen sind, nicht, weil er so viel riskiert hat. 2,3 Milliarden Dollar hat Adoboli verspielt und wird sich nun wegen Betrugs verantworten müssen.

Der neue Roman von Robert Harris heißt *Angst* und führt uns vor Augen, dass es Möglichkeiten gibt, mit der Angst anderer Menschen Geld zu verdienen, viel Geld sogar. Ein Meister dieser zeitgenössischen alchimistischen Kunst ist der Physiker Alexander Hoffmann, der an einem einzigen Tag 4,1 Milliarden Dollar verdient. Ausgangspunkt des Romans ist der Baustopp eines Teilchenbeschleunigers, der eine ganze Generation hochambitionierter Wissenschaftler ihrer Zukunftsaussichten beraubt und ins Exil treibt. Sie finden es im boomenden Finanzsektor, wo die Physiker und Mathematiker jene Programme und Algorithmen entwickeln, über die heute ein immer größer werdender Teil der Finanzgeschäfte abläuft. Es sind Computer, die im sogenannten Hochfrequenzhandel innerhalb von Millisekunden kaufen und verkaufen: Finanzbeschleunigung tritt an die Stelle von Teilchenbeschleunigung. *Angst* vermittelt uns Einblicke in die Finanzwelt, die über weite Strecken beklemmend realistisch erscheinen. Die sogenannten *Quants*, die sich mithilfe mathematischer Formeln komplizierte Produkte ausdenken, sogenannte *Blackboxes*, die weder Kunden noch die Mehrheit der Bankangestellten durchschauen, gibt es nicht nur in Harris' Roman, sondern auch in der Realität, sofern die Unterscheidung zwischen Fiktion und Wirklichkeit in diesem Gelände überhaupt Sinn macht. Bei Harris erfährt man, wie ein Hedgefonds funktioniert oder wie Millionäre es anstellen, nur zehn Prozent Steuern zu zahlen. Das Ende des Romans wirkt allerdings ein wenig dick aufgetragen und actionlastig. Es sollte wohl ein verfilmbarer Thriller werden, und da muss es eben am Ende brennen und krachen.

Der Roman von Petros Markaris *Faule Kredite* ist als Auftakt einer *Trilogie der Krise* konzipiert und führt uns ins krisengeschüttelte Griechenland. Der Roman spielt im Sommer 2010 und beginnt mit einer Hochzeit. Kommissar Charitos Tochter heiratet, doch richtige Freude will nicht aufkommen. Gastgeber und Gäste blicken in eine ungewisse Zukunft und bereiten sich auf eine Rückkehr zur *Selbstversorgungsökonomie* vor. Charitos wird am nächsten Vormittag - noch etwas verkatert - zu einem Tatort gerufen. Die Enthauptung eines ehemaligen Bankenchefs im Garten seiner pompösen Villa droht ein brisanter Fall zu werden, da die Mächtigen der Finanzwelt in der Bevölkerung nicht sonderlich beliebt sind, und ein solcher Mord unerwartete Sympathien wecken könnte - und auch weckt: Bald darauf wird ein weiterer Banker enthauptet, dann das Mitglied einer Rating-Agentur und schließlich der Besitzer einer Inkasso-Firma. Gleichzeitig werden nachts Plakate geklebt und Anzeigen geschaltet, die zum Boykott der Banken aufrufen - man möge ihnen die Kredite, die sie einem aufgedrängt haben, einfach nicht zurückzahlen, schließlich hätten sie genug Geld. Der Fall sorgt bis in allerhöchste Kreise hinein für Aufregung, wo man um das Vertrauen der europäischen Kreditgeber fürchtet.

Der portugiesische Schriftsteller Fernando Pessoa hat in seiner 1922 entstandenen Erzählung *Ein anarchistischer Bankier* das Portrait eines erfolgreichen Geschäftsmannes und Bankiers gezeichnet. Am Ende eines gemeinsamen Abendessens fragt ihn sein Gast, ob es stimme, dass er früher Anarchist gewesen sei. Er antwortet:

„Ich bin es nicht nur gewesen, ich bin es noch immer. In dieser Hinsicht habe ich mich nicht geändert. Ich bin Anarchist." „Was Sie nicht sagen! Sie und Anarchist? Und wieso wären Sie Anarchist? ... Sie verstehen das Wort vielleicht anders ..." „Anders als im gewöhnlichen Sinn? Nein, keineswegs. Ich gebrauche es im ganz gewöhnlichen Sinn." „Sie wollen also sagen, Sie seien Anarchist im selben Sinne wie diese Typen von den Arbeiterorganisationen? Es gäbe also keinen Unterschied zwischen Ihnen und diesen Bombenlegern und Gewerkschaftstypen?" „Doch doch, es gibt einen Unterschied ... Natürlich gibt es einen Unterschied. Es ist aber nicht der, an den Sie denken. Sie glauben vielleicht, ich hätte andere Gesellschaftstheorien als sie?" „Ach so, ich verstehe! Sie sind Anarchist in der Theorie, aber in der Praxis sind Sie ..." „Ich bin in der Praxis ebensosehr Anarchist wie in der Theorie. Und das sogar noch mehr, viel mehr als jene Typen, von denen Sie sprachen. Mein Leben ist der Beweis dafür." „Wie bitte?" „Mein Leben ist der Beweis dafür, jawohl, mein Lieber. Sie haben offenbar diesen Dingen nie besondere Aufmerksamkeit geschenkt. Deshalb glauben Sie, ich würde dummes Zeug reden oder mich über Sie lustig machen."

„Jetzt verstehe ich gar nichts mehr! Es sei denn ... es sei denn, Sie gehen davon aus, das Leben, das Sie führen, sei zersetzend und asozial; nun, wenn Sie Anarchismus so verstehen ...“ „Ich habe Ihnen schon gesagt: nein! Ich habe Ihnen schon gesagt, dass ich dem Wort Anarchismus keinen anderen als den gewöhnlichen Sinn unterlege.“ „Gut! ... Aber ich verstehe immer noch nicht ... Wollen Sie mir erzählen, es gäbe keinen Unterschied zwischen Ihren wahrhaft anarchistischen Ideen und Ihrer Lebenspraxis? – ich meine: Ihrer jetzigen Lebenspraxis? Wollen Sie mir denn weismachen, Ihr Leben stimme in allen Punkten mit dem der gewöhnlichen Anarchisten überein?“ „Nein! Nein, das ist es nicht. Was ich sagen will, ist, dass meine Theorien in keiner Weise von meiner Lebenspraxis abweichen; ganz im Gegenteil, beide stimmen absolut überein. Dass ich nicht das Leben der Bombenleger und Gewerkschaftstypen führe, stimmt. Doch deren Leben spielt sich jenseits des Anarchismus, jenseits ihrer Ideale ab. Meines nicht. In mir – jawohl, in mir, dem Bankier, dem großen Händler und Schieber, wenn Sie es so hören wollen – in mir vereinigen sich beide, Theorie und Praxis des Anarchismus, aufs genaueste. Sie haben mich mit diesen Idioten von Bombenlegern, mit denen von der Gewerkschaft verglichen, um zu beweisen, ich sei anders als sie. Das bin ich auch, nur ist der Unterschied folgender: die da (jawohl, die da, nicht ich) sind nur in der Theorie Anarchisten, ich bin es in der Theorie und in der Praxis. Die da sind Anarchisten und Dummköpfe, ich bin Anarchist und gescheit. Darum, mein Guter, bin ich der wahre Anarchist. Die von den Gewerkschaften und die Bombenleger (ich war ja auch einer von ihnen und habe sie gerade um des wahren Anarchismus willen verlassen) – sie stellen ja nur den Abfall des Anarchismus dar, sie sind die Drohnen der großen anarchistischen Lehre.“

Der Bankier als Staats- und Gesellschaftszerstörer, demgegenüber die anarchistischen Bombenleger als kleine Fische und harmlose Stümper erscheinen. Mit Pessoa und Brecht könnte man fragen: Was sind Flugblätter gegen Derivate, was ist eine Bombe gegen einen Hedgefonds, was sind die Selbstmord-Attentäter von *al-Qaida* gegen die finanziellen Massenvernichtungswaffen von Goldman Sachs? Wer diese Vergleiche für eine Übertreibung hält, dem seien hier die Schöpfer dieser Metaphern nachgereicht: Namhafte Investmentbanker wie George Soros warnen vor den neuen Finanzderivaten, und Warren Buffet beziehungsweise Felix G. Rohatyn bezeichnen sie als *finanzielle Massenvernichtungswaffen* oder *potenzielle Wasserstoffbomben.*

Früher sind Kommunisten und Anarchisten einmal angetreten, den Staat abzuschaffen. Diese wollten ihn als Ausdruck widernatürlichen Zwangs sofort und unmittelbar beseitigen und durch eine Form kollektiver Selbstbestimmung ersetzen, jene wollten ihn während einer gewissen Übergangszeit in Gestalt einer *Diktatur des Proletariats* noch beibehalten. In dem Maße, wie die Klassengegensätze verschwänden und die Menschen sich die Bedingungen ihres Lebens wiederaneigneten und eine Gesellschaft freier und solidarischer Menschen entstünde, würde die Staatsmaschine nach den Worten von Friedrich Engels dahin wandern, „wohin sie dann gehören wird: ins Museum der

Altertümer, neben das Spinnrad und die bronzene Axt." So die Pläne von Anarchisten und Kommunisten, die einstweilen scheiterten. Der Staat war kein *Papiertiger*, wie Mao Tse-tung gewarnt hatte, sondern ein ernst zu nehmender und mächtiger Gegner und begrub einstweilen die Pläne seiner Widersacher – oft auch diese selbst – unter sich.

Die Abschaffung des Staates ging dann seit den 1980er Jahren ganz anders vonstatten als gedacht und wurde vor allem von anderen Leuten und Kräften betrieben, als den von Marx und Engels dafür vorgesehenen gesellschaftlichen Akteuren. Nicht die Aktionen der Anarchisten, sondern die *Anarchie des Marktes* legte die Axt an die Wurzeln des Staates. Es waren und sind die Verfechter eines von allen Beschränkungen befreiten, von der Leine gelassenen Marktes, die dem Staat das Wasser abgraben und die Gesellschaft zerstören, indem sie die sozialen Körperschaften privatisieren und auf einen molekularen Zustand reduzieren. Was sind das für Zeiten, da die politische Linke den Staat gegen seine Zerstörer verteidigen muss?

Die Reichen und Starken glauben, auf den Sozialstaat verzichten zu können. Sie können sich ihre Sicherheit und Vorsorge privat organisieren und benötigen den Staat nur als Präventions- und Sicherheitsstaat, der mittels Polizei und Armee ihre Geschäftsinteressen nach innen sichert und weltweit durchsetzt, während die sozial und ökonomisch Schwachen auf den Schutz des Staates, auf seine Daseinsvorsorge und seine sozialstaatlichen Leistungen angewiesen sind. „Menschen lernen den Wert eines Gutes meist erst schätzen, wenn sie es nicht mehr haben. Was das tägliche Brot wert ist, lernen wir, wenn wir hungern müssen. Was Freiheit wert ist, spüren wir, wenn wir sie verloren haben. Was der Staat wert ist, erfahren die Menschen, die ohne Staat überleben müssen", schreibt Erhard Eppler in seinem Buch *„Auslaufmodell Staat?"*.

Die Entstaatlichung, die im Namen neoliberaler Doktrinen betrieben wird, bezieht sich also nicht auf den Staat als Ganzen, sondern nur auf seine sozialen, die Härten des Kapitalprinzips abmildernden Funktionen. Seine repressiven Funktionen müssen in dem Maße ausgebaut werden, wie wachsende Teile der Bevölkerung nicht mehr über den Markt integriert und diszipliniert werden können. Wenn der *stumme Zwang der ökonomischen Verhältnisse*, von dem bei Marx die Rede ist, schwächer wird und die soziale Integration nicht mehr gewährleistet, tritt wie Kai aus der Kiste manifeste Gewalt hervor. Pointiert gesagt: Der Polizeistaat kommt über die Herausgefallenen und Überflüssigen.

Loic Wacquant hat den Zusammenhang zwischen dem sozialpolitischen Rückzug und der strafrechtlichen Offensive und innenpolitischen Militarisierung des Staates in seinem Buch *Elend hinter Gittern* präzise herausgearbeitet. Man trifft staatlicherseits Vorsorge gegen potenzielle Ausbruchsversuche der Massen und antwortet auf zunehmende Desintegrationstendenzen und die erneut aufbrechende soziale Frage mit Repression und Kontrolle. Wie sollen Teile der Bevölkerung, wenn sie psychisch und sozial ent-gesellschaftet werden, im Zustand der Armut noch anders als durch Gewalt, staatlich verordnete Drogen und mediale Dauerverblödung regierbar sein?

Zur Finanzkrisen-Literatur wird auch ein Roman zu zählen sein, in dessen Mittelpunkt *Pepys Road* steht, eine Straße mit Klinkerhäusern im südlichen London, die einst für Familien aus der unteren Mittelschicht errichtet worden waren, nun aber zu Objekten der Spekulation geworden sind und auf dem Immobilienmarkt astronomische Preise erzielen. Der stammt vom Engländer John Lanchester und heißt im Original *Capital*. Das hat im Englischen einen Doppelsinn: Das Wort bezeichnet zugleich die englische Hauptstadt und das sie beherrschende Geld. In der deutschen Übersetzung geht die Doppeldeutigkeit verloren. Die im Oktober 2012 bei *Klett-Cotta* in München erschienene deutsche Ausgabe heißt schlicht *Kapital*. Möglicherweise enthält die Eindimensionalität des deutschen Wortes *Kapital* aber auch einen harten realen Kern: *Das Kapital* hat in der Hauptstadt das uneingeschränkte Kommando übernommen und ist mit ihr identisch geworden. Im Mikrokosmos einer einzigen Straße und ihrer Bewohner entfaltet Lanchester das Universum einer Großstadt, die sich in den letzten Jahrzehnten zu einem Knotenpunkt internationaler Finanzströme entwickelt hat. Wir begegnen einem Banker, der noch aus einer Zeit stammt, als es im Finanzgeschäft noch mehr um persönliche Beziehungen und weniger um Mathematik ging. Neuerdings lautete die Ideologie: „Arbeite hart, zocke hart und mache keine Gefangenen." Aus Furcht, den erträumten Millionenbonus zu verfehlen, lässt sich Roger Yount auf riskante, hochspekulative Transaktionen ein und erleidet damit Schiffbruch. Neben ihm wohnen ein junger, aus Afrika importierter Premier-League-Star und eine alte Dame namens Petunia. „Petunia war der älteste Mensch, der in der Pepys Road lebte, und sie war auch der letzte Mensch, der in der Straße geboren worden war und jetzt noch immer dort wohnte." Sie bekommt gelegentlich Besuch von ihrem Enkel, der ein millionenschwerer Künstler ist und den heiß gelaufenen, im Grunde ebenfalls spekulativen zeitgenössischen Kunsthandel repräsentiert. Dann gibt es in der Pepys Road die aus Pakistan stammende Familie Kamal, die einen kleinen Krämerladen betreibt. Ahmed Kamal ist der Chef, der den Laden zusammenhält. Unterstützung erhält er durch seinen Bruder Shahid. Der „war der Freigeist der Familie Kamal: ein Träumer, Idealist und Wanderer über Gottes weite Erde – oder, wie Ahmed sagen würde, eine faule Sau." Shahid war der Meinung, „dass alle, die während der Arbeit einen Anzug tragen mussten, innerlich jeden Tag ein ganz klein wenig starben." Neben den Hauptfiguren begegnen wir Bogdan, einem polnischen Handwerker, der eigentlich Zbigniew heißt und dessen erfolgreiches Geschäftsmodell darin besteht, alles anders zu machen als britische Handwerker. Und die aus Zimbabwe eingewanderte Politesse Quentina Mkfesi, die von Hause aus studierte Politikwissenschaftlerin ist und mit ihren ebenfalls aus Afrika stammenden Kollegen ein Spiel mit sehr einfachen Regeln spielt: Es gewann immer der von ihnen, dem es gelang, dem teuersten

Auto einen Strafzettel zu verpassen. Die Bewohner der Pepys Road erhalten seit einiger Zeit anonyme Postkarten, auf denen die Haustüren der jeweiligen Adressaten abgebildet sind und die mit dem Text versehen sind: „Wir wollen, was ihr habt." Das erinnert stark an die jungen anarchistischen Einbrecher aus dem Film *Die fetten Jahre sind vorbei*, die in den Villen, in die sie einbrechen ohne etwas zu rauben, Zettel mit der Aufschrift „Sie haben zu viel Geld" hinterlassen.

Zur Krisen-Literatur werden wir auch das neue Buch von Rainald Goetz: *Johann Holtrop. Abriss der Gesellschaft* zählen dürfen, das im Jahr 2012 bei Suhrkamp erschienen ist. Fast dreißig Jahre nach „Irre" hat Rainald Goetz nach all dem Tagebuchartigen wieder einen Roman geschrieben. Dieser führt uns in die Wirtschaftswelt der Jahre nach der Jahrtausendwende – also ins *Nirwana des Geldes*, wie der im Jahr 2012 verstorbene Robert Kurz das Imperium der nullenden Nullen genannt hat - und entwirft in Gestalt der Titelfigur ein präzises Psychogramm des kapitalistischen Personals der Gegenwart, das zu einem nicht unbeträchtlichen Teil aus *funktionalen Psychopathen* besteht. „Holtrop saß konzentriert und böse hinter seinem Schreibtisch. Er hatte auf seinem Weg nach oben nicht wenige Weggefährten am Rand stehen gelassen, so manchen hatte er im Vorbeigehen wegstoßen müssen und genügend viele gegen deren Widerstand auch brutal und eigenhändig in den Abgrund, an dem der gemeinsame Weg nach oben entlangführte, hinuntergestoßen." Die Welt, in die Goetz uns versetzt, ist die Vorstandsetage eines weltweit operierenden deutschen Medienkonzerns mit Stammsitz in der norddeutschen Provinz. Vorstandsvorsitzender der Assperg Medien AG, die nach dem Vorbild der *Bertelsmann AG* gestaltet wurde, ist Johann Holtrop, von dessen kometenhaftem Aufstieg und finalen Verglühen der Roman erzählt. Holtrop gehört zu einer neuen Spezies von Finanzfachleuten, „die eher wie genialisch bestimmte Pianisten oder Jungphilosophen daherkamen, in heiterster Weise identisch mit ihrer Welt der Spekulation, vom Geist beseelte, hochabstrakte Naturelle, denen eindeutig und offensichtlich (...) die heutige, jetzige Zukunft gehörte." Holtrop verkörpert den Typ „eines komplett entscheidungsverrückten, sprunghaften und rücksichtslosen Entscheidungshysterikers".

Rainald Goetz ist ein grandioses Buch über den Irrsinn der börsengetriebenen Weltwirtschaftsexzesse und die Charaktermasken des *fiktiven Kapitals* gelungen. Holtrop „liebte den Craze, das Provisorische, das Flirren in den Augen der Spinner, die ihm ihre Geschäftsvisionen, Träume und Phantasien als morgen schon herbeigewirtschaftete Realität verkauften, alles Lügen, aber herrlich und von allen geglaubt. Wirtschaft war endlich Kunst geworden, der schönste und größte Weltfreiraum für alle wirklich abenteuerlich gesinnten Menschen, der Kapitalismus leuchtete, hell und wild wie noch nie."

Holtrops Universum ist eine sozialdarwinistische Konkurrenzhölle, die von sozial gestörten Menschen bevölkert ist. Sie sind bloße Geldsubjekte, Restmenschen, Ruinen, „Stümpfe", von denen in Adornos Beckett-Interpretation die Rede ist. Holtrops Abstieg beginnt, als seine Untergebenen zu spüren beginnen, „wie kaputt und zuinnerst abgetötet Holtrop tatsächlich war, ein Freak, ein Irrer, ein Psychopath nur ohne Hitlerbart." Der Kurswert seiner Ich-Aktien fällt an der internen Assperg-Börse ins Bodenlose. Nach der Lektüre begreift man, dass das *Asperger-Syndrom*, das eine milde Form des Autismus bezeichnet und bei der Namensgebung der Firma Pate stand, im digitalen Zeitalter eine endemische Erkrankung zu werden droht. Dabei zeichnet Goetz seine Figuren als die, die sie in der Wirklichkeit sind. Die menschlichen Stümpfe, die ihr Ich verloren haben und sich das Leben wechselseitig zur Hölle machen, sind die Produkte der Welt, in der sie und wir leben. Bei der Großkritik ist der Roman nicht gut angekommen, weil er bis in die Sprache hinein aus seiner Verachtung für die Geldwelt keinen Hehl macht. Die Kritik reagiert, als hätte Goetz den literarischen Salon mit geöffnetem Hosenstall betreten oder als trüge er einen vollgeschissenen Nachttopf in die duftende und gesittete Welt des Feuilletons.

Im Mittelpunkt von Ian McEwans Roman *Solar* steht der Physik-Nobelpreisträger Michael Beard, ein Narzisst, wie er im Buche steht. Er täuscht sein Interesse für Solarenergie nur vor, um sich durch die Nutzung geklauter wissenschaftlicher Erkenntnisse bereichern zu können. Seine innere Leere überspielt er durch Unmäßigkeit nicht nur beim Sex, sondern auch beim Essen und Trinken. Mit einem amerikanischen Partner namens Toby Hammer gründet Beard ein Unternehmen, um seine Patente auf dem Gebiet der künstlichen Photosynthese zu verwerten. In Lordsburg, New Mexico, bauen sie eine Versuchsanlage mit Solarpaneelen. Sie setzen auf die Furcht vor der Erderwärmung, die durch die herkömmlichen Energiequellen gefördert wird, und versprechen sich durch eine Verschärfung der Klimakatastrophe riesige Absatzchancen für ihre Photovoltaik. Darunter versteht man die direkte Umwandlung von Lichtenergie, meist aus Sonnenlicht, in elektrische Energie mittels Solarzellen. Bei einem Treffen mit seinem Partner Hammer äußert sich dieser besorgt über ihre Zukunftschancen. Er habe Berichte gelesen, dass die Geschichte mit der Erderwärmung und der Klimakatastrophe lediglich apokalyptische Panikmache sei. Neuere Forschungsergebnisse zeigten, dass es eigentlich keinen Grund zur Besorgnis gebe. „Wenn die Erde sich nicht erwärmt, haben wir verschissen", sagt er und fährt skeptisch fort: „Kein Mensch kauft uns ein einziges verflixtes Paneel ab, bloß weil es in dreißig Jahren kein Öl mehr gibt." Beard trinkt noch einen Schluck, legt seinem Freund eine Hand auf den Arm und beruhigt ihn mit den Worten: „Toby, glaub mir. Es ist eine Katastrophe. Entspann dich!"
Dazu passt die Karikatur der beiden Zeichner Heribert Lenz und Achim Greser, die die *Süddeutsche Zeitung* in ihrer Ausgabe vom 16. Oktober 2012 abgedruckt hat. Man sieht zwei Aktienhändler an einem Stehtisch des Börsenstüberls gegenüber der Börse einen *Latte macchiato* trinken. Neben ihnen steht eine Tafel, die für eine Bouilla-Baisse für 18 Euro wirbt. Der eine scheint sich gerade über den Fall der Kurse, eine Baisse, beklagt zu haben, denn der andere sagt zu ihm: „Für mich kann es gar nicht schlimm genug kommen. Ich habe die Aktienmehrheit an der Apokalypse."

Erwähnt sei am Rande ein amerikanischer Klassiker aus der Zeit der *Großen Depression*: John Steinbecks Roman *Früchte des Zorns*. Steinbecks Roman schildert das Schicksal der in den frühen 30er Jahren im Gefolge der *Weltwirtschaftskrise* hoch verschuldeten Farmer in Oklahoma und Arkansas, die von den Grundbesitzern gewaltsam von ihrem Land vertrieben werden und auf der Suche nach Arbeit und Brot nach Kalifornien ziehen. Steinbeck beschreibt eindringlich folgende Szene: Das Land eines Pächters ist verkauft worden und ein Angestellter des neuen Besitzers naht mit einer Planierraupe, um sein Haus abzureißen. Der Pächter stellt den Fahrer zur Rede und droht ihn zu erschießen, wenn er an seinem Vorhaben festhalten sollte. Der Fahrer sagt: „Ich kann nichts dafür. Ich verliere meine Arbeit, wenn ich's nicht mache. ... Du bringst nicht den Richtigen um" „Ja, ja", sagt jetzt der Pächter, „wer hat dir den Befehl gegeben? Dann werde ich mich an den halten. Er ist der, wo umgebracht werden muss." „Du hast Unrecht. Er hat auch nur seinen Befehl von der Bank. Die Bank hat ihm gesagt: ‚Schmeiß die Leute raus, oder du fliegst'." „Ja, aber es gibt doch einen Präsidenten von der Bank. Es gibt doch Direktoren. Da fülle ich eben mein Gewehrmagazin und gehe in die Bank." Darauf sagt der Fahrer: „Jemand hat mir erzählt, die Bank hat Befehl aus dem Osten gekriegt. Und der Befehl war: ‚Sorgt dafür, dass das Land was abwirft, sonst machen wir euch die Bude zu." – „Aber, wo hört das denn auf? Wen können wir denn erschießen? Ich habe keine Lust zu verhungern, eh' ich den Mann umgebracht habe, der wo mich aushungert." – „Ich weiß es nicht. Vielleicht ist da überhaupt niemand zu erschießen. Vielleicht ist das Ganze überhaupt nicht von Menschen gemacht", sagt der Fahrer.
Warum habe ich diese Passage so ausführlich zitiert? Weil sie uns darüber belehrt, dass Menschen, die Opfer eines abstrakten, gesichtslosen Systems und anonymer Prozesse werden, auf ihrer Wut sitzen bleiben. Ihre aggressiven Impulse stoßen ins Leere, die Wut dreht sich im Kreis und richtet unter den Opfern ihre Verheerungen an. Das zeigt auch die immer noch sehenswerte Verfilmung des Romans durch John Ford aus dem Jahr 1940 mit Henry Fonda in der Hauptrolle.

Gerade habe ich den neuen Roman des Amerikaners Dave Eggers zu Ende gelesen und würde ihn gern noch im Kontext der Krisenliteratur erwähnen. Er heißt *Ein Hologramm für den König* und erzählt die Geschichte von Alan Clay. Wir begegnen dem 54-jährigen Mann in der Wüste Saudi-Arabiens, wohin er im Auftrag eines großen amerikanischen Telekommunikations-Unternehmens mit einem Team von Mitarbeitern entsandt worden ist, um eine von König Abdullah geplante Retortenstadt mit einem IT-System auszustatten. Nachdem Alan mit Projekten in der Realwirtschaft Schiffbruch erlitten hat, war er für die amerikanische Unternehmenswelt „so faszinierend wie ein Flugzeug aus Lehm". Er war pleite, musste sein Haus zum Verkauf anbieten und konnte seiner Tochter nicht einmal mehr die Gebühren fürs College überweisen. Nun hocken Alan und seine deutlich jüngeren Mitarbeiterinnen und Mitarbeiter in einem Zelt in der Wüste und warten auf den König, der sein Kommen von Tag zu Tag verschieben lässt. Irgendwann erscheint ein

Mann im Zelt und teilt den Wartenden mit: „Ladies and Gentlemen, leider muss ich Ihnen sagen, dass der König heute nicht kommen wird. Sie sind falsch informiert worden." Nicht umsonst stellt Eggers dem Buch einen Satz aus Becketts *Warten auf Godot* voran: „Man braucht uns nicht alle Tage." Gelangweilt sitzen die jungen Leute in diesem Zelt und vertreiben sich die Zeit mit ihren Laptops. Ihr Hauptproblem ist ein zu schwaches WLAN-Signal. „Sie interessierten sich nicht für die Herstellung von Gütern oder die Art von Verkauf mit persönlichen Kundenkontakten, an dessen Perfektionierung er sein Leben lang gefeilt hatte. Keiner von ihnen hatte je auch nur ansatzweise mit dergleichen zu tun gehabt. Anders als er hatte keiner von ihnen erst einmal richtige Objekte an richtige Menschen verkauft."
Alan wartet im Hotelzimmer und inspiziert eine merkwürdige Geschwulst, die sich in seinem Nacken gebildet hat. Er beschließt, seinen Vater Ron anzurufen, der sein Leben lang für die Firma *Stride Rite* Schuhe hergestellt hat und ein strammer Gewerkschafter gewesen ist. Alan versucht ihm zu erklären, was er in der saudischen Wüste treibt:
„Wir haben so eine fantastische Telefonkonferenzanlage, und wir machen für den König persönlich eine Präsentation, ein dreidimensionales holographisches Meeting. Einer unserer Kollegen ist in London, aber es wird aussehen, als wäre er im Raum mit Abdullah –
Schweigen.
Dann: - Weißt du, was ich mir gerade im Fernsehen anschaue, Alan?
- Nein. Was denn?
- Ich schau mir einen Bericht darüber an, wie eine riesige neue Brücke für Oakland, Kalifornien, in China gebaut wird. Kannst du dir das vorstellen? Jetzt bauen sie schon unsere gottverdammten Brücken, Alan. Ich muss sagen, alles andere hab ich kommen sehen. Als sie Stride Rite dichtgemacht haben, hab ich das kommen sehen. Als ihr angefangen habt, die Fahrräder nach Taiwan auszulagern, hab ich das kommen sehen. Ich hab alles andere kommen sehen – Spielzeug, Elektronik, Möbel. Macht Sinn, wenn du so ein mieser, blutrünstiger Manager bist, der nur drauf aus ist, für seinen Profit die Wirtschaft zu unterhöhlen. All das macht Sinn. Liegt in der Natur der Sache. Aber die Brücken hab ich nicht kommen sehen. Großer Gott, wir lassen von anderen unsere Brücken bauen. Und jetzt bist du in Saudi-Arabien und verkaufst den Pharaonen ein Hologramm. Das schießt den Vogel ab!
Alan überlegte aufzulegen. Wieso konnte er das nicht?
Er ging auf den Balkon und schaute übers Meer, sah ein paar winzige Lichter in der Ferne. Die Luft war so warm.
Ron sprach noch immer. – Jeden Tag, Alan, in ganz Asien, verlassen Hunderte Containerschiffe ihre Häfen, vollgestopft mit irgendwelchen Gebrauchsgütern. Dreidimensionaler geht's nicht, Alan. Das sind reale Dinge. Die stellen da drüben reale Dinge her, und wir machen Webseiten und Hologramme. Tag für Tag machen unsere Leute ihre Webseiten und Hologramme, während sie auf Stühlen made in China sitzen, an Computern made in China arbeiten, über Brücken made in China fahren. Hört sich das für dich nachhaltig an, Alan?

Alan rieb sich den Knoten im Nacken.
- Alan, bist du noch dran?
Herrje, er könnte behaupten, sie wären unterbrochen worden. Alan drückte eine Taste an seinem Telefon und legte auf."
Nachdem Alan mit Yousef, einem Student, der ihm gelegentlich als Chauffeur gedient hat, ein paar Tage in den Bergen verbracht und bei einer Wolfsjagd beinahe ein einheimisches Kind getötet hat, kehrt er an die Küste zurück und beginnt erneut, auf den König zu warten. Eine einheimische Ärztin entfernt das Geschwulst, das sich als harmloses Lipom herausgestellt hat. Schließlich, am elften Tag des Wartens, erscheint der König mit seiner Entourage im Zelt und wohnt der Präsentation bei. Den Zuschlag erhalten ein paar Tage später irgendwelche Chinesen, die die gesamte IT wesentlich schneller und für weniger als die Hälfte der Kosten liefern können.

Der Schriftsteller F.C. Delius hat in seiner *grandiosen* Rede zur Verleihung des *Büchner-Preises* 2011 gesagt: „Wir wissen nicht, in welcher Epoche wir leben, habe ich von Arnold Esch gelernt, wir Zeitgenossen wissen nicht, wie man unsere Zeit einst nennen und bewerten wird. Fürs Erste aber, schlage ich vor, können wir uns an *Leonce und Lena* orientieren, der Komödie der Müdigkeit und der *universellen Langeweile*, einer Welt, ‚die ihren Sinn verloren hat und richtungslos agiert' (Mayer). Seit die bürgerlichen Werte an den Finanzplätzen verschleudert werden, der Liberalismus zum Lobbyismus und zur Marktblödheit verkommt, scheinen die Demokratien in feudalistische Zeiten zurückzutaumeln. Das Kapital selbst bringt die Verhältnisse zum Tanzen – nicht weil Geld fehlt, weil wir sparen müssten, sondern, das ist die Komödie daran, weil zu viel Geld da ist, das angelegt werden will. Reiche Leute können nicht mehr mit den überflüssigen Millionen und Milliarden umgehen, niemand will sich mit einer soliden Rendite von fünf Prozent zufrieden geben, es müssen überall und sofort gleich fünfundzwanzig sein. Ich erzähle Ihnen nichts Neues, aber von Büchner: Genau wie der Staatsrat im Königreich Popo können sich nicht einmal die weisesten Ökonomen der Welt auf Lösungen verständigen. Seit man in der Wirtschaft mehr mit Fiktionen, Derivaten, Utopien, mehr mit der Leere der Nullen als mit Realien handelt, sind wir im Reich des König Peter angelangt, wo der Mittelstand bereits abgeschafft ist, bis auf einen Schulmeister, der die Hartz-IV-Empfänger zu dressieren versucht. Des Königs Weisheit beschränkt sich auf den Satz: *Der Mensch muss denken*."

Ganz in der Tradition von *Leonce und Lena* hat Heribert Prantl kurz nach der *Lehman Brother-Pleite* in einem Kommentar der *Süddeutschen Zeitung* erklärt, was ein *Derivat* ist und wie die ganze zeitgenössische Woodoo-Ökonomie funktioniert: Chuck kauft für 100 Dollar einen Esel. Das Tier stirbt vor der Lieferung. Chuck will sein Geld zurück, aber der ehemalige Besitzer hat es angeblich bereits ausgegeben. Nun will Chuck den toten Esel, um ihn zu verlosen. Verlosen? Ich sag den Leuten einfach nicht, sagt Chuck, dass er tot ist. Einen Monat später trifft der Farmer Chuck wieder und erkundigt sich, was aus dem Esel geworden ist. Ich hab' ihn verlost, 500 Lose zu zwei Dollar verkauft und 998 Dollar Gewinn gemacht. Hat sich keiner beschwert? Nur der Kerl, der den Esel gewonnen hat. Dem habe ich seine zwei Dollar zurückgegeben. Prantls Erzählung endet mit der Bemerkung: „Heute arbeitet Chuck für Goldman-Sachs und das Esel-Modell ist zum Weltfinanzprinzip geworden."

Am 6. September 2012 hat sie *Süddeutsche Zeitung* im Vorgriff auf sein neues Buch *Der europäische Landbote* eine Rede von Robert Menasse abgedruckt. Er spricht über den Zustand Europas. Es sei fünf vor zwölf. „Denn das europäische Projekt befindet sich, sachlich betrachtet, an der Kippe. Allerdings besteht dennoch kein Anlass für Alarmismus: Die Uhr scheint ja stehen geblieben zu sein, denn ich lese seit Monaten in den Zeitungen, dass es fünf vor zwölf ist. Und wir wissen vom großen Historiker Theodor Mommsen, dass nach dem Untergang Roms Jahrzehnte vergingen, bis die Römer begriffen, dass sie untergegangen waren."

Ethnologie des Inlands: Harvester

„Der Mensch", heißt es bei Ernst Bloch, „steht mittels der Technik in der Natur wie in Feindesland." Dieser Satz fiel mir ein, als ich dieser Tage im Wald unterhalb des Klosters Schiffenberg Zeuge von „Forstarbeiten" wurde, die dort seit einiger Zeit ausgeführt werden. Mit schwerem Gerät und Maschinen werden Schneisen in den Wald geschlagen, der Boden von den Rädern riesiger Fahrzeuge aufgerissen und zerfurcht, Bäume gefällt, entastet und mit Greifarmen verladen, Geäst gehäckselt. Es herrscht ein infernalischer Lärm. Die Monster-Maschinen heißen „Harvester", was an einen netten Erntehelfer denken lässt. Mit ähnlich schiefen Kosenamen wurden Geschütze belegt, die man „Dicke Bertha" nannte, oder eine Atombombe, die die Piloten auf den Namen „Little Boy" tauften und auf Hiroshima abwarfen. Früher, als das Wünschen noch geholfen hat, die Wege krumm waren und die Bäche mäanderten, gingen die Waldarbeiter mit Pferden in den Wald und transportierten das geschlagene Holz so behutsam wie möglich aus dem Wald. Wo ich im Frühsommer noch Pfifferlinge gefunden habe, ist nun der Boden von Reifen zerfurcht und aufgebrochen. Auf Jahre werden dort keine Pilze mehr wachsen. Wie ein Symbol für die systematische Zerstörung der Natur lag auf dem Weg ein zerquetschter Feuersalamander - ein äußerst selten gewordenes Tier, das ich lebend seit Jahren nicht mehr gesehen habe. Solche Verwüstungen habe ich von Manövern der US-Armee und der Bundeswehr noch in böser Erinnerung. Die Empörung, die einem Dutzend Mountainbiker entgegenschlägt, die mit ihren Rädern durch den Wald fahren, sollte sich eher gegen die professionellen Waldzerstörer wenden. Unter dem

Deckmantel „Forstarbeiten" kann man im Wald scheinbar nach Belieben wüten. Wir werden darüber belehrt, dass der Wald Rohstoff für die Papier- und Möbelindustrie ist und auch so behandelt wird. Was heißt hier überhaupt „Wald"? Es ist Forstwirtschaft!

In Mo Yans Buch *Das rote Kornfeld* stoße ich gleich auf der zweiten Seite auf den Satz: „Inmitten des Fortschritts ahne ich beunruhigt den Rückschritt der menschlichen Gattung." Kürzer und prägnanter kann man nicht ausdrücken, was auch mein Empfinden ist.

… entronnen den Schrecken der Ökonomie …

„An manchen Abenden…
entronnen den Schrecken der Ökonomie …
erschauert er, sieht er die Horden
der wilden Jagd vorüberziehen…
(Arthur Rimbaud)"

Sicher sind nur die Katastrophen, denen wir uns in großen Schritten und sehenden Auges nähern. Alles andere hängt vom verändernden Eingriff der Menschen ab. Bei der Verwirklichung der in der gegenwärtigen Gesellschaft immer noch angelegten besseren Möglichkeiten können wir uns weder auf eine der Geschichte innewohnende Tendenz, noch auf ein kollektives Subjekt verlassen, das sie realisieren wird. Wir, die heute lebenden Menschen, sind es, die den Wahnsinn der rasenden Ökonomie und der losgelassenen Märkte stoppen und die Kontrolle über die Ökonomie zurückgewinnen müssen. Eine sich von der *Tyrannei der Ökonomie* befreiende Gesellschaft würde sich vom Leitbild des an nichts gebundenen, keiner Tradition verpflichteten, rücksichtslos und wendig seiner individuellen Nutzenmaximierung und der Murssteigerung seiner Selbstwert-Aktien nachjagenden *flexiblen Menschen* verabschieden. Ihr Hauptaugenmerk gälte der Erfindung und Schaffung neuer verlässlicher Räume, in denen es Kindern möglich ist, unter Bedingungen raumzeitlicher Konstanz und leiblicher Anwesenheit ihrer Bezugspersonen ihre *psychische Geburt* zu vollenden und sich zu Menschen in einer menschlichen Gesellschaft zu entwickeln. Eine Gesellschaft, die ihre soziale Integration und den zwischenmenschlichen Verkehr auf Formen solidarischer Kooperation gründet, statt auf einer letztlich a-sozialen Vergesellschaftung durch Markt und Geld, wird auch andere psychische Strukturen und andere Formen der Vermittlung von Psychischem und Gesellschaftlichem hervorbringen, für die uns Heutigen die richtigen Begriffe fehlen. Allenfalls wird man sagen können, dass der individuelle Selbstwert einen ausgeprägteren Bezug zur Gemeinschaft aufweisen würde, in der der Einzelne in echter Solidarität aufgehoben

wäre. Oder mit den Worten aus dem *Kommunistischen Manifest*: Angestrebt wird eine Gesellschaft, in der „die freie Entwicklung eines jeden die Bedingung für die freie Entwicklung aller ist".
Die Erzeugung des Menschlichen wäre der Hauptproduktionsgegenstand einer *Ökonomie des Glücks* (Bourdieu), die es den Menschen gestattete, sich zu entfalten, ihre noch nicht gelebten, von der Klassengesellschaft an der Entfaltung gehinderten Möglichkeiten zu entdecken und hervorzubringen. Zum ersten Mal in der Geschichte könnte aus der dem Menschen innewohnenden Möglichkeit, *vernünftig* zu werden, konkrete gesellschaftliche Wirklichkeit werden. So würden sich bei zu Ende geborenen Menschen die subjektiven Voraussetzungen wahrhafter Demokratie ausbilden, die vor allem in den Fähigkeiten bestehen, mit Ambivalenzen, Schwebezuständen, offenen Fragen und Konflikten umgehen zu können. Diese reifen, wenn man so will: dialektischen Subjekt- und Ich-Funktionen, würden die Menschen instand setzen, unlösbare Widersprüche prüfend in der Schwebe belassen und Dissens und Verschiedenheit ertragen zu können. Die dem getretenen, ewig geduckten *kleinen Mann* eigene *Wut auf die Differenz* (Horkheimer/Adorno) könnte sich zurückbilden und schließlich absterben, wenn ihm von den Verhältnissen weniger Bosheit eingepresst würde.

Schließen wir mit den letzten Sätzen aus Ernst Blochs *Prinzip Hoffnung*: „Der Mensch lebt noch überall in der Vorgeschichte, ja alles und jedes steht noch vor Erschaffung der Welt, als einer rechten. Die wirkliche Genesis ist nicht am Anfang, sondern am Ende, und sie beginnt erst anzufangen, wenn Gesellschaft und Dasein radikal werden, das heißt sich an der Wurzel fassen. Die Wurzel der Geschichte aber ist der arbeitende, schaffende, die Gegebenheiten umbildende und überholende Mensch. Hat er sich erfasst und das Seine ohne Entäußerung und Entfremdung in realer Demokratie begründet, so entsteht in der Welt etwas, das allen in die Kindheit scheint und worin noch niemand war: Heimat."